니네베 발굴기

THE LUCK OF NINEVEH

아시리아의 옛수도 니네베의 모든 것

ARNOLD C. BRACKMAN

THE LUCK
OF
NINEVEH

대원동서문화총서

니네베 발굴기

아시리아의 옛수도 니네베의 모든 것

아놀드 C. 브랙만 지음
안경숙 옮김

배대원사

차례

서문

1817년 어스틴 헨리 레이어드(Austen Henry Layard)가 태어날 당시만 해도 아시리아 왕국의 도읍지였던 니네베가 실제로 존재했었는가에 대한 명백한 증거는 전혀 없었다. 전해져 내려오는 말에 의하면 이 아시리아 왕국은 인류 역사상 어느 왕국보다도 오래 지속하였다고 한다. 그러나 그렇듯 오랜 영화를 누렸다는 아시리아 왕국의 흔적은 도대체 어디에 남아 있단 말인가?

물론 성서에도 '위대한 도시'인 니네베에 관하여 수차례 언급하고 있다. 또 고대 그리스·로마의 지리 및 역사학자들도 아시리아 역사의 단편 단편들을 우리에게 전해 주고 있다. 이들의 이야기는 한결같이 아시리아인들의 영광과 광휘 그리고 만방에 떨친 그들의 드높은 위용을 들려 주고 있다. 따라서 레이어드가 34년 후에 말하였듯이, '우리는 유년 시절부터 니네베와 아시리아에 관하여 너무나 많은 이야기를 들어 왔기 때문에, 우리가 아시리아인들에 관하여 별로 아는 게 없다는 사실을 그들에 대해 진지하게 자문해 보기 전에는 깨닫지 못하는 것이다. 보라, 그들의 역사는 말할 것도 없고 그들이 지리적으로 어느 곳에 살고 있었는지조차도 우리는 전혀 모르고 있지 않았던가?'

막강한 힘과 고도의 문명을 자랑하였다는 한 왕국의 역사적 기록이 모두 잊혀졌다는 사실은 당시 레이어드로서는 참으로 납득하기 어려운 기이한 일이었다.

내가 트로이의 발견자인 하인리히 쉴리만과 니네베의 발견자인 레이어드의 개인적 관계에 우연히 눈을 돌리게 된 것은 지난번 쉴리만의 전기를 집필하던 때였다고 생각한다. 이들 두 사람의 관계는 트로이와 아시리아의 수도들만큼 세인들의 주목을 끌지 못해 왔다.

고고학사에 있어서 쉴리만의 이야기가 가난한 소년이 거상이 되기까지의 대서사시라고 한다면 레이어드의 이야기는 고고학사상 가장 위대한 모험담이라 할 수 있을 것이다.

쉴리만은 꿈에서나 생시에서나 고귀한 트로이를 찾기 위하여 일생을 바쳤으며 후년에 가서 기어이 트로이를 발견했다. 반면에 레이어드는, 그가 공공연하게 고백하였듯이 젊은 시절 '우연히' 니네베를 발견하였다. 요즈음의 표현을 빌리면 그는 생각지도 않게 노다지를 발견하였던 것이다. 그리고 이 노다지를 하나하나 캐내어 가면서, 레이어드도 쉴리만처럼 자신의 인생을 영광의 길로 이끌게 된다.

유럽의 신화와 역사 속에서 니네베와 트로이가 떨어질 수 없는 관계를 지니고 있는 것처럼, 레이어드와 쉴리만도 긴밀한 관계를 지니고 있다.

나는 다른 책에서 쉴리만의 이야기를 한 적이 있다.

이번엔 레이어드의 이야기를 하고자 한다.

아놀드 C. 브랙만

1976년 런던과 파리에서
1978년 코네티컷 주의 브룩필드 센터에서

1. 흥청거리는 니네베

지금으로부터 4000년도 훨씬 넘는 오랜 옛날, 티그리스 강과 유프라테스 강 사이에 있던 거무스레한 평원에는 세계 최초의 왕국이 그 모습을 드러내기 시작하였다. 이 길쭉한 땅뙈기는 겨우 너비 160킬로미터에 길이 640킬로미터의 크기를 지녔을 뿐이다. 원래 셈족으로부터 유래된 이 아시리아 왕국은 그 전성기에 이르렀을 때는 3,200킬로미터에 걸쳐 있는 소아시아의 사막과 초원과 산악 지대를 장악하고 있었으니, 동으로는 인도로부터 서쪽으로는 이집트까지, 북으로는 러시아에서 남으로는 아라비아 펠릭스(Arabia Felix)까지 힘차게 뻗어 나갔던 것이다. 아시리아인들의 눈짐작에 의하면 '산봉우리들이 줄지어 서 있는 먼 산기슭으로부터 해가 지는 위쪽의 바다까지'가 그들의 땅이었다는 것이다.

돛이 많이 달린 2층 전함을 타고 아시리아인들은 서쪽 바다를 헤쳐 나가 사이프러스(Cyprus)에 침입하여 마구 짓밟고 점령하였다. 그리고 호머의 진한 포도주빛 에게 해의 동쪽 가장자리에 널려 있던 섬들을 손아귀에 넣거나, 그것이 여의치 않을 경우엔 내놓으라고 윽박질러 댔다. 아시리아의 한 왕은 돌기둥에다 다음과 같이 새겨 놓았다. '바다 한가운데 살고 있던 아들들이 선물을 잔뜩 싣고 건너와 내 발에 입맞추려 엎드렸도다.'

아시리아인들은 그들 역사의 초기 800년간을 티그리스와 유프라테스 사이에 펼쳐져 있던 쐐기 모양의 땅뙈기에 대한 통치권을 공고히 하고자 노력하였다. 그리스인들은 이 땅을 메소포타미아, 즉 '두 강 사이의 땅'이라 불렀는데 아마도 아랍어인 beth naharin(두 강들의 집) 또는 헤브라이어인 aram naharain(두 강의 시리아) 또는 아라비아어의 bain al-nahrain(두 강 사이의 땅) 등에서 따온 것 같다.

기원전 960년에서 612년 사이에 아시리아는 원자 폭탄에 비길 만한 파괴력을 지니고 바깥쪽 국경을 밀고 나가더니 그들의 눈에 보이는 온 천하를 점령하고 말았다.

왕국이 한창 위용을 자랑하던 때의 역대 왕들은 새로운 땅들을 계속 발견하였고 점령하였다. 아시리아 왕들의 연두 교서는 다음과 같은 어조로 씌어 있게 마련이었다. '짐은 멀리 떨어진 메데스(Medes)로부터 조공을 거두어들였느니라. 나의 조상이신 선왕들은 그 나라의 이름을 일찍이 들어본 적조차 없었으나, 나는 그들을 내 발 아래 두었느니라.'

구약성서의 창세기를 보면 아시리아는 '홍수' 이후에 세워진 최초의 강대한 제국이다. 건국자인 님로드는 노아의 증손자로서 '주 앞에 강한 사냥꾼' 또는 '땅 위에 강한 자'로 묘사되어 있다. 님로드는 그의 왕국을 '시나르 땅(Land of Shinar)', 즉 메소포타미아 삼각주(delta)에 건립하였다. 그러나 후에 그리스 작가가 관찰한 바에 의하면 그는 돈 강에서 나일 강에 이르는 모든 아시아 땅을 정복하고자 하는 강렬한 욕망에 사로잡혀 있었다고 한다. 창세기를 보면 무슨 동기에서였는지 모르지만 그는 '그 땅을 떠나 아시리아로 들어가 니네베를 세웠다.' 니네베란 말의 기원은 모호하다. 그 말은 어쩌면 그 도시의 수호신이었고 또 '니네베 종파'를 창도한 니나(Nina) 여신으로부터 유래되었는지도 모른다. 현대 학자들은 니네베를 상징하는 설형문자 표기인 '집을 나타내는 기호 속의 물고기'는 수호신의 성스러운 연못을 나타내고 있는 것 같다고 지적하고 있다. 어쨌든 델타로부터 북쪽으로 220마일 떨어진 티그리스의 동쪽 강언덕을 따라 펼쳐져 있는 니네베는 왕국의 도읍지가 되어 당시 이 땅에서 가장 위대한 도시로 부상하게 된다.

웅장한 궁전들과 사원들과 운하들과 정원들이 널려 있던 이 도시를 둘러

싼 성벽은 서아시아 초원 위에 200피트나 높이 우뚝 서 있었다. 1,500개의 망루로 요새화된 이 성벽은 얼마나 두꺼웠던지 성벽 위에서 수레 3대가 나란히 달릴 수 있었다고 전해진다. 호도 알맹이가 단단한 껍데기 속에서 보호를 받고 있듯이 니네베도 5개의 성벽과 3개의 외호(moats)로 수비되고 있었다. 도시의 15개 성문들은 모두 성곽 모양의 방벽들(castellated ramparts)로 둘러싸여 있었다. 그리고 니네베 변두리에는 30채도 넘는 사원들이 금과 은으로 찬란히 빛을 발하고 있었다.

아시리아 왕들은 1300년 동안이나 니네베와 근처 부등변 사다리꼴 모양의 지역에 널려 있던 성서 속의 도시들인 앗수르(Ashur), 칼라(Calah) 및 그밖에 언덕 위에 있던 여러 성곽 도시들을 통치하였는데, 그 중에는 '니네베 저편 위 산기슭 물가에 공고하게 지은' 두르-샤루킨도 끼어 있었다. 사르곤은 그 도시를 '아무도 넘보지 못할 위용'이라고 이름지었다.

뛰어난 역사적 안목을 지니고 있던 아시리아의 역대 왕들은 호머 시대보다도 1000년이나 거슬러 올라가는 그 당시에 그들의 무용담을 방첨탑(Obelisk)이라든가, 원주, 각주, 경계비, 점토판 및 온갖 기념비들에다 영원히 전해지도록 새겨 놓았다. 그들은 또 궁전과 사원의 벽에도 전투 장면이라든가 포로를 끌고 오는 장면들을 그려 놓았다. 돌 속에 새겨진 역사적 사실로서의 일리아드인 셈이다.

그 왕들의 이름은 왕국이 지속되던 때는 물론이고 그 후에도 오랫동안 사람들의 가슴 속에 공포를 불러일으켰던 신화적인 힘을 지니고 있었다. 예를 들면, '짐은 잔인하고…… 전쟁에선 선두를 달리는 온 천하의 왕이며 ……굴복하지 않는 자들을 모두 짓밟아 버리고, 온 세상 사람들을 내 손아귀에 넣었느니라'고 외친 앗수르나시르팔(Ashurnasirpal)과, '온 백성들의 태양이며, 온 나라의 군주'라고 자신을 묘사한 샬마네저(Shalmaneser), '내 손은 42개 나라들과 그 왕들을 정복하였고……그들을 강력한 내 통치하에 눌러 놓았다'고 자랑한 티글라트-필레저, 모든 식민들을 유형에 처하고 이스라엘을 삼켜 버렸으며, 그 주민들을 몽땅 포로로 잡아온 예술의 후원자 사르곤,

'공포로 몸을 감싼, 힘이 센 영웅'이었던 세나케립(Sennacherib), 자신을 '모든 것을 삼켜 버리는 꺼질 줄 모르는 불이며……적군의 땅을 몽땅 파괴해 버리는 가차없는 무기'라고 부른 옛살하돈, '들판을……피로 가득 채우는……무시무시한 허리케인(태풍)'이었으며 그리스인들에게는 '입술에 연지를 바르고 여자 옷을 즐겨 입어 성도착증(transvestite)에 빠진 폭군'으로 알려진 전설 속의 앗수르바니팔(Ashurbanipal) 등을 들 수 있다.

님로드가 그의 도읍지를 정할 때 '그는 이 세상에서 가장 크고 가장 고귀한 도시를 세워 후세의 어떠한 자도 감히 그에 견줄 만한 도시를 세울 엄두를 내지 못하도록 기발한 설계도를 마련하였다'고 디오도로스는 쓰고 있다. 그러나 니네베가 그 위용의 정점에 올라서기까지는 그 후로부터 1000년이 지난 기원전 700년경이었다. 즉 여타의 모든 찬란한 건물들을 무색하게 만들 왕궁인 '전혀 견줄 만한 상대를 지니지 않은 궁전'을 축조한 것은 세나케립의 치하에서인 것이다. 그 궁전은 어찌나 요란하게 금빛 치장을 하였던지 '도시 전체가 태양처럼 빛났다'고 한다.

니네베는 사악한 도시였다. 통치자들은 야비하고 방탕스러웠으며 사디스트들이었다. 젊은 여인네들은——아시리아 귀족들의 부인네들까지도—— 왕족의 손님들 앞에서 벌거벗고 춤을 추었으며, 인신공회가 행해졌고, 황제는 아무도 무서워할 자가 없었다. 그의 명령이 곧 법이었다. 궁전들은 거세되어진 환관들에 의해 지켜졌고, 관선된 신전의 매춘부들은 반인 반수의 우상들 앞에서 공공연하게 매음 행위를 벌였다. 신들 중에서 최고의 자리는 앗수르가 차지하였는데, 그리스인들은 이 신의 이름으로부터 '아시리아'라는 말을 따왔다.

아시리아의 왕들이, 자신들이야말로 '장엄한 기쁨을 위해서 영원히 길이 남을' 니네베를 건설한 장본인들이라고 허풍을 떤 것은 어쩌면 일리가 있는 말인지도 모른다. 그러나 니네베의 광휘와 그들 제국의 엄청난 영토에도 불구하고 아시리아인들은 깊은 열등감으로 고통당하고 있었다. 그들의 문명은 밑둥부터 빌려 온 것이었다. 그들의 생활양식은 대부분이 시나르 땅인 델타 지역의 수메리아와 바빌로니아로부터 얻어 온 것이다. 아시리아의 신들과 법률, 아니 언어까지도 모두 수입된 것들이었다. 물론 그들 자신의 노력에 의한 것이 전혀 없었다는 것은 아니다. 그들의 얕은 양각으로 된 돌 조각이라든가 다른 여러 예술작품들은 그 구도에 있어 독창적이며 훌륭하게 제작되어 있다. 그들은 아치를 세우고 터널을 파고 수로를 놓기도 하였는데, 이모든 것들은 로마인들이 아직 역사 속에 나타나기도 전에 있었던 일이다. 그들은 또 제련술이라든가 상감술 또는 도료술과 같은 공업 기술면에 있어서도 뛰어난 솜씨를 발휘하고 있었다. 그들의 도서관은 수학과 천문학과 점성술에 관한 저서들로 가득 차 있었으며, 세계 최초의 식물원과 동물원을 갖추고 있었을 뿐만 아니라 세계 최초의 수렵장도 만들어 놓고 있었는데, 후에 그리스인 크세노폰이 언급하였듯이 '전쟁을 위한 아주 훌륭한 훈련장'이었다──그리고 그들의 진정한 천재성은 바로 전쟁 속에서 발견할 수 있었다.

그들은 정복한 땅을 자국의 행정 구역 단위로 바꾼 최초의 국가였다. 그들이 역사에 부상하기 전까지는 정복당한 왕들은 정복자의 봉신(vassals)으로서 자신들의 국가를 통치하였다. 그러나 아시리아인들은 항복한 귀족들을 아시리아의 행정 장관으로 대체하거나 또는 패배한 통치자로 하여금 계속 권좌에 남아 있도록 하되 감독관을 옆에 딸려 놓거나 하였다. 요컨대 아시리아인들은 세계 최초의 식민지라든가 괴뢰 정부 또는 위성 국가를 발전시켰음은 물론 그 밖에도 여러 정치적 신제도를 고안해 냈다. 전체 국민들을 모두 추방했는가 하면 대량 학살이 국가 정책의 방편으로 행해지기도 했다. 군대를 징집하고, 대중의 의사가 억압당하였으며, 강제 노동이 제도적으로 실시되고, 개인 숭배가 발전되기도 하였다.

바빌론의 페르시아 궁전에서 살았던 테시아스에 의할 것 같으면, 아시리아인들은 170만 보병들 몫의 군사 무기와, 20만 기마병들과, 16,000대의 전차등을 지닌 세계 최강의 군대를 지녔었다고 한다. 그들의 군사 조직표는 기병대는 물론, 전차 부대와 경·중 보병대, 포병대 및 기술 지원 부대까지 포함하고 있었다. 그들은 또 아주 치밀한 현대판 첩보망까지 갖고 있었다.

한마디로 아시리아인들은 그 지역 일대의 국가들에게는 철퇴와 같은 존재였던 것이다. 아시리아 군대가 들이닥치는 모습을 성경에서는 '돌풍과 같다'라고 표현하고 있다. 그들은 '사자처럼……바다처럼 으르렁거리며' 달려왔다. 그리고 아시리아 군대들이 발을 딛는 곳엔 '슬픔과 어둠'이 따랐다고 이사야서는 탄식하고 있다.

아시리아의 문학은 전쟁을 찬양하는 전승가다. 도시들은 '오지그릇처럼 마구 내팽개쳐졌고, 타오르는 마을의 연기는 하늘을 가렸다.' 적군의 요새들은 속속들이 파괴되어 '수마가 할퀴고 지나간 것처럼 황폐해졌다.' 벌판에는 적군들이 '갈대처럼 쓰러져 있었다.' 산들은 적군들이 흘린 피로 '붉은 털뭉치처럼 물들어 있었다.'

전쟁에 대한 모든 인용문들이 그렇듯 서정적인 것만은 아니다. 개선비에 새겨진 아시리아 역사의 많은 부분은 무미 건조한 설명조로 기록되어 있다.

'나는 귀족들의 껍데기를 벗겼고, 3,000명의 포로들을 불에 태워 죽였다. 나는 한 명의 포로도 남겨 두지 않았다. 나는 그들의 손과 발을 자르고, 코와 귀를 베어 내기도 하였다. 수많은 병졸들의 눈을 도려 내기도 하였으며, 처녀들을 통째로 굽기도 하였다'라고 어느 왕의 기념비는 보고하고 있다.

적에게 복수한 자리를 둘러보며 또 다른 아시리아 군주는 오래도록 남게 되는 글 속에서 다음과 같이 자랑하고 있다. '나는 사람들의 소리와 가축과 양들의 발소리, 그리고 모든 환호성들을 들판으로부터 쓸어 없애 버렸다. 그리고 야생 노새와 양, 새끼양들 그리고 모든 들짐승들로 하여금 그 들판에 깃들여 살도록 만들었다.'

아시리아인들은 노획물을 계산하는 데 있어서 사람과 가축들을 구별하지 않고 한데 뭉뚱그려 취급하고 있다. 한 전투에서 그들은 208,000명의 사람들과 7,200마리의 말과 노새들, 11,703마리의 나귀와 5,230마리의 낙타, 80,100마리의 소와 800,509마리의 양들을 노획하였다고 주장하고 있다. 약간 과장하여 말한다면 이 노획물 보고서는 아시리아인들이 그 밖의 나라들을 단순히 사설 사냥터로밖에는 생각지 않고 있었다는 것을 보여 준다 하겠다.

전쟁에 대한 아시리아인들의 병적인 집착은 그들 통치자들의 개인적인 역사 속에도 비춰지고 있다. 예를 들면, 34년간을 통치했다는 성서의 샬마네저인 샬마네저 3세의 편년사(chronicles)를 살펴보자. 그가 기원전 858년 왕좌에 올랐을 때 그는 다음과 같이 말했다. '내가 엄숙하게 옥좌에 앉게 되었던 초기의 통치 기간 나는 전차들과 군대를 움직여 시메시 고갯길로 들어갔다. 나는 닌니(Ninni)의 요새인 아리두스(Aridus)를 점령하였다.' 해가 거듭됨에 따라 전쟁의 연도(litany)는 해마다 새롭게 씌어진다. '나는 파괴하고, 짓밟아 버리고, 불질러 버렸다.' 31년째의 재위시에 씌어진 마지막 남은 기록 속에 나타난 샬마네저의 연말 회고 역시 똑같은 투로 씌어 있다. '내 통치 기간 중 31년째 되는 해에 나는 250개의 도시들을 파괴하고……(적군들에게) 경외감을 불러일으키는 공포를 일으켰다…… 나는 그들의 전사들의 목을 베었고, 그들의 전리품을 모두 탈취하였다.' 전리품 중에는 금과 은으로 된 주둥이가 넓은 술잔이라든가 사발, 컵, 주전자 등과 동으로 만든 각종 식기, 상아 제품, 화려하게 날염된 옷감들과 삼목 통나무, 길들인 코끼리 및 야생 원숭이 등도 포함되어 있었다. 원숭이들은 아시리아인들의 넋을 뺀 것 같은데, 아마도 아시리아인들은 원숭이 속에서 자신들의 태초의 선조의 모습을 보았기 때문이 아닐까 한다.

그들 자신의 이야기에 의할 것 같으면 그들은 자신들의 권위에 대항하여 반란을 일으키는 자들에게는 아주 무시무시한 잔인성으로 응답하여 주었다고 한다. 그들은 니네베를 악의에 찬 도시로 만들었는데 그 점은 잔인성을 한층 더 돋보이게 만들었다.

이집트의 한 무리가 폭동을 기도하자, 아시리아의 왕은 군대를 파견하였으며, '제신 중의 왕인 앗수르의 저주가 그 음모자들을 덮쳐 버렸다. 나는 그들의 살가죽을 벗겨서 성벽 위에 씌워 놓았다.'

바빌로니아인들의 반란 주동자들에게는 더 가혹한 운명이 기다리고 있었다. 주동자들의 혀가 뽑혀졌고(돌기둥에는 째어 가르다(slit)라고 씌어 있다)

'동강난 몸뚱이들은 개, 돼지, 늑대, 독수리 등 온갖 날짐승들과 깊은 물 속 고기 떼들에게 먹이로 던져졌다.' 동쪽의 엘람(Elam)과 전쟁을 치를 때 산 사람만 살해한 것이 아니라 죽은 자까지도 무덤으로부터 파헤쳐 내었다.

'내가 모시는 신들이신 앗수르와 이쉬타르를 두려워하지 않는 왕들은 예전에 죽었건 아직 살아 있건 모두 다 백일하에 끄집어 내서 아시리아로 끌고 왔으니 이제 그들 앞에 바쳐지는 제사 음식이라든가 헌주도 끊기게 되었도다'라고 아시리아의 군주는 떠벌려 댔다.

아라비아 펠릭스(Felix)에서 있었던 폭동의 지휘자에게는 더욱더 악랄한 보복이 기다리고 있었다. '나의 주님들이신 앗수르와 대신들의 위엄을 알려 주기 위하여 나는 그에게 무서운 형벌을 가하였다'고 아시리아의 왕은 분노하고 있다. '나는 그를 우리 안에 가두어 놓았다. 나는 그를 쟈칼과 개들과 함께 줄에 매어 융성 일로에 있는 국가의 관문인 니네베의 성문을 지키도록 하였다.' 그 음모의 동조자에게도 마찬가지의 운명이 기다리고 있었다. '나의 주님이신 위대한 신들의 명령에 따라 나는 그를 개사슬로 묶어 놓고 양 우리를 지키도록 하였다'고 황제는 대만족하여 말하였다.

아시리아의 권세가 종마루에 올라 있을 때, 성서의 예언자 에제키엘(Ezekiel)은 다음과 같이 두려움에 떨며 그 위용을 전해 주고 있다. '아시리아인들은 레바논 삼목과 같을지니……그리고 그 나무 그늘 아래서 모든 위대한 국가들이 깃들고 있도다.' 그런데 갑자기, 그 제국은 처음 나타날 때보다도 더 빠른 속도로 기울어지더니 역사 속에서 사라져 버렸다.

2. 니네베의 몰락

니네베의 무시무시한 군사 장비와 만방을 무릎 꿇게 하는 정치적 통어력에도 불구하고 바빌론은 이 '신출내기 오만불손한' 국가를 결코 용납하지 않았으며 속국으로서의 의무도 호락호락 이행하려 들지 않았다. 기원전 7세기에 바빌로니아 사람들은 봉기하여 독립을 선언하였다. 이와 유사한 반란 운동이 이집트로부터 페르시아에 이르는 전지역에 펼쳐지기 시작하였다. 반란자들은 힘을 합쳐 거대한 동맹군을 이루어 니네베로 발맞추어 갔다.

고대인들〔베로수스, 테시아스, 디오도러스, 유세비우스 및 아르메니아의 역사가 쇼레네의 모세스(Moses of Chorene)〕이 들려 주는 니네베의 멸망(기원전 612년)에 관한 이야기들은 그리스 청동기 시대 이래로 유럽의 독자들로부터 커다란 흥미를 자아내어 왔다. 이들 이야기에 의하면 마지막 임금이었던 앗수르바니팔──그리스인들은 그를 사르다나팔루스라고 불렀다──이야말로 '역사상 어느 국가보다도 오래 지속하였던 아시리아 왕국의 철저한 파괴에 대해 책임을 져야 한다'고 주장한다.

호색한 사르다나팔루스는 사치와 게으름을 피우는 데 있어 그의 모든 선대 왕들을 능가하였다고 한다.

'그는 아예 여자 행색을 하고 살았다'고 디오도러스는 혐오스럽다는 듯이 쓰고 있다. '그는 여자 옷을 걸치고 여자처럼 얼굴을 가렸을 뿐만 아니라 온몸에 크림과 하얀 분칠을 하여 어떤 아름다운 여자보다도 더 요염하였다.'

그는 여자 목소리를 흉내내고, 흥청거리는 잔칫상 앞에서는 과음과식을 즐겼을 뿐만 아니라 남녀를 가리지 않고 사랑 놀음에 **빠져들곤** 하였다. 그도 그럴 것이 그는 동성에 대해서건 이성에 대해서건 아무런 거리낌도 없이 성적인 쾌락을 추구하고 있었기 때문이다.

왕국 전체에 소요가 들끓기 시작하자 사르다나팔루스는, 그로부터 600년 후 로마의 네로가 그랬듯이 빈둥빈둥 딴전만 피우면서 허송세월을 하였다. 멕베스가 나무들이 울창하게 뻗어 있는 비르남 숲을 위로로 삼았듯이, 아시리아의 대군주도 '니네베는 강(티그리스 강)이 맨 먼저 적으로 돌변하여 쳐들어오지 않는 한 어떠한 적에게도 함락당하지 않는다'라는 옛 예언으로 마음을 달랬다.

반란군들이 이 위대한 도시로 점점 가까이 접근해 옴에 따라 사르다나팔루스는 미치광이 같은 짓을 하고야 만다. 즉 강아지를 물리치기 위하여 늑대에게 도움을 청하였다고나 할까? 그는 북쪽 변방에 사는 야만족인 스키타이인들(Scythians)과 조약을 맺었던 것이다.

아시리아인들이 아무리 폭력 정치를 폈고, 걷잡을 수 없는 욕망의 노예였으며 또 전쟁 포로들에게 변덕스러울 정도로 잔인한 짓을 가했었다 해도 스키타이인들에 견주어 볼 때 그래도 문명의 선두에 서 있었다고 해야 할 것이다.

스키타이인들은 아직도 적의 피를 마시고 있었는가 하면, 해골을 술바가지로 썼고, 머리통을 벗긴 가죽으로는 망토를 해 입었는가 하면, 살가죽은 수건으로 사용하였다. 키케로가 역사의 아버지라고 일컬었던 헤로도투스는 어디에선가 이렇게 언급한 적이 있다. 즉 스키타이인들은 적군의 시체에서 오른팔을 베어 내어, 껍질을 벗겨 손톱까지 그대로 매달려 있는 그 살가죽으로 된 자루 속에 화살통을 넣어 가지고 다녔다는 것이다.

어쨌든 스키타이인들은 니네베로 치달아 내려오더니, 그 즉시로 사르다나팔루스를 배반하였다. 즉 그들은 마지막 습격 당시 바빌로니아인들과 메데스인들 및 그 밖의 여러 종족들의 편에 서 있었던 것이다. 이집트 군대도 그

살육장에 힘을 보태려고 길을 떠나긴 하였으나 너무 늦게 도착하였다. 반란 계획 속에는 니네베 곁을 따라 흐르던 티그리스의 물길을 바꾸는 대역사도 포함되어 있었다. 아시리아의 옛 예언이 드디어 실현을 볼 날이 찾아왔던 것이다.

테시아스에 의할 것 같으면 사르다나팔루스는 포로 신세가 되는 게 싫어 궁 안에 거대한 화톳불을 피워 놓았다고 한다. 그는 그 위에다 자신의 온갖 금은 장신구들과 왕실 의상들을 던졌는가 하면, 처첩들과 환관들을 화장용 장작 더미(pyre)를 쌓아 둔 방에 가두어 놓고 불을 질렀고, 자신도 불 속에 뛰어들어 온 궁전이 그야말로 잿더미가 되도록 만들었다는 것이다. 훨훨 타오르는 불꽃이 바그너의 음악과 같은 비극적인 장엄성을 띠고 퇴장함과 동시에 아시리아의 마지막 황혼도 어둠 속으로 사라져 버렸다고나 할까.

바빌로니아 반란군의 선두 지휘자였던 나보폴라사르(Nabopolassar)는 후에 이렇게 말하였다. '나는 그 땅에 난도질을 가하여서 그 사악한 나라를 폐허 더미로 만들었다. 아득한 옛날부터 천하를 다스려 왔으며 무거운 족쇄를 채워 이 땅을 신음하게 만든 아시리아인들……나는 이 족쇄를 낚아채어 멀리 던져 버렸다.'

온 세상이 기뻐하였다. 그러나 이스라엘인들보다 더 기뻐한 민족들은 없었다. 그 전쟁의 목격자였던 예언자 나훔은 구약성서 속에서 장면 장면을 아주 상세하게 이야기하고 있다. '강들의 수문이 열리고 왕궁이 소멸되었으니……니네베가 수장되었도다……니네베가 공허하였고 황폐하였도다.'

그러고 나서 나훔은 사설조로 늘어놓고 있다. 만군의 여호와의 말씀에 내가 네 대적이 되리니……. 이쯤되자 나훔은 감정을 억제하지 못하고 이렇게 외친다. "너를 보는 자마다 모두 도망하며 외칠지니, 니네베가 황폐하였도다 ……누가 위하여 애곡하리요?"

이러한 황홀경 속에서 나훔은 아마 자신보다 앞서 활약한 예언자의 말을 상기하였을지도 모른다.

"우리의 주 여호와 하느님은 여호와가 북방을 향하여 손을 펴서 아시리아를 멸하며 니네베를 황폐케 하여 사막같이 메마르게 하리니, 각양 짐승이 그 가운데 떼로 누울 것이며 당아(pelican)와 고슴도치가 그 기둥 꼭대기에 깃들고, 창에서 울 것이며……문턱이 적막하리니 백향목으로 지은 것이 허물어졌음이라."

스바냐(Zephaniah)는 예언하였다.

사르다나팔루스의 몸을 태우는 장작 더미로부터 검은 기둥이 하늘로 치솟자 백향목 대들보로 지탱되어 있던 천장들이 무너져 내려앉았고 구운 벽돌과 굽지 않은 벽돌은 지어진 궁궐과 사원들이 화염에 휩싸였다. 벽들은 휘어지고 금이 가고 갈라졌다. 굽지 않은 벽돌은 철 따라 내리는 비에 흙으로 되돌아갔다. 뜨거운 사막의 바람인 시문(simoon, 모래 폭풍)이 메소포타미아를 가로질러 곱디고운 모래와 먼지 구름을 몰고 불어왔다. 폐허는 이들로 덮였고 거대한 인공 둔덕으로 탈바꿈하였다. 바람과 함께 날아온 씨앗들이 봄비를 맞고 움이 터서 이 둔덕을 초록색 양탄자로 덮어 주었다.

역사상 그 어느 나라보다도 오랜 세월 동안 천하를 다스렸던 대제국의 수도 니네베는 시간이 흐름에 따라 망각의 세계 속으로 사라지고 말았다. 그토록 태평스레 흥청거리던 니네베! 그녀는 한때 속으로 이렇게 뽐내었을 것이다. '보라, 내가 여기 있도다. 누가 감히 내 곁에 나란히 설 수 있겠는가?'(스바냐서 2:15——역자 주) 그러나 니네베는 망하였다. 그리고 무심한 자연은 그 폐허를 양 떼들이 뛰노는 둔덕으로 만들어 버렸다. 니네베나 아시리아로부터 남은 것은 아무것도 없다. 오직 희미한 기억이나 전설, 신화 또는 구비 문학이나 성서 속에 전해 내려오는 전승만이 남아 있을 뿐이다. 니네베는 정말로 존재했었을까? 이를 입증해 줄 만한 단 한 조각의 유물도 우리는 갖고 있지 않은데…….

3. 황무지 니네베

니네베는 너무나 갑작스럽게 자취를 감추었다. 그래서 200년 후 크세노폰이 1만 명의 그리스 병정들을 이끌고 그 유명한 페르시아 원정을 위하여 그 지역을 지날 때 그들은 발 아래 니네베가 누워 있으리라곤 꿈에도 생각 못 했다. "우리는 6파라상(페르시아의 거리 단위; 21마일)이나 행군하여 거대한 성채에 다다랐는데, 그 성채는 버려진 채로 폐허 위에 누워 있었다"라고 크세노폰은 말하고 있다. 그 폐허는 니네베의 폐허였다. 그리고 그는 바로 여기서 페르시아의 보초병과 작은 충돌을 했었는데, 그 장소를 라리싸(Larissa)라고 이름지었다.

기독교 시대로 들어오면서 메소포타미아에는 많은 구릉들이 눈에 띄기 시작하였다. 그리스 언어를 쓰고 그리스 교육을 받았으면서 인종적으로는 아시아인이고 마음은 로마인이었던 스트라보는 그의 유명한 「지리(*Geography*)」에서 '구릉들이 그 전지역에 널려 있다'고 쓰고 있다. 그는 그 델타 지역을 방문하고 바빌론의 폐허를 보자 아르카디아(고대 그리스 벽지의 이상향)의 대도시 주민들에게 붙여졌던 별명을 따서 그 위대한 도시는 거대한 황무지라고 말하였다. 그렇다면 니네베에 관해서 그는 무어라 말했을까? 억수 같은 비로 구릉들의 흙이 흘러내렸고 균열이 생겨 그 속이 훤히 드러나 보이는 곳이 많았음에도 불구하고 그 도시는 이제 철저하게 자취를 감추고 있으므로 그는 언급조차 하지 못했던 것이다. 그런데 니네베는 이 두 도시

중에서 더 크고 더 위대했던 도시가 아니었던가?

600년 후인 서기 627년, 로마의 황제 헤라클리우스(Heraclius)는 이 구릉들 가까이에서 있었던 전투에서 페르시아의 왕 초스로우스(Chosroes)를 무찌르게 된다. 그는 자신이 싸운 곳이 바로 니네베 근교였다는 것을 알고 있었을까? 스트라보와 마찬가지로 그 역시 자신의 티그리스 전쟁사에서 니네베에 대해서는 전혀 언급하고 있지 않다.

그러나 그 지방의 전통 속에서는 한 번도 그 위치가 완전히 사라진 적이 없다. 그리하여 아라비아가 메소포타미아를 점령하자 이븐 히칼이라든가 에드리시, 압둘페다 및 이븐 바투타 등과 같은 아랍의 지리학자들은 티그리스 강 동쪽 언덕, 누추한 상거래 지역인 모술의 반대쪽 마을을 '니나위(Ninawi)' 또는 '니나웨이(Ninaway)'라고 불렀다. 터키가 아라비아의 뒤를 이어 들어서면서 메소포타미아가 오토만 제국——금세기 초까지 지속했다——의 한 변방으로 격하되자 모술의 반대편 강둑에 자리잡은 마을의 이름은 소유권에 관한 법적인 서류 속에서나 또는 행정상의 의사 소통에 있어서 '니느웨(Nineweh)'라는 유일한 이름으로 불리고 있었다.

이렇듯 지역적인 전통이 풍부하였음에도 불구하고 유럽인들이 볼 때 니네베는——이론상으로야 어쨌든——허구의 이름이었다. 사실을 말할 것 같으면 십자군 전쟁이 끝난 후에야 비로소 유럽인들은 처음으로 니네베에 관한 언급을 하게 된다. 12세기 중엽 나바레(Navarre) 왕국 태생의 스페인 여행가로서 투델라의 랍비 벤저민(Rabbi Benjamin of Tudela)은 이베리아 반도로부터 캐세이(Cathay, 중국에 대한 고어명)의 국경 지방에 이르기까지의 13년에 걸친 여행을 하면서 모술을 방문하고 다음과 같이 간략하게 자기가 본 것을 기록하고 있다. 즉 '모술은 티그리스 강 언덕에 자리잡고 있는데, 니네베와는 다리로 연결되어 있다'라고. 벤저민의 후배라 할 수 있는 마르코 폴로는 1295년에 있은 그의 여행 중 모술에 대해서는 언급하고 있으나 니네베에 대해서는 아무런 말이 없다.

벤저민의 이야기는 입에서 입으로 전해지다가 1543년 콘스탄티노플에서

'랍비 글씨체'로 인쇄되어 간행되어지기에 이른다. 32년 후 이 보고서는 처음으로 아주 얄팍한 책자로나마 라틴어로 번역되어 그 모습을 나타낸다. 즉 "헤브라이 문자를 이해하지만, 랍비체라 불리어지는 글씨체에 서투른 기독교 학자들에게 최초로 이 책을 소개하기 위하여서"라고 말이다. 그 해에 독일 내과 의사인 레오하르트 루흐볼프는 모술을 방문하고 벤저민이 관찰한 바를 재확인하였다. "오래 전 이 근방엔 막강했던 니네베 도시가 자리잡고 있었다."

물론 유럽인들의 마음 속에서 니네베가 사라진 적은 없다. 어찌 니네베를 잊을 수가 있으랴? 신구약성서 속에서 니네베는 스무 번씩이나 언급되어져 있고, 구약성서에서는 132번이나 아시리아 왕국에 관련된 이야기들이 나타나고 있지 않은가? 1650년 간행되어졌으며 지난 세기(19세기)에 들어와서까지 널리 받아들여졌던 아르마(Armagh)의 제임스 어셔 대주교의 연대기에 의하면 천지 창조는 기원전 4004년에 이루어졌고, 아시리아 제국은 기원전 1770년, 즉 대홍수 이후 114년째 되는 해에 세워졌다고 한다. 그러나 산업혁명이라는 최초의 대변혁으로 인한 엄청난 과학의 발전으로 종교적 신앙심이 옅어진 수많은 회의론자들은 니네베 이야기라면 코웃음을 쳤고 단순한 전설이 아니면 호랑이 담배 필 적의 케케묵은 옛날 이야기라고 접어 두고 있었다. 그들이 볼 때 니네베는 트로이와 마찬가지로 결코 실재한 적이 없는 도시였다.

그런데 메소포타미아에 들렀다 온 유럽 여행자들은 심심찮게 '이상한 구릉들'에 대한 이야기를 전해 줄 뿐만 아니라 불에 탄 도요의 파편들이라든가 화살촉 같기도 하고 피라미드 모양 같기도 한 이상한 문양(?)들이 새겨진 점토판 조각들을 기념물로 가져오기도 하는 것이었다. 모술의 농부들은 밀밭이라든가 보리밭을 일굴 때 이런 도요 조각들이 가래에 거치적거리는 것을 보기도 하였는데 그들은 이 점토판 문양을 아랍어로 미시마리(못처럼 뾰족한 글자)라 부르고 있었다. 이 점토판들은 아무 쓸모도 없는 허섭스레기로 버려지거나 아니면 새로운 벽돌을 만드는 데 다시 사용되기도 하였다. 아무도 이 돌 조각들을 보고 신의 명령이 석판에 새겨져서 인간에게 전해졌다는 구약성서의 이야기를 상기하진 않았다.(욥기에서 예언자는 '오, 내 말이 이제 적혀졌도다……바위에 영원히 지워지지 않도록 철필과 납으로 새겨졌느니라!'라고 외치고 있지 않은가?)

1700년경에 영국 사람 토머스 하이드는 이 이상한 물건들을 '피라미드 또는 쐐기 모양의 기호들(dactuli pyramidales seu cuneiform)'이라고 이름지었다. 그는 이 설형문자(cuneiform)라는 단어를 라틴어의 cuneus, 즉 쐐기라는 말에서 따왔다. 이 말은 유행하기 시작하였다. 그러나 하이드 자신은 이 긁은 자국들이 동양의 장식 문양의 괴상한 한 형식이라고만 생각하고 있었을 뿐이다.

32년 후 아이자크 프레스톤 코리가 런던에서 발간된 책을 통하여 하나의 의문을 제기하자 많은 학자들이 이에 대해 갖가지 추측을 하기 시작하였다. '우리는 헤브라이 문자나 그리스·로마 문자만이 유일한 고대 기록이라고 여겨왔다'라고 코리는 쓰면서 '그러나 고대에는 다른 국가들의 역사나 궁중 실록들을 기록하는 데 사용되었던 또 다른 여러 문자들이 있었다. 그렇다면 아시리아와 바빌로니아의 문자들은 어디서 찾아볼 수 있을까? 막강했던 제국들의 문학은 어떠했을까? 아니, 그 흔적이라도 남아 있어야만 할 게 아닌가?'라고 의문을 제기하고 있다.

코리의 책이 발간되자마자 곧 프랑스의 한 학자가 근동 지방을 여행하고 파리로 돌아오면서 여남은 개의 '쐐기문양(cuneiform)'이 새겨 있는 벽돌 조각들을 가지고 왔는데, 그는 코리에 동조하면서 이 문양들이 잊혀진 언어의 비밀들을 지니고 있을지도 모른다고 주장하였다. 그러나 그는 '이 문자들은 해독되어질 수 없다'고 결론지었다. 곧 어떤 독일 학자가 이 도전을 받아들였다. 그는 이것을 해독하는 작업에 몰두하더니 설형문자가 라틴어 시구의 알려지지 않은 형태라고 추론해 냈다. 다른 학자들 역시 옆길로 빠져 들어가기 일쑤였는데, 어떤 사람들은 이 기호들을 부적이라고 주장했는가 하면, 이집트의 상형문자(hieroglyphics)라고 하기도 하고, 하다 못해 중국어라고 주장하는 사람들도 있었다. 그런데 1878년 그러니까 꼭 100년 전 케임브리지 대학의 탁월한 교수가 이 비명들(inscriptions)은 "이교도들의 문자로서 아무도 읽을 수 없다"고 말하였다.

따라서 빅토리아 시대가 시작할 무렵은 물론이고 그 후로도 한동안 니네베에 관해서는 아무것도 알려져 있지 않았다. 구릉들이 그렇게 도처에 솟아 있었고 간혹 유래를 알 수 없는 '문양'들이 발견되어지기도 했지만, 어느 누구도 그 속에 뭐가 들어 있는지 파보려는 생각조차 하지 못했다. 트로이 멸망 훨씬 이전에 도읍지로 정해졌으며 엑소도스(애급 탈출) 이전에 그 전성기를 누렸던 니네베란 도시는 신화의 세계 속으로 자취를 감추고 말았던 것이다.

4. 단독 여행

1825년, 대영 박물관이 처음으로 괴상하게 새긴 설형문자 판들을 입수하여 사방 3평방 피트 크기의 유리 상자 속에 전시할 수 있었던 해에 어스틴 헨리 레이어드(Austen Henry Layard)는 최초의 단독 여행을 떠났다. 그는 런던에서 도버까지 역마차를 타고 가서 정기 화물선으로 영국 해협을 건넜으며, 칼레 (Calais)에서 파리까지 계속 여행하였다. 그는 프랑스의 수도에서 하룻밤을 머물렀는데, 여관에서 일하는 사람에게 샴페인 한 병을 주문하기도 하였다. 다음날 새벽 그는 부지런을 떨어 물랭으로 길을 재촉하였으며 그곳에는 한밤중에 도착하였다. "복작거리는 사람들 틈에서도 마중 나오신 아버님의 얼굴이 눈에 띄었다"라고 그는 후에 그때를 상기하였다.

그때 레이어드는 여덟 살이었다.

이 여행은 어린 그에게 상당한 자신감을 갖게 해주었고 여행과 모험의 즐거움을 알게 해주었다. 샴페인 사건은 삶의 쾌락에 대한 그의 조숙한 터득을 보여 준다고도 할 수 있겠다. 레이어드는 60년 후에 웃으며 다음과 같이 그때의 일을 회상하고 있다. "나는 청구서를 손에 쥔 아버님께서 놀란 얼굴로 거기에 적혀 있는 술병에 대해 물으시던 걸 아직도 생생하게 기억하고 있다."

이 여행은 많은 점에서 그의 미래의 생활 스타일을 예견케 해준다. 레이어 드라는 성(姓)이 보여 주고 있듯이 그의 가문은 프랑스 태생이다. 게다가 그의 친척들에 의하면, "자세한 내력은 알 수 없지만," 툴르즈의 레이몽으로부터 유래된 옛 집안이라고 한다. 사실이야 어찌되었건 루이 14세가 1685년 낭트 칙령을 폐기하였을 때, 방패막을 잃어버린 소수의 신교도들이 종교적인 박해로 시달리게 된 것은 사실이다. 즉 이 프랑스 왕은 위그노라 불리는 칼뱅파 교도들의 대량 탈출을 초래시킨 것이다. 이들 망명자들 중에는 피터 레이몽 드 레이어드(Layarde)도 끼어 있었는데, 그는 프랑스의 카톨릭교도 친구의 도움으로 네덜란드의 국경을 거쳐 영국으로 도망칠 수 있었다.

드 레이어드는 이름을 영국식으로 바꾸고 영국군에 입대하여 소령으로까지 승진하고 자신과 같은 처지인 프랑스 망명객의 딸과 결혼하여 캔터베리에 보금자리를 폈다. 위그노들이 이곳 교회의 지하실을 그들의 예배를 위하여 사용해도 된다는 허가를 받자 프랑스 사람들이 그 지역에 몰려들어 뿌리를 내리기 시작하였으며, 오늘날까지도 그들은 그곳에서 예배를 보고 있다.

레이어드 가문은 영국 땅에서 번창하기 시작하였다. 그리하여 18세기의 마루턱에 이르자 레이어드 가문에서 두 명의 군 장성이 탄생하였는가 하면, 세번째로 레이어드 가문을 빛낸 찰스는 성직에 들어가 우스터(Worcester)의 교회 주교가 되더니 성공의 가도를 계속 달려 조지 3세의 전속 사제로서 또는 브리스톨의 수석 사제로 활약하기도 하였다. 다른 정통파 고위 성직자들과 마찬가지로 그도 역시 안락한 생활을 누리며 고급 사교계에 드나들었고 좋은 음식을 배불리 먹었다. 그의 손자인 어스틴 헨리 레이어드의 말에 의하면, 그는 "해묵은 포르트 와인(포르투갈산 붉은 포도주)을 떨어뜨리지 않고 물 마시듯 마셔 댔다"고 한다.

사실 그 수석 사제(Dean)는 거만한 데다 허풍쟁이였으며, 기독교적 덕스러움과는 한결같이 엇갈린 면모를 보여 주고 있다. 그는 특히 어린 아이들을 좋아하지 않았는데, 자신의 자식들을 유별나게 싫어하였다. 누가 들으면 곧이듣지 않겠지만 그는 자식들이란 불쾌한 존재라고까지 말할 수 없을진 몰라도 꽤 거추장스런 존재라고 생각하였다. 그는 자신의 생활을 방해하는 이 침입자들을 몰아내는 방법을 곰곰이 생각해 낸 끝에 아직 철도 안 난

어린 자식들을 강아지 새끼들처럼 싸서 시골의 점잖은 집안들에게 보내
버렸다. 그의 둘째아들인 헨리 피터 존 레이어드는 람스게이트로 보내졌
다. 눈에 안 보이면 곧 잊어버린다는 속담도 있듯이 이 수석 사제는 아들에
게 한 번도 편지를 보낸 적이 없었으며 방문도 거의 하지 않았다고 한다.
참으로 믿을 수 없는 이야기지만 그는 휴일이나 명절날은 물론이고 크리스
마스 때조차도 자식들을 집으로 초대한 적이 없다. 그의 부인이 이에 대해
무슨 언급을 했는지——물론 했을 리가 없겠지만——에 대해서는 아무런
기록도 남아 있지 않다.

그러나 어린 헨리 피터 존은 운이 좋았다. 그를 돌봐준 집 사람들은 웬만
큼 교육도 받은 시골 사람들로서 그에게 영문학과 미술에 대한 소양을 길러
주었다. 이 소년은 또 이웃에 사는 지방 은행가의 딸인 푸른 눈을 지닌 상냥
한 소꿉 친구에 대한 애정을 꽃피워 갔다. 그 소녀의 이름은 마리안느 어스
틴이었다.

그가 람스게이트에서 성장하고 있는 동안 프랑스는 네덜란드를 침공하여
1795년에는 식민지(status of vassal)로 만들어 버렸다. 이와 함께 남아메리카의
위쪽 불쑥 튀어나온 곳에 있는 수리남으로부터 동남 아시아의 말레이 군도
에 이르는 네덜란드의 해외 왕국은, 그 당시 프랑스와 지구 곳곳에서 끊임없
이 충돌하고 있던 영국에게는 낚아채기 알맞은 노획물 상대로 등장하게
된다. 그런데 네덜란드 제국의 보석들 중엔 '동방의 진주'인 세일론도 끼어
있었다. 세일론은 향신료와 차, 고무, 진주 및 그 밖의 여러 이국적인 토산품
들의 본산지였다. 대영 제국의 동인도 회사가 이 좋은 기회를 놓칠세라 섬에
서 경쟁자인 네덜란드인들을 재빨리 몰아내고 대신 들어앉았다.

영국 사람들에게 있어 세일론은 일종의 낙원처럼 보였는데, 그 섬이 점령
되자 곧바로 치열한 자리잡기 쟁탈전이 뒤따라 일어났다. 특히 귀중한 자원
들을 관리하기 위해 새로 마련된 세일론 문관 자리의 배정에 관해서는 너도
나도 군침을 흘렸다. 이 문관 자리야말로 부호에 이르는 지름길이라고 생각
한 수석 사제는 약삭 빠르게도 적당한 기관에 적당한 압력을 가하여 사춘기

에 이른 자신의 두 아들들인 헨리 피터 존과 찰스 에드워드에게 한자리씩 얻어 주기에 이른다.

얼마 안 가서 레이어드라는 이름은 대영 제국 식민지에서 막강한 세력으로 부상하여 1948년 세일론이 독립할 때까지 그 위치를 고수한다. 오랜 세월 동안 레이어드 자손들은 무관직에서 주요 직책을 맡는가 하면 세일론 라이플 여단의 고급 장교로 복무하기도 하고, 이 섬의 사법계에서는 지방 법원으로부터 최고 법원을 망라하여 저명한 법조인으로 활약하기도 했으며, 차와 커피의 재배자로 또는 중개 상인으로 부귀를 누리기도 하였다.

그러나 헨리 피터 존의 경우엔 사정이 달랐다. 그의 형제인 찰스와 찰스의 후손들이 상당한 재산을 모은 반면에, 헨리는 건강이 좋지 않아——특히 천식과 말라리아가 겹친 불운을 맞고 있었다——이 적도 지방의 천국을 떠날 수밖에 없었던 것이다. 그는 약소한 연금 이외에는 거의 아무것도 지니지 않은 채 영국으로 되돌아왔다.

그런데 이 젊은 레이어드는 세일론에 있을 때 돈을 버는 것보다도 더 귀중한 뭔가를 터득하였나 보다. 그는 템스 강의 정박소에 닻을 내린 가로돛단배(squarer-igger)에서 내리자마자 람스게이트로 곧장 달려가 푸른 눈의 마리안느에게 청혼을 한 것이다. 마리안느는 주저하지 않고 그 청혼을 받아들였다. 매력적이며 작달막한 그녀는 담백하고 주제넘지 않은 천성을 지녔으며 시골에서 자랐으면서도 상당히 넓은 안목을 지니고 있었다. 마리안느는 엄청난 독서가였다. 게다가 한번 읽은 것은 거의 잊어버리는 적이 없었다. 그녀는 역사와 위인 전기 및 여행에 관하여 즐겨 읽었다. 그녀의 약점이라면 친족들의 압력——실제적인 압력이었는지 아니면 그저 지레짐작으로 느낀 것인지는 알 수 없지만——에 쉽사리 지고 들어가는 것이었다. 어스틴 가문은 서로 간에 유대가 깊고 부유하며 입김이 센 집안이었다. 다행스럽게도 그들은 마리안느에 동조하여 '세일론으로부터 온 이 청년'을 인정해 주었다. 그도 그럴 것이 그의 아버지는 영국 교회의 흠없는 지도자였으며 게다가 그가 어렸을 때 그들은 그 어린 코홀리개를 사랑해 주었던 장본인들이었기 때문이다.

식을 올린 지 얼마 안 되어 유럽 대륙이 나폴레옹의 패배로 평화를 되찾자, 천식기가 있는 헨리와 그의 신부는 프랑스로 건너갔다. 영국의 후줄근한 기후로부터 도망가기 위해서만이 아니라 소액의 연금으로 좀더 넉넉하게 쓰기 위해서였다. 1817년 5월 5일 바람이 몹시 불던 수요일, 마리안느는 파리의 뤼 뇌브 데 프티 샹(Rue Neuve des Petits Champs)에서 그들의 첫아들을 순산하였는데, 세례명은 의무적으로 헨리 어스틴이라 지었다. 이 해는 바로 콘스테이블(Constable)이 플랫포드 방앗간(Flatford Mill)을 그렸고, 바이론이 만프레드(Manfred)를 썼으며, 제인 어스틴이 죽고, 갑자기 불어닥친 산업혁명과 함께 영국의 사회적 불안으로 등장한 저임금에 대항한 폭동이 더비셔에서 난무하던 때였다.

당연한 일이지만 파리는 레이어드의 탄생을 눈여겨보지 않았다. 파리의 신문들은 탐 벨처라는 '영국 권투계의 일인자'라는 또 다른 영국인에 대한 기사로 가득 차 있었는데, 그는 바로 그날 손을 다쳐 600회의 성공적인 시합 끝에 은퇴를 선언했던 것이다. 가제트 드 프랑스(Gazette de France)에 보도된 바에 의하면 그는 200명이나 되는 적수들의 턱을 박살냈다고 한다. 그런데 아버지 레이어드의 건강은 프랑스에서 산다고 해서 더 나아지진 않았다. 좀더 온화한 기후를 찾아 레이어드와 그의 식구들은 남쪽으로 이끌려 갔다. 1821년, 헨리 어스틴이 네 살 되던 해 그들은 플로렌스에 정착했는데 아버지는 세일론을 떠난 이래 처음으로 만성적인 천식 발작으로부터 해방된 것을 알고 기뻐하였다.

브리스톨의 수석 사제였던 그의 아버지와는 달리——아니 어쩌면 그 아버지의 영향 때문이었는지도 모르지만——그는 자식을 애지중지하는 부성이 지극한 아버지였다. 그는 자식들——마리안느는 그에게 다섯 아들을 낳아 주었으나 두 아들은 유아 때 사망하였다——에게 미술과 세계에 대한 관심을 일깨워 주었다. 어린 헨리 어스틴의 손을 이끌고 아버지는 플로렌스의 유명한 박물관들과 화랑들을 교실삼아 방문하였다.

그러나 이탈리아에서의 이러한 꿈 같은 시절은 그리 길지 못하였다. 마리 안느의 친정 식구들은 그녀의 자식들이 낯선 나라에서 자라고 있는 걸 두려워하였다. 더욱 나쁜 것은 외국인들 틈바구니에서 아이가 자라는 것이라 하였다. 자식이 없던 그녀의 오빠 벤저민과 올케 사라의 실망은 유난히 컸다. 꼬마 헨리의 대부 대모였던 만큼 특별한 책임감을 느낄 만도 했다.

벤저민 어스틴은 런던의 저명한 변호사였는데 이 사내아이를 위하여 원대한 계획을 세워 놓고 있었다. 아이가 나이가 차자 그는 수습 법률 사무원으로 쓰겠다고 제안하였다. 어스틴의 생각 뒤에는 이 소년이 자기 회사의 동업자로 성장하여 변호사 사업을 이어 주었으면 하는 희망도 도사리고 있었던 것이다. 사라 어스틴도 남편의 말에 합세하여 그 소년에게 알맞은 장소는 법률에 손을 대기 전에, 알맞은 교육을 받을 수 있는, 알맞은 영국 학교라고 주장하였다. '알맞은(proper)'이란 단어는 사라가 즐겨 쓰던 말이었다.

이들 부유한 어스틴 부부는 마리안느에게 압력을 가해 왔고 마리안느는 성격상 친정의 희망에 거역하지 못하는 사람이었다. 그녀의 남편은 마지못해 아내와 처남 부부의 의견을 따랐다. 결국에 가서 그는 그곳이야말로 자식의 미래가 있는 곳이니 할 수 없다고 자위할 뿐이었다. 불행하게도 레이어드 일가는 축축하고 음산한 영국으로 다시 돌아왔다. 그러자 아버지는 다시금 천식 발작으로 몹시 고통을 당하게 되었으므로 휴양을 위해 다시 대륙으로 돌아가 물랭에 안주하게 된다. 그러나 그들은 떠나면서 어스틴 부부에게, 어린 헨리에게 '알맞은' 교육을 받게 하겠다고 약속을 해야 했다.

물랭에 사는 동안 소년은 프랑스 학교에 들어갔다. 어린 시절을 줄곧 보호받고 자란 헨리 어스틴은 처음으로 새로운 세계와 맨몸으로 접촉하게 되었다. 갑자기 그는 자신이 미움받는 소수의 천덕꾸러기들 틈에 속해 있음을 발견하게 된다. 나폴레옹 전쟁은 끝났지만 프랑스와 영국은 아직도 상호 의심스런, 아니 증오와 경멸스런 눈으로 바라보고 있을 때였기 때문이다. 레이어드는 신교도라는 둥 또는 이교도라는 둥 하며 놀림을 당하곤 하였다.

그는 가끔 학교의 망나니들로부터 얻어맞고 집에 돌아오기가 일쑤였는데, 난투가 벌어지면 교장은 헨리에게 두 배의 벌을 가하곤 하였다. 교장은 프랑스식 논리(Gallic logic)에 의해 이 영국 녀석이야말로 문제의 발단이라고 결론을 내렸기 때문이다. 헨리가 오기 전까진 학교가 조용했으니 그럴 만도 했다.

학교로부터 '반항적이며 손을 쓸 수 없는' 아들을 두고 있다고 통보가 오자 레이어드 부부는 문제를 곰곰이 훑어본 뒤에 헨리를 학교로부터 빼내었다. 그러나 이 경험은 어린 레이어드에게 삶의 또 다른 한 면을 가르쳐 주었나 보다. 그는 피해 의식(persecution complex)을 갖기 시작하였고, 이를 극복하기 위해 은연중에 격렬한 기질과 공격적인 태도를 갖게 되었다. 그 이후로 그는 매사에 있어 속으로는 방어적이면서도 겉으로는 공격적으로 되어 갔다.

물랭 학교의 에피소드가 아들에게 치명적이었듯이 프랑스의 기후 역시 아버지에겐 재난에 가까웠다. 그들은 짐을 챙겨 스위스에 잠시 머문 뒤 언제나 마음 속에 그리던 이탈리아로 가서 그들의 옛 소굴이라 할 수 있는 플로렌스에 자리잡았다.

플로렌스에서의 이 두 번째 체류는 어린 헨리 어스틴 레이어드에게는 가장 행복스런 시절이었다. 그는 화가들의 세계에 침잠하게 되었으며 곧 프랑스어나 영어처럼 이탈리아어를 구사할 줄 알게 되었다. 책들로 가득 찬 집안에서 그는 여행과 영웅적인 모험에 관한 책들을 즐겨 읽었다——이 책들은 그의 어머니가 89세로 돌아가시던 1879년까지 소중히 탐독하시던 책들이었다.

레이어드가 좋아하던 작가들 중에는 요한 부르크하르트가 있었다. 그는 스위스 탐험가로 소아시아 여행기를 시리즈로 냈고 후에는——지금은 요르단의 사막이 되어 있지만——나바타인들(Nabataeans)이 세운 잊혀졌던 페트라를 발굴한 사람이었다. 그는 '페트라는 우리가 잘 알 수 없는 시대의 문화가 남긴 장려한 폐허로서 너무나도 황량한 지역에 널려 있어 그토록 적막하고 버려진 황무지에 어떻게 한때나마이긴 하지만 당당한 성곽 도시들이 서 있을 수 있었는지, 또 어떻게 그처럼 막강하고 부유한 민족이 상당한 세월 동안 그곳에 정착할 수 있었는지 상상조차 할 수 없을 정도'라고 썼다.

부르크하르트의 이야기를 읽은 어린 레이어드는 페트라를 직접 보고 싶다는 생각을 했으며 자신도 '잊혀진' 도시를 독자적으로 찾아낼 수 있을지도 모른다는 꿈에 잠기곤 하였다. 그러나 그가 좋아하던 책은 「천일야화」였다. 그 책은 페르시아와 인도의 이야기들이 아라비아의 우화로 제 모습을 갖추고 있는 것인데 여기저기 삭제하여 오늘날까지도 유럽의 어린이들에 의해 세계에 대한 소개 책자로 읽혀지고 있다.

그는 장식이 무척 요란하고 멋진 플로렌스 풍의 식탁 밑에 배를 깔고 누워 몇 시간이고 이 책을 읽곤 하였다. 그는 커다란 눈동자를 굴려가며 요정들이라든가, 귀신들, 뚱뚱보 술탄들 그리고 반달 같은 눈을 지닌 소녀들과 알라딘, 알리바바, 신밧드 등에 관한 이야기를 읽고 또 읽고 하였다. 이 기발난 책은 그의 가슴 속에서 일천하고도 하룻밤보다도 훨씬 더 많은 세월 동안 자리잡고 있었다. 칠순이 가까워 회고록을 집필하고 있을 당시에도 그는 일생을 통해 변함없이 간직하고 있던 특유의 소년다운 천진스런 흥분을 감추지 못하고 다음과 같이 썼다. '나는 이 이야기들을 지금까지도 그때처럼 재미있게 읽을 수 있다.' 그러고 나서 '그 이야기들은 나의 인생에 적지않은 영향을 끼쳤다'라는 의미 있는 한마디를 덧붙이고 있다.

아라비안 나이트에 대한 정열로 인해 그는 근동 지방의 여행담들을 닥치는 대로 읽어나가기 시작하였다.

그가 후에도 인정했지만 그는 「천일야화」를 통하여 모험 정신만을 기른 것이 아니라 '어딘가 낭만적인 기질'도 몸에 익힌 것 같다. 예를 들면 그는 열 살 되던 해 '정말로 살아 움직이는 어여쁜 소녀'와 사랑에 빠졌는데, 그 여자아이는 동급생의 여동생이었다. 헨리는 어떤 녀석이랑 그녀 때문에 싸움까지 벌였다고 한다. 둘 다 펜싱반에 들어 있었기 때문에 그들은 자신들이 적수 관계를 연습용 칼——칼 끝에 단 솜뭉치를 풀고——로써 해결을 보기

로 합의하였다. "피비린내 나는 결투까지 어떤 연유로 해서 가지 않게 되었
는지 지금은 잊어버렸다"라고 후에 그는 그때의 일을 회상하였다.

플로렌스에 다시 자리를 잡자마자 아버지와 아들은 예전처럼 화랑들과
박물관들을 돌기 시작하였다. 아홉 살이 되었을 때 레이어드는 벌써 플로렌
스 파의 모든 그림들과 화가 이름들을 알아맞힐 수 있었다. 그리고 우피지
(Uffizi)와 피티(Pitti)의 유명한 소장품들을 낯익혀 두고 있었다. 열두 살 때는
능숙한 미술 감식가인 동시에 비평가로 성장해 있었다. 그는 또 비주류계의
화가들인 카를로 돌치(Carlo Dolci)라든가 그의 딸 아그네스 등의 그림들이
지닌 아주 미세한 차이점들까지도 지적해 냄으로 해서 아버지를 즐겁게
해주었고 미술 평론가들을 놀라게 하였다. 정말이지 그 소년은 한동안 화가
가 될까 하는 생각도 하였다. 그러나 자기 아들을 런던의 공인 변호사로
키워 조각 마루를 깐 사무실에서 일하기를 희망하고 있던 아버지는 그를
설득시켰다. 예술이 지닌 아름다움을 즐기는 것도 좋지만 문제는 돈이라는
것이었다.

어쨌든 아버지는 자식의 마음을 부드럽게 가라앉히고 그곳의 이름없는
화가로부터 그림을 배우도록 주선하여 주었다. 그 화가는 성 크로체(Croce)
수도원의 조그만 방에서 살고 있었는데, 그는 이 아이에게 사람이나 동물의
형태가 새겨진 석판화를 베끼도록 하였다. 이 수업은 후에 가서 그에게 매우
결정적인 도움이 되어 준다. 소년 레이어드는 또 세이무어 키르컵(Seymour
Kirkup)의 스튜디오도 방문하였다. 이 영국 화가는 단테 연구생으로 「신곡」
의 베르농 판(Vernon edition) 속에 그린 삽화로 널리 알려진 사람이다. 그는
그 지방의 명사였는데, 자신이 지오토(Giotto)의 프레스코 화를 어떻게 발견
해 내었는지를 재미있게 들려 줌으로 해서 어린 레이어드의 마음을 사로잡
았다. 그 그림은 보르젤로(Borgello)의 교회당 벽에 그려져 있었는데 수세기
동안이나 흰 석회칠을 덕지덕지 칠해 놓아서 어느 누구의 눈에도 띄지 않았
다는 것이다. 소년은 자신도 키르컵과 같은 행동을 하게 될 운명에 놓여
있다는 것을 꿈에도 알지 못하였다——게다가 단지 하나의 잊혀진 예술

36

작품을 재생시키는 작업이 아니라 아주 먼 이역 만리에서 여남은 개의 박물
관을 채우고도 넘칠 엄청난 규모의 잊혀진 문화 유산과 씨름할 운명일 줄이
야.

　레이어드의 아버지는 수입이 한정되어 있었음에도 불구하고 세일론에서의
습관을 버리지 못하고 이탈리아에서도 점심 식사에 그 지방의 여러 인사들
을 정기적으로 초대하곤 하였다. 그들은 대체로 비좁은 연못에 사는 거물급
물고기들이라 하겠는데, 그들 중에는 풍경화가인 모르간과 극작가 니콜리
니, 바이런의 친구였던 트릴러니와 '고고학'이라는 단어가 아직 유행하기
전인 그때에 우피지 박물관의 고대 유물 부서 담당관이었던 미글리아리니
등이 끼어 있었다.

　"그들은 모두 나를 너무 어른스럽게 대해 주었다"고 레이어드는 불평을
늘어놓았지만 그걸 즐기기도 하였다. 식탁 화제는 주로 미술과 여행이었다.
이 점심 식사는 소년의 상상력을 매우 고취시켰으니, 그는 여행에 대해 강렬
한 동경심을 갖게 되었고 너무 조숙할 정도로 이른 나이에 범세계적인 사나
이로 탈바꿈하고 있었다.

　미글리아리니를 알고 있는 덕분으로 아버지와 아들은 그 근방에 있었던
에트루스카 발굴지를 방문할 수 있었다. 그들은 거기서 플로렌스 고대의
성벽들을 관찰하였는데 이렇게 해서 그는 처음으로——현대 고고학자들이
즐겨 쓰는 말로——'땅파기(the dig)'와 인연을 맺었던 것이다.

　18세기 말에 가서 폼페이 유적의 우연찮은 발견으로 유럽인들의 상상력에
불이 붙어 올랐고 또 고고학 역시 커다란 자극을 받았으나 그래도 당시의
고고학은 아직 걸음마 상태에 있었다. 화산재로 덮인 폐허들은 근본적으로
말해서 매장되지 않은 것이나 마찬가지다. 사라져 버린 도시들과 문명들이
삽질에 의해 다시금 밝은 태양 아래 모습을 드러내놓게 된다는 생각은 그
당시만 해도 대단히 충격적인 것이었다.

　이처럼 자신의 삶을 형성해 가는 성장기에서 운명의 손길은 그로 하여금
고고학과 고고학의 선두주자가 될 수 있는 여행과 모험의 세계로 이끌어

주었다. 예를 들어 레이어드 가족은 가끔 트라시메노(Trasimeno) 호수의 둑을 따라 산보했는데, 그 호수 옆에 펼쳐져 있는 들판은 플라미니우스(Flaminius) 치하의 로마가 한니발에 의해 참패를 당한 곳이기도 하다. 그 지방의 전설에 의하면 그 운명의 싸움 이래로 그 들판에서는 동틀 무렵마다 눈에 보이지도 않는 수탉의 울음소리가 들려 온다는 것이다. 여기서 이 소년은 독자적인 정신을 보여 주었다. 무엇 때문에 안락 의자에 앉아 그에 대해 왈가왈부하기만 하는가? 왜 직접 들판으로 나가 확인해 보지 않는가?

다른 사람들이 전설의 진위에 대해 열띤 논쟁을 벌이고 있을 때 열한 살난 레이어드는 한밤중이 지난 지 얼마 안 되는 어두컴컴한 새벽에 그 들판에 나가 보았다. 달빛 아래서 그는 아마도 그 옛날의 전투를 그려 보았을 것이다. 전차와 전차가 부딪치고, 방패와 방패가, 창과 창이 맞딱뜨리는 광경을 보았을지도 모른다. 그러나 그날 아침 수탉은 울음소리를 들려 주지 않았다. "나는 들판을 밤새도록 헛되이 헤매고 다녔다." 그는 후에 이에 대해 언급하였다. "그러나 나는 가기로 결심했었고, 그래서 간 것이었다."

세월이 흘러감에 따라, 영국에 있던 대부 대모는 자신들의 대자(god son)가 제멋대로의 교육을 받고 있는 사실에 아연실색하지 않을 수 없었다. 어스틴 부부는 마리안느와 그녀의 남편에게 소년의 장래를 재고하라고 또다시 압력을 가해 왔다. 그들은 둘 중에 하나를 선택하라고 했다. 알맞은 교육을 시키기 위해 영국으로 보내든지, 아니면 더러운 외국인들 사이에서 멋대로 키우든지 양자 택일을 하라는 것이었다. 타고난 성격대로 마리안느는 양보하였고, 그녀의 남편 역시 타고난 성격대로 아내의 결정에 따랐다.

1829년 열두 살이 되던 해, 소년 레이어드의 목가적인 이탈리아 시절은 두번째로 중지당하게 되니, 그는 다시금 영국으로 보내진 것이다.

5. 새장 안의 새

어스틴 부부는 그들의 상속자가 영국에 오자 제임스 뷰셔(James Bewsher) 신부가 운영하는 학교에 전입시켰다. 뷰셔 신부는 그들처럼 철저한 토리당원 인데다 성공회 회원이었다. 레이어드는 조심스럽게 말하고 있다. "나는 나와 전혀 다른 교육을 받고 자라난 소년들 틈에 끼어 있었다."

그는 그들과 아무런 공통점도 갖고 있지 않았을 뿐만 아니라 백안시당하 기까지 했다. 그의 유창한 프랑스어와 이탈리아어는 의심을 불러일으켰고 끝없는 공격의 대상이 되기도 했다. 레이어드는 차별 대우(나쁜 의미의)를 받게 된 것이다. 그리하여 그는 온갖 종류의 가축들이 어울려 사는 농가의 뜰에서 모이를 쪼아 먹는 데 앞뒤 순서가 있듯이 어떠한 사회도 평화를 유지 하기 위해선 서열이 요구된다는 것을 알게 되었다. 이 경험은 그에게 언제 한 걸음 뒤로 물러서는 것이 전략적으로 의미 있으며 또 영예로운 일인가를 가르쳐 주었다. 예를 들면 그가 이탈리아 물을 먹었다고 아이들이 어찌나 무자비하게 놀리고 협박 공갈을 가했는지, 후에 그는 이렇게 말하였다. "나 는 그처럼 아름다운 언어에 대한 나의 지식을 숨기려고 온갖 애를 다 썼으 며, 이탈리아의 '이' 자도 내 몸에서 풍겨나지 않도록 조심하였다."

그는 애당초 학교 넥타이를 맬 운명을 타고 나지 않았으므로——레이어드 부부는 그를 대학에 보낼 처지가 못 되었으며, 어스틴 부부도 그럴 필요가 없다고 생각하였다——학교 선생님들은 그의 인문 교육(classical education,

고전 교육)에 별다른 신경을 쓰지 않았다. "나는 평생 동안 그 일을 얼마나 후회했는지 모른다"라고 그는 말하곤 했다. 그가 여행에 대한 야심을 꽃피우게 된 것은 템스 강에 닻을 내리고 있는 가로돛단배들을 물끄러미 쳐다보곤 하던 그 당시였던 것 같다. 한번은 이제 막 소아시아 주둔 임무를 마치고 돌아와 새 단장을 하고 일반에게 공개된 소형 군함인 '대영 제국의 검둥오리호'의 갑판에 올라가 본 적까지 있었다.

그의 학창 시절 중 가장 행복했던 나날은 여름 휴가 때였다. 소년들은 그들의 시골 영지로 흩어져 갔으나 레이어드는 소사 아저씨들과 학교에 남아 있었다. 그는 자유 시간을 템스 강에서 고기를 낚거나, 여자아이들을 곁눈질해 보거나 또는 최근의 소아시아 여행담 또는 모험담들을 읽으며 보냈다.

크리스마스 때나 다른 명절 때는 외삼촌의 시내 저택이나 또는 시골 영지에서 보냈는데, 그곳에서 그는 자신이 타고난 승마 선수라는 것을 알게 되었다. 그는 또 당시 몽타그 하우스에 위치해 있었던 대영 박물관도 정기적으로 방문하였다. 그 박물관은 외삼촌 댁에서 이삼 분 거리 내에 있었다. 그곳에서 그는 생전 처음으로 '위대한 도시들'이었던 니네베와 바빌론이 남겨 놓은 모든 것들——그러나 양적으로 얼마나 빈약한 수집품들이었던가?——을 눈여겨볼 수 있었다. 그 진열품들은 그가 태어나던 해에 박물관이 클로디우스 제임스 리치의 미망인으로부터 사들인 것이다. 레이어드는 리치라는 이름을 무심코 보아 넘겼다.

그 유물들은 하나의 유리 진열장 안에 모두 들어 있었는데, 그저 4개의 원통형의 구운 토기와 32개의 점토판, 13개의 벽돌 조각과 1개의 경계 표지 및 그 밖의 자질구레한 동강이들로 이루어져 있었다. 이 유물들은 화살촉 모양 같은 글자들로 덮여 있었다. 이 유물들이 진실로 아시리아로부터 유래된 것인지는 의문의 여지가 있었다. 어쨌든 아무도 이 괴상한 기호들을 해독해 낼 수 없었다. 당시 레이어드는 모르고 있었지만 이 단 한 개의 진열장이야말로 리치에게 불후의 명성을 가져다 주었다. 그 진열장은 바로 아시리아의 고고학에 있어서 최초의 자극제였던 것이다.

레이어드는 뷰서에서의 4년간을 지극히 산만하게 보내었다. 그리고 1834년 레이어드의 부모님과 동생들은 어스틴 가문의 강요에 못이겨 영국으로 되돌아왔다. 어린 레이어드는 도버까지 부모님을 마중나갔고 따뜻한 재회의 기쁨을 나누었다. 부모님들은 그가 매우 자랑스러웠다. 그들의 장남은 이제 열일곱 살을 맞는 아주 멋진 청년으로 변신해 있었던 것이다. 아들은 금발머리를 바이런 식(à la Byron)으로 멋지게 빗어 넘기고 있었는가 하면 초기 빅토리아 시대에 유행했던 당당한 스타일의 콧수염을 뽐내고 있었다.

벤저민과 사라 어스틴은 헨리의 부모님이 안 계시는 동안 그를 실질적인 양자로 삼았다. 그는 벤저민 외삼촌의 요구에 따라 자신의 세례명의 순서를 뒤바꾸어 사인할 때도 '어스틴 헨리'라고 썼는데 가족들과 친구들은 그를 계속 '헨리'라 불렀다. 그는 삼촌의 법률 사무소에서 수습 사원으로 일할 만반의 준비가 되어 있었다. 누가 보아도 그는 삼촌의 회사를 물려받기 위해 훈련에 들어가는 것임에 틀림없었다. 그것은 어디까지나 문중이 짜놓은 계획이었다. "나 자신의 취미라든가 소망은 전혀 고려되지 않았고 물어 오지도 않았다"고 어스틴 헨리는 훗날과 연결시켜 참담한 어조로 말하였다. "나의 성격이라든가 기질조차도 계산에 넣지 않았다."

1834년 1월 23일 그는 삼촌 밑에서 5년간 일을 배우기로 합의 보았다. 레이어드의 다른 신원 서류들과 함께 대영 박물관에 소장되어진 당시의 계약서를 보면 벤저민 어스틴은 "내가 지닌 지식과 기술을 총동원하여 어스틴 헨리 레이어드가 변호사로서 또는 법정 대리인으로서 일을 할 수 있게끔 가르치고 조언해 주겠다"고 언약하고 있다.

이에 대해 레이어드는 '위의 인물인 벤저민 어스틴의 돈이라든가 장서라든가 서류, 증서, 기록 및 기타 모든 것을 고의적으로 감추거나, 횡령하거나, 훼손시키거나, 빌려 주거나, 버리거나, 삭제하거나 하지 않겠다'고 맹세하고 있다.

주고받은 맹세는 어스틴 가(家)에서 있었던 가족 만찬석상에서 날인되었다. 잔마다 포르트 와인이 철철 넘쳐흘렀다. 레이어드 내외와 어스틴 내외는 매우 흡족했다. 레이어드 부부로서는 그들의 장남에게 아주 멋진 인생의 첫출발을 제공해 준 셈이 되었고, 어스틴 내외로서는 명실 상부한 상속자를 얻은 셈이었다.

그 만찬석상에서 별 감흥을 느끼지 못했던 유일한 사람은 어스틴 헨리 자신이었다. 그는 법률에 아무런 흥미도 느낄 수 없었다. 그는 속으로 이튼과 옥스포드로 가서 공부하게 될 학급 친구들을 부러워하고 있었다. "그러나 아버님의 경제적 여건이 그리 넉넉한 편이 아니라는 걸 나는 너무나도 잘 알고 있었다"라고 그는 후에 고백하였다.

그 후 5년 동안 레이어드는 부지런히, 아니 거의 필사적으로 법률에 전력 투구하였다. 그러나 그 결과는 절망적인 것이었다.

그 동안 그의 부친은 그에게 일주일에 2파운드(10달러)의 용돈을 주었다. 그 돈으로 그는 방세도 내고 끼니와 옷가지와 차편을 해결해야 할 뿐만 아니라 오락과 독서 및 그 밖의 자질구레한 온갖 지출 항목들을 위해 쪼개고 쪼개어서 써야 했다. 그의 삼촌은 은근히 레이어드 부부에게 수습 기간에 '이 소년을 위해 뭔가 해줄 의향인 것처럼' 내색을 했다. 그러나 그는 매년 돌아오는 크리스마스 때를 빼놓고는 아무런 경제적 도움도 주지 않았다.

매일 아침 9시 정각만 되면 어스틴 헨리는 어린 급사 밥 크레칫처럼 삼촌 사무실의 걸상에 앉아 있었다. 한 손엔 펜대를 들고 변호사 사무실의 하루 일상 업무를 도울 만반의 준비를 하였다. 그가 주로 하는 일이란 법적인 문서들을 베끼고, 업무차 관청에 가는 사무원을 따라다니는 것 등이었다. 그가 보기에 천장이 낮다 하고 쌓여 있는 서류들이 어쩌다 모두 처리된다 해도 그는 쉴 틈도 없이 법률책을 읽고 숙달해야만 했다.

오후 늦게 퇴근 시간이 되면 삼촌과 다른 직원들은 따뜻한 벽난로가 기다리는 집으로 향했지만, 레이어드는 길 아래 허름한 음식점으로 가서 혼자 저녁 식사를 해야만 했다. 저녁 식사는 매일 똑같았다. 고기 한 점을 먹고 미지근한 물 한 잔을 마시면 끝났는데, 6펜스(12센트)로서 그가 아는 한 가장

싼 가격의 차림표였다. 저녁 식사가 끝나면 다시 그레이즈 인에 있는 삼촌 사무실에 가서 저녁 공부를 해야 했고 느즈막한 밤이 되어서야 뉴 오르몬드 가에 있는 싸구려 하숙방으로 갈 수 있었다. 법률 책자 중엔 간혹 엘리자베스 시대의 영어로 씌어 있는 것도 있어 그는 기가 질리기도 하였다. 그가 보기에 "법률은 단조로우며 메마르고……이해하기 힘든 것" 같았다고 후에 말했다. 그가 법률이 지닌 단조로움과 병적인 상태로부터 벗어날 수 있는 유일한 돌파구는 어스틴 부부가 손님을 초대하는 일요일뿐이었다.

이 일요일 만찬 행사는 무척 화려하였는데, 빅토리아 시대에 들어서서 청교도적인 검약 풍조가 뿌리내리기 시작했고, 의회에서는 안식일에 공적이거나 사적인 오락을 금지하는 1837년의 주일 엄수 법안(Sunday Observance Bill)이 엊그제 가까스로 부결된 사실을 고려해 본다면 차라리 놀라울 정도라 하겠다.

그러나 외숙모와 외삼촌은 그의 부모님들과 마찬가지로 너그러운 손님 접대자였다. 게다가 만찬석상은 작가, 화가, 정치가 등을 망라한 각양 각층의 손님들로 항상 붐비었다. 물론 정치가들은 변함없이 철저한 토리당원들이었는데, 어스틴 부부는 진보당은 증오하였고 휘그당(Whig)은 경멸하였기 때문이다. 플로렌스에서 있었던 부모님의 식탁에서와는 달리 삼촌의 만찬 손님들은 커다란 연못에 사는 커다란 물고기들로 구성되어 있었다. 그가 같이 식사를 한 사람들은 화가인 터너와, 「드 베르(De Vere)」의 저자 로버트 플러머워드, 터키에서 그리스의 폐허를 발견한 찰스 펠로우즈, 문예 비평가 아이자크 디즈렐리와, 그의 멋쟁이 아들 벤저민 디즈렐리 등과 같은 저명 인사들이었는데, 벤저민은 사라 외숙모가 편집을 도와 출간한 「비비안 그레이」의 저자이기도 하였으며, 이 책이 나오자마자 그는 새총에 퉁긴 조약돌처럼 화려한 조명의 무대 위로 날아 올라가더니 결국 다우닝 가 10번지로 곧잘 진출하고 만다.

어느 날 열띤 논쟁을 하던 중 아들 디즈렐리는 자기가 수상이 되면 무엇무엇을 하겠다고 터무니없는 일대 열변을 토하여 어스틴 씨와 좌중의 손님들로부터 열렬한 박수갈채를 받기도 하였다. 좌중으로부터 웃음소리가 진동하자, 화가 난 디지는――그는 디지라고 불렸다――소리쳤다.

"웃을 테면 실컷 웃으시란 말입니다. 나는 꼭 수상이 되고 말 테니까!"

어스틴 씨 집을 드나드는 단골 손님들 중에서 두 사람, 즉 디즈렐리와 펠로우즈를 레이어드는 가장 부러워하였다.

당시 열일곱 살이었던 레이어드는 건방지고 자신 만만한 이 올챙이 토리 당원――디지는 그때 서른 살이었다――이 자신이 원하는 바를 정확히 알고 있을 뿐만 아니라 그것을 얻기 위해 단호한 결심을 보이고 있는 것이 무척 부러웠다. 그와 마찬가지로 디즈렐리 역시 한때는 사법 사무소의 수습 사원이었다. 그런데 어느 날 그는 블랙스톤(Blackstone) 대신에 초서(Chaucer)를 읽고 있다가 발각되었고 '규율이 형편없는 엉덩이에 뿔난 녀석'이라고 한 차례 지독한 꾸중을 들은 다음 법률하곤 인연이 멀다는 선고를 받았다. 그에겐 물론 그 직업을 버리라는 격려사가 필요없었다. 그는 미련 없이 그레이즈 인(Gray's Inn)으로부터 도망하여 문학의 세계 속으로 몸을 숨겼다. 누구라도 좋으니 레이어드 역시 법조계엔 알맞지 않다고 말해 주는 사람이 있다면 얼마나 좋았을까?

당시 서른다섯 살이었던 펠로우즈는 빅토리아 시대의 점잖은 말을 빌려 '행운의 신사'라 불려야 할 것이다. 왜냐하면 그는 은행가였던 부친으로부터 거금을 상속받았기 때문이다. 그러나 펠로우즈는 게으름뱅이가 아니었다. 그는 터키에서의 탐사 활동이라든가 리시아(Lycia)의 고대 수도였던 잔투스(Xanthus) 등과 같은 그리스 폐허의 발굴에 관한 상세한 이야기를 들려 줌으로 해서 어스틴 부부와 그 밖의 손님들을 열광시키기도 하였다. 펠로우즈는 자신의 발굴 활동에 대한 직접적인 증거로서 스케치라든가 조상들도 여러 상자나 가지고 건너왔다. 그래서 빅토리아 여왕은 후에 작위를 수여하여 '잔투스의 고대 유물을 영국으로 옮겨온 그의 노고를 치하'하였다. 펠로우즈는 런던 사교계의 명사가 된 것이다.

레이어드는 펠로우즈에게 매혹당한 정도에서 그친 게 아니라 아주 노예가 되고 말았다. 그는 남몰래 펠로우즈와 경쟁하는 꿈을 키워 나가고 있었다. 디지처럼 법률로부터 탈출하여 펠로우즈처럼 자신의 시간을 활용하고 싶었다. 그는 얼마나 그들을 부러워하였던가! 그러나 그를 위한 운명의 주사위는 이미 던져지지 않았는가?

이렇듯 사람의 혼을 빼놓는 일요 만찬이 파하면 젊은 레이어드는 전보다 더 풀이 죽어 초라한 하숙방으로 되돌아가야 하였다.

삭막한 영국으로 마지못해 이끌려 온 레이어드의 아버지는 1년도 채 못 되어 새로운 천식 발작을 일으키기 시작하였다. 이 발작으로 그는 더욱 쇠약해져 갔고, 당시 급속히 산업화하여 가던 영국의 저주라 할 수 있는 폐병에 걸리고 말았다.

1835년 선거에 출마하여 유세를 벌이고 있던 디즈렐리는 런던 교외인 에일즈버리의 레이어드 부부를 방문하고 아연실색하였다. "레이어드 씨가 병석에 누워 있습니다." 그는 그 특유의 스타카토 스타일로 어스틴에게 펜대를 놀렸다. "정말로 중병을 앓고 계세요"라고.

어스틴 헨리는 급히 아버지에게로 달려갔다. 그리고 얼마 안 가서 선천적으로 예술을 좋아했고 자상한 가장이었으며, 아들이 아버지와 소원해질 나이에 이르렀음에도 불구하고 더욱더 돈독한 부자간의 우정을 유지할 줄 알았던 그의 아버지는 쉰한 살의 일기로 숨을 거두었다. 아버지의 죽음은 그야말로 청천벽력이었다. 이 충격으로 말미암아 법률에 대한 흥미는 급속도로 냉각되었고 그는 심각한 우울증에 빠져들고 말았다. 놀란 어스틴 부부가 그들의 주치의를 모셔왔고 의사는 '기분 전환'을 처방하고 돌아갔다.

어스틴 부부의 친구들 중에는 작가인 동시에 삽화가였던 윌리엄 브록덴이 있었다. 레이어드는 그 해 여름의 일부를 그와 함께 유럽 대륙, 특히 이탈리아 알프스에서 주로 보냈다. '브록'(그의 친구들은 그를 그렇게 불렀다)을 통하여 레이어드는 카밀 드 카부르(Camille de Cavour)를 만나게 되어 이탈리아의 독립 투쟁에 관해서 많은 이야기를 듣고 재빨리 그의 편에 가담하였다.

바로 이 여행 중에서 먼 과거의 세계에 대한 레이어드의 관심이 겉으로 나타나게 된다. 브록은 새로운 책을 쓰기 위해 자료를 수집하고 있었다. 그는 특히 제2차 포에니 전쟁(Poenic war) 때 한니발이 알프스를 넘은 코스가 현재의 '작은 생 베르나르(Petit St. Bernard)' 고개라는 이론을 입증하고 싶어하였다. 손에는 다 떨어진 로마의 역사가 폴리비우스의 책을 들고 레이어드를 동료삼아 브록은 알프스의 지형을 샅샅이 살펴보고 난 뒤에 카르타고인들이 이탈리아를 침공할 당시 택했던 진입로에 대한 해묵은 논쟁거리를 해결하였노라고 만천하에 공표하였다.

알프스에 머물러 있는 동안 브록은 레이어드를 〈런던 타임즈〉의 전직 해외 통신원이었던 헨리 크랩 로빈슨에게 소개해 주었다. 그는 법조계에 투신하였다가 한밑천 모은 한창 시절에 '여생을 즐겁고 편안하게 보내기 위하여' 자신의 직업을 내팽개친 사람이었다. 로빈슨은 젊은 총각이 곧 마음에 들었고 런던 자택의 조찬에 초대까지 하였다. 로빈슨의 조찬은 어스틴 가의 일요 만찬만큼이나 유명한 모임이었다.

레이어드는 로빈슨을 통해서 코울리지, 워즈워스 등과 같은 문학적 거성들과 W.J. 폭스 등과 같은 정통파가 아닌 자유 분방한 정치적 인물 등도 만날 수 있었다. 유니테어리언 교파의 목사였던 폭스는 당시 국내의 정치적 현안 사항들 중에서 가장 많은 열띤 논쟁을 불러일으켰고, 또 사회의 이면을 보여주고 있기도 했던 곡물 조례법(수입에 중과세를 부과하는 조례로 1846년 폐지)에 대한 반대 운동의 지도자였는데 그는 그 운동을 결국 승리로 이끌어 갔다.

로빈슨은 '은퇴'에도 불구하고 정기적으로 잡지들에 기고를 하고 있었으며 레이어드를 조사 연구원으로 써주었다. 레이어드는 그 당시 일을 이렇게 회상하고 있다. "그 당장부터 나는 그레이즈 인 이외에서의 시간을 온통 일반 독서를 위해 바쳤다."

그 당시만 해도 독일어는 거의 인기 있는 언어가 아니었다. 그러나 쉴새없이 괴테와 그 밖의 독일 작가들에 관하여 늘어놓는 로빈슨을 알게 된 덕택으로 그는 독일어를 배우고자 길을 모색하게 된다. 한 잔의 커피값이라든가 한 조각의 버터 빵 값을 절약하여 그는, 아사 직전에 놓여 있던 찢어지게 가난한 어느 폴란드 난민을 고용하여 매일 저녁 독일어를 배우기로 하였다. 이 폴란드 난민을 통하여 레이어드는 러시아의 시베리아 포로 수용소망(차르 시대의 굴라그 군도)과 폴란드의 독립 투쟁에 관한 지식을 얻게 되었다.

그는 독일어 공부만 한 게 아니라 외교 공부도 한 것이다. 한때 이탈리아 독립 운동의 투사였던 것처럼 이제 그는 폴란드 독립의 열렬한 지원자가 되어 있었다. '그들의 불행한 운명은 자유 입헌 정부의 은총을 감사할 줄 알도록 가르쳐 주었으며 나의 조국이 누리고 있는 자유의 존귀함을 깨닫게 해주었다'고 그는 후에 쓰고 있다.

로빈슨의 집을 드나들기가 바쁘게 레이어드는 토리당의 이념이라든가 성공회의 교리들에 대하여 회의하기 시작하였다. 그리하여 그는 유니테어리언 교회의 일요 예배에 종종 참석하기도 하고 곡물 조례법에 대해 정치적인 관심사를 표명하기도 하였다. 물론 어스틴 부부가 그로 인해 커다란 충격을 받았음은 물론이다. 그는 지주 계급들의 이익에 반하여 이 곡물 조례법의 철폐 운동을 지지하였기 때문이다.

그 해 여름의 '기분 전환 여행'은 그에게 기적을 가져다 주었다. 그러자 그는 그 후부터 간혹 저녁 끼니를 물 한 컵으로 때우거나 푼돈을 절약하여 여름만 되면 대륙에서 지냈다. 그는 1836년의 7, 8월을 프랑스에서 보내며 어여쁜 여직공과 사랑을 속삭이기도 하고 그 다음해에는 그의 정든 고향인 이탈리아를 방문하기도 하였다.

레이어드는 이제 늠름한 열여덟 살의 청년으로 성장하였으며 게인스버로우의 화폭으로부터 금방 뛰쳐나온 인물처럼 보일 지경이었다. 이탈리아가 그를 사로잡은 정도로 말할 것 같으면 그가 그토록 흉내내고자(특히 옷맵시를) 애썼던 그 유명한 시인의 경우에 뒤떨어지지 않는다고 말해야 할 것이다. "오, 이탈리아여" 바이런은 이렇게 읊지 않았던가? "그대, 숙명적으로 아름다움을 지니고 태어난 자여!(O, Italia, thou who hast the fatal face of beauty!)"

그런데 1837년 여름 레이어드의 경우에 있어서도 이탈리아의 아름다움은 문자 그대로 거의 치명적(fatal)일 뻔하였다. 그는 마기요레 호수가에서 갈라 테리 백작 부인을 알게 되었는데, 그녀는 난폭하고 변덕스런 그녀의 남편보다 여남은 살 아래였다. 그녀의 남편은 새더러 더 잘 지저귀라고 눈알을 빼내며 키득거리기도 했다는데, 그 지역 사람들은 그를 '미친 녀석(il matto)'이라고 부를 정도였다.

"백작 부인은 내가 본 가장 아름다운 여자들 중의 한 사람이었다"고 레이어드는 회상하고 있다. 그녀의 머리는 빛나는 금발이었고 그윽한 푸른 눈동자를 지닌 데다가 안색까지 투명하였으며, 얼굴 윤곽은 고전적이었다. 키는 가까스로 5피트를 넘긴 우아하고 맵시 있는 몸매를 지니고 있었다.

'일 마토'는 이 영국 풋내기가 자기 부인에게 너무 잦은 눈길을 보낸다고 생각했는데, 로카노에서 있었던 언쟁은 결투로 끝날 뻔까지 하였다. 레이어드는 그녀와의 사이에 아무런 일도 없었다고 항의했지만, 누가 보아도 그는 예쁜 여자들을 볼 줄 아는 눈을 지니고 있었고, 그녀들 역시 그를 알아보는 눈을 지니고 있었다. 어느 사적인 편지에서 고백하고 있듯이, 그는 '항상 쓸데없이 열탕 속에 빠져들곤' 했었다.

이탈리아에서 한가로이 바람을 쐬는 동안 레이어드는 실비오 펠리코(Silvio Pellico)도 만났는데 그의 「프란체스카 다 리미니(*Francesca da Rimini*)」는 당시 이탈리아 문학계의 선풍적인 인기였다. "우리의 대화는 역사가인 보타로 시작하였다"고 레이어드는 그때의 일을 기억하고 있다. 카를로 보타(Carlo Botta)는 60세의 나이로 파리에서 별세했는데, 레이어드가 그의 이름을 들은 것은 그때가 처음이었다. 그러나 그로부터 5년 후 보타의 아들인 파올로 에밀리오 보타와의 만남은 그의 인생에 있어 전환점을 이룬다.

1838년, 그 다음해 여름엔 미망인이 된 어머니가 마련해 준 얼마 안 되는 특별 용돈으로 대영 제국 증기선의 2등 선실에 몸을 싣고 '북유럽이 어떤가 좀 보려고' 스칸디나비아와 러시아로 여행을 하였다.

그에게 있어 러시아 방문은 그야말로 찬물을 뒤집어 쓰는 것과 같은 경험의 자유가 철저하게 결여되어 있고, 대의 정치 제도라는 겉치레마저도 전혀 흉내내지 않는 나라도 없었기 때문이었다. 그는 러시아 정권이 '압제적'이라고 생각했으며 평생 동안 '러시아의 전제 정치와 러시아 지배'를 혐오하게 되었다.

그러나 그는 코펜하겐에서 왕립 도서관을 방문하였고, 친절한 사서가 보여준 스칸디나비아의 사본들을 읽어 볼 기회를 가졌는데 그 사본들은 북극의 뱃사람들이야말로 '신세계'의 초기 발견자들이라는 사실을 알게 해주었다.

"옛 유물에 대해 내가 첫번째로 공부를 한 것은 코펜하겐에서였다"고 그는 후에 말하였다.

6. 벽돌 몇 조각

여름마다 잠깐씩 다녀오는 나들이만으로는 만족할 수 없었던 레이어드는 런던의 고서점을 드나들며 여행에 대한 갈증을 풀곤 하였다. 그가 주로 찾던 책들은 소아시아의 여행담이라든가 모험담 등이었다. 어린 시절엔 부르크하르트(Burckhardt)나 「아라비안 나이트」 등을 읽었으나, 이젠 로버트 커 포터(Robert Ker Porter) 경을 탐독하였다.

어느 날 그는 대영 박물관 근처의 노점 책방에서 페르시아와 고대 바빌로니아에 관해 쓴 포터의 상하 두 권으로 된 다 떨어진 헌책을 발견하였는데, 그 책은 레이어드가 겨우 네 살 되던 1821년에 씌어진 것이었다.

레이어드는 로버트의 책만을 좋아한 것이 아니었다. 모험으로 가득 찬 그의 생애까지도 레이어드의 마음에 꼭 들었다. 포터는, 레이어드의 말을 빌리면, '진짜로 살아 있는 선녀'인 러시아의 공주와 결혼하였으며, 그의 성격으로 말할 것 같으면 '셰에라자드의 이야기' 속에 나오는 어느 인물보다도 더 기발하였다. 타고난 공상가이며 모험가였던 로버트 경 자신 역시 자기를 "예술과 고대 유물 연구의 열렬한 애호가인 동시에 지칠 줄 모르는 탐구가" 라고 표현하였다.

근동 지방을 여행할 때 포터는 크세노폰(Xenophon)과 그의 1만 그리스 대군이 행군하였던 발자취를 그대로 되밟아 가서 결국 미지의 땅 모술에 닿는다. 거기서 그는 300년 전에 그곳을 들렀던 투델라의 랍비 벤저민처럼

'강 건너편의 커다란 둔덕이 사라져 버린 니네베 시의 옛터'라는 그 지방의 전설을 듣고 놀란다. 호기심이 발동한 로버트 경은 티그리스 강을 건너 그 둔덕 주위를 살펴보다가 '쐐기 모양, 또는 못 날 모양 또는 화살촉 모양이라 알려진' 끌로 파낸 글씨들이 새겨진 괴상한 벽돌 조각들을 몇 개 발견하였다. 그는 놀라운 통찰력으로 이 글자들이 아시리아로부터 유래된 것일지도 모른다고 추측해 냈는가 하면, '이 문자들이 대홍수 이전에 이미 씌어졌다고 믿는다 해도 터무니없다고만은 말할 수 없을 것'이라고 조심스레 덧붙이기도 하였다.

그는 또 '이상한 유물'들을 발견하였다고 보고하였는데, 예를 들면 싸움에 임하고 있는 반인 반수의 황소 같은 기괴한 모습들이 그려져 있는가 하면 쐐기 같은 문자들이 새겨진 원통형의 인장들(cylinders)을 발견하였다는 것이다. 이는 참으로 주목할 만한 발견이 아닐 수 없었다. 왜냐하면 베로수스 (Berosus)는 고대 아시리아에 관해 괴상한 이야기를 쓰면서 '그 옛날 그곳에는 어둠만이 존재한 적이 있었는데, 그 어둠 속 깊은 물에는 세상에서 가장 무시무시한 존재들이 살고 있었다……그 중에는 사람 머리를 지닌 황소들과 ……머리와 몸뚱이는 말이고 꼬리는 물고기인 동물들도 끼어 있었다'고 주장하였기 때문이다.

포터의 책은 레이어드를 사로잡고 말았다. 레이어드는 또 1,589페이지로 이루어진 이 상하권의 마지막 구절에 의해서도 크게 감동되었다. 이 구절은 일종의 후기 형식으로 씌어진 것으로, 여기서 로버트 경은 바그다드에서 그를 초대해 주곤 했던 동인도 회사의 주재원인 클로디우스 제임스 리치의 죽음을 애도하고 있었다. 리치는 서른네 살이라는 젊은 나이에 콜레라로 죽었다. 리치는 '학문적인 글들'을 남겼으며 이것들은 꼭 인쇄되어야 한다고 주장하면서 로버트 경은 그의 저자 후기를 맺고 있다.

리치라고? 레이어드의 머릿속에 뭔가 떠오르는 것이 있었다. 갑자기 그는 기억해 내었다. 그렇다! 리치의 이름은 대영 박물관의 외진 진열장 안에 놓여 있던 이상야릇한 설형문자판 사금파리들 옆에 장식처럼 붙어 있었다!

레이어드는 리치의 학문적인 글들을 찾아 헤매기 시작하였다. 그는 곧 리치의 유고가 바로 얼마 전 그의 부인에 의해 간행되어졌다는 사실을 알게 되었다. 그가 죽은 지 15년이 지나서였다. 손이 리치의 회고록에 가 닿자 그는 침을 꿀꺽 삼켰다. 제목부터가 벌써 그를 흥분시켰기 때문이었다. 그 제목은 이러했다.「쿠우리스탄에 전해 내려오는 설화와 고대 니네베 유적지에 관하여——티그리스의 강물을 따라 바그다드까지의 여행 일지와 시라우즈와 페르세폴리스 방문기 포함」(*Narrative of a Residence in Koordistan, and on the site of Ancient Nineveh;* with a Journal of a Voyage Down the Tigris to Baghdad and an account of a visit to Shirauz and Persepolis).

레이어드는 밤을 새워 리치를 읽었으며 다음날 그레이즈 인의 의자에 앉아 하루 종일 꾸벅꾸벅 졸았다.

그와 마찬가지로 리치 역시 프랑스에서 태어났다——부르군디의 디종 근처였다. 어학에 뛰어난 천재였던 리치는 아홉 살에 이미 아랍어를 유창하게 구사하였는데, 누가 가르쳐 준 게 아니라 혼자 문법책과 사전만을 보고 배운 것이었다. 열다섯 살 때는 소아시아의 바벨(Babel, 시끄러운 소리들이라는 뜻도 있음—역자주)이라 할 수 있는 페르시아어와 헤브라이, 터키어 등을 마스터하였다. 2년 후에 그는 동인도 회사에 말단 사원으로 입사하여 곧 두각을 나타내더니 회사 중역의 딸인 메어리 매킨토쉬와 결혼하는가 하면, 스물다섯 살에는 바그다드 지사장으로 임명된다.

리치는 그의 여행 일지 속에서 대영 박물관에 기증한 유물들을 '니네베의 골동품들'이라고 언급하고 있다. 그러나 그는 "그 유물들이 니네베의 것인지 아니면 다른 어떤 도시의 것인지는 정확히 말할 수 없다"고 고백하고 있다.

리치는 그와 메어리가 수차례에 걸쳐 모술을 방문하고 티그리스의 왼쪽 강언덕을 탐사하던 일을 자세히 이야기하고 있다. 그들은 폐허가 된 성벽을 발견하고 일시적인 충동에서 자신들의 이름을 그 위에 새겼노라고 했다. '훗날 우리의 기억조차 사라진 지 오래되었을 때 어느 여행자가 와서 메어리의 이름을 읽고 니네베의 폐허를 방문한 이 모험심 강한 여자가 도대체 누구일까 하고 기이하게 생각할 것이다'라고 그는 쓰고 있다.

이러한 이야기를 읽는 레이어드의 몸 속에서는 아드레날린이 마구 흘러 넘치고 있었다. 남편에 대한 영원한 기념물로서 메어리 자신이 편집한 이 여행 일지는 레이어드뿐만 아니라 온 영국을 뒤흔들어 놓았다.(레이어드의 영웅이었던 바이런은 리치의 갑작스런 명성에 남들처럼 강한 인상을 받지는 않았을 텐데도 불구하고 그의 「돈 주앙」 속에서 이렇게 빈정대고 있다. '클로디우스 리치 님께서 벽돌 몇 조각을 주우셨도다'라고)

레이어드는 이제 영원토록 소아시아에만 몰두하게 되었다. "나는 탐욕스레 읽었다. 동방 여행에 관한 책이라면 눈에 보이는 대로 모두 읽었다"라고 그는 말했다. 이 책들 중에는 존 말콤 경의 「페르시아 역사」와 제임스 모리에(James Morier)의 흥미 진진한 「하지 바바(Haji Baba)」 이야기도 끼어 있었다.

그런데 독서량이 늘어감에 따라 그의 꿈과 현실의 거리는 점점 더 멀어져 갔고 그는 법률 사무소의 수습 사원으로 일하고 있는 자신의 운명을 불평하기 시작하였다.

1838년, 법정 수습 기간인 4년이 지났을 때는 그는 파경에 이르고 말았다. "나는 외삼촌과 외숙모 앞에서 법률에 대한 나의 감정을 더 이상 숨길 수 없었다"라고 그는 말했다. 이에 대해 그의 개인적인 친구는 후에 다음과 같이 정중하게 그때 일을 표현하고 있다. "법률 사무실은 그의 모험 정신을 충족시켜 줄 수 없었다."

그러나 체면과 의무감이 뒤엉킨 죄의식 때문에 레이어드는 매일 아침 시간만 되면 어김없이 사무실 의자에 오뚝이처럼 앉아 있었다. 그러나 벤저민 외삼촌마저도 이 소년이 더 이상 법률을 진지하게 대하려 노력하지 않는다는 것을 알아채고 말았다. 외삼촌은 솔직하게 그의 대자에게 심중을 털어 놓았다. 10년 전에 젊은 디즈렐리가 들었던 말 그대로였다. 그 역시 변호사가 되기에는 적합하지 못하며 그 점으로 미루어 볼 때 다른 어떤 직종에도 적합하지 못할 것이라는 말이었다.

레이어드가 볼 때 자신의 현재는 한심스러워 보였고 미래는 더욱더 한심스러워 보였다. "나는 거의 실의에 빠져 있었다. 영국에서의 내 위치는 절망적인 것처럼 보였고 나는 너무도 비참한 생각이 들어 오로지 어딘가로 도망가고 싶을 뿐이었다."

레이어드의 실의는 당시의 시대적 정신과 너무나도 현저한 차이를 보여주고 있다. 바로 같은 해에 열아홉 살 난 한 처녀가 세계에서 가장 강대한 제국의 여왕이 되기 위하여 찬란한 즉위식을 가진 것이었다. 빅토리아의 왕관 즉위와 함께 적극적인 사고 방식과 적극적인 실행의 시대이며, 열광의 시대이고, 거인의 시대인 영국의 황금기가 도래하였다.——탐험가, 모험가, 과학자, 정치가, 작가, 영연방 총독들, 즉 리빙스턴, 차이니스 고르돈, 다윈, 커존 경(Lord Curzon), 테니슨 및 로우즈(Rhodes) 등과 같은 거성들이 나타나기 시작한 것이다. 이 시대를 광적으로 신봉하던 G.M. 영은 이렇게 썼다. '현명한 자는 누구나 영국 역사의 여러 시대 중 1850년대에 청년으로 태어나고자 선택했을 것이다.'

학자들은 빅토리아 시대를 신념과 목적과 활력에 찬 시기라고 부르고 있다. 그러나 레이어드의 머릿속으로 말할 것 같으면 신념도 없었고 목적의식도 없었으니, 활력이야 더더군다나 있을 리 없었다고 해야 할 것이다. 그의 나이 갓스물한 살이고, 그의 인생은 이제부터 펼쳐지기 시작할 터인데, 회의로 찌든 그는 자신의 인생을 이미 뒷전으로 둔 느낌이었다.

그의 개인적인 갈등이 더욱더 심각해지고 있을 무렵 그의 친삼촌인 찰스 레이어드가 휴가로 런던에 다시 나타났다. 그 삼촌은 일찍이 32년 전에 그의 아버지와 함께 세일론으로 갔으며 그 동안 한밑천 장만한 후였다. 어스틴 부부는 그에게 그들 공동의 조카에 관한 걱정거리를 털어놓았고 삼촌 찰스는 청년 레이어드를 점심 식사에 초대하여 허심 탄회하게 심중을 말할 수 있도록 유도하였다. 비터(영국 특유의 쓴 맥주—역자주)잔을 비우며 찰스 삼촌은 지난날 자신의 부친이 그 앞에서 그랬던 것처럼, 조카에게도 세일론을 고려해 보라고 권유하였다. "그 섬은 번영해 나가고 있단다"라고 삼촌은 말을 꺼냈다. 게다가 세일론에서 법률 사무를 보는 데는 사법 고시에 합격할 필요가 없다는 것이다. 레이어드가 필요한 건 오직 자격증 하나뿐인데, 극히 하찮은 일을 5년 동안만 해내면 수습 기간을 마쳤다는 그 정도의 간단한 인정을 쉽사리 얻어낼 터가 아니냐는 것이었다. 세일론에 가기만 하면 법률에 종사하지 않더라도 "할 일은 태산같이 많다"고 삼촌은 조언해 주었다. "커피 경작도 좋고……하여튼 어딜 보아도 한밑천 모을 확률은 크다"는 거였다.

신기한 건 그토록 여행과 모험을 갈망하였음에도 불구하고 레이어드는 한 번도 세일론을 문제 해결의 실마리로 머리에 떠올린 적이 없었다는 사실이었다(그것은 어쩌면 그가 세일론을 머리에 그릴 때 그곳에 있는 친척들 때문에 자립과 연결지어 생각할 수 없었기 때문인지도 모른다). 그런데 이제 해결책이 나타났다. 아니면 적어도 나타난 것같이 보였다.

인생의 봄날을 맞고 있는 젊은이들에게서 흔히 볼 수 있듯이, 레이어드에게 있어서도 신념과 목적과 활력이 재빨리 되살아났다. 그는 세일론으로 가기로 결심하였다.

그러나 운명이 원하는 바대로 그는 결코 그곳에 닿지 못하게 된다. 그는 닻을 올렸으나 세일론으로 여행을 떠나는 것이 아니라 역사 속으로의 여행을 떠나게 되는 것이다.

7. 영국 출발

1869년 수에즈 운하가 개통되기 전인 대항해 시대에 영국에서 세일론으로 가는 가장 빠른 지름길은 가장 불편한 길이기도 하였다. 여행자들은 영국을 출발하여 파라오 시대 이래로 이집트의 주요 입항 도시인 알렉산드리아까지 배를 타고 간다. 그곳에서 그들은 다시 육로를 통하여 수에즈 지협을 가로지른 다음 홍해를 통해 인도로 떠나는 배에 몸을 싣는 것이다.

이 통로는 운하가 생기기 이전까지만 해도 수많은 정부 관리들의 왕래로 복작거리던 곳이었다. 카이로에서 햇빛으로 온통 바랜 수에즈 항구까지 이르는 길은 사막을 통해 나 있었다. 이 길은 낙타가 밟고 지나간 폭 40~50센티미터에 이르는 여러 줄의 평행선으로 이루어져 있었다. 동인도 회사는 이 여행을 적극 장려하기 위하여 8~10마일 간격으로 식사와 일손을 제공해 주는 여관이라든가 큰 안마당이 있는 대상용 숙박 시설들을 세워 놓고 있었다. 사람들은 이 길을 낙타를 타거나 아니면 수레를 타고 여행하였다.

그런데 이 길은 힘든 길인 만큼 그에 상응하는 매력 또한 지니고 있었다. 물론 희망봉을 도는 먼 바닷길을 택할 수도 있었지만 그 여행은 너무 오래 걸렸고 간혹 위험스럽기조차 하였다. 이 지름길로 가면 아프리카를 돌아가는 배를 탈 때보다 절반 이상의 시간을 벌 수 있었다. 이 코스는 레이어드에게 유별난 흥미를 돋우어 준 것 같다. 왜냐하면 그는 고대 이집트를 그저 방문만 하는 게 아니라 이집트학(Egyptology)의 탄생으로 빛을 보게 된 나일 강

언덕의 옛 폐허들을 탐사할 기회조차 갖게 될지도 모를 일이었기 때문이
다.

그러나 변덕스런 운명의 여신이라고나 할까, 하여튼 우연이 개입하더니
레이어드는 생판 다른 여정을 고려하게 된다.

세일론의 굵직한 저명 인사인 찰스 삼촌에게는 당시 그 섬에서 어떠한
기회들을 가질 수 있겠느냐고 의논하러 오는 런던 사람들이 꽤 많았다. 그들
중에 스물여덟 살 난 모험심 강한 영국 청년 하나가 있었는데, 그는 레이어
드보다 여섯 살 위였고 철저한 토리당원이며 영국 국교도였다. 그는 5년간
북아프리카 해안 지방, 특히 모로코에서 지내다 왔는데 현재 실직 중이었
다. 제18로열 아이리시의 멤버로서 인도에 직무상 여행을 다녀온 그의 형은
그에게 세일론에 가서 공직에 들어가든지 아니면 커피 재배를 하는 것이
어떻겠느냐고 제안하였다. 이 젊은 영국인――그는 에드워드 레드위치 오발
디스톤 미트포드(Edward Ledwich Obaldeston Mitford)라는 인상적인 이름을
지니고 있었다――은 조언을 구하기 위하여 찰스 레이어드를 찾아온 것이
다. 찰스 삼촌은 그의 경험담에 큰 감명을 받았고 이 젊은이야말로 자기
조카에게 이상적인 길동무가 되어 줄 수 있을 거라고 생각하였다. 그는 이
둘의 손을 잡게 해주었다.

이 두 사람은 서로 어울리는 점이라곤 거의 없었다. 미트포드는 베테랑
여행가로서 과묵하고 신중하였다. 반면 레이어드는 경험도 없고 성마르고
경솔하였다. 그러나 그들은 곧 서로간에 깊은 유대감을 느끼게 되었는데,
레이어드의 말을 빌리면, 그들은 '둘 다 안락함 따위는 안중에도 없었고
위험도 아랑곳하지 않았으며 호기심이 많고 쉽게 열광하는가 하면 하루
빨리 영국을 떠나고 싶어 안달을 하고 있던 참이었기' 때문이다. 미트포드는
이 제휴에 대해 약간 덜 낭만적인 평가를 하고 있다. 그는 사무적인 어투로
이렇게 쓰고 있다. '위험이나 질병을 겪게 될 경우 어느 한편도 혼자가 아니
라는 느낌을 가질 수 있다는 사실은 만족할 만한 일이다. (그래서)우리는
곧 동의하였다.'라고.

그런데 미트포드는 바다를 무서워하였다. 그는 유럽 대륙을 횡단하여 소아

시아와 중앙아시아를 거쳐 인도 반도까지 육로로 간 다음 인도와 세일론 사이에 가로놓여 있는 일명 '아담의 다리'라 불리는 야트막한 모래톱을 건너 세일론으로 가자고 제안하였다.

이 제안은 레이어드의 귀에 그럴 듯하게 들렸다. 그의 눈엔 이 계획이 거창하고 낭만적이며 기상 천외한 것같이 보였다. 이 여행은 강도 높은 모험적 요소를 지니고 있을 터인즉, 그들이 통과하게 될 어떤 지역들은 아직 지도상에 그려져 있지도 않았을 뿐만 아니라 그런 곳에서 유럽인들은 별나라에서 내려온 방문객처럼 여겨질 것이기 때문이었다. 결국 그는 어린 시절 이래로 그의 뇌리에서 떠난 적이 없었던 아라비안 나이트의 꿈을 실제로 체험하게 될 것이 아닌가?

어스틴 부부는 이 계획을 별로 탐탁하게 생각하지 않았다. 그들은 이 계획이 얼토당토 않다고 말하였다. 소년 레이어드의 상상의 날개를 부채질해 주고 소아시아에 관한 독서를 적극 권장해 주었던 헨리 크랩 로빈슨조차도 이 계획이 '무지막지하다'고 선언하였다.

그러나 사기 충천해 있던 레이어드와 미트포드는 위험 따위는 아랑곳하지 않고 여행 준비를 바삐 서두르기 시작하였다. 그들은 의사 소통의 가장 기본적인 수단마저도 지니지 못한 터였다. 길 안내를 해줄 지도조차 구할 수 없는 판국에 전신줄과 우체국은 말해 무엇하랴!

그러나 그들은 몇 명의 정든 옛 아시아의 소식통들을 소개받았고 그들의 지혜를 빌릴 수 있었다. 그들 중에는 레이어드가 어렸을 때 즐겨 읽던 책들의 저자로서 이제는 노경에 접어든 제임스 베일리 프레이저(James Baillie Fraser)와 외삼촌의 일요 만찬석상에서 알게 된 찰스 펠로우즈 경도 끼어 있었다. "펠로우즈는 여러 소중한 정보들을 제공해 주었다"라고 레이어드는 감사해했다. 레이어드는 메소포타미아 지역을 횡단할 계획이었으므로 그들은 옛 아시리아의 잃어버린 도시들에 관해 의견을 나누었을지도 모른다. 그러나 레이어드가 남긴 글들 속에는 '찰스 경의 영향으로 그의 탐사 활동을 그대로 본받고 싶은 강한 욕망을 갖게 되었다'는 구절은 있으나 이에 관한 어떠한 언급도 없다.

레이어드가 왕립 지리학회와 교섭을 갖고 그들 여정의 윤곽을 대충 그리게 된 것은 아마도 펠로우즈 경의 조언에 의한 것 같다. 탐사에 관해 레이어드가 흥미를 보이고 있는 것을 알자 서기는 덩달아 흥분하여 그의 여정 도중, 특히 '이제까지 아무도 접근할 수 없었던' 서부 페르시아 지역 곳곳에 고대 도시들의 폐허들이라든가 가치 있는 기념비 등이 있을 거라고 귀띔해 주었다.

그 서기는 그 지역에 대한 그의 얄팍한 지식을 보충해 주느라 전직 페르시아 샤 왕실의 군사 고문관이었으며 나중에 빅토리아 시대의 위대한 동양학자로 부상하게 되는 헨리 롤린슨(Henny Rawlinson) 소령의 현지 보고서도 보여 주었다. 서부 페르시아에서 활동하는 동안 롤린슨은 많은 고대 폐허들이 있음을 알게 되었다. 그러나 그는 샤 왕정에 끊임없이 반격을 가해 오는 박티야리(Baktiyari)족들이 머물고 있는 고원 지대에 발을 들여 놓을 수가 없었다. 그럼에도 불구하고 어찌어찌해서였는지는 몰라도 롤린슨은 박티야리 족장으로부터 슈샨(Shushan) 지역에 있는 폐허들이랑 벼랑에 새겨진 비명들에 관한 비밀스런 정보를 얻어내었다. 롤린슨의 보고서는 왕립 지리학회뿐만 아니라 교계도 흥분시켰는데, 그도 그럴 것이 다니엘이 양과 염소의 환상을 본 곳이 바로 슈샨이기 때문이었다. 학회는 레이어드에게 그 지역을 뚫고 들어가 보라고 말하였고, 그 역시 가능한 한 그래 보겠노라고 약속하였다.

레이어드는 집에서도 열심히 공부하였다. 그는 소아시아에 관한 모든 것을 손에 들어오는 대로 읽고 또 읽었다. 그는 아랍어와 페르시아어의 개인 교습도 받았는데 초보 단계밖에 나아가지 못했지만 이들 이국적인 언어들에 대한 귀는 트였다고 해야 할 것이다. 기이한 것은 그가 세일론의 언어인 실론어라든가 타밀(Tamil)어를 전혀 배우지도 않았고 인도 반도에 관해 아무것도 읽지 않았다는 사실이다. 아마도 그의 온 정신은 소아시아에 가 있었나 보다. 세일론과 극동은 그의 안중에도 없었던 것이다.

출발하기 전까지는 그 밖에도 여러 가지 고려할 사항들이 산적해 있었

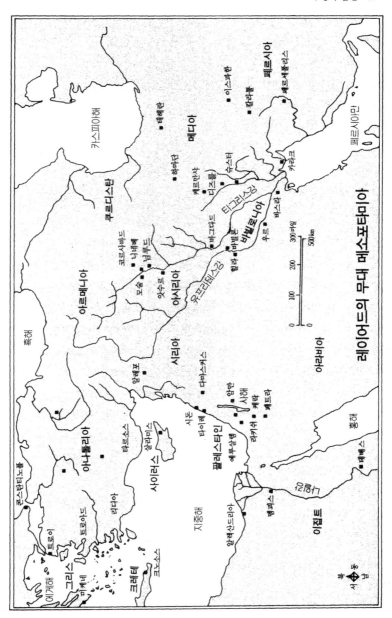

레이어드의 무대 메소포타미아

다. 우선 돈 문제가 제일 컸는데 이 돈 문제야말로 많은 자칭 탐험가들에게
치명타를 가하곤 하지 않았던가? 손에 쥔 돈이 없었던 레이어드는 누구나
한번쯤 생각해 보듯이 여행을 하면서 여비를 마련하기로 결심하였다. 그래서
그는 새라든가 조그만 동물들을 박제하여 대영 박물관에 보내고자 박제술도
배웠다. 그는 왕립 지리학회의 지도 작성 위탁 임무도 수락하였다. 그래서
그는 해군 장교로부터 육분의(sextant) 사용법을 배우고 모조 수평의와 나침
반, 기압계, 화씨 온도계, 망원경, 포켓용 육분의 등을 구입하였다. 육분의는
정밀한 경도 측정용 시계(chronometer)가 없으면 사용 불가능하였으므로
그는 마지막 남은 돈을 믿을 만한 시계에 투자하였다——그 시계 덮개는
은으로 만들어져 있었는데 찰스 펠로우즈 경의 충고대로 검은 칠을 하여
'그가 마주치게 될지도 모를 야만스런 종족들의 호기심을 사지 않도록 대비
하였다.'

레이어드와 그의 길동무는 자신들의 모험적인 사업을 채산성 있게 꾸려가
기 위해 스미스-엘더 출판사로부터 200파운드(1,000달러)라는 상당 금액을
선불로 받아내기도 하였다. 계약 조건으로서 그들은 "세일론에 도착한 후
6개월 이내에 출판에 하자가 없는 수준급의 여행 일지를 위에 명기한 스미
스-엘더 회사 앞으로 보내겠다"고 합의하고 있다. 만일 여행 일지 사본을
보내지 못할 경우 그들은 미리 받은 액수에 이자를 포함하여 되돌려 주기로
하였다.

선금의 일부는 즉시 두 자루의 쌍발 엽총을 구입하기 위해 투자하였는데
호신용뿐만 아니라 신선한 고기를 얻기 위함이었다. 레이어드는 자신이 지니
고 있던 쌍발 권총도 내놓았고 물고기를 잡기 위하여 가벼운 낚싯대와 날벌
레들도 꾸려 넣었다.

레이어드는 어스틴 씨의 주치의를 찾아가 의학 강의도 받았다. 그 의사는
이 젊은이를 런던 대학 병원의 회진에 동반시켜 여러 가지 질병들의 예를
보여 주고 부러진 뼈를 어떻게 고치는지도 가르쳐 주며 동방 여행의 세 가지
저주라 할 이질과 안질, 열병(말라리아의 발견과 그 병의 매개체가 암컷 모기라

는 사실은 그로부터 반세기 이후에나 알려지게 된다)을 손수 치료하는 데 필요한 구급 약상자를 마련토록 해주었다.

레이어드와 미트포드는 가벼운 차림으로 여행을 하는 데 동의하여 말 안장에 실을 수 있을 정도의 짐만을 꾸리기로 하였다. 레이어드의 옷가방 속에는 여벌의 겉옷과 약간의 속옷가지, 양말과 장화 한 켤레, 화약과 총알, 비올 때 입을 망토 같은 판초, 동인도 회사에 의해 유행하게 된 레빈지 침대 (Levinge Bed)라는 기묘한 침구 등이 들어 있었는데, 이 침구는 나뭇가지라든 가 벽에 박힌 못에 걸어 놓는 모기장 밑에 두 겹의 모포자락을 꿰매어 놓은 것으로 한마디로 원시적인 슬리핑 백에 지나지 않았다. "이 침구는 벌레건 온갖 종류의 팔딱팔딱 날고 기고 뛰는 곤충으로부터 우리를 보호해 주었는 데, 동방 여행 중 더러운 집들이나 그보다 더 불결한 대상용 숙박 시설에서 지내게 될 우리 같은 여행자에게는 안성맞춤이었다"고 레이어드는 말하였 다.

그들이 의도하고 있던 여행 방법은 그들의 친척들뿐만 아니라 친구들까지 도 어리둥절하게 만들었다.

한편으론 마지막 준비를 하면서 레이어드는 전직 주 페르시아 영국 공사 였던 존 맥닐 경을 찾아가 그들 계획의 실용성에 대하여 조언을 청하였다.

존 경은 그 계획을 진심으로 환영해 준 극소수의 사람들 중의 하나였다. 그러나 그가 환영한 이유는 정치적인 이유에서였다. 그는 이 두 젊은이들이 여행하는 중에 오토만 제국과 페르시아 왕국의 국경이 서로 겹치는 메소포 타미아의 변경 지방에서의 정치적 상황에 대한 정보뿐만 아니라 근동 지방 에서의 러시아의 음모와 팽창 계획에 대해서도 뭔가 가치 있는 정보를 전해 줄 수 있을 거라고 믿었다.

존 경은 레이어드가 앞으로 적대적일지도 모를 지역을 여행할 때 어떻게 처신해야 좋을지 정중히 묻자 그의 전문인 정치 이야기로 열을 올리기 시작 하였다.

"자네는 하인들과 든든한 호위병을 동반한 지체 높은 인물로 여행을 하든지, 아니면 탐욕스런 사람들을 자극시킬 만한 아무런 것도 지니지 않은 가난한 방랑객으로서 혼자 여행하든지 해야 하네. 첫번째 방법을 택할 수 없으면 ……" 하고 레이어드의 위 아래를 훑어보다가 그는 "후자의 여행 방법을 택해야 한다"고 덧붙였다.

"그리고 바로 그 후자의 방법을 우리는 택하기로 결심하였다"라고 레이어드는 담담하게 말하고 있다.

1839년 6월 1일 한 가지 밉살스런 일만 빼놓고는 만반의 준비가 다 되어 있었다. 레이어드는 아직도 변호사 자격증을 따야만 했던 것이다. 5일 동안 그는 머리를 싸매고 벼락 공부를 한 다음 시험을 보았는데, 놀랍게도 아주 우수한 성적으로 합격하였다. 9일 후에 레이어드는 의식 석상에서 '맹세하고 웨스트민스터 고등법원의 당당한 대영 제국 변호사로서 면허를 얻고 등록하였다.' 법률이 그의 코빼기를 본 것은 그게 마지막이었다. 그는 단 하루도 법률 사무를 보지 않았던 것이다.

이 여행에서 단 한 가지 아쉬운 점이 있었다면 그것은 어머니와의 이별이었다. 아들의 혈기왕성한 성격을 잘 알고 있던 마리안느 레이어드는 모험을 말리려 하지 않았다. 아마도 그녀는 40여 년 전 한창 나이였던 아버지 헨리 피터 존 레이어드 역시 노다지를 캐겠다고 세일론으로 돌진해 갔던 일을 상기하였음에 틀림없을 것이다.

7월 9일 어머니는 아들과 작별하기 위하여 런던으로 왔다. 그녀는 아들을 축복해 주고 놀랍게도 300파운드(1,500달러)라는 거금의 축하금을 선뜻 건네 주었다. 이 돈은 스미스-엘더 출판사의 선금 지불액과 찰스 삼촌이 쿠츠 은행으로부터 받아내 준 300파운드의 대부금과 합하여 그의 총재산이 되었다.

다음날 레이어드와 미트포드는 출발하였다——그러나 각기 다른 방향으로. 바다를 죽도록 싫어하였던 미트포드는 대륙으로 가는 가장 짧은 바닷길을 택하여 칼레에 상륙하였고, 레이어드는 오스탕드로 가는 증기선을 탔다. 그들은 브뤼셀에서 만나기로 하였다.

"템스 강을 따라 내려오는 동안 나는 착잡한 심경으로 몹시 괴로웠다."고 레이어드는 회상하고 있다. 내심으로 그는 자기가 정말로 세일론에 갈 수 있을지 의심하고 있었다. 소아시아를 거쳐 육로로 여행을 한다는 생각은 그의 머릿속에서 세일론을 완전히 몰아내었던 것이다. 그는 자기가 도대체 어디를 향해 가고 있는지 종잡을 수가 없었다. 그러나 스물두 살인 그는 지금 인생에 있어 최초로 혼자서 두 발로 서 있는 자신을 발견하였다. 자신의 부모님들이 불행한 세월을 보냈던 땅이며 그의 부친이 돌아가신 땅인가 하면 그 자신 낙오자로 손가락질받던 땅인 영국을 기어이 떠나게 되어 안도의 한숨을 쉬며 그는 생각하였다. "영국에 남아 있었더라면 나는 죽을 때까지 십중팔구 존경스럽다는 법률가 생활의 어두운 뒷골목을 헤매다 말았을 것이다."

그가 자격증을 획득하였다는 사실은 뭔가 묵시적이라 하겠다. 레이어드는 일자리 이상의 것을 찾고 있었다. 그 옛날 아시리아의 왕들처럼 그 역시 햇빛 비치는 찬란한 곳을 찾아 길을 떠난 것이다.

8. 행군

　그로부터 사흘 후인 7월 13일 레이어드는 플란더즈의 어장인 오스탕드에서 하선하여 미트포드와 브뤼셀에서 합류하였다.

　그들이 9,000마일의 여행길에 오를 당시만 해도 교통 수단은 지극히 원시적인 단계에 있었다. 철도편은 이제 막 걸음마를 하기 시작하였으며 증기선만 해도 노를 저어야 움직이는 형편이었다. 서부 유럽의 주요 교통편이란 먼지 바람 날리는 합승 마차나 덜컹거리는 우편마차 또는 느려터진 이탈리아의 사륜 마차(vetturino)가 고작이었다. "이들 이외에도 스프링이 달리지 않은 수레들도 있었는데 이 교통 수단마저도 트리에스트 이남으로 내려가면 찾아볼 수조차 없었으니 달마치아(유고슬라비아 서남부)에 이르러서는 말 안장에 올라탈 수밖에 없었다"고 미트포드는 당시를 회상하고 있다.

　초기 빅토리아 시대의 옹색한 여행에도 불구하고 그들은 그리 큰 어려움 없이 중부 유럽을 통과하여 8월 10일에는 오스트리아-헝가리 제국의 남쪽 국경 지대에 다다를 수 있었다. 이제 그들 여정의 절반 거리에 놓여 있는 모술까지는 8개월이 더 걸릴 것이었다. 소아시아를 가로지르는 그들의 모험은 여남은 권의 책을 채우고도 남을 것이라고 독자들은 생각할지도 모르겠는데, 그 말은 어느 정도 일리가 있다. 아직도 건장하고 정신적으로도 능동적이었던 일흔 살 초반에 들어선 레이어드와 미트포드는 이 모험 이야기를 그들의 회고록 속에서 상세히 들려 주고 있다. 레이어드는 1887년에 발행된 상하 두 권으로 된 「페르시아와 수시아나와 바빌로니아에서의 초기 모험담」과 그의 사후 9년째 되던 해인 1903년에 발행된 미완성 자서전에서 브뤼셀로부터 바그다드에 이르기까지의 경험담을 357페이지에 달하도록 깨알같이 써놓고 있다. 1884년 「40년 전에 있었던 영국에서 세일론까지의 육상 행군」이라는 제목으로 발행된 책 속에 미트포드는 그들의 여행담을 245페이지에 담고 있다.

레이어드는 오늘날의 유고슬라비아인 크로아티아에 이르기까지 서구(west)로부터의 탈출을 실감하지 못했던 것 같다. 그 지방 농부들의 의상은 더 이상 유럽 냄새가 나지 않는 동양적인 성격을 지니고 있었다. 남녀 할 것 없이 붉은 두레박 같은 모자를 쓰고 있는데, 남자들의 모자는 검은색 비단실로 화려하게 수놓아졌고 여인네들의 모자는 금색을 비롯한 색색가지 실들로 수놓아 있었다. 남녀 불문하고 저고리를 은빛 동전들로 장식하여 멋을 부렸으며, 당시 중국에서와 마찬가지로 머리는 뒤로 땋아 늘어뜨리고 있었다. 레이어드는 예의 그 숙달된 눈으로 처녀들을 관찰하였는데, 그녀들은 한결같이 화려한 빛깔의 페티코트를 입었으며, 요란한 금 장신구들을 지니고 있는가 하면 양귀엔 커다란 귀걸이들을 달고 있었다. "우리가 본 대부분의 여인네들은 검은 눈과 검은 머리를 한 크고 잘생긴 미인들이었다"고 레이어드는 말하고 있다.

거기서 그들은 달마티아로 갔는데, 그곳의 농부들은 장총을 메기도 하고 허리띠엔 권총과 칼과 가로대가 없는 회교도들의 짧은 단도인 야타간(yat-aghan) 등을 차고 있었다.

달마티아 다음엔 그럴 듯한 정치적 조작극에 의해 탄생한 몬테네그로가 놓여 있었는데, 상호 적대적인 오스트리아와 터키 사이에서 완충 지대를 이루고 있었다. 몬테네그로는 순수하게 유럽적이라 할 수도 없고 순수하게 동양적이라 할 수도 없는, 이른바 양쪽 요소가 뒤범벅이 된 기묘한 혼성곡을 이루고 있는 곳이었다.

몬테네그로에서 그들이 최초로 해야 할 일은 중세 유럽의 옛 사제-군주처럼 그 조그만 왕국의 세속적 및 정신적 우두머리인 블라디카, 즉 비숍(교구장)을 알현하는 일이 있다. 레이어드는 최초의 문화적 충격을 받았다. 블라디카의 비에 새하얗게 씻긴 단아한 왕궁 앞에는 둥근 탑이 서 있었다. "그 탑 위에는 조그만 장대에 유혈이 낭자한 인간의 머리들이 나란히 매달려 있었는데 기다란 머리채들이 바람에 나부끼고 있었다. 이 머리들은 이웃 나라인 터키를 며칠 전에 습격했을 때 얻은 전리품들이었단다." 레이어드는 다음과 같이 소감을 말하고 있다. "그것은 사제-군주의 왕국에 도착한 여행자가 맨 처음 마주하게 된 무시무시하고 혐오스런 광경이었다."

블라디카 앞에서 안내를 받은 레이어드와 미트포드는 7척이 넘는 그의 '엄청난 거인의 체구'에 크게 놀라고 말았다. "그는 이 세상에서 가장 큰 사람처럼 보였다"라고 레이어드는 말한다. 블라디카는 길게 내려온 검정 비단 옷을 입고 있었으며 그리스 정교회 사제들이 쓰는 둥글고 높다란 검정색 모자를 쓰고 있었다. 커다란 황금 십자가가 그의 가슴에 덩그렇게 걸려 있었다. 그는 손님들에게 프랑스 말로 환영 인사를 한 다음 식사에 초대하였다. 만찬이 끝나자 놀랍게도 블라디카는 당구실로 그들을 안내하는 것이었다. 그가 가장 자랑스러워하는 소유물은 서구로부터 들여온 주머니가 6개 달린 당구대였다.

한참 당구를 치고 있는데 일단의 몬테네그로 전사들이 왕궁으로 달려 들어오더니 주교의 발 아래 최초에 잡은 포로들의 머리가 가득 든 자루를 내려놓았다. "그 머리들 중에는 분명히 어린아이의 것처럼 보이는 것도 끼어 있었다"고 공포에 질린 레이어드는 말하였다. "선혈이 낭자한 모습이라니! 무시무시하고 소름 끼치는 광경이었다."

레이어드는 무엄하게도 자신의 혐오감을 주교 앞에서 털어놓았다. 더구나 기독교 사제의 자택에서 이런 일이 있을 수 있느냐고 논박하였다. 블라디카는 조금도 동요하는 빛 없이 머리를 베는 일이란 비기독교적일 뿐만 아니라 경악스런 일이라고 말하였다. 그러나 몬테네그로는 무자비한 적들인 터키와 알바니아와 오스트리아에 둘러싸여 있음을 상기해 보라고 하였다. 그리고 몬테네그로는 자유로운 왕래가 거의 불가능한 험준한 산들에 둘러싸여 고립되어 있음을 강조하였다. "제가 가장 염려하는 것은 평화의 지속, 바로 그것입니다"라고 블라디카는 말하였다. 블라디카의 염려는 역사적인 타당성을 지니고 있다고 해야 할 것이다. 독립적인 몬테네그로는 더 이상 존재하지 않으니 말이다.

블라디카와 이런저런 이야기를 나누면서 레이어드는 그가 현재 엄청난 개혁 작업을 시행하는 중에 있다는 것을 알았다. 블라디카는 새로운 법률을 도입하였는데, 예를 들면 살인자는 예전처럼 피해자 가족측에 벌금을 물어서 무죄가 되는 것이 아니라 사형에 처하도록 하였다. 그는 또 초등교육 교과서를 몬테네그로어로 번역을 하도록 지시했는데, 그 나라의 최초의 교육기관을 설치하려는 계획 중에 있었다.

위그노였던 레이어드는 예전에 이탈리아나 폴란드의 애국자들의 편에 섰던 것처럼 소수 민족인 몬테네그로의 고충을 가슴 아프게 생각하였다. "나는 블라디카의 뛰어난 사고력과 진보적인 안목에 깊은 감명을 받았다"고 그는 고백하고 있다. "그는 자국민들의 독립적인 기질과 자유를 사랑하는 마음을 높이 찬양하였다." 이 정도의 사실들을 레이어드는 이해하였고 소중한 추억으로 간직하고 있었다.

레이어드와 미트포드가 떠날 채비를 하자 블라디카는 노새 두 마리와 무장한 호위병을 딸려 주어 오토만 제국과의 경계선까지 안내하도록 배려해 주었다.

이제 그들은 북아프리카 해안선에서 말레이 군도에 이르기까지 뻗어 있는 '비옥한 초생달(fertile crescent)'인 이슬람 세계에 발을 들여 놓았다. "기독교 유럽을 통과한 다음에 우리가 본 변화는 너무나 확연한 것이어서 나는 전혀 새로운 세계, 즉 어린 시절 이래로 줄곧 꿈꾸어 왔던 세계 속에 발을 디디고 있음을 느낄 수 있었다"고 그는 쓰고 있다.

그들이 지나치는 바자르(시장)에는 터키, 알바니아, 그리스 및 여러 종족의 사람들이 들끓고 있었다. 아낙네들은 얼굴을 베일로 가리고 있었으며 상인들은 물담배 통이라고 할 수 있는 나르길(narghile)을 피워 대며 물건들 앞에 다리를 꼬고 앉아 있었다. 알바니아인들은 허리띠에 야타간을 차고 있었고, 식료품을 파는 노점들로부터는 향긋한 냄새가 흘러나오고 있었다.

그 지역 관할 기관의 총책임자인 파샤(pasha, 총독)의 저택 세라이(serai)에서 노랑머리들(Frank, 근동 지방에서는 유럽인들을 아직도 '프랑크'라고 부르는데, 그 어원은 십자군 전쟁 시대로까지 거슬러 올라간다)은 아주 진한 블랙 커피와 호박석으로 장식한 물담배 파이프를 대접받았다. 파샤는 그들의 여행 목적과 영국의 이국적인 풍물에 관해 간단히 물어 본 후에 우편 사용권을 발급해 주었다. 오토만 제국이 지닌 강점의 하나는 뛰어난 의사 소통망이었다. 이 제국엔 조랑말이 배달하는 속달 우편 제도(bouyourould)가 있었다. 18마일 간격마다 지친 말을 바꾸거나 쉬게 하며, 밤잠을 잘 수 있는 이른바 대상용 숙박 시설인 캬라반사리가 있었다. 그런데 여행자들은 이 시설을 관청의 허가 없이는 사용할 수 없었다.

8월 30일 이 두 사람은 터키 정부(Sublime Port)의 수도인 콘스탄티노플(지금의 이스탄불—역자주)을 향하여 출발하였다. 2주일 후 어느 저녁 무렵 그들은 뾰족탑들과 성 소피아 사원의 꼭대기가 보이는 곳에 이르러 칠탑문(gate of seven towers)을 오토만 제국의 수도에 발을 들여 놓았다. 바로 앞에는 거대한 터키 기병 부대가 있었다. 레이어드는 너무나 놀라 숨이 막힐 지경이었다. 레이어드는 자신이 콘스탄티누스 황제(274~337)가 세운 거대한 만화경과 같은 도시 한가운데 서 있음을 발견하였던 것이다. 그 도시는 로마 제국의 수도로서의 역할을 해내었으며, 1100년 이상을 오토만 왕조의 도읍지로서의 위치를 지켜 왔던 것이다. 도시는 그림 엽서의 사진처럼 그의 눈앞에 파노라마처럼 펼쳐졌다——술탄의 왕궁과 하렘(처첩들의 궁)이 들어 있는 궁성(세라글리오), 성 소피아 사원, 원형 경기장(Hippodrome), 콘스탄틴 황제의 기둥(Column of Constantine), 술레이만 대제의 회교사원 및 카이크(caiques, 터키 돛배)와 외국 전함들 및 외륜선과 돛대가 여럿 달린 범선 등이 낮 동안의 항해를 마치고 정박해 있는 금각곶(Golden Horn) 등등……. 좁다란 길들은 터키, 그리스, 아르메니아, 불가리아 및 동양의 유태인들로 복작거리고 있었다. 열강의 제국들이 세라글리오 근처에 대사관을 설치하고 있었다.

레이어드와 미트포드는 이탈리아인이 경영하는 조그만 호텔 로볼리즈에다 여정을 풀었다. 이곳에서 레이어드는 최초로 발병을 하게 되는데 이 발병은 나중에 만성 열병으로 지속하게 된다. 레이어드는 자기가 이 병을 얻게 된 것이 늪지대 바로 곁에 있었던 캬라반사리에서 옮았을 거라고 생각하였다. 그 학질——사실은 말라리아——은 항상 이질을 동반하여 나타났다.

아르메니아인 의사가 왔다. 그는 에딘버러 대학에서 딴 학위증을 자랑스레 보여 주기도 하였다. 당시만 해도 대부분의 질병은 피를 뽑는 방법으로 치료하였다. 이 의사는 마법사나 되는 것처럼 레이어드의 배 위에다 펜과 잉크로 커다란 동그라미를 그리더니 그 안에다 거머리들을 갖다 놓으라고 지시하였다. 레이어드는 두 번이나 피를 뽑았다. 그는 너무나 기진 맥진하여 여행을 계속할 수 없을 정도였다.

그는 며칠간이나 헛소리를 하였고 한때는 사태가 심각한 지경에 이르기조차 하였다. 회복기에 접어들었을 때 그는 두 명의 동포의 방문을 받았다. 한 사람은 〈런던 모닝 포스트〉지의 근동 주재 기자이며 「시르카시아에서의 여행」(Travel in Circassia)의 저자인 J.A. 롱워스였으며 또 한 사람은 당시 이집트로 향하고 있던 '네번째의' 카르나본 경이었다. 롱워스와는 평생토록 우정을 나누게 된다. 그리고 카르나본과 레이어드를 맺는 고고학적인 관계는 놀랍게도 1세기에 걸쳐 지속하였다. 1922년, 수년간이나 헛삽질을 한 끝에 카르나본의 아들인 다섯번째 백작은 파라오 투탄카멘의 온전한 무덤을 발견하게 되는데, 이 고고학적인 횡재는 당시 니네베의 발굴과 서로 윗자리를 다투었다.

10월 초가 되자 레이어드는 원기를 회복하였다. 미트포드와 레이어드는 우편마차 편을 포기하고 직접 말을 구입하여 대상용 숙박 시설 따위에 연연하지 않고 마음에 드는 길을 선택하여 여행을 계속하기로 하였다. 그들은 20파운드를 주고 세 필의 건장한 말을 샀다. 또 수다스런 그리스인 조지오도 고용하였는데 그는 통역인이자 하인이자 요리사로서 일을 하도록 하였다. 미트포드는 조지오와 말들을 데리고 육로를 따라 가고 레이어드는 카이크 (돛배)를 타고 터키 해안을 따라 내려가며 좀더 많은 휴식을 취하기로 하였다. 그들은 지저분한 무디아니아 항에서 다시 만났다. '우리는 지금부터 어느 유럽인도 밟고 지나간 적이 없는 지역을 뚫고 가야만 한다. 이제 믿을 것이라곤 우리가 지닌 장비뿐이다'라고 레이어드는 쓰고 있다.

그들은 그 지역의 언어나 관습을 전혀 알고 있지 못했는데, 터키와 소아시아 내륙의 지도 역시 완전 백지 상태였다. 게다가 그들이 소아시아 터키에 발을 디딘 시기야말로 가장 불리한 시기였다. 오토만 제국의 이집트령이 반란을 일으켰으며 중동 전역에 폭동이 들끓고 있을 때였다. 터키 본토 이외의 지역은 거의 무정부 상태 직전까지 다가가 있었다.

넬슨의 함대가 트라팔가 해전에서 지켰던 조심스런 3노트의 속력으로 말을 몰며 레이어드와 미트포드는 소아시아 횡단길에 나섰다. 영국 대사관에서 지시한 주의 사항 중에 그들이 지킨 것이라곤 그 유명한 터키 모자를 쓰라는 것뿐이었다. 두레박을 엎어놓은 것 같은 이 붉은색 모자(fez)는 푸른색 장식술이 달려 있었는데 유럽인들의 승마용 모자보다 편리하다고만 해서 쓴 게 아니라 시골길을 달릴 때 되도록 눈에 덜 띄고자 하는 간절한 희망에서 쓴 것이었다.

그들이 전진할 때마다 레이어드는 시냇물이나 강을 지도상에 그리고 산의 형세와 그 밖에 눈에 띄는 많은 것들을 표시함으로 해서 왕립 지리학회를 위한 여행 일지를 기록하여 나갔다. 그는 공책에 일정한 간격으로 줄을 그어 매 30분마다 혹은 매 1.5마일마다 새로운 정보들을 기입하기로 하였다.

레이어드는 이질의 고통으로부터 완전히 벗어났으며 그러한 무서운 경험은 미식가로서의 그의 호기심을 전혀 방해하지 않은 것 같다. 이 마을 저 마을로 다니면서 그는 그 고장 특유의 음식물을 맛보았다.──그 중에는 채소와 함께 구운 양고기, 코르니시 파이를 연상시키는 잘게 저민 고기를 넣은 만두, 양고기 오믈렛, 필래프(pilafs), 부풀리지 않은 빵 같은 납작한 케이크, 그리고 그가 가장 좋아하는 요리로 등장한 꿀과 크림과 들소 우유로 만든 키마크(kymak)라고 하는 신기한 디저트 등이 있었다. 수박과 올리브와 터키 커피는 어디서고 많이 먹을 수 있었다. 아르메니아 마을에서의 표준 요리는 치즈와 양파와 밀가루 반죽으로 만든 맛좋은 음식이었다. 어느 날 그들은 한스 크리스티안 안데르센의 동화 속에나 나옴 직한 '팔랑개비 국화꽃 이파리처럼 파랗고, 수정처럼 맑은' 시냇물을 건너게 되었다. 호기심 많은 동네 사람들이 옹기종기 모여 있는 가운데, 레이어드는 말에서 내려 낚싯대를 끼워 맞춘 다음 날파리 미끼 한 마리를 골랐다. 그는 세 마리의 물고기를 낚았는데 마리당 1.5킬로그램씩이나 나가는 거대한 황어였다. 터키의 촌뜨기들은 어안이 벙벙해졌다. '사람이건 물고기건 한 번도 이런 모조파리(artificial fly)를 본 적이 없었을 테니 사람만 놀란 것이 아니라 물고기들도 놀랐을 것'이라고 그는 재미있다는 듯이 쓰고 있다. 야외에서 구워 먹은 생선맛은 천하 일품이었다.

이렇듯 식도락가로서의 모험을 만끽할 수 있었던 그들이었지만, 한 가지 불편한 점도 있었다. 즉 포도주도 없었고 쓴 맥주(bitter)도 없었던 것이다. 천하가 다 알 듯이 이슬람 세계는 알코올의 사용을 금지하고 있으니 그들은 블랙 커피로 만족할 수밖에 없었다. 그러나 어쩌다 기독교 마을을 들렀을 땐 포도나 곡식 등을 발효 증류한 독하고 시금털털한 라키(raki)를 대접받는 적이 있기는 했다.

당연한 일이지만 그들은 간혹 길을 헤매기도 하였다. 그런데 어디서고 시골 사람이면 으레 그렇듯이 세금쟁이가 오지나 않나 하고 항상 뒤를 흘끔거리며 눈치를 보며 살아야 하는 마을 사람들은 길을 가르쳐 주는 데 인색하였을 뿐만 아니라, 설사 말대꾸를 한다 해도 백해 무익한 정보만 제공해 줄 뿐이었다. 그들의 손셈은 고의적이며 간혹 재미있기조차 하였다.

"염소를 몇 마리나 기르십니까?"

레이어드는 염소 떼를 몰고 가는 목자를 만나자 물었다.

"보시는 바만큼입죠."

목자는 대답하였다.

"그렇지만, 세어 보지 않아서 모르겠는데요. 몇 마리나 됩니까?"

레이어드는 고집스레 계속 물었다.

"제가 산으로 끌고 올 때하고 똑같죠."

"제 말은 산으로 몇 마리나 데리고 오셨느냐는 거예요."

"제가 가진 수만큼입죠."

아다나(Adana) 근교에서 그들은 이오니아 식으로 지어진 그리스 신전의 폐허를 보게 되었다. '나는 굉장히 흥분하였다'고 레이어드는 당시를 회상하며 썼다. '그것은 내가 본 최초의 그리스 폐허였다.'

레이어드의 여행담 속에는 그들이 우연히 지나치곤 했던 각종 폐허에 대한 흥미 진진한 이야기를 담고 있다. 미트포드의 글 속에서 가장 재미있는 페이지들은 동식물 생태 묘사에 관한 부분이다. 미트포드는 자연주의자였으며 어느 정도 권위 있는 조류학자였다. 따라서 레이어드가 아다나의 폐허에 열중해서 쓰고 있는 옆에서 미트포드는 24피트씩이나 되는 18개의 이오니아 식 기둥 중 한 곳의 꼭대기에 황새가 둥지를 틀고 있는 것을 관찰하였다.

그리고 레이어드가 아다나의 폐허를 관찰하고 기록하고 스케치하는 동안 미트포드는 7피트나 되는 날개를 지닌 황금 독수리를 덫에서 빼내어 주느라 애쓴다. '그놈은 내 착한 마음을 알고 있기나 한 것처럼 덫을 풀어 주는 동안 퍼덕거리지도 않고 얌전히 웅크리고 앉아 있었다. 그리고 자유로운 몸이 되자 천천히 푸른 창공 위로 솟아 올라갔다'고 그는 쓰고 있다.

터키를 가로지르는 동안 레이어드는 소아시아에 있는 많은 고대 폐허들이 도굴범들과 그 밖의 여러 사람들에 의해 손상되어진 것을 보고 충격을 금치 못했으며 분노하였다. 그 지역에 널려 있는 신전들은 하나같이 숨겨진 보물들을 캐내려는 자들에 의해 부서지고 나동그라져 있었다. 아다나에서만 해도 레이어드는 거의 모든 오두막집들이 폐허가 된 그곳 신전들로부터 깨어 온 대리석 조각들로 지어져 있는 것을 보고 대경 실색하지 않을 수 없었다. 어떤 벽엔 정교하게 조각되어진 석판이 세워져 있는가 하면 그리스 비문이 새겨진 돌 조각들도 끼어 있었다.

그들이 가로질러 간 땅은 예로부터 아시리아, 히타이트, 트로이, 그리스, 로마인들에 의해 끊임없이 뺏고 빼앗긴 땅이었다. 폐허들로 말할 것 같으면 그들이 남기고 간 명함들이었다. 레이어드는 가끔 자기가 거대한 옥외 박물관을 거닐고 있지 않는가 하는 착각에 빠지기도 하였다. 이아신에서 레이어드와 미트포드는 독자적으로 산기슭에 깎아 만들어진 바위 무덤 도시, 즉 히포게아(Hypogea)를 발견하기도 하였는데, 이 무덤들은 북부 이집트에 있는 파라오들의 돌 무덤들과는 유사하지 않았다.

이아신의 무덤들 속에서 그들은 서툰 솜씨로 만든 십자가들과 초기 비잔틴 양식으로 그려진 인물 벽화들도 보았다. 성인들의 그림은 팔다리가 잘려지기도 하고 눈알이 지워져 있기도 했다. 레이어드는 탐험가로서의 자존심을 갖고 이렇게 썼다. '내가 아는 한 이 무덤들은 일찍이 유럽인들에 의해 방문되어진 적이 없다. 나는 소아시아에 관한 어떤 책 속에서도 이에 관해 언급한 것을 읽은 적이 없다.' 실제로 이들 비잔틴 시대의 무덤들에 대한 조직적인 탐사는 거의 반 세기 이후인 1886년에 이르러서야 이루어졌다.

고대 유물들에 관한 레이어드의 활발한 관심은 그들이 소아시아 깊숙히 뚫고 들어감에 따라 미트포드에게까지 전염되었는데 터키인들은 아무런 관심조차 보이지 않았다. 한 번은 어느 관리가 이러한 이야기를 해준 적도 있다. 즉 그곳 총독의 입회하에 로마 글자가 새겨진 대리석 조각이 발굴된 적도 있었는데, 그 총독은 자기의 영국 친구에게 그걸 선사하면서 이렇게 말했다고 한다. "당신네 영국인들은 이런 것들을 귀히 여긴다죠?"

남서부 터키에서 그들은 가장 큰 폐허를 보았는데 레이어드는 헤라클레스의 머리 없는 거대한 조상 옆에서 하루 종일 비명(碑銘)을 베끼기도 하였다.

이처럼 서서히, 그리고 눈에 안 띄게 레이어드의 여행 목적은 바뀌어 갔다. 집으로 보내는 편지 속에서나 개인적인 기록 속에서 그의 표면상의 목표였던 세일론에 대해서는 단 한 마디의 언급도 하고 있지 않았다. 내심으로 그는 그 목표를 내던진 것 같았다. 그러나 그는 아직 다른 목표를 발견한 것도 아니었다. 날마다 그는 새로운 지평선을 향해 전진하였다. 그리하여 그 지평선 너머 저쪽의 땅이 보고 싶었다. 그가 지평선에 한 걸음 가까이 접근할 때마다 지평선은 한 걸음 더 뒤로 물러서곤 하였다. 그러나 그는 결코 자기 자신을 잃진 않았다.

그의 말을 빌리면 그는 "불필요한 사치로 부담스러울 것도 없었으며 다른 사람들의 말참견이라든가 편견 따위로 마음을 쓰지 않아도 되었다." 어디에 선가 그는 그의 인생에 있어서 이 시기를 이렇게 표현하기도 하였다. "고생도 많이 했고 때론 강도를 만나기도 했으나, 나는 행복하고 기쁜 날들을 보냈다. 무엇보다도 나는 나 자신 독립해 있다는 것을 느꼈고 그것을 즐겼다."

타르수스에 가까이 다가감에 따라 그들은 자신들이 이집트인들의 반란으로 혼란스러워진 지역에 발을 들여 놓게 되었음을 알게 되었다. 이 지역은 오늘날 시리아, 레바논, 이스라엘, 요르단 및 이집트의 일부를 포함하고 있는 광범위한 땅이다. 타르수스에 들어서면 터키인들은 갑작스레 줄어들고 아랍인들이 대부분을 차지하게 된다. 여기서 레이어드는 거대한 잡동사니 더미를 발견하였다. 그곳에 사는 시골 사람들은 그게 아시리아 유적의 폐허라고 믿고 있었다. 그러나 그들의 주장을 뒷받침해 줄 만한 쐐기문자 등은 찾아볼 수 없었다. 설사 쐐기문자가 씌어 있는 사금파리가 나왔다 해도 그걸 읽어낼 사람은 아무도 없었을 것이다. 타르수스의 믿기 잘하는 주민들에 의하면 이 쓰레기 더미는 화장용 장작 더미가 타다 남은 것으로서 그 옛날 아시리아 왕인 사르다나팔루스가 온 재산을 비롯하여 처첩들과 자신의 몸을 불태운 자리라고 한다.

이것은 레이어드가 아시리아를 어설프게 만난 최초의 기회였다. 그는 이렇게 썼다. '나는 그 폐허를 특별한 관심을 지니고 보았다.' 그러나 그는 상당히 많은 책을 읽었음에도 불구하고 성서적인 전설이나 옛 전통들이 그토록 풍부한 지역을 탐사하기에는 자신이 너무나도 준비가 덜 되어 있다는 것을 깨달았다. "나는 고고학 쪽으로는 거의 관심을 기울이지 못하였다. 게다가 나는 모든 학문 분야에 대해 그저 겉핥기 식의 지식밖에는 지니고 있지 못했다. 나는 엉성하고 소홀했던 내 초기 교육처럼 후회스러운 것이 없다"라고 그는 자신의 과거를 되새겨 보고 있다.

그러나 잃어버린 세계에 대한 그의 싹트는 관심은 대가를 요구하고 나선다. 그들이 알레포에 닿자마자 레이어드는 두번째로 더 심한 학질을 앓게 된 것이다. 다시 한번 그는 피를 흘려야 했다. 이번에는 열다섯 마리의 거머리들이 그의 배 위에 놓여졌다. 그의 몸으로부터 12~14온스의 피가 빠져나갔다. 음식물을 철저히 주의하고 많은 양의 키니네를 먹으라는 처방이 내려졌다. '제가 이 치료 방법을 견뎌내고 살아 있다는 것은 정말 기적에 가까운 일입니다!'라고 그는 집에다 보내는 편지에 쓰고 있다.

비유를 써서 말하면 알레포는 그들 앞에 놓인 첫번째 갈래길이었다. 그들 앞에는 각기 전혀 다른 세계로 이끄는 두 길이 갈라져 놓여 있었다. 첫번째 길은 모술과 바그다드가 있는 메소포타미아를 거쳐 인도 반도로 이르는 길이고 다른 한 길은 성지로 이르는 길이었다. 그들은 상호 동의하에 남쪽으로 향하였다. 이 기회를 그는 결코 놓치고 싶지 않았을 것이다. 미트포드는 타고난 기독교 신자로서 베들레헴과 골고다 그리고 그 사이 예수의 발길이 닿은 여러 지역들을 순례하고자 하는 욕망에서 움직였다. 레이어드 역시 예수의 발자취를 다시 한번 밟아 보고 싶기는 했지만 그것은 부분적인 동기에 지나지 않았다. 그는 주로 어린 시절에 책을 읽고 익혔던 '요단강을 따라 펼쳐져 있는 폐허들'을 살펴보고자 하는 강한 욕망에 사로잡혀 있었던 것이다. '부르크하르트의 책에서 나는 페트라라든가 요단강 동쪽의 옛 도시들의 폐허에 관한 묘사를 읽은 적이 있는데, 바로 그 때문에 나는 그 지역을 방문하고자 하는 강한 욕망을 지니게 된 것 같다'라고 그는 쓰고 있다.

레이어드의 입장에서 본다면 그 우회는 어쩔 수 없는 일이었던 것이다.

9. 꿋꿋한 결심

영국에서 출발할 때처럼 레이어드와 미트포드는 다시금 제각기 다른 길로 나섰다. 미트포드가 조랑말에 올라타고 곧바로 베이루트를 향해 남쪽으로 내려간 반면, 레이어드는 우회하는 속에서 또다시 우회를 거듭한 것이다. "나는 히말라야 삼목 숲을 보기로 결심하였다"라고 그는 말했다. 미트포드는 이제 레이어드가 "결심하였다"라는 말을 입밖에 낼 땐 진담을 하고 있다는 것을 알게 되었다. 그를 설득할 그럴 만한 방도가 없었던 것이다. 그들은 베이루트에서 크리스마스에 만나기로 약속하였다.

오늘날의 레바논 땅을 여행하면서 레이어드는 향수에 젖고 말았다. 상당수의 레바논 사람들은 이미 프랑스 외교관들로부터 프랑스 식 겉치레를 배워 익히고 있었다. 눈덮인 협곡을 가로지르며 그는 산기슭을 따라 옹기종기 모여 있는 산뜻하게 치장한 하얀 집들을 내려다볼 기회가 있었다. 그때 계곡 저 아래로부터 교회의 종소리가 그의 귓가에 울려 왔다. "얼마나 오랫동안 나는 그 소리를 잊고 있었던가!"

울퉁불퉁한 옹이투성이의 거대한 삼목들이 하늘을 찌를 듯이 서 있는 삼림에 다다르자 그는 실망하고 말았다. 근처에 주둔하고 있는 이집트 군인들이 병사(兵舍)를 짓기 위해 얼마 전에 많은 나무들에 도끼질을 해댄 걸 보았기 때문이었다. 3000년 전에도 아시리아인들 역시 그들의 주둔 병력을 위해 같은 짓을 하지 않았던가!

크리스마스 이브에 레이어드는 베이루트에 도착하여 미트포드와 만났다. 그들은 그곳의 영국 영사에게 소개장을 가지고 갔었는데 크리스마스 만찬에 혹시나 초대해 주지 않을까 애타게 기다렸다. 그러나 그 영사는 속물이었다. 레이어드와 미트포드는 허름한 빈털터리 나그네가 아니었던가? '우리는 실망이 컸다. 그날 밤 우리는 잠밖에 재워 주지 않는 더러운 여인숙의 옹색한 방에서 보잘것없는 크리스마스 만찬으로 만족해야 했다'라고 그는 쓰고 있다.

두 사람은 베이루트를 곧바로 떠나 성지 순례를 한다는 열망에 부풀어 발을 재촉하였다. 그들은 그 옛날 로마 군대와 십자군들이 앞서 지나갔던 발자취를 그대로 따랐다. 그러나 그들의 성지 방문은 환멸로 얼룩졌다.

레이어드는 그곳이 혐오스러웠다. 시골길은 가난에 찌든 황무지였으며 마을의 집들은 낡고 오랫동안 손질을 안한 것같이 보였다. 예루살렘에 가보니 종교적인 광신자들과 협잡꾼들로 들끓고 있었다. 성소를 서로 관리하겠다고 싸움질을 하고 난리를 꾸며 대는 각종 파벌들을 보자 레이어드의 기독교적인 감수성은 몹시 손상되었다. 지난 부활절만 해도 이집트는 무력 투쟁을 일삼는 종교적 파벌들 간에 평화를 심어 주기 위해 성묘 안치 교회(Church of the Holy Sepulchre)에 군대를 급파하지 않을 수 없었다는 이야기를 듣자 레이어드는 말문이 막혔다. 주요 갈등은 로마 카톨릭 교회와 그리스 정교회 사이에서 일어나고 있었다. 그들 배후에는 프랑스와 러시아가 도사리고 앉아 후에 발발하게 되는 크림 전쟁을 위해 기초를 단단히 다지고 있었다.

미트포드는 그곳의 살기 등등한 분위기에 놀라고 말았다. 그는 어머니에게 다음과 같은 편지를 썼다. '고난의 길(Via Dolorosa)에서……그들은 예수님께서 십자가를 잠시 기대셨다고 하는 벽의 움푹 팬 곳을 정말로 보여 주기조차 하는 것이었어요!' 그러나 그는 그 벽이 그날로부터 1200년이 지난 600여 년 전에 세워졌다는 것을 알아내고 만다. 그리하여 그는 다음과 같이 덧붙인다. '이 엉터리 같은 사기극에 모기 같은 내 목소리로나마 항의를 하지 않는다면 기독교 신자로서의 의무를 태만히 하는 게 되겠지요.'

그들은 둘 다 하루속히 그곳을 떠나고 싶어했다. 그러나 그들은 그곳을 영원히 떠나지 못할 뻔하였다. 어느 날 아침 여인숙 주인은 아침을 먹으라고 그들을 불렀다. 미트포드는 이야기한다. "우리들은 어지럽고 머리가 찢어져 나가는 듯한 두통으로 베개에서 머리를 들 수 없었다. 구역질이 났고 앞이 안 보였으며 가슴은 발작적인 고통으로 괴로웠다." 바로 전날 밤 그들은 너무도 추워 그 지방 사람들이 통상 하듯이 커다란 대야에다 목탄을 놓고 땠다고 한다. 벽난로가 없으니 그럴 수밖에 없었을 것이다. 그리하여 그들은 일산화탄소에 질식하여 불귀의 객이 될 뻔한 것이다.

몸이 다시 회복되자 그들은 다음 번 목적지 때문에 옥신각신하였다. 미트포드는 계속 육로로 해서 세일론으로 가고 싶어하였다. 그것도 가장 빠른 길을 택하여. 그러나 레이어드는 사해 부근에서 약 한 세대 이전에 부르크하르트가 재발견한 잃어버린 도시, 페트라를 다시금 방문하기로 '결심'——이 말이 여기서 다시 나온다——하였다. 플로렌스의 어린 시절에 그는 얼마나 그에 관한 이야기에 열중하였던가?

레이어드가 이 계획을 밀고 나가겠다고 하자 주위의 모든 사람들이 그러면 못쓴다고 엄한 경고를 가해 왔다. 영국 영사와 이집트의 예루살렘 지사는 그 계획이 '무모하다'고 공공연히 비난하였다. 사해는 어느 누구의 땅도 아니라고 총독은 경고하였다. 콘스탄티노플도, 카이로도 그곳까지 손을 미치지 못하고 있다는 것이었다. 그 지역은 극렬한 베두인(Bedouin) 약탈자들의 출몰지로서 '믿지 않는' 노랑머리들에겐 매우 위험한 곳이라는 것이었다. 자칭 이스마일의 후예라고 하는 이 베두인 족속들은 양 떼와 소 떼를 몰고 그곳 사막 지대를 방랑하며 텐트에서 살고 주로 약탈을 하여 생계를 꾸려 간다는 것이었다.

이러한 이야기를 듣자 미트포드는 그곳을 방문한다는 것은 경솔하고 바보 같은 짓이라고 생각하였다. 게다가 무엇하러 그곳엘 간다고 저 야단인가? 단지 폐허를 보겠다는 것이 아닌가?

'그러나 나는 절대로 단념하지 않겠다고 굳게 결심하였다'고 레이어드는 쓰고 있다. '나는 오로지 내가 지닌 장비만을 의지하여 그 여행을 행하기로 결심하였다. 길손을 존경하며 대접에 후하다는 아랍인들에 관한 어린 시절의 낭만적인 이야기들을 굳게 믿고서.'

1840년 1월 15일 미트포드는 동쪽으로 가는 갈래길이 나 있는 알레포로 되돌아갔고 레이어드는 페트라로 향하였다. 도중에 그가 최초로 묵은 곳은 헤브론이었다. 그가 마을에 도착했을 때는 마침 7, 8명의 아랍인들이 쇠사슬에 묶여 그 지역 총독 관저의 안마당에 일렬로 서 있었다. 레이어드는 오토만 제국 전역에서 흔히 행해지고 있었던 전통적인 체벌 행위를 처음으로 목격하였다. 그 형벌은 아무리 죄가 가벼워도 가차없이 가해지곤 하였다.

구경꾼들이 많이 둘러선 가운데 한 죄인이 땅바닥에 던져졌다. 배를 깔고 엎드린 그의 두 발은 든든한 막대에 매달린 밧줄의 고리에 끼워졌다. 그런 후 두 사람의 건장한 남자들이 그 막대를 어깨에 메어 들어올린다. 그러면 힘깨나 쓰는 병정 네댓 명이 번갈아 가며 하마가죽 채찍으로 죄인의 발바닥을 양탄자 털 듯이 사정없이 후려치는 것이다. 상처난 발바닥엔 계속 물을 쏟아 부어 더욱더 심한 고통을 느끼게 만든다. 죄인은 심한 고통 속에 비명을 지른다. 채찍질이 끝나면 걸을 수 없는 가련한 죄인은 땅바닥에 엎드린 채 질질 끌려 호송되어 나간다.

"이 야만스런 광경을 계속 보고 있자니 구역질이 났고 몸이 부들부들 떨렸다"고 레이어드는 말하고 있다.

헤브론에서 그는 페트라와 사해로 여행하기 위해 두 마리의 낙타를 구입했다. 여기서 그는 처음으로 낙타 등에 올라타 보았는데, 이 동물들이 어찌하여 '사막의 배'라 불리는지 알게 되었다. 그는 뱃멀미를 경험했던 것이다.

길을 따라가다 보니 사막의 움푹 팬 곳이라고나 할까 하여튼 와디 같은 곳에 이르렀는데 그곳은 유목하는 아랍인들의 검은 천막으로 점점이 찍혀 있었다. 이야기 책에서 본 그대로 셰이크(족장)는 자신의 천막으로 길손을 안내하더니, 밥 한 사발과 삶은 양고기를 대접하는 것이었다. 그날 밤은 매섭게 추웠으므로 레이어드는 밤 늦도록 화톳불 가에 쭈그리고 앉아 있다가 몇 야드 떨어져 있는 자신의 천막으로 돌아갔다.

'나는 한동안 내 천막 앞에 앉아 눈앞의 이상하고 신기한 정경을 바라보았다.' 그는 그의 공책에 이렇게 기록하고 있다. '아랍인들의 야영 생활을 가까이서 본 것은 그것이 처음이었다. 보름달이 와디의 곳곳을 환히 비춰 주었기 때문에 나는 눈앞에 널려 있는 모든 형상들을 명료하게 볼 수 있었다. 아랍인 텐트 속에 켜 있는 불빛들은 밤하늘의 별들처럼 계곡을 수놓고 있었다. 간혹 가축들의 낮은 울음소리와 낙타들의 목쉰 신음소리, 거의 우리들 한가운데 들어와 앉아 있는 것같이 들리는 쟈칼의 청량한 울부짖음 등으로 밤의 정적이 깨어지곤 하였다.'

레이어드는 현실의 문턱을 넘어서서 천일야화의 동화의 나라에 발을 들여놓은 것 같은 착각에 빠졌다.

나중에 알고 보니 족장 역시 젊은 영국인의 야심만만한 계획을 상당히 걱정하고 있었다. 전부라고는 할 수 없지만 그 지역의 대부분의 아랍족들은 터키인이나 노랑머리들처럼 그곳을 떠돌아다니는 호전적인 베두인족을 두려워하고 있었다. 족장은 이 젊은 총각이 마음에 들었는지 두 명의 무장 호위병을 딸려 주어 우호적인 아랍인들이 머물러 있는 다음 텐트촌까지 레이어드를 안내하도록 지시하였다.

이들 작은 일행이 사해 근방에 가까이 다가갈수록 레이어드는 자신이 일일 연속 모험극에 계속 말려 들어가고 있음을 느꼈다. 앞에서도 말했지만 그의 모험담은 한 권의 책을 채우고도 남는다. 그러나 여기서 일어난 일로 말할 것 같으면 용감무쌍하고 무모하기까지 한 레이어드의 배짱을 잘 나타내 준다 하겠다.

그는 약탈을 일삼는 호전적인 베두인족들에 의해 공격을 받고 거의 모든 소유물을 빼앗기고 말았다. 그러나 그는 자신의 목숨뿐만 아니라 다른 두 사람의 목숨까지도 건질 수 있었는데 그건 그가 베두인 도적 떼들의 두목과 난투를 벌인 끝에 그의 목덜미를 잡고 머리에 라이플의 총구멍을 갖다 댐으로 해서 가능했던 것이다. 레이어드가 다른 떼거리들이 물러서지 않으면 두목의 머리에 바람구멍을 내겠다고 위협하니 모두들 즉각 뒷걸음치기 시작하였다. 그들이 지평선 저쪽으로 계속해서 멀어질 때까지 레이어드는 인질의 뒤통수에 총끝을 갖다 댄 채 작열하는 사막을 가로질러 다음의 우호적인 아랍 천막촌까지 무사히 갈 수 있었다.

이번엔 그 베두인 두목을 쫄쫄 굶겼다. 어린 시절에 읽었던 부르크하르트 등이 쓴 아랍에 관한 책 속에서 읽은 심리학을 그대로 적용하여 그는 다음날 아침 죄수를 끌어다 아침 식사에 합석시켰다. 배고픈 나머지 베두인 두목은 순순히 따랐다.

애송이 레이어드가 너구리같이 교활한 늙은 전사보다 한술 더 떴다고 해야 하겠다. 왜냐하면 베두인들을 포함한 모든 아랍인들은 한상에서 밥을 먹은 상대를 위해서는 혼신을 다하여 보호해 줄 성스러운 의무를 지니게 되기 때문이다.

이제 레이어드는 자신의 물건들을 모두 되돌려 주도록 손을 써달라고 두목에게 요구하였다. 두목도 처음엔 완강히 반항하였다. 그러나 다른 모든 아랍인들이 외쳐 댔다. "너는 그와 빵을 나눠 먹지 않았는가? 이제 그가 하느님과 함께 걷는 동안 너는 악마랑 걷게 될 것이다"라고. 그러자 양같이 온순해진 베두인 두목은 레이어드의 도둑맞은 물건들을 모두 되돌려 주도록 손을 썼다.

이 경험과 그 밖에 이와 유사한 여러 사건들을 통하여 레이어드는 아랍인들의 성격에 대하여 깊은 통찰력을 지니게 되었다. 조금 전만 해도 사납고 음흉스럽고 잔인한 사기꾼이 또 다른 순간에 가선 너그럽고 믿음직스러우며 자비로운 의리의 사나이로 탈바꿈할 수도 있다는 것을 레이어드는 배운 것이다.

매사를 용의 주도하게 대처해 나감으로 해서 그는 결국 그의 목적지인 페트라에 도착할 수 있었다. 땅바닥에 나뒹구는 쇠시리 장식들이랑 부서진 원주들……페트라의 침묵과 고독은 레이어드의 상상력을 부채질하였다. 그는 여행 일지에 '페트라의 폐허는 지구상의 다른 어느 고대 도시의 폐허와

다르다'라고 썼다. 그는 이 말을 후에 번복할 수밖에 없었지만 예술과 고대
유물에 대한 그의 무한한 열의를 반증해 주고 있다 하겠다.

　페트라에서 레이어드는 북쪽으로 고삐를 돌려 암몬으로 갔다. 성서에선
암몬을 라바트라고 부르고 있는데 티글라트-필레저 하의 아시리아에 의해
일차 파괴된 곳이다. 바로 그곳에다 로마인들은 광활한 그들의 제국을 위하
여 난공불락의 전초 기지를 세웠었다. 오늘날 이곳은 암만이라 불린다. 홋세
인 왕이 이끄는 요르단의 수도인 암만인 것이다.

　레이어드는 암몬의 거대한 폐허를 보자 로마인들의 위대한 업적에 깊이
감동하였다. '그들의 수도로부터 그토록 멀리 떨어진 곳, 그것도 사막 한가
운데에 세워진 도시는 수많은 호화로운 기념비들――이를테면 사원들과
극장들과 거대한 건축물들――에 의해 치장되어 있었음에 틀림없다. 그리고
이것은 로마인들의 거인적인 추진력과 눈부신 활동을 가장 극적으로 말해
주는 증거물일 것이다.'라고 레이어드는 놀라움을 감추지 못하고 쓰고 있
다.

　이렇듯 고결한 감상을 발설하기가 무섭게 그는 또 베두인 일당들에 의해
습격을 당한다. 습격 장소는 고대 티베리아스로 가는 길목에서였다. 그들은
낙타와 그가 지닌 거의 모든 것을 빼앗아 갔다. 그러나 일말의 자비심은
있었는지 그는 해치지 않고 풀어 주었다.

　레이어드는 티베리아스까지 걸어서 갔다. 그의 모습은 그야말로 봉두 난발
을 한 거렁뱅이 같았다. 그 도시의 모습 역시 그보다 나을 게 하나도 없었
다. 바로 2년 전에 티베리아스는 지진으로 파괴되었고 그때까지도 복구되어
지지 않은 상태에 있었던 것이다.

　굶주리고 지치고 게다가 무일푼이 된 그가 하룻밤을 어디서 지새울까
속수무책으로 서성거리고 있는데 한 노인이 그에게 이탈리아어로 말을 걸어
왔다. 그는 실밥이 다 해진 유럽인의 옷에다 검은 모자를 쓰고 있었다. '나는
그에게 밤잠을 잘 곳이 어디 없겠느냐고 애원조로 물어 보았다'고 레이어드
는 쓰고 있다. 양쪽 귓가에 동방의 유태인들처럼 굽슬거리는 머리카락을

내려뜨리고 있는 그 노인네는 이 노랑머리를 불쌍히 여겨 자기 집으로 데리고 갔다. 한 달 만에 처음으로 레이어드는 깨끗한 유럽식 침대에서 잠잘수 있었다. 알고 보니 그 집주인은 폴란드계 유태인인 의사였다.

레이어드는 자신의 곤궁한 처지를 이야기했고 다마스커스에서 길동무를 만나야 한다고 말했다. 그 유태인은 레이어드에게 돈 문제는 걱정하지 말라고 하며 10파운드(50달러)를 꿔주었다. 그 노인에게 10파운드는 어쩌면 믿을수 없을 정도의 거금, 아니 전재산이었을지도 모른다. 그는 레이어드에게 다마스커스에 도착하면 그 돈을 자신의 친구에게 갚아도 된다고 말하였다.

"노인장께선 낯선 사람을 정도 이상으로 신임하시는 건 아니신지요?"

의심 많은 레이어드가 물었다.

"당신은 영국인인데다 재난마저 당한 사람이지 않소? 내겐 그것으로서 충분하다오."

라고 그 유태인은 대꾸하는 것이었다.

가난한 유태인의 고결한 관용은 레이어드를 크게 감동시켰다. 그리하여 그는 그 자리에서 신뢰와 지원을 보내야 할 예의 그 열세 명단에 유태인도 포함시키기로 하였다. 확실히 그는 몇몇 사람들이 고양이를 수집하듯이 약한 소수 민족들을 수집하고 있었던 것처럼 보인다.

레이어드는 다마스커스로 가는 길이 평온 무사하기를 간절히 소망하였다. 그러나 빌린 노새를 타고 티베리아스를 떠나기가 무섭게 이집트 군대를 이탈한 무장 탈영병 일당이 그에게 시비를 걸어 왔다. 그들은 레이어드가 지닌 돈과 거의 모든 물건들을 빼앗아 갔다. 그러나 노새와 공책 그리고 어깨에 멘 옷가지(찢어진 바지 한 벌과 더러운 셔츠, 넝마가 다 된 아랍 외투) 등은 그대로 놔두었다.

이처럼 불운한 처지에 빠졌으면서도 다마스커스로 가는 도중에 잠시 카퍼호와르(Kaferhowar)에 들른 것은 예술과 고대 유물에 대한 그의 비정상적인 관심 때문이었으리라. 그는 그곳에서 고대 건축물들의 폐허와 대리석 판, 기둥의 몸체 등을 돌아보고, '그곳 주민들이 님로드에 의해 세워졌다고 말하는 흰 대리석 신전의 하단부'도 살펴보았다. 외지에 나와 처음으로 그는 그 옛날 님로드가 막강한 니네베를 건설했다는 전설상의 이야기를 듣게 된 것이다. 그러나 레이어드는 비명을 찾아 헤맬 시간적 여유가 없었다.

다마스커스에 이르자 레이어드는 대영 제국 영사관을 찾아갔다. 영사는 문을 열자 지친 한 나그네가 다 떨어진 옷을 입고 구두는 걸쳤는지 신었는지 맨발이 다 보이고, 쓰러질 듯이 비틀거리며 서 있는 것을 보았다. 그의 얼굴은 구리빛으로 그을어 있었고 오랫동안 사막의 먼지와 태양빛에 노출되어 굴뚝 청소를 하고 나온 사람같이 보였다. 베이루트의 속물과는 달리 이곳의 대영 제국 외교관은 그를 따뜻이 맞아 주었다.

영사는 미트포드가 일주일 가량 레이어드를 기다리다가 알레포로 서둘러 갔다고 말하였다. 레이어드는 그곳에서 친구를 만나야 한다는 것이었다. 그는 레이어드에게 따뜻한 차를 대접하고 욕실로 안내하는가 하면(그는 한 달 이상이나 목욕을 못한 처지였다) 새 옷가지도 마련해 주었다. 다마스커스에는 유럽 옷이 아예 존재하지 않았기 때문에 그는 시리아의 이집트 주둔병이 추운 겨울에 입었던 유니폼으로 온몸을 감쌌다——종아리는 착 달라붙고 헐렁한 자루 같은 바지에다 짧은 외투, 그리고 앞가슴에 수십 개의 단추가 달려 있고 화려한 색의 현장이 어깨로부터 늘어뜨려 있는 조끼 등으로서 프랑스 병장의 유니폼과 거의 다를 바가 없었다.

레이어드는 자신이 며칠 쉬어야 할 필요성을 느낀다고 생각하였다. 그래서 몇 차례 바자르에 나가 보기도 하였는데, 그곳은 '수백 가지의 기이한 물건들'로 가득 차 있었다. 그는 또 남자들이 요란한 장식의 물 담뱃대를 빨며 앉아 담소하는 커피 하우스에도 가보고 이른바 그 유명한 다마스커스의 매음굴도 빼놓지 않고 방문하였다.

그는 또 알레포로 떠날 계획도 짜놓고 있었다. 그러나 '조금만 돌아가면' 바알벡을 방문할 수 있다는 사실을 알자 그는 그 유혹을 뿌리칠 수 없었다. 바알벡은 고대 그리스인들의 헬리오폴리스(Heliopolis)로서 주피터와 바커스 신전이 있는 곳이다.

또다시 그는 주위로부터 위험하다는 경고를 받았다. 그러나 그는 목표 지점까지 무사히 도착하였고 곧 놀라움과 경외감으로 넋을 잃었다. 바알벡의 신전들은 당당한 원주들과 호화 찬란하게 조각한 대리석 석재들로 그 위용을 자랑하고 있었던 것이다.

이쯤되자 그는 시간이 촉박함을 깨닫게 되었다. 그는 어서 빨리 알레포로 가야 하지 않는가? 그러면서도 그는 절벽을 따라 흐르는 물결 거센 나르-엘-켈브 강의 하구에 위치한 폐허 한가운데서 빈둥거리며 한때를 보내고 싶은 충동을 뿌리치지 못했다. 그곳에서 그는 돌 속에 새겨진 일련의 훌륭한 조각과 비명들을 관찰하였다. 그 조각들은 페니키아인들로부터 유래된 것같이 생각되었다. 레이어드는 알지 못했지만 비명은 아시리아 문자로 씌어 있었고 세나케립의 정복 이야기를 말해 주는 것이었다. 이것은 그가 소아시아에서 신비의 아시리아인들과 세번째로 마주친 우연한 기회인 것이다.

알레포에서 레이어드는 결국 미트포드를 발견할 수 있었다. 자신의 동료가 도중에 살해되었을지도 모른다고 생각한 미트포드는 유프라테스 강을 건너 티그리스 강 언덕으로 행군해 갈 만반의 준비를 이제 막 마친 참이었다.

이번에는 다음 번 여정을 위해 싸울 필요가 없었다. 그들은 메소포타미아로 뛰어들어 티그리스의 서쪽 강둑에 자리잡은 교역지인 모술을 향해 곧장 전진하기로 하였다.

그들은 새 말들을 구입하고 각각 네 벌의 푸른 셔츠를 포함하여 여분의 옷도 마련하였다. 그들은 또 쌍발 엽총과 피스톨도 몸에 지녔다. 지도와 화판, 그리고 몇 가지 물건들을 합친 그들의 총재산은 7.5킬로그램 정도밖에 안 되었다. 그들의 침구인 누비 요는 말 안장에 가로질러 놓아 앉을 자리를 편하게 만들었다. 그러나 그들은 한 가지 사치품을 허용하였으니 그것은 다름이 아니라 차 한 상자였다. 물론 그들은 어떠한 곤경——이를테면 사막의 모랫바람, 폭풍우, 약탈을 일삼는 베두인족, 열병, 이질, 이와 벼룩이 들끓는 대상용 숙박소 및 그 밖의 모든 것들——도 견뎌낼 수 있었으나 빅토리

아 정신을 지닌 영국인으로서 한 잔의 차 없이는 삶을 지탱할 수 없었으리
라.

그들이 말 안장에 올라타자 레이어드는 이상한 감정이 엄습해 옴을 느꼈
다고 한다. '이제 나는 유프라테스 강 건너편 지역을 뚫고 들어가겠다는 억제
할 수 없는 강렬한 욕망을 느꼈다. 모든 역사와 전승은 그곳이야말로 서구
지혜의 탄생지라고 가리키고 있지 않은가?'라고 레이어드는 그의 여행기에
쓰고 있다.

그는 구약성서 속에 나오는 전설의 땅들인 아시리아와 바빌로니아, 칼데아
에는 헤아리기 힘든 수수께끼가 서려 있다는 것을 감지하고 있었다. "시리아
에서의 여행이 끝나자 우리의 발길은 자연히 동쪽으로 향해졌고……니네베
와 바빌론의 폐허를 밟지 않고서는 우리의 순례 여행이 미완성일 수밖에
없다"는 것을 알고 있었다.

그의 여행 일지 속에서 레이어드는 재치있는 글 솜씨로 다음과 같이 쓰고
있다. "이들 이름들에는 지난날 위대했던 민족과 역사상 거대한 도시들의
슬픈 그림자가 서려 있다. 황폐하여 형체조차 알아볼 수 없는 이 거대한
폐허들은 여행자가 뭐라 말하고 싶어도 어떻게 해볼 수 없는 사막의 한가운
데 누워 있는 거대한 모래더미의 잔영이었다. 위대한 민족의 후예들이 아직
도 예언의 성취를 외치며 황야를 배회하고 있고, 유태인이나 이교도 모두가
이 광활한 황야가 그들 종족의 요람이라고 믿고 있다."

당시 부패해 가는 오토만 제국 내에서 이집트의 반란 세력은 현재 시리아
와 이라크의 국경을 이루고 있는 지역까지 뻗쳐 있었다. 그 지역의 유목민들
특히 베두인족들은 이 혼란을 틈타 마을을 마구 약탈하고 메소포타미아를
오가는 대상들을 습격하곤 하였다. 그러나 운명은 레이어드와 그의 길동무
편에 서 주었다. 그들은 모술까지의 중간 지점에 있는 니스빈까지 무사히
갈 수 있었다.

다음 여정에서 그들은 터키 제국을 위해 싸우는 쿠르드(Kurd) 족의 비정
규 기병대들을 만났다. 그들의 대장은 이 영국인들을 화려한 연회석상에

초대하였다. 갓잡은 새끼 양이 엄청나게 큰 필래프(쌀에 염소와 닭고기를 양념한 요리) 접시 위 한가운데에 통째로 놓여 있었다. 대장은 그의 식객들에게 발효 우유를 끓여 만든 스프와 말린 무화과, 꿀 등을 계속 권하였다. 레이어드는 그때의 광경을 다음과 같이 쓰고 있다.

'거대한 장대들을 버팀목으로 쓰고 있는 그(대장)의 검은 염소 털 텐트는 여러 방들로 나뉘어져 있었다. 방과 방 사이에는 대나무와 갈대를 색색가지 털실로 우아하게 엮은 발이 쳐져 있었다. 바닥엔 쿠르드족 여인들이 짠 양탄자가 깔려 있었는데 아름다운 빛깔과 화려한 무늬를 지닌 그들의 양탄자는 동방 전역에서 아주 높은 가격으로 거래되고 있었다……폭신한 잠자리가 우리 방에 깔려졌다. 쿠르드족 텐트 속에서 자보기는 그때가 처음이었는데, 나는 떠돌이 종족의 우두머리가 베풀 수 있는 단순한 사치에 깊은 인상을 받았다.'

그들은 다시 길을 떠났다. 이번에도 또 쿠르드인들의 마을을 지나게 되었는데, 그곳은 옛날 로마인들과 페르시아인들이 백병전을 벌였던 제지레(Zezireh)란 곳이었다. 이집트인들과 마찬가지로 대부분의 쿠르드족들도 터키에 대항하여 반란을 시도하곤 하였는데, 제지레의 쿠르드족 지도자는 강독 위에 세운 높다란 성 안에 몸을 숨기고 마을을 굽어보고 있었다. 이 저항적인 지도자는 일등가는 손님 접대가였다. 그는 나그네들에게 필래프 요리와 통째로 구운 새끼 양, 고기 경단, 크림과 발효 우유로 만든 수프 및 그 밖에 오만 가지 진미들을 대접하였다. 레이어드와 미트포드는 그의 부하들과 함께 웅크리고 앉아 손가락으로 음식을 먹었다.

동쪽으로 여행을 계속하던 그들은 예지디족 일당과 마주쳤다. 예지디족은 피에 굶주린 정도는 아닐는지 몰라도 잔인함으로 이름난 종족이었다. 그들은 악마를 숭배한다고도 하였는데 그러한 신앙은 악의 힘을 두려워하여 사탄을 달래고, 만족시키고, 환심을 사서 그의 복수를 피하고자 하는 애타는 노력으로부터 기인한 것이라고 했다. 이렇듯 무시무시한 이야기를 들은 미트포드와 레이어드는 막상 예지디인들을 만나고 나니, 그들의 친절함에 놀랐고 예지디인들이 오해를 받아도 지나칠 정도로 받고 있다는 것을 알게 되었다. '지난날 독서를 통해 얻은 나의 인상으로는 모든 터키인들은 짐승이고, 알바니아인들은 사람 백정들이며, 쿠르드족은 식인종의 사촌이라는 것이었다. 그런데 이제 터키인들은 신사이며, 알바니아인들은 로맨틱한 영웅과는 거리가 멀지만, 이쪽에서 해만 끼치지 않으면 솔직하고 온순한 병사들이고, 쿠르드인들은 인심이 후하고 천성적으로 착하다는 사실을 알게 되었다.' 그러니 '멋드러지게 속았던 지난날의 추억이 차라리 유쾌하기조차 하다'고 미트포드는 쓰고 있다. 그리고 그는 다음과 같이 덧붙였다. '그러나 이들 종족이 전쟁시나 광신주의로 흥분했을 때도 그렇다고는 할 수 없다. 그럴 때 이들은 무자비해진다.'

사실 미트포드나 레이어드는 지구상의 인간들은 어디 사는 누구건 오십 보 백 보라고 생각하고 있었다.

달구지를 타고 모술로 향하는 중에 그들은 니스빈의 폐허를 탐사하기 위하여 발을 멈추었다. 이 마을은 한때 로마 제국의 동방 전초 기지였으며 파르티아 전쟁 당시는 트라얀 황제의 주거지이기도 하였다. 이제 남은 것은 한두 개의 동강난 기둥 몸체와 쇠시리 장식, 그리고 땅에 뒹구는 건축상의 장식 조각 등뿐이었다.

마침내 4월 10일, 그러니까 알레포를 떠난 지 23일 만에 두 사람은 모술을 눈앞에 보게 되었다. 모술은 거대한 구릉들을 배경으로 펼쳐져 있었다. 레이어드는 랍비인 투델라의 벤저민과 클로디우스 리치의 책 속에서 이 도시에 관하여 읽은 적이 있었지만, 두 눈으로 이 도시를 보는 것은 이번이 처음이었다. "나는 그들(구릉들)의 황량하고 쓸쓸한 장엄성을 대하며 깊은 감동과 인상을 받았다"고 레이어드는 말했다.

그가 만일 바로 이 황량하고 쓸쓸한 무대 위에서 자신의 찬란한 미래를 발견하게 되리라는 사실을 알았더라면 기절초풍을 하였을 것이다.

10. 퀸지크의 구릉

레이어드와 미트포드는 멀리 오른쪽 강언덕을 따라 성벽과 뾰족탑과 공원들로 어우러진 모술을 향하여 갔다. '모술이 오랜 실정(失政)과 무관심으로 붕괴와 쇠락의 길을 걷고 있다는 사실은 그곳에 발을 들여 놓고서야 비로소 깨달을 수 있었다'라고 레이어드는 쓰고 있다. 모술은 낙후된 도시였던 것이다.

레이어드의 동년배이자 친구였던 대영 제국의 해군 대위 F. 월폴(Walpole)은 그의 여행지에서 이 도시의 모습을 다음과 같이 그리고 있다.

> 두 개의 둥근 진흙 언덕들……여자들은 더러운 옷을 두들겨 빨고……멱감는 자들은 벌거벗은 몸으로 수줍다……코를 찌르는 고약한 냄새……허물어져 가는 성벽……단 한 채도 성한 구석이라곤 없는 다닥다닥 붙은 집들……멱감는 자는 점점 더 불어나고……빨래하는 아낙네들도 불어나고……그림 같은 성채가 멀리 서 있고…….

도시 속이라고 해서 강가보다 더 나을 게 하나도 없었다. 대부분의 주민들은 헛간 같은 오두막에서 살고 있었다. 간판을 내걸 만큼 변변한 여인숙도 없었고, 대상용 숙박소라는 곳은 빈대와 벼룩으로 들끓고 있었다. 모술엔 눈에 띄는 회교 사원조차도 없었다. 하나 있기는 있었는데 왜 그런지 8각형의 피라미드 같은 기이한 모습을 하고 있었다. 티그리스 강의 양쪽 둑은 임시 변통의 거룻배 다리로 연결되어 있었다. 배의 선미와 고물을 나란히 잡아 매어 안정시켜 만든.부교였다. 사람들과 당나귀들과 말들과 낙타들이 그 위를 바글바글 오가고 있었다.

'모술 정도의 크기를 한 동방의 어떠한 도시도 그처럼 비참한 모습으로 내 마음을 아프게 한 적은 없었다'고 월폴은 쓰고 있다. 레이어드 또한 그 도시를 본 순간 온몸이 오싹해졌나 보다. '그 도시는 비천하고 가난에 찌든 모습을 하고 있었다'라고 쓰고 있다.

그 당시 모술에 대해 그래도 관대한 견해를 지니고 있었던 유일한 사람은 동인도 회사의 전속 목사의 한 사람으로서 봄베이 교구를 맡고 있던 조지 퍼시 배저(J.P. Badger)였다. 그는 많은 가옥들이 몹시 손상되어져 있다고 긍정은 하나 그 도시가 그 지경으로 쇠락한 이유는 주로 지난 세기에 몰아닥쳤던 갖가지 재난 때문이라고 동정하였다.

14년 전인 1825년부터 모술엔 3년이나 계속된 대기근이 몰아닥쳤다. 기근이 끝나자 역병이 퍼지더니 9개월 동안에 18,000명의 인명 손실을 가져왔다. 그리고 1831년에서 32년에 걸친 겨울에는 티그리스 강이 불어나서 모술과 그 근방의 대부분의 지역이 수개월간이나 물에 잠겨 있었다. 배저는 이렇게 덧붙이고 있다. "게다가 이에 덧붙여 기계 공업이 발달한 우리들 유럽의 싸고 좋은 상품의 수입으로 인한 이곳 제조업의 파산과, 이 도시가 오랜 세월 동안 겪어야 했던 실정을 고려해 본다면, 한때 그토록 많은 영화를 누렸던 도시가 왜 그리 가난해졌고 거의 파멸의 지경에 빠지게 되었는지를 이해할 수 있을 것이다."

고대 그리스 시대만 해도 모술은 번영하고 있었던 행정 구역이었던 것 같다. 몇몇 옛 학자들은 이 도시의 이름이 크세노폰(Xenophon)의 메스-필레(Mes-Pylac)로부터 와전되어진 것이라 믿고 있었다. 그러나 대부분의 역사학자들은 이 도시의 현재 이름이 메소포타미아를 정복했던 사라센인들로부터 기인한다고 본다. 왜냐하면 모술은 성채 도시인 디아르베키르(Diarbekir)와 칼리프들의 수도였던 바그다드 사이에 있었기 때문이다. 아랍어로 모술은

'도착지' 또는 '합류점'을 뜻한다. 한때 지리학자들은 이곳이 바로 뉴 아르탁세르세스(New Artaxerxes)의 자리라고 주장하였는데, 아직까지도 그렇게 주장하는 사람들이 몇몇 있다. 뉴 아르탁세르세스란 메데스인들 아니면 후대의 페르시아인들이 지은 이름임에 틀림없다. 왜냐하면, 예를 들어 스트라보는 아르타기라(Artagira)라 불리는 페르시아의 도시에 관해 이야기하고 있고, 프톨레마이오스는 그와 동일한 도시를 아르타시스가르타(Artasisgarta)라 부르고 있기 때문이다.

초기 역사야 어떠했건 간에 모술은 철도 조차장의 기관차 차고처럼 전략적인 위치에 놓여 있다. 이 도시는 북부의 반(Van)과 아르메니아를 남부의 바그다드와 페르시아(또는 아라비아)만과 연결시켜 주었다. 이 도시는 동쪽(쿠르디스탄, 페르시아, 아프가니스탄, 인디아)으로부터 오는 대상들과 서쪽(콘스탄티노플, 다마스커스, 알레포)으로부터 오는 대상들을 위한 하역장의 창고 노릇을 해주었다.

또 모술은 그토록 가난에 시달리고 있었으면서도 세계주의적인 분위기를 지니고 있었다. 즉 5만 명이나 되는 주민들은 회교도, 유태교도 및 가지각색의 기독교 종파들을 이루고 있었다. 기독교도들은 크게 야코바이트 파(Jacobites), 카톨릭계 시리아파(Papal Syrians) 및 칼데아파로 이루어져 있었다. 칼데아파란 당시 로마 카톨릭과 구별하기 위하여 네스토리우스 교도들을 부르던 명칭이다.

그들의 옷차림을 보면 어느 종족의 무슨 교파인지 금방 알 수 있었다. 터키인들과 쿠르드인들 및 기독교도들은 짧고 통짜로 된 털외투를 입고 거대한 터반을 쓰고 있었다. 그 터반은 가느다란 막대 끝에 달린 솜사탕처럼 위태위태해 보였다. 터키인들은 화려하고 붉은 터반을 써서 눈에 잘 띄었고, 악마 숭배자라고 하는 예지디인들은 독특하게 생긴 검은 터반을 쓰고 있었다. 티그리스 강을 따라 천막을 치고 사는 아랍 정착민들(또는 마을 거주 아랍인이라고도 부른다)과 장바닥을 오락가락하는 양 치는 베두인족들은 알록달록하고 넘실거리는 사막의 가운이라 할 가빌리야(gabiliyah)를 입고 있었다.

모술은 허술하기 짝이 없었지만, 지친 노랑머리 여행자들에게는 그래도 위안거리가 아주 없었던 것은 아니었다. 레이어드 일행이 도착하기 바로 전날에 대영 제국은 그곳에 영사관을 개설했던 것이다. 그 영사관은 그 도시에 세워진 최초의 외국 공관이었다. 마을 꼭대기 하늘 위에서, 대영 제국의 깃발은 온 동네를 감싸 안으려고나 하는 것처럼 위풍당당하게 펄럭이고 있었다.

신임 영사 크리스천 라쌈(Rassam)은 특이한 인물이었다. 그는 칼데아 종파의 부승정인 안톤 라쌈의 아들로서 8남매 중 하나였다. 미트포드는 그의 여행기 속에서 라쌈 가가 아르메니아 출신인 것처럼 기록하고 있는데, 그들은 다른 칼데아 교도들처럼 자신들이 우르(Ur)의 칼데아인으로부터 핏줄을 이어받은 성서상의 후예라고 믿고 있었다.

영국이 크리스천 라쌈을 선택한 것은 국익을 위하여 아주 적절한 행위였다. 그는 6개 국어를 유창하게 구사하였고 영 해군이 지도 작성을 위해 티그리스 탐사를 하였을 때 통역관 및 안내자로 일하였었다. 그는 마틸다 배저양과 결혼하였는데, 그녀의 부친은 웅변적인 말솜씨로 모술을 옹호하던 앞에 언급된 바로 그 목사이다.

라쌈은 레이어드와 미트포드가 영사관에 머물러야 한다고 주장하였다. 공관에도 또 다른 유럽인 식객이 있었는데, 그는 왕립 지리학회의 파견원으로 얼마 전에 온 로저 에인스워드라는 사람이었다. 그는 서기 195년까지 로마에 대항하였던 파르티아 사막의 성채 도시인 하트라(Hatra)의 폐허를 탐사하기 위하여 왔다고 했다.

라쌈의 공관은 깨끗하고 넓었으며, 여남은 개의 멋진 테라스와 커다란 뜰을 지니고 있었다. 모술과 같은 슬럼가에 있어서 그 공관은 명실공히 궁전이나 다름없었으며 그곳 주민들의 가슴 속에 빅토리아 여왕의 힘과 권위와 위용을 심어 주기에 충분하였다.

모술에서의 첫날 밤, 라쌈은 진한 터키 커피를 대접하며 그 도시의 변화무쌍한 역사를 들려 주어 손님들을 즐겁게 해주었다. 예를 들어 기번(Gibbon)

은 모술이 니누스(Ninus)의 근교였다고 추측하였다는데, 니누스는 십중팔구 니네베로 탈바꿈하였음에 틀림없을 것이었다. 라쌈은 또 언젠가 고대 러시아 어 사본을 들추다가 모술이 바로 니네베의 폐허 위에서 생겨났다고 씌어 있는 글귀를 읽었다고도 하였다. 좀더 최근의 역사를 훑어볼 것 같으면 모술 은 칭기즈칸(1162~1227)과 티무르(Tamerlane, 1336~1405)에 의해 연이어 약탈 당하였고, 미국 혁명기에는 오토만 제국의 포격을 받아 먹히고 말았다.

이러한 이야기를 듣고 있자니 레이어드의 머릿속엔 대영 박물관에 진열되 어 있는 이상야릇한 쐐기 문양 석판들과, 모술의 반대편 강언덕에 자리잡고 있는 니네베란 도시에 관해 갖가지 추측을 한 리치의 글들이 떠올랐다. 다음 날 아침 그가 제일 먼저 하고 싶은 일은 부교를 건너 강 저편에 있는 이상한 구릉들을 살펴보는 일이었다. 왼쪽 강둑에는 두 개의 거대한 구릉이 우뚝 솟아 있었다. 하나는 네비 유누스(예언자 요나)라 불리었고 다른 하나는 퀸지 크('양 떼'를 뜻하는 터키어의 와전형)라 불리었다.

네비 유누스(Nebbi Yunnus)는 40에이커의 땅을 뒤덮고 있었고 퀸지크보다 컸다. 그 지방 전설에 의하면 이 구릉은 니네베인들에게 죄악의 구렁텅이에 서 깨어나지 않으면 멸망을 면치 못할 거라고 외쳐 대던 예언자 요나의 무덤 이라고 한다. 그 구릉을 동쪽으로 해서 반은 회교도들의 공동 묘지이고, 예언 자의 무덤은 몇 채의 낡아빠진 집들이 둘러서 있는 북쪽 한 귀퉁이에 자리잡 고 있었다. 그곳의 주민들은 주로 쿠르드인들과 투르코마인들(Turcomans) 로 이루어져 있었는데, 이들은 양쪽 구릉의 위에 양 떼를 위한 목초지를 갖고 있었다. 롤린슨 소령의 추측에 의하면——레이어드는 그의 보고서를 안장 주머니 속에 지니고 있었는데——네비 유누스는 50만 톤의 흙으로 덮여 있다고 한다. 이 인공 구릉 속에는 예언자 요나 자신의 신성한 유골은 물론이고 별의별 것들이 다 들어 있음직해 보였다.

퀸지크는 자매 구릉의 북서쪽에 자리잡고 있었다. 타원형인 이 구릉은 바싹 마른 대지를 철 따라 후려 때리는 비바람에 골이 패어 수많은 협곡들이 나 있었으며 등성이는 거의 편편해져 있었다. 이 기이한 구릉은 티그리스의 지류인 코쇼르(Khoshor)를 굽어보고 있었는데 높이는 해발 28.5미터에 달하고 있었다. 이 인조 구릉은 100에이커의 땅 위에 누워 있었다. 롤린슨은 이 구릉이 120만 톤의 흙으로 이루어졌다고 하였다.

그 속엔 무엇이 들어 있을까? 누구나 그렇게 물어 볼 것이다. 그러나 언젠가 누가 그것을 알아낼 것이라고 믿는다는 일은 있을 수 없는 것같이 보였다.

무엇이든지 숫자로 말해야 속이 시원한 롤린슨은 그 구릉을 이루고 있는 흙과 자갈을 파헤치는 데, 1만명이 12년간, 아니면 2만 명이 6년간 동원되어야 한다고 추정하지 않았던가? 이 일을 해낼 자금이라든가, 권력이라든가 아니면 관심을 지닌 사람이 과연 있을까?

레이어드가 첫번째 날 퀸지크를 방문했을 때는 아직 이른 봄이었고 구릉은 온통 새싹들로 뒤덮여 있었다. 서너 명의 가난한 아랍인들이 그곳에 검은 텐트를 쳐놓고 양 떼들을 방목하고 있었다.

그 두 구릉들은 레이어드의 마음을 사로잡았다. 그는 그때까지 그와 유사한 어떠한 것도 본 적이 없었던 것이다. 그리하여 그는 벤저민 외삼촌의 아성으로부터 까마득한 옛날 도망쳐 나올 때 대영 제국 박물관에서 본 화살촉같이 기이하게 생긴 문자들이 새겨진 벽돌 조각이나 대리석 조각이 없나 하고 일주일 내내 '더듬더듬거리며' 그 구릉 주위를 살펴보았다고 한다. 그러나 그는 아무것도 줍지 못하였다. 그뿐만 아니라 그 구릉이 괴물 같은 잡동사니 더미 그 이상이라는 것을 말해 주는 어떠한 단서조차도 찾아내지 못하였다.

그리하여 레이어드는 결론을 내렸다. 즉 만일 퀸지크가 진실로 고대 니네베의 자리라면 니네베는 "주민들과 함께 소멸하였으며 아무런 잔해도 남기지 않았음에 틀림없다"고 말이다.

그러나 그는 그 거대한 구릉들의 이 끝에서 저 끝으로 왔다갔다하는 동안 직관적으로 생각을 바꾸어, 그 구릉들은 현재의 우리들에게 뭔가 말해 줄 수 있는 과거의 흔적을 갖고 있음에 틀림없다고 확신하게 되었다. "나는 그 구릉을 파보고 싶은 강한 열망에 빠져 있었다." 그러나 그러한 생각은 있을 법한 일도 아니었다.

그가 그토록 오랜 시간을 구릉들 사이에서 보냈다는 사실은 그의 건강 상태를 미루어 볼 때 실로 놀라운 일이 아닐 수 없었다. 그와 미트포드가 라쌈의 집에 도착하자마자 레이어드는 또다시 학질로 쓰러졌다. 매일 밤 그는 고열과 오한으로 심한 고통을 당하였으며 라쌈의 집에 있던 담요들을 모두 동원했는데도 그의 뼈 속에 있는 얼음을 녹일 수는 없었다.

바로 그 주간 라쌈과 에인스워드는 사막으로 말을 몰아 하트라를 탐사하기로 만반의 계획을 짜놓고 있었다. 미트포드는 그들과 함께 가기로 동의하였으며 레이어드 역시 고열로 신음하는 신세임에도 불구하고 따라 나서겠다고 고집을 부렸다. 그리하여 그들은 하트라를 향하여 떠났다. 그런데 레이어드는 또다시 심한 말라리아 열병으로 고생하게 되었으며 몇 시간 동안 혼수상태를 헤매기까지 하였다. "따라서 나는 힘이 하나도 없었다"고 그는 시인하고 있다. "그러나 사막의 상쾌한 공기를 마시니 곧 원기를 회복할 수 있었다."

하트라의 폐허는 원래 그보다 2, 3년 전에 동인도 회사인 바그다드 주재 의사였던 존 로스 박사에 의해 발견된 것이다. 그는 그의 발견 이야기를 왕립 지리학회지에 기고하였다. 그러나 그는 그곳에서 서성거리며 시간을 보낼 수 없었다. 약탈을 일삼는 베두인족들이 그곳에 설치고 있었기 때문이다. 그런데 그 후 하트라엔 역병이 번져 무인 지대로 탈바꿈하였다는 보고가 들어왔고 지리학회는 그 지역에 관한 상당한 연구를 할 기회를 얻게 된 것이다.

로스는 바그다드를 떠나 북쪽을 보고 달려 그 도시의 남부에 첫발을 디뎠었다. 어떤 유럽인도 그 폐허를 북쪽으로부터 접근한 적이 없었는데 바로 이 코스를 개척하는 것이 에인스워드의 임무였다. 베두인족들이 모두 물러갔다는 보고에도 불구하고 모술의 아랍인들은 누구 하나 안내를 맡으려 하지 않았다. 그 지방의 터키 총독 역시 에인스워드의 계획을 반대하고 나섰으며 영국의 탐사가 비극으로 끝날 때 자기 머리 위에 떨어질 빅토리아의 분노를 두려워하였다. 그러나 에인스워드가 그 계획을 밀고 나가겠다고 고집 부리자 총독은 카와스(Cawass), 즉 근위 보병 하나를 무장 호위랍시고 딸려 보내 주었다. 아마도 파샤는 알록달록하고 멋진 군대 유니폼을 입은 카와스의 존재가 그 지역에 아직도 남아 있을지 모르는 베두인 잔당들을 놀라 달아나게 해줄 거라고 믿었던 모양이다.

그들은 모술을 떠난 첫날 밤을 뜨거운 유황 온천지——그 지역은 유황 온천들이 산재해 있었다*——에서 보냈다. 레이어드는 그곳에 쳐놓은 그들의 천막 앞에서 멀리 지평선께에 엎드려 있는 그의(?) 세번째 구릉을 보았다. 전설에 의하면 그 구릉이 님루드와 관계가 있다고 라쌈은 말했다. 님루드라니! 또 한번 레이어드는 그 신비의 이름을 듣게 되었다.

"날이 저물기 시작하자, 나는 생전 처음으로 거대한 원추형의 님루드 구릉이 투명한 저녁 하늘을 뒤로 하고 솟아오르는 광경을 목격하였다. 그때 내가 받은 인상은 결코 잊을 수 없는 감각적인 것이었다"라고 그는 말하고 있다.

다음날 일행은 사막 깊숙히 들어갔다. 그들의 카와스는 공포에 질려 그들을 버리고 모술로 뺑소니치고 말았다. 그러나 그는 끝내 모술에 도착하지 못하였다. 그가 레이어드 일행에게 덮쳐 올 거라고 예상했던 비운이 바로 그의 머리 위로 떨어졌던 것이다. 그는 베두인족들에게 붙잡혀 살해당하였다고 한다.

레이어드는 사막을 여행하는 중에 무섭게 아팠나 보다. 그 고통은 말라리아를 앓아본 사람만 알 수 있을 것이다. 이른 아침 공기는 뼈를 에는 듯이 추웠고 게다가 고열로 시달리고 있었던 그에게——무뚝뚝하게 쓴 그의 글대로——'가벼운 외투 자락만 덮고 맨바닥에 누워 잔다는 것은 그리 쉬운 일이 아니었던 것이다.'

탐사대가 점점 더 깊숙히 메소포타미아의 무인 지대로 발을 옮기자 또 다른 구릉 하나가 나타났다. 그 구릉은 유별난 모습을 지니고 있었다. 한쪽

---

* 오늘날 이 지역은 이락의 모술 근방이며 세계의 주요 석유 생산지이다.

귀퉁이가 엎어 놓은 아이스크림 콘 같았다. 로스는 그의 공책에 이 구릉을 발견했다는 사실을 기록하고 이 구릉을 흔히들 칼라 샤르가트(Khalah Shar-ghat)라 부른다고 들려 주었다. 레이어드와 그 일행들이——물론 로스도 예외일 수는 없었지만——그때 만일 그들이 지금 앗수르의 폐허를 눈앞에 보고 있다는 사실을 알았다면 놀랐을 것이다. 그렇다, 아시리아 왕국의 첫번째 도시이자 그 이름으로부터 아시리아라는 말이 유래되었다고 하는 창세기 속의 바로 그 앗수르 말이다.

그 구릉에서 그들은 여러 가지 측량을 하였다. 그들은 맨 꼭대기까지도 올라가 보았는데 쐐기문자로 씌어진 비명의 흔적도 발견하였다. '겨울 비에 움푹 팬 골짜기 속에서, 우리들은 햇볕에 구워 말린 벽돌로 쌓은 벽들과 건물의 주춧돌들도 볼 수 있었다.'

레이어드는 메소포타미아 유적들의 괴상한 모습들에 압도당하였다. 어디에서나 이 애간장을 녹이는 구릉들은 땅 속으로부터 불쑥 솟아오른 것같이 보였다. 그들 밑에는 무엇이 들어 있을까? 그리스라든가 이집트, 터키, 성지 팔레스타인 등과 같은 서구의 땅들에도 역시 사라져 간 문명들이 남긴 폐허들이 산재해 있다. 그러나 그곳의 경우 폐허는 땅 위에 있었다. 우아한 이오니아 식 원주들이라든가 코린트 식 원주들, 원형 경기장의 계단식 좌석대, 신전들의 화려하게 조각된 쇠시리 장식과, 모퉁이가 떨어져 나간 기둥머리들 ……그리고 거대한 피라미드들. 이것들은 한결같이 눈에 보이는 유적들이었다. '만일 유프라테스 강을 건너는 여행자가 메소포타미아나 칼데아에서도 조금 전 소아시아라든가 시리아에서 보았던 폐허들을 발견하고자 찾아 나선다면 그의 원정은 허사로 끝날 것이다'라고 레이어드는 쓰고 있다.

그럼에도 불구하고 레이어드는 다음과 같이 고백하고 있다. "이 거대한 아시리아의 구릉들은 바알벡의 신전들이라든가 이오니아 식 극장 건물들보다도 더 강렬하게 내게 다가왔으며, 깊은 명상 속에서 진지한 생각을 하도록 만들어 주었다."

하트라를 탐사하기 위하여 일행은 칼라 샤르가트를 버리고 길을 떠났다.

어느 날 아침 동틀 무렵 라쌈이 이끄는 이들 노랑머리들은 잠에서 깨자마자 자신들이 짙은 우유빛 안개 속에 갇혀 있음을 발견하였다. 바다 한복판에 떠 있는 돛단배처럼 그들은 짙은 안개 속에 파묻혀 있었던 것이다. 그러자 바다에서와 마찬가지로 갑자기 가벼운 바람이 일더니 그들 앞의 안개를 거두어 갔다. 들창에 드리운 발을 들어올리듯이 '그리 멀지 않은 곳에 웅장하고 거대한 건물들이 밀집해 있었고 기다랗게 이어져 있는 성벽도 보였다…… 그 성벽들은 이를테면 나란히 서 있는 탑들이었다'라고 레이어드는 기록하고 있다. 그들 눈앞에는 파르티아의 하트라가 서 있었던 것이다.

폐허의 가장자리를 빙 둘러가며 양 떼들과 낙타들이 놀고 있었고 베두인 족들의 텐트들도 보였다. 텐트들 앞에서 타조 깃털로 장식을 한 창들이 땅에 꽂혀 있었다. '그 광경은 마치 동화처럼 아기자기하고 아름다웠으므로 나는 내 눈을 의심하지 않을 수 없었고 혹시 꿈을 꾸고 있는 거나 아닐까 하고 생각할 정도였다'라고 레이어드는 그때의 일을 상세히 쓰고 있다.

레이어드와 그 일행이 베두인들을 보고 놀란 것같이, 베두인들 역시 노랑머리들의 출현으로 당황하지 않을 수 없었다. '그들을 가장 놀라게 한 것은 우리가 그처럼 먼 길을 오는 동안 죽지도 않고 약탈도 당하지 않았다는 사실이었다'라고 미트포드는 쓰고 있다.

속으론 얼마나 싫어했는지 몰라도, 베두인들은 그들이 철저하게 지키고 있는 신사도(code of honor)에 따라 텐트까지 찾아온 낯선 나그네들에게 사막의 호의를 베풀어 주었다. 셰이크(족장)는 노랑머리들을 자신의 텐트 속으로 초대하여 커피와 큰 대접에 우유와 낙타 젖을 가득 담아 접대하였다. 하렘에 앉아 있던 아낙네들은 따뜻한 아침 식사를 준비하러 종종 걸음치며 사라졌다. 텐트 안은 곧 셰이크의 무사들로 가득 찼다. '그들의 야만적인 얼굴은 쉴새없이 움직이는 그들의 눈동자와 입술 새로 번득이는 흰 이빨들로 더욱 잔인스러워 보였다'고 레이어드는 쓰고 있다.

"뭐 때문에 노랑머리들이 하트라까지 왔는가?"

외교사절이자 통역관 역할을 하고 있던 라쌈이 설명하였다. "이 여행자들은 폐허를 살펴보고 호기심을 만족시키기 위해 왔노라"고. "허튼 수작 말라"고 셰이크가 응수했다. 유럽인들은 보물을 찾으러 온 것임에 틀림없다는 것이었다. 그러자 무사들 중에 대여섯 명이 큰 소리로 중얼대더니 이 이단자들을 협박하여 하트라의 황금이 어디에 감추어져 있는지 알아내야 한다고 셰이크의 말을 거드는 것이었다. 이곳은 베두인의 땅이니 하트라의 보물은 그들에게 속해 마땅하다는 그들 나름의 논리였다.

모술을 방문한 적도 있고, 레이어드의 말대로 남보다 약간 개화해 있던 셰이크는 부하들을 진정시켰다. 그러나 노랑머리들이 폐허를 돌아보러 나서자 베두인들은 졸졸 쫓아다니며 이 유럽인들이 어서 빨리 보물이 있는 장소를 가르쳐 주기를 바라며 조바심쳤다. 레이어드와 에인스워드가 폐허를 스케치하고 줄자로 측량을 하자 속단하기 잘 하는 베두인족들은 이들이 마술을 부린다고 생각하였다. 정오쯤 되자 셰이크와 그의 부하들은 이 낯선 사람들이 노랑머리 군대의 정찰대원이라고 확신하였다. 그렇지 않다면 어찌 그리 대담할 수 있겠는가? 그리하여 베두인족들은 서둘러 텐트를 접고 슬그머니 사라져 버렸다. 남녀 노소를 불문하고 양과 낙타까지도 모두 눈 깜짝할 사이에 자취를 감추고 말았다. 에인스워드와 그의 일행은 베두인들이 사라져 간 지평선을 바라보며 안도의 한숨을 내쉬었다.

그들은 그곳에서 며칠을 보낸 후 모술로 돌아왔다. 라쌈의 집에는 그 동안 3명의 프랑스인들이 찾아와 있었으므로 모술의 유럽인들은 곱배기로 늘어나게 되었다. 그들은 소아시아에서 7년간 아카데미 프랑세즈를 위하여 일했던 텍시에(Texier) 씨와 그의 두 동료인 기쉬멍 백작과 부르도내 백작(Comte de la Bourdonais)이었다. 그들은 알렉산더대왕에 의해 정복되어 파괴된 페르세폴리스를 탐사하고 유럽으로 향하고 있던 중이었다.

유창한 프랑스 말을 구사하고 위그노의 배경을 가지고 있는데다 물랭에서 어린 시절을 보낸 레이어드는 곧 프랑스 사람들의 신임을 얻었으며 텍시에는 그에게 페르세폴리스의 스케치까지 보여 주었다. 특히 레이어드와 텍시에는 아주 절친한 사이가 되었으며 모술 반대편에 있는 신비스런 구릉을 함께 오르내리면서 며칠을 보냈다. 그들은 그 장소가 정말로 니네베의 자리였는지 곰곰이 생각해 보았다. 텍시에는 자못 의심이 컸고 레이어드는 달리 생각하였다.

"이 둥글넓적하니 거대하고 우람한 흙더미 속에는 틀림없이 옛 유물들이 들어 있다고 나는 확신한다"라고 레이어드는 말하였다.

11. 바그다드

레이어드가 구릉들 사이에서 흐뭇한 나날을 보내고 있는 동안 미트포드는 하루 바삐 세일론으로 가고 싶어 안달이 나 있었다. 그는 모술에서 250마일 남쪽에 위치한 바그다드에 들렀다 가자고 하였다. 그런데 사막으로 나 있는 길은 몹시 위험할 뿐만 아니라 돈도 많이 들었고 시간 낭비도 이만저만이 아니었다. 따라서 미트포드가 그토록 보트를 싫어했음에도 불구하고 그들은 티그리스를 따라 그 지방 특유의 괴상하게 생긴 재래식 뗏목을 타고 내려가기로 결정하였다.

2000여 년 전, 역사학자라기보다는 차라리 종군 기자라 해야 어울릴 헤로도투스도 이 교통 수단에 매혹당했었나 보다. 기원전 450년에 메소포타미아 일대를 통과하면서 그는 바빌론 성 다음으로 그를 경탄케 한 것은 북에서 남으로 헤엄쳐 내려오는 이 지방 특유의 대중 교통 수단이었다고 쓰고 있다.

'강물을 따라 바빌론까지 흘러오는 배들은 둥글고 짐승 가죽으로 만들어졌다. 뼈대는 아시리아의 북쪽 알바니아에서 벌채한 수양버들로 만들어져 있고, 그 겉에 선체랍시고 동물 가죽을 씌워 바깥쪽으로 널찍하게 늘려 놓았다. 이렇게 만들어진 배는 따로이 이물이라든가 고물도 없이 그저 방패같이 둥글넓적하기만 하다. 다음엔 갈대로 속을 채우고 짐을 실은 다음 물길 따라 흘러 내려가면 그만인 것이다. ……두 사람의 뱃사공이 열심히 노를 젓는데, 한 사람이 당기면 또 한 사람은 밀고 하는 식으로 방향을 잡는다……바빌론에 도착하면 짐을 풀어 시장에 내다 판다. 그런 다음 그들은 배를 해체하여 갈대와 버드나무 목재를 팔아 돈을 마련한다. 물살이 너무 세기 때문에 배를 타고 다시 거슬러 올라갈 수는 없고, 그래서 나무보다는 동물의 가죽을 써서 선체를 만드는 것이다'라고 헤로도투스는 쓰고 있다.

레이어드의 시대만 해도 이 둥글넓적한 뗏목(배라기보다는)은 변함없는 사랑을 받고 있었고, 백여 년이 지난 오늘날에도 그 인기는 여전하다.

뗏목은 크기와 가격이 저마다 달랐는데 모술에서 주문 생산되어지고 있었다. 어떤 뗏목들은 600마리, 아니 그 이상의 염소 또는 양들의 가죽으로 만들어지기도 하였다. 레이어드와 미트포드는 400피아스터, 즉 20달러 정도를 내고 여섯 마리의 양 가죽으로 만든 조그만 뗏목을 주문하였다. 그 뗏목의 한가운데는 그들의 보잘것없는 재산 중 유일한 사치품인 두 대의 침구가 놓여 있었는데 이것들은 모술에서 새로 얻은 물건이었다. 그런데 이 뜻밖의 물건이 어떤 연고로 그들의 손에 들어왔는지 그들의 기행문 속에는 전혀 나타나 있지 않다. 강물을 따라 흘러 내려가게 되는 다음 나흘 동안 이 뗏목은 그들의 집이 되어 줄 터였다.

미트포드는 이 기묘한 교통 수단을 보자 새파랗게 질리고 말았다. 이 뗏목은 건현이 없었으니 그야말로 물 위에 둥둥 떠 있는 나뭇잎과 별 다를 바가 없었던 것이다. '뗏목 위에 우리들의 짐이 놓여 있었고, 양 가죽의 이음새 여기저기에서는 물거품이 부글부글 끓어오르고 있었다. 그러니 우리가 그 위에 올라타면 배 밑바닥은 물 속 깊숙히 더욱더 내려앉을 게 뻔한 이치였다'라고 미트포드는 그의 기행문 속에서 쓰고 있다.

사공은 느닷없이 배를 힘껏 밀어냈고, 그들은 마치 그랜드 캐니언의 급류에 떠내려 가는 카누처럼 쏜살같이 강을 따라 나뒹굴기 시작하였다. 배가 낡은 제방이라든가 아시리아인들이 세웠던 무너진 다리의 기둥 뿌리를 스쳐 지나갈 때면 강물은 세차게 소용돌이치면서 거품을 뿜어 댔다.

얼마 후 모술에서 그리 멀리 떨어지지 않은 곳에 이르자 거대한 고깔 모양의 구릉이 뗏목의 가장자리 너머 빠끔히 보였다. 레이어드는 즉각적으로 그것이 님루드의 폐허라는 것을 알아보았다.

구릉은 초록빛 꽃들로 덮여 있었고, 그 주위에 펼쳐져 있는 들판은 갖가지 색깔들의 꽃들로 아름다웠다. 뗏목에 앉아 건너다보고 있던 레이어드는 성벽의 윤곽을 뚜렷이 그려낼 수 있었다. 그는 다시금 그 구릉을 파보고 싶다는 강렬한 욕망에 사로잡혔다. 그 구릉 깊은 곳에 뭔가 숨겨져 있다면 기어코 찾아내고 싶었던 것이다. 후에 그가 말했듯이, '언젠가 자신이 그 수수께끼를 풀고자 그곳을 되찾아올 거라는 일종의 예감 때문에' 그는 몸을 떨었다. 이제 그는 자신의 운명이 어디에 놓여 있는지 깨달았던 것이다. 단지 그는 언제 그리고 어떻게 그 운명의 길로 접어들게 될지 알 수 없었던 것이다. 그런데 '어찌하여' 그의 운명은 그곳에 놓여 있단 말인가? 그에 대해선 그 역시 뭇사람들의 경우와 마찬가지로 결코 이해할 수 없는 야릇한 것이었다.

바닥이 고르지 못해 출렁이는 물결을 따라 한참 힘겹게 달리고 나니 티그리스는 갑작스레 조용하고 잔잔해졌다. 뗏목은 이제 베니스의 운하를 왕래하는 곤돌라처럼 유유히, 그리고 날렵하게 미끄러져 떠내려가기 시작하였다. 첫날에 그들은 또 다른 구릉들을 보기도 하였는데, 레이어드는 놀라지 않을 수 없었다. 그는 컴퍼스와 경도 측정용 시계를 사용하여 그 구릉들의 정확한 위치를 표시하였으며 그의 여행 일지 속에다 연필로 스케치도 해두었다. 노를 쥔 아랍인 사공은 구릉에 대한 레이어드의 유별난 관심을 눈치채고 물길을 따라 내려가며 보이는 고색 창연한 유적지들을 가리켜 보이기도 하였다. '그는 내게 고대 종족들의 역사와 역대 왕들의 운명에 관해 들려주었는데, 시나르 평원의 주민들은 아직도 그 이야기를 즐겨 말하고 있다'고 레이어드는 쓰고 있다.

티그리스의 강가의 들판은 기다랗게 뻗어 있는 정글로 뒤덮여 있었다. 타마리스크 관목들이 이 정글을 빽빽히 들어서고 있었다. 그들은 이따금 강둑에 배를 대놓고 날짐승들을 잡아 끼니를 때우기도 하였다. 첫날 밤에 그들은 강가의 어느 아랍인 마을에 도착하였는데, 레이어드는 그곳에서 그의 생애 최초로 종려나무 숲을 보았다. 시원하게 뻗어 있는 종려나무 잎새들 밑으로는 오렌지, 레몬, 석류 등의 관목들이 화사한 봄꽃들로 만발해 있었다.

아랍 마을 사람들은 '친절하고 공손하였다'고 레이어드는 쓰고 있다. 여자들은 베일을 두르고 있지 않았으며 낯선 사람들을 두려워하지도 않았다. 그들은 보기 드물게 아름다웠으며 독특한 분위기를 지니고 있었는데, 얼굴과 몸에 정교한 무늬의 문신을 그려 넣고 있었다. 그들이 몸에도 문신을 하고 있음을 안 것은 한 아랍 소녀가 호기심 많은 노랑머리 앞에서 얼굴을 가리느라고 하나밖에 걸치지 않은 웃옷 자락을 머리 위로 들어올리곤 하였기 때문이었다고 한다. 그 소녀는 그 밑에 아무것도 입지 않고 있었다.〔그는 어쩌면 그보다 좀더 사사로운(?) 방법으로 그들의 문신에 관하여 알 수 있었는지도 모른다. '아라비아 나이트에 대한 나의 온갖 꿈은 강가에서 있었던 그 첫날 밤에 모두 실현되는 것같이 보일 지경이었다'고 레이어드는 쓰고 있다.〕

그들이 뗏목 여행을 떠난 지 나흘째 되던 날 하룬 알 라시드의 동화 같은 바그다드가 티그리스의 강 언덕 너머로 그 웅장한 자태를 드러냈다. 회교 사원의 둥근 지붕과 첨탑들이 태양 아래 화려하게 빛나고 있었다. 레이어드는 그 길로 "헌 램프를 바꿔 드립니다! 헌 램프를 바꿔 드립니다!" 하고 소리지르며 알 카르크 장터로 달려가고 싶었다.

강가의 정박소에는 뱃머리의 장대 끝에 영국기를 휘날리며 포함 하나가 물결에 출렁거리고 있었다. 그 배의 이름은 다시금 예의 그 애간장을 녹이는 ——님루드였는데, 바그다드와 인도양 사이의 뱃길을 지키고 있던 두 척의 대영 제국 철갑 외륜선 중의 하나였다.

이 외륜선들은 함포 외교 시대 때 티그리스 강과 페르시아 만 및 아라비아 해를 왕복하고 있었다. 이들은 여섯 대의 회전포와 이물과 고물 양쪽에 각각 한 대의 커다란 화포(gun)를 지니고 있었다. 미트포드는 "이 소형 함대가 이 지역에서 우편물이라든가 물자를 운반하고 있다기보다 정치적인 기능을 발휘하고 있는 것 같다"고 나름대로의 의견을 피력하였다. 그러나 이 포함의 존재는 아주 바람직한 측면 효과도 불러일으켰으니, 강둑을 따라 살고 있던 여러 아랍 부족들이 강도와 약탈을 일삼는 전통적인 그들의 가업을 버리고 평화로운 직종에 종사하게 된 것이다. 서구의 제국주의는 수세기에 걸쳐 무정부 상태로 치닫고 있던 그 지역에 어느 정도의 질서와 법률을 가져다 주었다고 해야 할 것이다.

레이어드와 그의 동료는 강의 동쪽에 배를 대어 놓았는데, 눈을 치켜떠 보니 영국기를 휘날리고 있는 거대한 백색 건물이 보였다. 그것은 조프리 테일러 대령이라는 동인도 회사의 터키령 아시아 주재 총독 대리의 관저였다.

레이어드와 미트포드는 총독 대리 앞에 서기 위해 뗏목에서 내리기 전에 한 벌밖에 없는 깨끗한 옷으로 갈아입고, 헝클어져 철사같이 구불구불해진 수염을 빗으로 다듬는 등 온갖 맵시를 있는 대로 다 부렸다. 그런데 아뿔사, 뗏목에서 선창으로 내려서던 레이어드가 발을 헛디뎌 진창투성이 갯벌로 나동그라지고 말았던 것이다. 테일러 대령에게 소개되는 자리에서 레이어드는 '빈털터리 무전 여행가'라고 자신을 소개하면서 균형 감각 역시 별로 발달해 있지 못하다고 덧붙였다.

모두들 한바탕 웃음꽃을 피웠다.

테일러는 작달막하고 쭈글쭈글하다고 할 정도로 마른 편이었는데, 중년기를 훨씬 넘어선 사람이었으며 명석하고 지성적인 외모를 지니고 있었다. 당시만 해도 외교가의 정상배들이라든가 정치적 수완을 지닌 인물들이 중요한 외교 사절로 파견되는 일은 극히 드물었다. 테일러는 아랍어와 페르시아어를 유창하게 구사하였으며, 방대한 양의 중요한 아랍 및 페르시아 사본들을 소장하고 있었다. 그의 부인은 아르메니아 혈통으로서 페르시아 태생이었다. 그의 두 딸 중 하나는 당시 유프라테스 지형 탐사를 지휘하던 리치 대위(후에 제독이 됨)에게 시집갔다. 선창가에 닻을 내린 '님루드'호와 마찬가지로 리치와 그의 장교들 역시 대영 제국의 해군이 아니라 인도 제국의 해군(Royal Indian Navy)에 속해 있었다. 그들은 힌두어뿐만 아니라 아랍어, 페르시아어를 자유자재로 구사하였으며 동양 풍습에도 상당 수준 능통해 있었다.

테일러는 레이어드와 미트포드를 따뜻하게 맞아들였으며 그의 멋진 관저를 맘껏 드나들도록 배려해 주었다.

두 사람은 바그다드에서 거의 두 달 동안이나 머물렀다. 레이어드는 거듭되는 말라리아의 발병으로 고생하기도 했지만, 테일러의 서재에서 공부도 하고, 몸이 좀 나아진 것 같으면 근교의 구릉들을 탐사도 하고 그 자신 '방탕한 생활'이라 묘사한 나들이에도 동참하곤 하였다. 영국 함대의 장교들이라든가 선원들은 힌두, 아랍 또는 페르시아 마담들이 경영하는 불법 행위의 소굴들을 훤히 알고 있었다.

유럽 국가로서는 영국 이외에도 프랑스가 그곳에 상주 외교 사절들을 보내 놓고 있었다. 레이어드는 그들로부터 프랑스 정부가 티그리스 강 상류, 이를테면 모술 정도에 영사관을 설치할 계획으로 있다는 이야기를 들었다.

테일러는 레이어드와 미트포드로 하여금 그 지역을 관할하고 있는 파샤, 즉 지방 장관을 방문할 수 있도록 주선하여 주었다. 접견일 당시 바그다드 거리의 온도는 화씨 104도나 올라가 있었는데, 파샤는 바지만 입고 털투성이 가슴을 드러내 놓은 채 긴 의자에 누워 그들을 맞이하였다. 레이어드에게는 혐오스러운 광경이 아닐 수 없었다. '그는 비계덩어리로 디룩디룩했다'라고 레이어드는 쓰고 있다. '그의 머릿속에 들어 있는 거라곤 먹고 마시는 것과 하렘의 쾌락뿐인 것 같았다.' 레이어드는 여기서 처음으로 오토만 제국을 좀먹고 있는 부패를 목격하였던 것이다.

'대터키 제국 백성들의 복지와 번영을 책임지고 있다는 이런 유의 사람들을 보게 되면, 사방을 둘러보아도 가난과 불행뿐인 이 나라의 피폐한 사정은 새삼스레 놀라운 일도 아닐 것이다'라고 레이어드는 쓰고 있다.

이 제국은 터키가 콘스탄티노플을 정복한 1453년에 세워졌다. 16세기 때만 해도 이 나라의 국토는 부다페스트에서 아테네까지, 카스피해에서 대서양까지 확장되었다. 그러나 레이어드의 시대에 이르렀을 땐 '유럽의 병자'라는 별명을 얻고 있었다. 오토만 제국은 급경사의 내리막길을 걸어가고 있었다. 그러나 제1차 세계대전 후인 1922년 이 제국이 망하기까진 아직도 팔십 몇 년이란 세월이 남아 있었다.

바그다드의 상황은 부패의 전형적인 본보기였다. 이곳은 파샤 관할 구역 중에서 상당히 부유한 구역의 하나였음에도 불구하고 타락과 실정으로 황폐해 있었다. 어느 길목이고 안전한 곳이 없었으며, 백성들은 불안에 떨고, 관리들은 탄압만을 일삼았으니, 변변한 상거래가 이루어질 리 만무하였다. 영국의 소형 포함만이 그나마 외양상의 질서를 지켜 주고 있었다. 정치적인 계산이 빠른 레이어드는 바그다드가 싱가폴이나 지브랄타르처럼 팽창 일로에 있는 대영 제국을 위해서 아주 좋은 디딤돌이 되어 줄 수 있을 거라고 생각했다. 이곳은 지중해와 인도양을 연결해 준다. 레이어드는 이 도시가 언젠가는 상거래의 중심지로 소생할 것이라고 확신하였다. '이곳에 변화를 가져다 주는 것이야말로 영국의 운명이라고 나는 생각한다'고 그는 쓰고 있다.

바그다드에 머무는 동안 레이어드는 근교 구릉들에 관한 테일러의 보고서에 매혹당하였다. 특히 페르시아의 사산 왕조가 그들의 궁궐을 세웠던 곳인 크테시폰과 고대 바빌론의 옛터인 힐라의 구릉에 관하여 깊은 관심을 보였다. 레이어드는 미트포드를 간신히 설득하여 힐라까지 산보를 갈 수 있었다. 그날은 1840년 5월 16일이었다. 레이어드는 놀라지 않을 수 없었다——나지막한 구릉들이 기다랗게 줄지어 있는 것이었다. 황폐하고 외롭고 볼품없는 구릉들이야말로 한때 그토록 위대했고 만방에 이름을 떨쳤다는 고대 도시들이 남긴 유일한 흔적이었다. 지평선으로 눈을 돌리니 비르스 님로드라 불리는 님로드의 탑이 보였고 레이어드의 가슴은 또다시 설레게 됐다. 성경에서는 이 탑은 달리 불리고 있다. 바벨이라고.

그는 힐라의 주민들이 집을 짓거나 바그다드의 건설 현장에 내다 팔기 위해 이 구릉들에서 벽돌을 파내고 있다는 이야기를 들었다. 그리고 벽돌의 상당수가 못날 같은 글자로 새겨져 있다는 것이었다.

"문자는 해독되어지지 않고 있고, 전설의 의미 역시 알려져 있지 않다"고 그는 말하고 있다. 그는 그곳에서 벽돌 여러 개를 주었다고 했는데, 이 벽돌들은 그가 수집한 최초의 설형문자들을 지니고 있었다. 이 벽돌들의 대부분이 솔로몬의 신전을 쳐부순 바빌로니아의 왕 네브카드네자르(Nebu-chadnezzar)의 이름을 지니고 있는 사실을 당시 그가 알았다면 기절 초풍했을 것이다.

아랍 유랑민들도 간혹 이상한 글자들이 새겨진 원통이라든가, 진흙 또는 동으로 만든 진기한 물건들을 파헤쳐 내곤 하였다. 이들 대부분의 유물들은 바그다드의 시장에 나타나는 즉시로 유럽인들의 손으로 들어갔다. 그들은 이 유물들을 여행 기념물로서, 또는 풍부한 화제거리로 삼기 위해 사가는 것이었다. 예를 들어 테일러 중령은 이러한 많은 유물들을 소장하고 있었으며, 주재 관저 주치의였으며 하트라를 탐사, 발견했던 로스 씨도 상당량 소지하고 있었다.

바그다드로 돌아오는 길에 레이어드는 힐라 부근의 평원에 거미줄처럼 가로 세로 쳐 있는 수많은 구릉들의 줄기를 보고 또 한번 놀랐다. 갑자기 그는 이 구릉들이 거대한 운하의 폐허라는 것을 깨달았다. 그리고 그의 머릿속엔 '바빌론의 공중 정원'이 떠오르고 있었다.

바그다드에 돌아오자마자 레이어드는 즉시 크테시폰의 폐허를 탐사하기 위한 준비에 들어갔다. 그러나 폐허에 대한 미트포드의 관심은 이제 바닥이 난 것 같았다. 더구나 그늘에서조차 화씨 120도라는 엄청난 더위 아래서 누군들 좋아하겠는가? 그래도 고집 불통인 레이어드는 모든 사람들의 제지를 끝내 물리치고 혼자 짧은 여행을 떠나기로 결심하였다.

크테시폰은 티그리스 강가에 있었는데, 마침 님루드 호가 오후 늦게 바그다드로 올 때 그 지점을 통과하게 되어 있었으므로 테일러 중령은 펠릭스 존스 선장과 의논하여 오는 길에 레이어드를 승선시켜 주도록 주선해 주었다. 땡볕에 지친 레이어드가 당나귀를 타고 다시 바그다드로 되돌아오는 수고를 덜어 주고 싶었던 것이다. 그래서 그날 새벽 레이어드는 아랍인 안내원 한 명과 길을 떠났다. 크테시폰에 이르자, 레이어드는 자신의 나귀와 함께 안내원을 바그다드로 되돌려 보냈다.

햇볕이 따가웠음에도 불구하고 레이어드는 거의 온종일 고대 사산 왕조의 폐허 위를 여기저기 돌아다보았다. 어떤 구릉은 해발 106피트나 되게 높이 솟아 있었다. 궁전의 기초는 쉽사리 부서지지 않는 견고한 벽돌로 쌓여 있어 매우 탄탄하였다. 전하는 바에 의하면 바그다드의 칼리프가 이교도들이 세운 이 궁전을 파괴하려 하였으나 실패하였다고 한다. 낭패한 그는 회교국 수상(grand visier)을 찾아가 조언을 청하였다. "단념하시오" 하고 수상이 말하였다고 한다: "그렇지 않으면 세상은 이슬람의 칼리프가 이교도의 왕이 세운 것을 허물 수가 없었다고 웃을 것이오"라고.

오후 늦게 아직도 폐허의 꼭대기에 머물고 있던 레이어드는 멀리 지평선 위로 가물가물 피어오르는 연기를 보았다——님루드 호가 철버덕거리며 바그다드를 향하여 강을 거슬러 올라오고 있었던 것이다. 레이어드는 쏜살같이 달려 내려갔다. 그러나 그와 티그리스 강 둑 사이에는 밀물로 인해 그새 넓고 깊은 늪이 가로놓여 있는 것이 아닌가? 레이어드의 놀라움과 실망은 실로 대단한 것이었나 보다.

"나는 바그다드로부터 멀리 떨어져 있었고, 학질로 인한 오한으로 떨고 있었다"고 그는 말한다. "나귀도 돌려보낸 지금 걸어서 돌아간다는 것은 상상도 할 수 없는 일이었다." 그는 늪 속을 휘휘 저으며 걸어갈 수밖에 없었다. 그는 옷을 벗고 거머리가 우글거리고 간혹 물뱀까지 스쳐 지나가는 흙탕물 속으로 뛰어들었다. 고열과 오한으로 시달리고 있던 그는 허리까지, 아니 간혹 겨드랑이까지 차오르는 물 속에서 허우적거렸다. 진흙 속을 내딛는 그의 발은 뒤뚱거렸고 그의 머리는 내리쬐는 저녁 햇살로 따가웠다. 웬만한 사람 같으면 지쳐서 주저앉고 말았을 것이다. 그는 겁을 먹고 있었다. 아니 거의 공포에 질려 있었다고 해야 할 것이다. 외륜선은 점점 다가오고 있었는데, 레이어드는 거리가 너무 멀어 망지기가 자신을 들소 떼를 모는 아랍인 목동으로 잘못 볼까 걱정스러웠다. 절망에 빠진 그는 자신의 위치를 알리려고 손수건을 꺼내어 흔들었다. 배가 멈추었고, 선장 존스가 물귀신이 될 찰나에 놓여 있던 그를 구하고자 보트를 띄워 보냈다. 존스는 그 사건을 평생토록 잊지 못하였으며 되풀이하여 이야기하곤 하였다고 한다. "뭔가 하얀 게 흔들거리고 있어 망원경을 통해 자세히 보니 물 위로 머리만 내놓은 유럽인의 얼굴이 보였다. 나는 보트를 보내어 물에 흠뻑 젖은 이 유럽인 여행자를 낚아 올리도록 하였다. 그는 학질로 무섭게 떨고 있었다"라고.

12. 페르시아에서의 억류

레이어드와 미트포드는, 이제 그들의 여정 중 가장 위험하고 힘든 지역에 들어설 차례가 되었다. 즉 영 연방 인도에 접해 있는 마지막 장애물인 페르시아를 통과하는 것이다. 일단 인도에 들어서기만 하면 세일론은 인도 반도 끝에서 한 걸음만 내디디면 되는 곳에 있다. 그런데 페르시아인들은 막무가내였다. 그들은 기독교인들을 싫어하였는데, 특히 유럽인들에겐 심하게 굴었다. 설상가상 격으로 너구리 같은 러시아가 책략을 꾸며 페르시아와 영국은 일촉 즉발의 위기하에서 티격태격하고 있었다.

레이어드는 페르시아인들의 옷을 입으면 눈에 덜 띌까 하여 이집트 군복을 벗어 버리고 발목까지 늘어지는 긴 웃옷에다 샬와르(shalwar)라고 하는 헐렁한 바지를 입고 검은 양 가죽 모자를 썼다. 그는 정수리를 대머리로 밀어 버리고 금발을 새까맣게 물들였다. 어른이 되어서까지 버리지 못한 소년다운 장난기가 변장을 하는 데도 그대로 나타난 것이다.

1840년 6월 22일 그와 미트포드는 어린이까지 합쳐 70명이나 되는 남녀와 55마리의 가축 떼로 이루어진 무장한 캬라반 대열에 끼어 바그다드를 떠나 페르시아의 국경 도시인 케르만샤로 떠났다. 대열 속에는 노새 등에서 흔들거리는 두 대의 가마도 끼어 있었다. 늙은 터키 대상의 젊은 두 아내가 그 속에 타고 간다고 하였다. 어머니에게 쓴 편지 속에서 레이어드는 다음과 같이 투덜거리고 있다. '낮이고 밤이고 두꺼운 휘장이 드리워 있으니 아낙네

들이 예쁜지 어쩐지 알 수 있어야지요!'

케르만샤에 닿자 그들의 여행은 갑작스레 저지를 당하였다. 영국과 페르시아가 외교 관계를 단절했던 것이다. 레이어드와 미트포드는 페르시아의 왕 중 왕(shah-en-shah)의 허락 없이는 더 깊숙히 전진하지 말라는 명령을 받았다. 이들은 무장 호위병의 감시하에 케르만샤로부터 사흘간의 행군 거리에 놓여 있는 샤의 캠프로 보내어졌다. 그리하여 영국의 끄나풀로 의심받은 그들은 한 달 이상이나 샤의 '손님'으로 억류당한다. 이탈리아, 폴란드, 몬테네그로, 터키, 아랍, 유태 등의 제 민족들과 하다못해 악마 숭배자라는 예지디인들과 소아시아의 무지막지한 여러 부족들 사이에서도 편안함을 느꼈던 레이어드는 어쩐 일인지 페르시아인들에 대해서는 불리한 평을 가하고 있다. 그의 눈엔 페르시아인들이 건방지고 강압적인 허풍쟁이 사기꾼으로밖에 보이지 않았나 보다. 그는 집으로 다음과 같이 썼다. '이놈들한텐 저도 두 손 번쩍 들었습니다.' 그는 정치범을 다루는 그들의 야만성에 치를 떨었다. 한 번은 죄수 한 사람을 끌어 내어 멀쩡한 이를 모조리 뽑고 그 이를 산탄 대용으로 써서 그 죄수를 다시 쏘아 맞혀 죽이기도 하였다는 것이다.

샤의 캠프에서 강제로 억류당하고 있는 동안 그들은 의외로 나들이도 할 수 있었다. 물론 무장 호위병이 따르긴 하였지만 그들은 베히스툰도 방문하였다고 한다. 롤린슨 소령은 전에 그곳의 높다랗게 솟은 절벽에 세 가지 언어로 씌어진 설형문자 비명이 새겨져 있다고 보고한 적이 있다. '박부조(bas-liefs, 얕은 양각)의 그림들과 설형문자 비명은 땅으로부터 너무 높은 곳에 새겨져 있어 그곳에 올라가 사본을 뜬다는 것은 불가능하였다'고 실망한 레이어드는 쓰고 있다. 이 절벽의 비명은 후에 아시리아학의 로제타석 (이집트 상형문자 해독의 열쇠가 된 석판)이 될 운명을 지니고 있다. 그 비명은 메데어, 바빌로니아어 그리고 페르시아어로 씌어져 있었다. 학자들은——그 중엔 물론 롤린슨도 끼어 있었는데, 그는 이 전설적인 비명의 사본을 최초로 복사한 장본인이기도 하다——후에 이 비명이 다리우스 대제에 의해 사인되어져 있다는 것을 밝혀 낸다.

베히스툰에 간 것 이외에는 줄곧 샤의 캠프에 갇혀 있었다(그때까지도 샤는 전혀 알현의 기회를 주지 않았다). 두 사람이 영국을 떠난 지도 어느덧 1년 가까이 되었다. 그러나 그들의 처지는 어떠한가? 세일론까지의 길은 아직도 먼데, 그들은 그곳에 대한 희망을 아직도 갖고 있단 말인가? 갇혀 있는 신세로 할 일이 없었던 그들은 이제까지 쓴 돈을 계산해 보기도 하며 시간을 보냈다. 그들의 계산에 의하면 그들은 하루 평균 4실링(80센트)을 쓴 꼴이라고 한다. 레이어드는 앞으로도 이 수준으로 지출하며 소아시아 여행을 마칠 예정이었다. 물론 어디까지나 페르시아인의 캠프에서 살아서 빠져 나갈 경우에 한한 일이지만.

7월 10일, 그들이 런던을 출발한 지 1주년이 되던 날 샤는 천막을 걷고 하마단으로 길을 떠났다. 레이어드는 기뻤다. 그는 하마단을 방문하고 싶었기 때문이다. 하마단은 메데스 왕국의 수도 엑타바나가 자리하던 곳으로 한때는 니네베나 바빌론만큼 유명하던 도시다. 아르바세스(Arbaces)는 니네베가 멸망한 후 아시리아 왕국이 남긴 것들을 다시 잘 살려 보고자 애쓴 끝에 그곳에다 왕성을 세우도록 했다고 한다. 알렉산더는 인도 원정으로부터 되돌아오는 길에 신들께 황소 100마리를 제물로 바치기 위해(hecatombs) 엑타바나에서 잠시 발을 멈추었다고 한다. 또 구약성서에 의하면 하마단은 에스더와 모르드게(에스더의 사촌이며 양부임―역자주)의 무덤이 있는 곳이기도 하다. 유태인들과 회교도들은 그곳에 사당을 지어 놓고 서로 자기 것이라고 아직도 싸우고 있다고 한다.

샤의 일행이 하마단에 도착하자, 레이어드는 그 유명한 무덤들을 보러 갔으나 실망하여 돌아왔다. 그의 여행 일지에는 '납골당 안에는 쓰레기 더미 이외엔 아무것도 없었다'고 씌어 있다.

그러나 하마단에서는 그가 전혀 꿈꾸지 못했던 어떤 것이 그의 흥미를 끌었다――그것은 모술에서 최초로 본 예의 그 두루뭉수리한 흙더미 같은 수수께끼의 구릉들이었다. 하마단의 구릉 기저 부근에서 레이어드는 대리석 기둥 몸체와 투박한 솜씨로 돌을 쪼아 만든 사자상을 발견하였다. 그 구릉 밑에는 무엇이 들어 있을까? 왜 아무도 그것을 파보려 들지 않았을까? 그는 이해할 수 없었다.

레이어드와 미트포드에게는 천만 다행으로 바로 그때 페르시아 주재 러시아 대사관 수석 서기관이었던 드 보드 남작이 특별 임무를 띠고 하마단의 샤에게로 왔다. 그는 천막 속에 두 영국 청년이 끼어 있는 것을 보고 깜짝 놀랐다. 그가 중간에서 도와준 덕분으로 그들은 여행증을 얻을 수 있었다.

여행증(firman)이란 일종의 칙령이었는데 여기서는 여행 관계 서류였다. 이것이 없었다면 '우리는 영원히 그곳에 억류당해 있었을 것'이라고 미트포드는 생각에 잠겨 쓰고 있다.

그런데 이 여행증은 함정을 지니고 있었다. 이들은 인도까지 페르시아를 통해 갈 수 있기는 했으나, 아프가니스탄으로 뻗어나 있는 북쪽 길만을 따라 가야 했다. 그 길은 예전부터 대상들이 다니던 통로였다. 다시 말해서 그들은 원래의 계획대로 유럽인들의 발이 거의 닿은 적 없는 중부 페르시아, 즉 예즈드(Yezd)와 세이스탄을 거쳐 직접 인도로 들어가는 길을 포기하여야만 했다. 그들이 런던을 떠나기 전 왕립 지리학회는 레이어드에게 세이스탄 통로를 그려 달라고 각별히 부탁까지 하지 않았는가?

미트포드는 여행증의 지시를 기꺼이 따르고자 하였다. 그는 이제 모험이나 딴전 부리는 따위에는 신물이 났으며 그저 어서 빨리 세일론에 도착하고만 싶었다. 그러나 아직도 성질이 팔팔한 레이어드는 세이스탄을 가로질러 가는 길을 포기하려 들지 않았다. 그는 북부 페르시아 통로로 가라는 여행증을 받아들이기는커녕 남쪽 부셔의 길을 허용해 달라고 대담하게 요청하였다 ──물론 그 허락 역시 받아 내었다. 부셔는 페르시아 만에 있는 항구 도시로, 바그다드로 되돌아가는 길목에 있었다. 그런데 레이어드는 금지된 세이스탄을 거쳐 가는 먼 길을 택하여 바그다드로 돌아갈 무모한 계획을 꾸미고 있었다. 그는 온갖 사탕발림으로 미트포드를 꾀어 내려 애썼으나 동행인의 딴전 피우는 데는 진저리가 나 있던 미트포드는 레이어드의 감언 이설에 더 이상 속아 넘어가지 않았으며, 둘은 거기서 헤어질 수밖에 없었다.

레이어드는 훗날 이렇게 쓰고 있다. '우리는 일 년 이상을 함께 지냈다. 나는 그와 헤어지는 게 얼마나 서운했는지 모른다'라고.

미트포드 역시 공개적으로는 서운함을 표하고 있다. 그러나 사실은 둘 사이에는 긴장이 싹트고 있었다. 그들은 남은 여생 동안 줄곧 교분을 맺고 있었지만 그들의 관계에서 따뜻함이란 사라지고 없었다. 서로 상대방을 깔아 뭉개려 애를 썼다. 어린 소년들처럼 그들은 서로가 더 위험한 길을 택했었노라고 큰소리쳤다. '이제 나는 여행 중 가장 힘든 길을 혼자 몸으로 떠나야 한다'고 미트포드는 쓰고 있다. 레이어드 역시 '이제 나는 혼자다. 게다가 나는 이 여행 중 가장 위험한 길을 앞에 놓고 있다'고 쓰고 있다.

사실, 그들은 서로 의지가 되어 주었던 것이다. 의논의 대상이 되어 주는가 하면 친구가 되어 주고, 고락을 함께 겪고 즐기며, 말라리아와 이질이 발병할 때는 서로 간호해 주지 않았던가? 그런데 갑자기 혼자 서 있는 자신들을 발견한 것이다. 그것도 적대 국가 한가운데서. 그러니 각자 자기 앞에 놓인 길이 그들의 여정 중 가장 위험한 코스로 보였음은 새삼 놀라운 일도 못 된다 하겠다.

9개월 후인 1842년 5월 2일, 미트포드는 그토록 그리던 세일론에 도착하였다. '(나는) 총독 대리 각하의 따뜻한 영접을 받았다. 그분은 내가 그곳의 관공서에 임명되었다는 통보를 받았다고 알려 주셨다'라고 그는 쓰고 있다. 미트포드의 여행은 일 년 하고도 열 달이 걸렸다. 그는 1만 마일의 육로 여행을 하였는데, 그 중 7천 마일은 말 잔등에 타고 여행한 것이었다.

레이어드는 9개월 후인 그때까지도 샤의 왕국 심장부를 오락가락하고 있었다. 더욱이 어느 때고 고열과 오한으로 고생할지 모르는 그가 그런 여행을 하고 있었다는 사실은 특기할 만한 일이라 하겠다.

13. 카누미의 유혹

 이듬해 상당 기간까지도 어스틴 헨리 레이어드는 서부 페르시아의 외진 산악 지대를 방황하고 있었다. 그는 알렉산더 이후 어느 유럽인도 밟아보지 못한 땅을 누비고 다녔다. 그는 고대의 폐허들을 찾아다녔고 또 직접 눈으로 보기도 하였는데, 뜻하지 않게 새로운 구릉들을 발견하기까지 하였다.

 그때, 그의 나이 스물다섯 살에 그가 행한 모험에 특이한 점이 있다면, 700년 전에 투델라의 랍비 벤저민이 그랬던 것처럼, 그 역시 혈혈 단신으로 돌아다녔다는 점일 게다.

 그는 8월 8일, 한 필의 말을 끌고 하마단을 떠났다. 짐이라곤 안장에 매단 두 개의 가방뿐이었다. 그런데 얼마 못 가서 간헐적인 고열과 설사로 고통을 당하기도 하였다. 그는 페르시아 만을 향하여 종종걸음을 쳤다. 그러나 일단 하마단을 벗어나자 생각이 달라져 동쪽으로 말머리를 돌려 이스파한으로 향하였다. '하마단을 떠나면서부터 나는 지형에 대해 세심한 주의를 갖고 기록을 하기 시작하였다. 가지고 있던 '케이터 컴퍼스'로 산맥들과 산봉우리들은 물론……강들과 실개천까지도……그리고 멀리 보이거나 아니면 내 발로 직접 가본 마을들의 위치도 자세히 표시해 두었다'고 그는 쓰고 있다. 그 기록은 왕립 지리학회를 위한 것이었다. 그의 여행은 위험스러운 것이었다. 왜냐하면 남부로 갈 수 있다는 여행증을 소지하고 있다 해도, 영국 스파이로 몰려 몰매를 맞거나 총살당할 염려가 있었기 때문이다. 한번은 거의 그 지경까지 사태가 진전된 적도 있었다.

예를 들어 이스파한에 도착한 그는 관례상 그 지역의 지방 장관 마타메트를 방문하였다. 마타메트는 구루지아 공화국 태생의 환관이었는데, 노예로 팔린 기독교도의 자식이었으면서도 모슬렘으로 성장하였다. 그는 뛰어난 행정 능력을 발휘하여 샤의 신임을 누리고 있었으며 페르시아 왕국의 세력 판도에서 출세 기도를 달리고 있었다.

이 지방 장관은 미움과 공포의 대상이었다. 인간의 고통 따위는 전혀 안중에도 없던 그는 한가할 때는 새로운 고문 방법을 고안해 내며 시간을 보내는가 하면 고자가 아닌 정상적인 사내들을 향하여 그칠 줄 모르는 복수심으로 불타 있는 사람처럼 보였다고 한다. 그가 이룬 가장 최근의 승리란 살아 있는 300명의 죄수들로 쌓은 높은 탑이었다. 죄수들은 폭동을 일으킨 산악민들이었는데, 돌들 위에 차곡차곡 열 겹으로 포개어져 10층 탑을 이루고 있었다. 각 층마다 사람과 돌 사이에 모르타르까지 발라 고정시켰으며 살아 있는 머리들은 모두 석신 밖 허공으로 비어져 나와 있었다.

능구렁이 마타메트는 이 젊은 영국 청년을 의심하고 붙잡아 두었다. 그러나 시내는 자유로이 돌아다니도록 허락하였다. 레이어드는 이 기회를 잘 이용하여 낮에는 페르시아 말을 공부하고, 밤에는 페르시아 상류층의 생활 습관을 본격적으로 익혀 나갔다. 페르시아의 귀족들은 그를 저녁 식사에 초대해 주곤 하였는데 식사는 엔데룸, 즉 하렘에서 베풀어졌다. 천 년 전 크세르크세스와 다리우스 앞에서도 그랬던 것처럼, 소녀들이 춤추는 동안 아락이 담긴 항아리와 양고기 요리들이 접대되었다.

"이 춤추는 소녀들의 대부분은 기막히게 아름다웠다"고 레이어드는 말하고 있다. 헐렁한 비단 웃옷은 앞이 터져 있어 앞가슴이 그대로 드러났으며 눈썹은 검게 칠해져 있었다. 눈은 크고 검었는데 까만 숯칠을 해서 한층 더 번득이고 인상적이었다. "춤은 곧 걷잡을 수 없는 외설스러움으로 뻔뻔스러워졌는데, 왜냐하면 무희들이 포도주건 아락이건 권하는 대로 사양치 않고 마셔 댔기 때문이다."

마타메트는 억류당하고 있는 방문객과 '술래잡기' 놀음을 즐겼던 것 같다. 그는 레이어드에게 대여섯 차례 알현의 기회를 주었는데, 그때마다 그에 대한 레이어드의 미움은 깊어져 갔다.

세이스탄을 통해 갈 수 있는 허락을 받지 못한 그는 갈지자로 여행할 수밖에 없었다. 샤의 군사 고문관이었던 롤린슨 중령은 페르시아의 험준한 박티야리 산악 지대에 고대 폐허들이 있다는 이야기를 듣고 그곳을 탐사하러 떠난 적이 있다. 그러나 그곳을 휩쓸고 있던 폭동 때문에 그는 뜻을 이루지 못하였다. 애송이 레이어드가 만일 그 일을 해낸다면 그로서는 상당히 과분한 무훈을 세우는 격이 될 것이었다. 또 이스파한을 빠져 나갈 수 있는 구실도 생기는 것이다. 레이어드는 박티야리 산악 지대의 방문 허가를 얻을 수 있는지 물어 보았다. 놀랍게도 지방 장관은 그의 청을 들어 주었다. 레이어드는 몰랐지만, 마타메트는 박티야리에 대해 토벌 작전을 세우고 있는 중이었다. 이 영국 놈은 틀림없이 그들 손에 죽게 될 것이고, 그는 레이어드의 죽음을 구실로 강화 원정을 갈 계획이었다.

마타메트로부터 허가를 받은 레이어드는 마침 칼라 툴로 가는 대상 일행을 알게 되었다. 칼라 툴은 박티야리의 최고 사령관 메헤메트 타키 칸의 본부였다. 레이어드는 그들의 달구지 여행에 끼어들었으며 다음 몇 개월 동안 기독교도인 노랑머리로서는 최초로 산악민들과 함께 지내게 된다.

마타메트는 속이 상했겠지만, 레이어드는 괴로움을 당하기는커녕 귀한 손님 대접까지 받았다. 그는 그곳에서도 터키, 아랍 및 그 밖의 여러 곳에서 보여 주었던 실력을 발휘하여 비(非)서구인들과 급속도로 친해졌다. 그는 사람을 있는 그대로 받아들였다. 그들 자신의 행동 규범으로 그들을 평가하였으며 '로마에서는 로마인과 같이 행하라'는 옛 금언을 철저히 지켰다. 박티야리족과 다른 여러 산악민들과 교제함에 있어 레이어드는 온정이라든가 겉치레 겸손 따위는 전혀 보이지 않았다. 박티야리족에 대한 레이어드의 평가는——다른 모든 민족들에게도 해당되는 말이지만——자기보다 나을 것도 없고 못날 것도 없는, 그저 다른 인간들이라는 것이다.

박티야리족은 '멋진 민족'이었으며, 의협심이 많고 훤칠하니 크며 잘생겼는데, 여자들은 피부가 곱고 우아하고 **빼어난** 아름다움을 지녔다고 그는 생각했다.

레이어드와 최고위 사령관과의 사이에는 순수하고도 아름다운 우정이 싹터 나갔다. 그들의 우정은 얼마나 돈독해졌는지, 메헤메트 타키 칸은 레이어드를 회교도로 개종시키려고까지 노력하였다고 한다. 그는 뇌물로 박티야리족 중 가장 아름답기로 유명한 카누미와 결혼시켜 주겠다고 하였다. 카누미는 나무랄 데 없는 얼굴을 지니고 있었는데, 크고 검은 그녀의 눈은 복숭아 씨 같았다고 한다. 게다가 성적인 매력뿐 아니라 지성미도 넘쳐 흐르는 재기 발랄한 아가씨였다고 한다. 한 마디로 그녀는 셰에라자드를 쏙 빼놓은 미인이었으며, 레이어드는 그녀의 모습을 보자 자신이 천일야화 속에서 살고 있는 게 아닌가 하는 착각 속에 **빠질** 정도였다고 한다.

"유혹은 너무나도 컸다"고 그는 고백하고 있다. 그러나 그는 끝내 물리쳤다.

서부 페르시아의 산악 지대에서 보낸 레이어드의 막간기는 이탈리아에서 보낸 어린 시절 이래로 가장 행복했던 나날들이었다. 그는 대부분의 시간을 유럽인들이 한 번도 가본 적이 없는 폐허라든가 마을들을 돌아보며 보냈다. 예를 들어, 그는 마자니크를 방문하였는데, 전하는 말에 의하면 바로 그곳에서 아브라함은 님로드에 의해 불꽃이 타오르는 화덕 속에 던져졌다고 한다. 그는 가칭 다니엘의 무덤이라 불리는 곳도 가보았으며 칼라 툴로부터 멀지 않은 한 골짜기에서는 실물보다 큰 조상과 함께 36행으로 씌어진 해독할 수 없는 못날 모양의 문자들도 발견하였다. 또 한 곳에서는 일단의 석상들을 발견하였는데, 레이어드는 이들이 '세계에서 가장 오래된 유물'이라 말하기도 하였다.

그가 이리저리 돌아다니며 연필로 설형문자들을 베끼기도 하고 바위에 새겨진 조상들을 스케치하기도 하니, 그의 이름은 순식간에 골짜기에서 골짜기로 퍼져 나가기 시작하였다. 많은 부족민들이 레이어드를 신령들로부터 특별한 힘을 물려받은 마술사라고 생각하였다. 그도 그럴 것이 그는 잉크가 줄줄 흘러나오는 마른 막대기로 글을 쓰고 있지 않은가 말이다.

메헤메트 타키 칸은 실용주의적인 인간이기도 하였다. 영국과 페르시아 사이에 알력이 존재하고 있는 사실을 알고 있던 그는 레이어드를 방패삼아 산속 은거지 그의 진영을 쳐들어오려는 페르시아를 막아 보려 하였다. 지도 작성의 임무를 띤 영국의 소형 포함 하나가 175마일 남서부, 즉 페르시아 만의 항구 도시인 카락에 임시로 닻을 내리고 있다는 보고가 칼라 툴에 들어 오자, 메헤메트 타키 칸은 레이어드에게 자신의 계획을 털어놓았다. 그는 페르시아의 굴레를 벗어 버리고 박티야리족의 독립을 선언하고 싶었던 것이 다.

항상 약한 사람 편을 드는 레이어드로서는 박티야리족의 대의 명분을 받아들이는 데 별다른 설득을 필요로 하지 않았다.

몇 명 안 되는 박티야리 호위병들과 함께 레이어드는 카락으로 이르는 위험한 여행을 떠났다. 때는 섣달이었다. 실제로 정박소에는 영국의 소형 포함 한 척이 떠 있었다. 레이어드는 가슴이 뛰지 않을 수 없었다. "맨 먼저 생각난 것은 목욕이었다"고 그는 말했다. 1841년 크리스마스 날에 그는 동인 도 회사의 기함이며 페르시아 만의 소형 선대인 '여왕 폐하의 검둥오리호' 의 갑판 위에서 탐사 대원들과 함께 식사를 할 수 있었다.

레이어드는 이 배 위에 발을 올려놓을 때 감개무량함을 금치 못하였다. 그 포함은 그가 8년 전 열여섯 살 나던 해 영국 템스 강에서 커다란 눈을 하고 올라가 보았던 바로 그 배였기 때문이다. 그는 티크나무로 널을 깐 갑판을 왔다갔다해 보니 너무나도 홀가분한 자유를 느꼈다고 한다. 뷰셔 목사의 학교와 그레이즈인에 있는 벤저민 삼촌의 사무실과 얼마나 딴판인 세상인가? 그러나 레이어드의 임무는 실패로 돌아갔다. 검둥오리의 선장은 레이어드에게 영국의 입장을 설명하였다. 즉 영국의 정책은 페르시아와의 충돌을 가능한 한 피하고자 하는 것이니 그들의 독립에 영국의 도움은 아예 기대하지도 말라는 것이었다.

　실망한 레이어드는 칼라 툴로 되돌아갔다. 그러나 이 무슨 날벼락인가?
예의 그 마타메트(지방 장관)가 말이 끄는 대포까지 포함한 수많은 페르시아
병력을 이끌고 박티야리 땅을 습격한 것이 아닌가? 메헤메트 타키 칸은 포로
로 붙잡혀 쇠사슬에 묶여 있었다(그 후 그는 10년 동안 독방에 감금되어 있다가
죽게 된다). 그의 종족들의 대부분은 죄수로 붙잡히거나 가축들처럼 도살당하
거나 하였다.

　자신들의 우두머리를 구하기 위하여 박티야리인들은 무리를 조직하여
마타메트의 천막에 불의의 습격을 가하기도 했다. 물불을 가릴 줄 모르는
레이어드도 이 계획에 가담하였으나 그 습격은 실패로 끝나고 말았다.

14. 다시 돌아온 바그다드

사자굴 속의 다니엘처럼 대담한 레이어드는 승리한 마타메트의 본부가 있는 슈스터로 말을 달렸다. 지방 장관의 막사는 잔치가 벌어져 문란한 놀이를 즐기고 죄수들을 고문하느라 수라장을 이루고 있었다. 레이어드는 시치미를 뚝 떼고 마타메트에게 통고하였다. 산악 지대가 혼란에 빠져 있으니, 자기로서는 고대 도시 답사를 포기하고 '계속 전진'할 계획이라고.

다른 건 몰라도 기막히게 치밀한 정보 조직을 지니고 있던 마타메트는 박티야리의 편을 들어 정치적 활동을 벌인 레이어드의 행적을 자세히 알고 있었다. "당신네 영국인들은 어쩌자고 허구한 날 남의 일에 끼어드시오?" 마타메트는 훈계조로 경고하였다. 사실 레이어드의 행적을 미루어 볼 때 그가 산 채로 불에 던져지지 않은 것만도 기적이었다. 다행히 샤 역시 영국과의 전쟁을 원치 않고 있었기 때문이었다.

대신 레이어드는 또다시 지방 장관의 막사에 억류당하여 일생 중 가장 견디기 힘들었던 공포에 찬 나날을 보내게 되었다. 거의 매일같이 죄수들에게 고문이 가해졌고 고통에 찬 처절한 비명소리가 낮이고 밤이고 들려왔다. 태형 따위는 형벌 축에도 끼지 못하였으니, 이러한 잔인한 형벌 뒤에는 물을 끼얹어 정신을 차리게 한 다음 생식기와 고환을 불에 달군 쇠막대기로 지지곤 하였다. 그것도 모자라 손톱 발톱 밑을 바늘로 찌르기까지 하였다.

'잔인한 페르시아인들에 의해 고통받는 포로들의 비명소리는 슈스터를 빠져 나오는 나의 귓가에 쟁쟁하였다'고 레이어드는 쓰고 있다. 한 달 간의 '교육'——아마도, 페르시아의 국제 문제에 관여하지 말라는 경고에서였으리라——끝에 레이어드는 마타메트로부터 바스라로 갈 수 있는 여행증을 받았다. 바스라는 티그리스와 유프라테스가 합류하는 지점 바로 아래쪽 페르시아만에 연해 있는 항구였다. 레이어드는 서부 페르시아를 가로질러 정든 터키령 아시아로 되돌아갔다.

오는 길에 그는 다시금 여러 차례 고열로 고생하였다. 한번은 말 잔등에 앉을 기력조차 없어 팔목에 고삐를 묶어 놓고 땅바닥에 누워 있기도 하였다고 한다. '열이 오르면 항상 그렇듯이 그때 나는 두세 시간 가량 혼수상태에 빠져 있었다'고 그는 대수롭지 않게 쓰고 있다.

그러다 오토만 제국에 발을 들여 놓은 레이어드는 힘이 솟구치는 것을 느꼈다. 1841년 봄 바스라에 도착한 그는 다음과 같이 그때의 소감을 피력하고 있다. "강 한가운데 영국기를 펄럭이며 상선 한 척이 닻을 내리고 있는 모습을 보니 감개무량하였다." 그는 조그만 보트를 빌려 타고 그 상선으로 노를 저어 갔다. 망보던 선원이 누더기를 걸친 더러운 아랍인을 보자 썩 꺼져 버리라고 런던 동부 라임하우스가의 원색적인 은어를 써가며 고래고래 소리질렀다. '내가 영어로 말대답을 하자 그는 적지않게 놀랐던 것 같다'고 그는 쓰고 있다.

로드 엘핀스톤 선상에 오른 그는 그날 밤 수개월 만에 처음으로 깨끗한 이불을 덮고 잠자는 쾌적한 기분을 맘껏 누렸다. 카라크에 잠시 들렀던 때를 제외하고 그는 서구 세계와는 거의 아무런 접촉도 갖지 못했던 것이다. 그러니 그 동안의 세월이 수천 년이나 되는 것같이 느껴진 것도 무리는 아니리라.

레이어드가 바스라를 본 것은 이번이 처음이다. 난간에 서서 보니 인공 구릉들이 다시금 장관을 이루고 있었다. 바스라는 수많은 구릉들로 들어차 있는 곳이다.

로드 엘핀스톤에는 짐을 내리고 싣고 하기 위해 수주간 정박해 있을 계획이었으므로 레이어드는 강가로 가서 네댓 개의 구릉들을 돌아볼 수 있었다. 그는 진기한 오지 그릇들과 벽돌 조각들을 발견하였다. 다시금 구릉들 속에 무엇이 감추어져 있을까 궁금하였다.

다음날, 아랍인 급사 한 사람이 바스라를 떠나 바그다드에 간다기에——말을 타고 이틀이 걸리는 거리——레이어드는 배가 닻을 올릴 때까지 하릴없이 기다리느니 그와 동행하기로 하였다. 그런데 그들은 노상 강도를 만나 모조리 털렸다. 레이어드를 터키인으로 오인한 이 베두인 불한당들은 그 자리에서 그를 죽이려 하였는데, 마침 베두인 한 사람이 레이어드가 동인도 회사의 파견 의사였던 로스 씨인 줄 알고 극구 말리는 바람에 그는 천만다행으로 위기를 면할 수 있었다. 그렇다 하더라도 베두인족들은 레이어드와 그의 아랍인 길동무의 말들과 짐꾸러미를 몽땅 빼앗아 갔다. 하다 못해 등에 걸친 셔츠까지 벗겨 갔다.

레이어드는 바그다드로 가는 남은 길을 맨발로 걸어갈 수밖에 없었다. 모래땅은 가차없이 내리쬐는 햇빛으로 불덩이같이 뜨거웠고 그의 발바닥은 얼마 못가 부르트더니 터져서 피까지 났다.

레이어드와 그의 길동무가 바그다드에 닿았을 땐 땅거미가 지고 난 훨씬 뒤였고 성문은 밤이 되어 모두 잠겨 있었다. 지친 레이어드는 이렇게 쓰고 있다. '나는 피로와 고통으로 몸을 가눌 수 없어 땅바닥에 털썩 주저앉아 버렸다'고.

다음날 동이 터오르자, 성문들이 활짝 열렸고 맨 먼저 그 문을 나서는 사람들은 아침 승마를 즐기는 유럽의 신사 숙녀들이었다. "나도 지난번 바그다드에 머물러 있을 때는 거의 매일 아침 그들 틈에 끼어 아침 산책을 즐겼다"고 그는 말하고 있다. 그들은 레이어드의 바로 코앞을 스쳐 지나갔으나 아무도 다 떨어진 누더기를 걸치고 문앞에 웅크리고 앉아 있는 이 봉두 난발의 아랍인을 알아보는 사람은 없었다. 한편 레이어드로 말할 것 같으면, 영국 부인네들도 끼어 있는 그들에게 도움을 청하기에는 너무나 자존심이 강하였다고나 할까, 아니면 빅토리아 시대 사조에 너무나 철저히 젖어 있었다고나 할까? 그러나 그들보다 약간 뒤처져서 의사인 로스 씨가 하인과 함께 달려오고 있었다. "나는 그에게 소리질렀다. 그는 내게 얼굴을 돌리더니 어찌나 놀랐는지 자신의 눈을 의심하는 것 같았다"고 레이어드는 말했다. 로스 씨는 레이어드에게 하인의 말에 올라타도록 도와 주고 집으로 데려갔다.

무서운 회생력을 지닌 레이어드는 나흘 동안 침대에 누워 있다 일어나자 다시 정상적인 힘과 건강을 회복하였다. 그렇다 해도 그가 고통을 느끼지 않고 걸을 수 있기까지는 수주일이 걸렸다.

바그다드의 조그만 유럽인 사회는 그가 다시 돌아왔다는 뉴스로 벌린 입을 다물 줄 몰랐다. 1년이 넘도록 그의 소식을 들은 사람은 아무도 없었다. 모두들 그가 죽음을 당했거나, 그보다 더한 경우 페르시아의 고문실에 갇혀 있을 거라고 걱정을 하고 있었다. 레이어드의 발이 서서히 나아가자 로스 씨는 하인을 보내 그의 말과 짐을 찾아오도록 하였다. 며칠 안 있어 그가 지니고 다니던 케이터 컴퍼스와 소중한 필기장들과 검은 칠을 한 은시계 등 그의 전재산이 고스란히 되돌아왔다.

레이어드는 이제 난관에 부닥쳤다. 세일론으로 간다는 것은 전혀 불가능하였다. 돈은 거의 바닥이 나 있었고 육체적으로도 지쳐 있었다. 직업도 없었으니, 그때까지의 그의 삶은 실패의 연속이었다. 게다가 향수병까지 걸려 있었다.

그는 어머니와 외삼촌 내외에게 영국으로 돌아가는 일에 관하여 의논하는 편지를 썼다. 후에 「페르시아와 수시아나와 바빌로니아에서의 초기 여행」이라는 제목으로 발행된 그의 여행 일지에서 그는 아주 완곡하게 자신의 미묘한 결심을 적어 놓고 있다. '그때의 상황은 이렇했다. 즉 세이스탄을 가로질러 인도로 갈 것인가, 아니면 아예 인도행을 포기해 버릴 것인가를 결정하기 전에 친지들 및 집안 어른들과 의논을 해야만 하는 형편에 놓여 있었다.'

그러나 그의 개인적인 편지 속에서는 좀더 직선적인 표현을 빌려 쓰고 있다. '제가 바그다드에서 다시 편지를 드리니 놀라셨죠? 저는 오랜 생각

끝에 영국으로 돌아갈 결심을 하였답니다. 물론 어머니와 외삼촌께서 동의하신다면 말이죠'라고 그는 1841년 9월 9일 어머니에게 썼는데, 같은 날 '벤 외삼촌'에게 보낸 편지엔 이렇게 쓰고 있다——아마도 그는 마지못해 쓰느라 입 속에서 혀를 이리 떼굴 저리 떼굴 몇 번이고 굴렸으리라. '지난번 편지를 받아 보셨으면, 제가 인도로 가고는 있지만 아주 느린 속도로 전진하고 있음을 아셨겠지요.' 그러면서 그는 굴욕을 참아가며 그의 대부에게 '귀향을 허락하여 주십사'고 간청하고 있다. 지닌 거라곤 아무것도 없지만 그래도 여행 중 알뜰함만은 몸에 익혔음을 인식시키려 2년간의 여행 동안 겨우 200파운드(1,000달러)밖에 안 썼다고 늘어놓기까지 하였다.

당시만 해도 바그다드에서 런던까지 편지가 오고 가려면 석 달 내지 넉 달이나 걸렸다. 게다가 운 나쁘면 중도에 분실되기 일쑤였다.

이처럼 가슴 아픈 편지들을 보내고 난 레이어드는 마음이 편치 않았다. 진실을 말할 것 같으면 그는 영국으로 돌아가고 싶은 생각이 전혀 없었기 때문이다. 그는 자신이 원하는 바를 알 수 없었다. 답장을 기다리는 지루한 시간을 그는 자신이 지니고 있는 능력의 장단점을 따져 보며 보냈다. 소아시아에 관해 정확한 지식을 지니고 있는 그는 그 지역에서 가장 호전적인 종족들과 사귈 수 있는 능력을 과시하였다. 그들 종족들이란 베두인족, 쿠르드족, 루르족, 박티야리족 등 이루 헤아릴 수 없이 많다. 그는 메소포타미아에서 중요한 인물들과 사귀었다. 그는 터키와 페르시아의 지리라든가 정세에 훤하다.

그는 대여섯 개국의 언어들을 구사할 수 있다. 그는 관찰력이 깊고 남의 말을 경청할 줄 알며 똑똑하다. 그리고 스물네 살밖에 안 된 앞이 창창한 청년이다.

물론 그는 밑천을 두둑히 지니고 있다고 해야 할 것이다. 그는 동인도 회사나 런던의 외무 또는 식민 부처가 절대적으로 필요로 하는 출중한 인재임에 틀림없다. 그는 저널리스트로서의 자질도 갖고 있었다. 바그다드 주재 영국 총독 대리인 테일러 대령 역시 그렇게 생각하고 있었는지, 동인도 회사에 편지를 써서 근동 지방에 한 자리 마련해 달라고 레이어드를 강력히 추천하기까지 하였다.

레이어드가 서부 페르시아, 특히 산악 지대와의 상거래를 트기 위한 청사진을 기안한 걸 보고 테일러는 어찌나 큰 감명을 받았던지 곧바로 영국 외무 장관인 애버딘 경에게 사본 하나를 띄우기조차 하였다.

레이어드가 런던에서 전혀 알려지지 않았던 것은 아니다. 예를 들어 '왕립 지리학회지'는 그의 페르시아 탐험을 간략하게 싣기도 하였다. 권위 높은 학회지엔 다음과 같이 씌어 있다. '레이어드는 우리에게 보고서를 보내왔다. 그 보고서는 그가 박티아리(Bachtiari라 씌어 있음) 산악 지대에 접근하는 데 성공했으며 그 지방을 매우 상세하게 탐사할 수 있었다'고 전하고 있다.

어머니와 벤 외삼촌으로부터 회신을 기다리는 동안 그는 문쉬를 고용하여 페르시아어와 아라비아어를 배우는 한편 2년 후에 지리학회지에 발표될 장편의 보고서를 쓰기도 했다. 그는 그 지역에 즐비하게 널려 있는 인공 구릉들에 관하여 끊임없이 말하였으며, 탐사를 재정적으로 지원하여 줄 후원 단체를 구성하여 볼 수 없을까 끊임없이 모색하였다. 바그다드에 무역상으로 체류하고 있던 알렉산더 헥터는 레이어드의 이야기에 감동하여 영국의 쉐필드로 편지하여 모금 운동을 벌여 달라고 부탁까지 하였다. "저는 앞으로 발견될 유물들이 충분한 보상을 가져다 주리라고 확신합니다"라고 레이어드는 헥터에게 열변을 토하곤 하였다.

레이어드의 이러한 활동 덕분으로 동인도 회사는 페르시아 만 하구에 위치한 카룬 강을 대강 살펴볼 계획을 세웠다——동인도 회사의 주요 선박 기지는 페르시아 영토에 깊숙이 자리잡은 슈스터에 있었다. 이 탐사는 그 지역이 상거래 활성화를 위하여 커다란 가능성을 지니고 있다는 레이어드의 보고서에 기초하고 있었던 것이다. 레이어드는 강력히 주장하였다. 카룬은 그러한 상업 활동을 위한 정치적 대동맥이라고.

동인도 회사의 소형 무장 기선인 아시리아 호의 셸비 선장은 탐사에 레이어드를 초청하였다. 레이어드가 그에 합세한 것은 단순히 상거래의 가능성

여부에 대한 관심보다는 그 강을 따라 있는 폐허들에 관한 미확인된 보고서들 때문이었다. 그는 헛걸음을 친 건 아니었다.

셸비 선장이 그의 선원들과 함께 지도를 작성하는 동안 레이어드는 고대 엘리마이스(Elymais)의 불의 신전과 예언자 에즈라의 무덤을 방문하고, 수사의 폐허를 재탐사하였다. 그는 이 폐허를 다니엘서 속에 나오는 '슈산 궁전(Shushan the Palace)'이라고 올바르게 알아맞혔다. 그는 수사에서 새로운 구릉도 발견하였는데 그 기저에서 9피트 길이에 6인치의 너비를 지닌 거대한 석판도 보았다. 그 석판에는 못날 모양의 비명들이 새겨져 있었다. 그 구릉은 벽돌과 깨어진 오지 그릇들과 약칠을 한 타일 등으로 뒤범벅이 되어 있었다. 레이어드는 그 어느 때보다도, 구릉의 발굴이 잃어버린 세계가 지녔던 수수께끼들에 빛을 던져 줄 거라고 확신하고 있었다. 그는 죽을 때까지도 사람들이 왜 구릉 속을 파보려 들지 않았는지 이해할 수 없었다. 다른 건 다 제쳐두더라도 인간적인 호기심 때문에라도 파보고 싶었을 텐데…….

아시리아 호의 카룬 탐사에 관한 셸비의 이야기는 '왕립 지리학회지'에 실렸다. 그 글에서 그는 레이어드가 인내심이 많은가 하면 재주 덩어리며, 다정다감하고 성질도 좋게 타고나 어떠한 위험한 일도 성공적으로 이끄는 데 아주 적합한 인물이며……지칠 줄 모르는 여행가라고 온갖 수식어를 다 동원하여 찬양하고 있다.

바그다드에 돌아오니 '영국으로 돌아갈 결심을 하도록' 이끄는 편지들이 와 있었다. 그는 영국에 가서 직장을 구하는 한편 그가 꿈꾸고 있는 여러 가지 계획들을 위해 기금을 모을 작정이었다. 그는 어머니의 곤경 때문에라도 영국에 가고 싶었다. 그가 떠난 후 어머니는 그가 다치지나 않을까 '불안과 초조'로 하루하루를 보낸다는 것이었다. 게다가 집안 문제도 끼어 있었다. 어머니의 재정 상태가 말씀이 아니었던 것이다. 어머니는 두 아들인 프레데릭과 아서를 사관학교에 보냈는데, 에드가는 직업도 구하지 않은 채 장가를 들었던 것이다. 결론은 간단했다. 집안의 맏아들로서 서야 할 곳은 그의 집 어머니 곁인 것이다.

벤저민 외삼촌과 사라 외숙모는 레이어드의 귀향에 반대할 의사는 전혀 없었다. 그러나 그들은 그 어느 때보다도 강렬하게 그들의 대자(godson)가 도깨비불에 홀려 귀중한 몇 년간을 지구의 한쪽 끝에서 허송 세월하였다고 느끼고 있었다. 그 녀석은 제 몸뚱이 하나 제대로 감당할 줄 모르는 게 아닌가?

이리하여 레이어드의 모험도 끝이 올 때가 되었다. 그는 집을 향해 떠났다. 그는 아름다운 공상의 날개를 접었다. 천일야화도 이제 끝이 나고 새벽 하늘이 밝아오고 있었다.

이제 1842년이 되었다. 레이어드는 가장 빠르고 비용이 가장 적게 드는 길을 택하여 베이루트를 거쳐 가기로 하였다. 그런데 바로 그때 콘스탄티노플로부터 터키와 페르시아의 국경 지대에서 국경 분쟁이 일기 시작했다는 뉴스가 날아왔다. 터키 황제와 샤 사이에 상호 선전 포고를 하겠다고 줄다리기를 한다는 헛소문도 들려 왔다.

테일러 총독 대리는 터키 수도에 있는 영국 대사인 스트래트포드 캐닝 경이 메소포타미아의 최근의 상황에 대한 자세한 정보를 필요로 할 거라고 생각하였다. 그래서 그는 레이어드에게 베이루트로 가는 길 대신에 먼 길이지만 콘스탄티노플로 해서 가지 않겠느냐고 간청하였다. 테일러는 캐닝 경의 손에 직접 들어가야 할 비밀 문서들을 전달해 줄 사람이 필요하다고 하였다. 또 레이어드가 터키 왕국의 수도에 도착하기만 하면 필요할 경우 레이어드 자신이 알고 있는 정보를 스트래트포드 경에게 따로이 제공해 줄 수도 있지 않겠느냐고 말하였다.

'나는 그 자리에서 승낙하였다'고 그는 쓰고 있다.

바그다드 주재 파샤도 황제께 그곳 사정에 관한 보고서를 전달하고자 속달 우편 배달부인 타타르를 보낼 계획이었다. 테일러의 부탁으로 레이어드는 터키 왕국의 우편 배달부와 동행할 수 있었다.

떠나기 전날 레이어드는 알렉산더 헥터에게 연락하여 혹시 구릉을 발굴하자는 그의 제안에 한 통의 회신이라도 왔는지 알아보았다. 물론 없었다.

두 사람의 심부름꾼들이 떠나는 날 바빌로니아와 아시리아 평원의 바깥 기온은 화씨 115도까지 올라갔다. '그러나 나는 그런 무더위에 익숙해 있었다'고 레이어드는 쓰면서 '뿐만 아니라 피로도 잘 넘길 줄 알며 온갖 종류의 곤경에도 단련되어 있었다'고 덧붙였다.

타타르 곁에서 밤이고 낮이고 쉴새없이 달린 덕분에 그들은 불과 50시간 만에 그들의 첫번째 숙박지인 모술에 도착할 수 있었다. 고래가 요나를 다시 내뱉었듯이 운명 또한 레이어드를 '예의 그 신비스런 구릉들 사이로' 다시 밀어 보낸 것이다.

15. 보타와의 대화

레이어드는 모술에서 며칠을 더 머물렀다. 그 지역의 파샤가 자기도 전할 서류가 있으니 준비가 다 될 때까지 기다리라는 것이었다.

모술은 여전히 냄새나고 더러운 도시였다. 그러나 그 동안 한 가지 변화는 있었다. 영국 영사인 크리스천 라쌈은 이제 티그리스의 서쪽 강언덕에서 더 이상 외롭지는 않았다. 프랑스의 관리 파올로 에밀리오 보타(Botta)가 삼색기를 내걸었던 것이다. 게다가 그는 반대편 강언덕에 있는 퀸지크라는 거대한 구릉을 파헤치고 있는 게 아닌가? 레이어드는 가슴이 철렁 내려앉았다.

이제 스물다섯 살인 레이어드의 사람 됨됨으로 미루어 볼 때, 그가 보타에 대해 질투를 품었다고는 볼 수 없다. 그가 만일 낭패하였다면——물론 낭패해도 크게 하였는데——보타 때문이 아니라, 영국에 있는 동포들로부터 구릉 탐사에 대한 관심을 불러일으키는 데 실패한 자신 때문이었다. 나폴레옹 시대 이후의 대부분의 영국 사람들처럼 레이어드도 프랑스 정부가 문화 사업에 열을 올리는 걸 남몰래 흠모하고 있던 터였다. 프랑스는 왕정 시대나 공화국 시대를 막론하고 일관성 있게 밀고 나가고 있었다. 레이어드는 일반 개인들과 반 관영 회사인 동인도 회사를 발굴 계획에 서명하도록 설득하는 데 실패한 것이다. 후자(동인도 회사)는 정부 당국과 마찬가지로 대제국을 건설하는 데 여념이 없었다.

레이어드는 즉시 새로 부임한 프랑스 영사를 방문하였다. 그리고 보타가 '마음에 드는 멋들어진 친구'임을 알았다. 그 둘은 만나자마자 마음이 어찌나 잘 통하였는지 그 후 평생토록 친우 관계를 끊지 않았다. 보타는 넓은 소견을 지녔고 너그러웠으며 자기가 아는 것은 무엇이건 상대방과 나눌 줄 알았다.

그들은 곧 자신들의 운명의 패가 비슷하게 던져졌다는 것을 깨달았다.

보타의 이름은 레이어드의 어렴풋한 추억을 되살려 주었다. 튜린에서 태어난 파올로 에밀리오 보타는 이탈리아 역사학자의 아들이었다. 레이어드가 십여 년 전 아직 사춘기 때 기분 전환차 떠났던 이탈리아 여행에서 사귄 이탈리아 역사학자는 바로 보타의 부친이었던 것이다. 이제 서른일곱 살인 아들 보타는 레이어드보다 열두 살 위로 매우 뛰어난 인물이었다. 저명한 식물학자였던 그는 나폴레옹 전쟁 당시 프랑스로 귀화하였으며 곧 외교가에 뛰어들어 모술로 오기 전까지만 해도 이집트, 예멘, 시리아, 중국 등지에서 각종 외교 업무를 수행한 경력을 지니고 있었다. 중국은 그의 파멸의 원인이었다. 거기서 그는 아편쟁이가 되어 돌아왔다. 아편은 "그의 건강을 해치고, 간혹 가장 고통스런 증세의 하나인 우울증과 자포 자기에 빠지게 만드는 몹쓸 마약이었다"고 레이어드는 그때의 일을 회상하고 있다.

레이어드의 가까운 친구였던 바그다드의 상인 H.J. 로스 역시 그의 회고기에서 이렇게 쓰고 있다. '그는 누가 뭐래도 프랑스 사람이었다……영국을 무섭게 질책하는 그였지만, 우리는 그래도 의기 투합하는 친구일 수 있었다. 영국에 대한 그의 질책은 그가 아편을 얼마나 피웠는지에 따라 가혹해지기도 하고 덜해지기도 하였다.'

레이어드와 보타는 사흘 동안을 쉬지 않고 이야기를 나눴다. 영어, 프랑스어, 이탈리아어를 뒤섞어 되는 대로 이야기하였다. 그들은 주로 구릉들에 관하여 이야기하였다. 보타는 레이어드가 만난 사람들 중에서 구릉들에 관하여 기꺼이, 아니 진지하게 자신의 의견을 공개하고 그 속에 무엇이 숨겨져 있을까 궁금해하는 최초의 인물이었다.

이탈리아식으로 대접이 후한 보타는 좋은 술이 없어 미안하다고 연방 사과하며 레이어드의 잔에 아락을 붓고 또 부었다. 독한 술을 홀짝홀짝 마시는 사이 보타는 레이어드에게 '청나라 담배'도 권하였다. "결과는 다행스럽게도 심한 구토증과 함께 견딜 수 없는 두통뿐이었다. 그 후로 나는 두 번 다시 아편을 손에 대지 아니하였다"라고 레이어드는 회고하고 있다.

레이어드는 보타가 어찌하여 구릉들에 그토록 열심인지 이해가 가지 않았다. 줄리우스 몰(J. Mohl)이 촉매가 되어 주었다고 보타가 설명하였다.

독일 태생 동양학자인 몰은 프랑스에 이주하여 보타처럼 프랑스 시민권을 얻은 사람이다. 몰은 런던 여행을 하면서 대영 박물관을 방문하였는데, 거기서 그는 단 하나의 진열장도 크다는 듯이 채우고 있는 니네베 및 아시리아 왕국에 관한 그때까지 알려진 모든 것을 보았다. 그것은 물론 작고한 클로디우스 리치가 수집한 것이었다. 설형문자들로 뒤섞인 벽돌 조각들은 몰을 얼빠지게 만들었다. 19세기 미국의 저명한 학자인 윌리엄 로저스는 이렇게 쓰고 있다. '그는 이 하잘것없는 사금파리들이, 발굴자들의 손을 기다리며 수천 년의 세월 동안 묻혀 있는 방대한 문학의 실마리라는 믿음으로 가득 차 있었다.'

몰은 리치의 회고록을 읽고 또 읽었다. 그는 리치가 잃어버린 니네베를 다시 찾았다고 결론지었다. 많은 사람들이 니네베 또한 트로이처럼 전설상의 도시라고 여겼지만 그는 구릉들 속에는 틀림없이 값진 고대 유물들이 숨겨져 있을 거라고 확신하였다. 사실 몰이 알고 있던 몇몇 학자들은 차라리 바그다드에 가서 알라딘의 램프나 찾아보라고 빈정거리기까지 하였다고 한다.

그러나 자신의 믿음을 버리지 않은 몰은 1840년——레이어드가 최초로 구릉들을 보게 된 해——에 프랑스 아시아 학회의 총무로 지명되었다. 2년 후 프랑스는 정치 및 무역 거래상의 이유로 모술에 영사관을 설치하기로 결정하였다. 아편 때문에 프랑스 외무성(Quai d'orsay)의 눈밖에 난 보타는 그 때문에 오토만 제국의 후진 마을에 임명되었다.

줄리우스 몰은 옳다 됐다 싶어 보타를 만나 그가 모술에 임명된 것은 커다란 중요성을 지닌다고 설득하였다. 보타의 위대한 앞날은 물론 아름다운 조국 프랑스(la belle France)의 영광이 그의 손에 달려 있다고 말하였다. 보타는 강 저편에 있는 구릉들을 그저 탐사하고 관찰하고 기술하고 측량하기만 해서는 안 된다는 것이었다. 삽질까지 해야 한다는 것이었다.

누구의 말도 고분고분 잘 듣는 보타는 그렇게 하겠다고 약속하였다. 보타가 자신의 이야기를 들려 주며 청나라 담배를 빨아대는 동안 레이어드는 독한 아락을 붓거나 마시거나 했다.

보타는 자기가 퀸지크와 네비 유누스를 파헤쳤으나 손에 쥔 거라곤 깨어진 오지 그릇 조각들과 가마에 말린 벽돌 및 설형문자들이 새겨진 몇 개 안 되는 설화 석고 파편들뿐이라고 하였다. 어디 이것들을 발굴품이랍시고 내세울 수 있겠느냐고 하였다. 그렇지만 몰이 필요로 할지 모르니 이 설형문자가 새겨진 사금파리들을 하나하나 조심스레 번호를 메겨 놓았노라고 하였다. 깨어진 오지 그릇들은 별 가치도 없으므로 아무렇게 던져 버렸다고 하였다.*

레이어드는 보타의 실수에 크게 실망하였다.

다음날 보타와 그는 티그리스를 건너 프랑스 사람들이 파놓은 구덩이들을 둘러보았다. 보타 말이 맞았다. 그곳에는 아무것도 없었다.

몰은 구릉들이 고대 유물의 보고이며 퀸지크만 해도 모술의 집들을 짓는데 많은 벽돌을 제공해 왔다고 말해 주더라고 보타는 말하였다. "그렇지만 니네베에서는 그런 일이 있었을 리가 없다."고 보타는 냉담하게 말하였다. 과거에도 없었지만 현재에도 보시다시피 그런 일은 전혀 없지 않느냐고.

"그 이유는 간단하다"고 보타는 말하였다. "고대 도시의 건물들이라든가 성벽, 구릉들의 폐허랍시고 남아 있는 것들을 보면 모두 햇볕에 말린 진흙 벽돌들뿐이니 그도 그럴 것이 뻔하다"고 하였다. 이 벽돌들은 벌써 오랜

---

* 하인리히 쉴리만과 다른 고고학자들의 시대인 19세기 후반기에 들어서서 비로소 깨어진 오지 그릇 파편들이 과거 문명의 연륜을 알려 주는 연대 기록물이라는 것을 알게 된다.

옛날에 흙이 되어 버렸을 터이니 다시 사용되어질 수가 없다는 것이었다. 만일 보타의 말이 옳다면 니네베의 과거는 전혀 되찾아질 수 없다는 결론이 나온다.

그러나 보타는 자기의 주장을 약간 누그러뜨려 이렇게 덧붙였다.

"물론 이 고대 건물들에 좀더 단단한 건축 자재들이 전혀 쓰여지지 않았다는 것이 아니다. 예를 들어 돌들이라든가 가마에 구운 벽돌들도 사용되었다. 그렇기 때문에 가끔씩 그런 사금파리들이 발견되는 것이다. 그렇지만 그런 자재들은 그저 장식용으로 사용되었을 뿐이다"라고.

레이어드는 보타의 말을 들으니 어딘지 좀 섭섭하였다. 그렇지만 멀리 파리에 앉아 있는 몰처럼 레이어드도 이 인공 구릉들 속에 '뭔가'가 숨겨져 있을 거라는 확신을 버릴 수 없었다.

그는 보타뿐만 아니라 자기 자신의 사기를 북돋아 줄 필요를 느껴 이렇게 말하였다. "누가 뭐라 해도 저는 장담합니다. 온갖 쓰레기와 잡동사니로 이루어진 것같이 보이는 저 볼품없는 흙더미 속에는 뭔가 아주 중요하고 흥미로운 유물들이 꼭 들어 있을 것입니다."

레이어드가 이렇게 용기를 북돋아 주는데도 보타는 침묵과 자포자기 상태에서 헤어나올 줄을 몰랐다. 특히 아편으로 인한 우울증에 빠져 있을 때는 더욱더 심했다. 그는 속담에 건초 더미 속에서 바늘을 찾는다는 말이 자기를 두고 하는 말이라고까지 하였다. 구릉들은 어찌나 컸는지 무작정 아무 데나 판다는 일은 있을 수 없는 일처럼 보였다. 그러나 단서를 찾지 못하는 한 무작정 팔 도리밖에 없는 것이다. 보타는 퀸지크 구릉을 오르락내리락하면서 이곳저곳 삽자루를 대어 보았지만, 그때마다 얻는 건 좌절감뿐이었다. 이렇듯 그의 좌절감이 늘어 갈수록 그는 위로를 얻기 위해——아니 도피를 하기 위해 청나라 담배에 더욱더 매달렸다.

레이어드와 보타의 대화는 콘스탄티노플로 다시 떠나야 한다는 타타르의 알림으로 중단되었다. 말 안장에 올라타기 전까지도 레이어드는 이 새로 사귄 친구에게 파고 또 파고 또 파라고 간청을 하였다. 그 밖에도 그는 뭔가 나타나기만 하면 콘스탄티노플로 기별을 해준다는 다짐까지 받아내었다.

옆 사람까지 감동시키는 레이어드의 낙천주의로 다시 점화된 보타는 외롭게 퀸지크 활동을 재개하였다.

16. 스트래트포드 경

레이어드가 콘스탄티노플에 도착한 것은 1842년 7월 10일이었다. 소아시아의 평원과 사막 지대를 거친 오랜 여정을 한 뒤라 그는 햇볕에 검게 그을렸고 텁수룩할 수밖에 없었다. 도중에 그는 박티야리족에게서 얻은 옷을 벗어 던지고 '어찌어찌하여 그때까지도 그의 손에 남아 있던 유럽인 옷을 걸치고 있었다.' 아무것도 몸에 맞지 않았다. 윗도리건 아랫도리건 죄다 제각각이라 어울리는 옷이라곤 하나도 없었다. 옷을 보나 얼굴을 보나 유럽인다운 징표는 찾아볼 수도 없었을 거라고 그는 고백하고 있다.

그는 말에서 내리자마자 테일러가 부탁한 급송 문서를 들고 영국 대사관을 찾아갔다.

대사관 직원 하나가 그의 코를 뚫어져라 쳐다보더니만 잠깐 기다리라고 비웃는 듯한 웃음을 지으며 말하였다. 레이어드는 기다리고 또 기다렸다. 한참 후에야, 기름독에 빠졌다 나온 사람처럼 최신식 첨단 유행으로 차려입은 건방진 애송이가 거드름을 있는 대로 다 피우며 문서 꾸러미를 받아 들더니 스트래트포드 캐닝 경께선 너무나 바쁘셔서 아무도 만나실 수 없다고 딱 잘라 말하는 것이었다. 그리고 나서 이 대사관 직원은 구두 뒤축을 빙글 돌리더니 '고맙다'는 말 한마디 없이 대기실로부터 사라져 버리는 것이었다.

레이어드는 기가 막혔다. 대사관을 나온 그는 지난번 미트포드와 그곳을 방문했을 때 묵었던 로볼리 호텔로 발을 옮겼다. 그토록 어렵고 먼 길을 달려왔는데, 이 무슨 뚱딴지같이 무례하고 건방진 대접이란 말인가? 레이어드는 그럴 수가 있느냐고 짜증스런 편지를 써서 대사 앞으로 보냈다.

'유럽을 떠난 지 거의 3년 동안 온갖 어려움을 겪고 난 사람이므로 얼굴도 까맣게 탔을 테고 옷차림도 유행에 뒤져 우아하지 못했겠지요. 그러나……' 레이어드는 침을 튀겨가며 울분을 늘어놓았다. '……그러나 저는 이러한 저의 외양이 좀전에 제가 각하의 공관에서 영광스럽게도 대접받았던 그러한 오만불손한 경멸의 이유가 된다곤 절대로 생각지 않습니다.'

낙타지기에서 파샤에 이르기까지 각양 각색의 사람들을 모두 혼자 힘으로 상대해야 했던 3년간의 경험은 레이어드에게 경우에 따라서는 '피라미드를 이루고 있는 사회 조직의 맨 꼭대기에 있는 사람에게건 밑바닥에 있는 사람에게건 똑같은 통렬함으로 대해야 한다'는 것을 가르쳐 주었다.

당시 쉰아홉 살이었던 스트래트포드 경은 세번째로 위대한 캐닝이었다.[*] 첫번째는 조지 3세의 불운했던 통치 기간에 수상직을 맡았던 조지 캐닝이었고, 둘째는 대영 제국의 첫번째 인도 총독이었던 그의 아들 찰스였다. 찰스의 사촌이었던 스트래트포드는 어렸을 때부터 유일한 소망을 가지고 있었다. 즉 잉글랜드 땅에서 잉글랜드를 위하여 일한다는 것이었다. 그가 잉글랜드를 위해 일한 것은 사실이다. 그러나 그것은 항상 해외에서였다.

이 세번째 캐닝은 오토만 제국의 두려움의 대상이었다. 터키 사람들은 대사들을 부유크 엘치(buyuk elchi), 즉 위대한 사절 각하라 불렀다. 그런데 콘스탄티노플에 세 명의 대사들이 부임했지만 이 명칭으로 불린 사람은 오직 한 사람, 스트래트포드 캐닝 경뿐이었다.

캐닝의 입김은 터키 영토의 구석구석까지 미치지 않는 곳이 없었다. 아직 통신 체제가 지금처럼 발달하지 못한 그 당시, 때로는 자신이 직접 영국 외무성 역할을 해내기도 하였다. 레이어드와 다를 바 없이 그 역시 성질이 급했고 참을성이 없었다. 그는 꽤 수준 높은 학자[**]였으며 일밖에 몰랐는데

---

[*] 「인사이클로피디아 브리태니커」의 최근 판에는 앞의 두 캐닝 경들에 대해서는 언급을 하고 있으나 세번째의 캐닝에 대해서 아무런 언급이 없다.

(workaholic), 사소한 일로 곧잘 화를 내기도 하였다. 잡담이나 한담을 노여워 하였으며, 케케묵은 관료주의는 짜증스러워하였다. 더구나 위원회의 회의 따위는 그의 구미에 전혀 맞지 않았다. 그는 유능한 외교관이었음에도 불구 하고 거의 무례하다고 할 만큼 퉁명스러울 때도 있어 사람들을 놀라게 하곤 하였다.

그러나 필요할 때는 상냥하고 공손하게 처신할 줄도 아는 그는 소견 좁은 부하들과는 달리 열등감으로 고민하지 않고 늠름한 기사도를 발휘하기도 하였다. 그는 레이어드의 편지를 받자 대사관 사환의 손에 초대장을 쥐어 주고 로볼리 호텔로 급히 보냈다.

'스트래드포드 경은 나를 곧바로 맞아들이셨다. 나는 그의 풍채에 굉장히 놀랐는데, 그렇게 멋진 사람은 그때까지 본 적이 없는 것같이 생각될 정도였 다'고 그로부터 50년 후 레이어드는 쓰고 있다. 스트래트포드 경의 머리는 은발이었고 그의 체격은 크고 군살이 없었다. 그의 회색빛 눈동자는 사람을 꿰뚫어보는 듯 깊었으며, 둥그스름한 이마는 훤하게 넓었다. 그는 방문자로 하여금 그가 모시는 빅토리아 여왕께 대해 경외감에 넘치는 존경심을 갖도 록 유도하고자 계산되어진 신중함으로 행동하였다.

레이어드와 보타가 씻지도 않은 술잔들을 앞에 놓고 청나라 담배를 피워 가면서 즐거운 대화를 나눌 수 있었듯이, 터키 왕국 주재 여왕 폐하의 전권 대사 앞에서도 그는 여전하였다. 대사의 서재는 으리으리하였고, 차도 귀한 찻잔에 따라 나왔다.

스트래트포드 경은 대사관의 불친절을 사과하였다(그 시보는 '징계'되었다 고 그는 엄한 얼굴로 말했다). 그리고 곧바로 터키-페르시아 국경 지대에 관한 레이어드의 지식을 캐내기 시작하였다. 캐닝은 이 젊은 친구가 키플링 (Kipling) 이후에 지정학이라 부르게 될 '위대한 게임'에 상당한 이해력을 지 니고 있음에 크게 감동하였다.

** 그는 인문학자였다. 버질(Virgil)은 그가 애호하던 학자였고 그는 시도 썼는데 바이 런은 1813년에 출판된 보나파르트에 관한 그의 시를 찬양하기까지 하였다.

레이어드가 자리를 뜨려 하자 대사는 그에게 콘스탄티노플에 며칠 더 머물러 있어 보라고 제안하였다. 영국은 지금 샤와 술탄 사이에서 중재를 하려는 참인데 레이어드가 협상을 위해 중요한 역할을 해줄 수 있을지도 모르겠다는 것이었다.

레이어드는 로볼리 호텔에서 일주일을 더 지체하였다. 그의 지갑은 점점 가벼워져만 갔다. 기선 한 척이 영국을 향해 떠나려 하고 있어 레이어드는 캐닝에게 정중한 쪽지를 전하였다. '대사님께서 저를 다시 만나 보실 의사가 없으시다면 이삼 일 안으로 배를 타겠다'고 하였다. 아무런 연락이 없자, 레이어드는 얼마 안 되는 짐을 꾸리고 방값을 지불한 다음 토페인 선창으로 이르는 가파른 비탈길을 내려갔다.

레이어드가 갑판으로 오르는 건널판에 한 발을 막 올려놓으려는데 대사관의 카와스(사환)가 숨을 헐떡이며 뛰어오더니 '위대한 사절 각하'의 쪽지를 건네주는 것이었다. '내일 오셔서 점심이나 같이 합시다'라고 씌어 있었다.

"잠시 생각한 다음 나는 스트래트포드 경의 초대를 수락하기로 결심하고 호텔로 발길을 되돌렸다"라고 그는 말한다.

오찬 석상에서 스트래트포드 경은 영국과 러시아가 터키-페르시아 건에 대하여 공동으로 중재해 줄 것을 합의 보았다고 털어놓았다. 그러나 그는 그 협상이 진전을 보기까지는 상당한 시간이 흐를 것으로 내다보았다. 캐닝은 놀랄 만한 제의를 해왔다. 그때까지 시간의 여유가 있으니, 그 동안 발칸 반도에 가서 터키 통치에 대한 저항 운동의 움직임에 관하여 정치적인 정보를 수집해 오지 않겠느냐는 것이었다. 그 일은 어디까지나 비공식적이며 비밀리에 이루어져야 한다는 것이었다. 스트래트포드는 그 임무가 비공식적으로 이루어져야 한다는 점을 강조하였다. 설사 일이 틀어진다 해도 레이어드는 대사관에게 도움을 요청할 수 없다는 것이었다.

"여행과 모험에 대한 나의 욕심은 아직 완전히 채워지지 않고 있었다"고 레이어드는 말하고 있다. 그래서 그는 그 제안을 쉽사리 받아들였다. '비밀 임무'에 착수한다는 아이디어가 그의 마음에 들었고 가벼운 흥분조차 느꼈다. '나는 사기 충천하여 콘스탄티노플을 떠났다'고 그는 쓰고 있다.

그는 아직도 직업을 구하지 못했으며 일정한 수입도 없었지만, 이제 갑자기 대사관의 일원으로 일하게 되는 자신의 미래를 보게 되었다. 그는 이렇게 쓰고 있다. '외교에 발을 들여 놓겠다는 기대가 내 야심의 가장 큰 목표로 등장하였다.'

1,000페이지가 넘는 상하 두 권으로 출판된 그의 「젊은 시절의 모험담」에서 레이어드는 캐닝을 위한 그의 첫번째 임무에 관해 웬지 심술맞게 언급하고 있다. "내 여행 일지에 씌어 있는 상세한 여행 이야기를 그대로 옮기기에는 장소가 너무 부족한 것 같다"고.

그는 임무를 수행하기 위하여 알바니아와 불가리아, 보스니아 및 세르비아(보스니아와 세르비아는 오늘날의 유고슬라비아에 합병됨)를 여행하여야 했다. 그 지역은 터키와 러시아가 세력 다툼을 하고 있는 틈을 타서 정치적 혼란에 빠져 있었다.

벨그라드에서 정치적 상황을 정탐하고 난 레이어드는 그곳의 영국 영사가 상상력도 없으려니와 매우 무딘 감각을 지닌 인물이라고 생각했다. 벨그라드의 사태는 매우 심각한 지경에 빠져 있었고 캐닝의 즉각적인 관심을 요했다. 레이어드는 베르느의 소설에 나오는 마이클 스트로고프의 멋진 선례를 따라 밤낮을 가리지 않고 타타르처럼 달려 콘스탄티노플의 캐닝에게로 소식을 가지고 갔다. 그는 두 도시를 연결하는 600마일의 거리를 닷새하고 반나절 만에 갔다 온 것이다. 그가 스트래트포드의 서재에 얼굴을 내밀자 이 위대한 사절 각하는 그가 그 먼 길을 그처럼 빠르게 갔다 온 것이 믿어지지 않았다. 그러나 어쨌든 레이어드의 안장 가방 속엔 벨그라드 영사의 직인이 찍힌 편지가 들어 있었다. 캐닝의 놀라움은 찬사로 바뀌었다.

레이어드가 작성한 보고서의 요점은 그 지역에 대한 러시아의 잠식에 영국이 강력하게 대응하여야 하며 세르비아의 독립운동을 도와 주어야 한다는 것이었다. 스트래트포드 경도 독자적으로 그 결론에 도달하고 있던 참이었다. 그러나 외무 장관인 애버딘 경은 러시아의 팽창 야욕을 회유하는 정책으로 기울어지고 있었으므로, 캐닝 경의 제안을 무시하였다.*

그럼에도 불구하고 레이어드의 숨은 재주에 깊은 인상을 받은 캐닝 경은 이 젊은 청년을 대사관 수행원으로 임명해 달라고 외무 장관에게 편지를 띄웠다.

레이어드는 바야흐로 괴물 같은 관료 사회의 더러운 권모 술수에 접하게 되었다. 레이어드가 비평을 가했던 영사가 애버딘에게 직접 불만을 털어놓았던 것이다. 그는 레이어드가 벨그라드에서 영국 대사관의 정식 직원 행세를 하였으며 영국의 정책을 암암리에 손상시키고자 적극적인 활동을 벌였다는 것이다. 레이어드는 별 큰 어려움 없이 자신의 무고를 증명해 보일 수 있었다. '그러나 그 일은 애버딘 경에게 나에 대한 나쁜 인상을 심어 주었음에 틀림없다'고 그는 쓰고 있다.

이 스코트인은 이 사건이 또 다른 에피소드와 거의 동시에 일어나지 않았다면 무심코 지나쳐 버리고 말았을 것이다. 이 에피소드는 아직 시작도 하지 않은 그의 외교관으로서의 출세길을 완전히 망칠 뻔하였다.

1839년 영국을 떠날 때 레이어드는 어머니가 빌려 주신 300파운드의 절반을 커츠 은행에 저금하였다. 은행은 당좌 거래를 열어 주어 레이어드가 페르시아에서 돈이 필요할 때 어음을 발행할 수 있도록 배려해 주었다. 그러나 그 어음들이 제대로 이서되어 있지 않아 은행은 지불을 거절하였다. 커츠 은행이 캐닝 경에게 레이어드가 사기꾼이라고 통보해 왔을 때만 해도 레이어드는 일이 어떻게 돌아가고 있는지 전혀 알 방법이 없었다.

"나는 슬픔을 억제할 수 없었다"라고 레이어드는 말한다.

레이어드는 캐닝 경에게 자기가 직접 커츠 은행과 서신 왕래를 해볼 때까지 그 일에 대한 판단을 보류하여 달라고 간청하였다. 그의 말을 빌리면 그는 그야말로 "하늘이 무너지는 듯한 절망감 속에서" 수개월을 지냈다고 한다. 마침내 먹구름이 가시고 밝은 태양이 얼굴을 내밀었다. 런던의 은행은

---

* 역사적인 아이러니라 할까, 그의 회유 정책은 1852년에 그 막을 내리고 만다. 당시 수상이었던 그는 크림 전쟁이라고 하는 러시아와의 전쟁으로 인해 심각한 곤경에 처하게 되며 바로 그로 인해 수상직을 사임하게 된다.

사태가 이상하게 진전된 것에 대하여 유감을 표시하고 레이어드에게 사과하였다. 그들은 레이어드의 잔고 속에 미지불 어음들을 지불하고도 남을 만한 충분한 돈이 들어 있음을 시인하고 그간 지불 정지당한 어음들을 모두 결재해 주겠다고 하였다. 단지(그의) 어음이 발행된 곳을 고려해 볼 때 그와의 의사 소통이 전혀 불가능했으므로 일을 진작에 처리할 수 없었다고 설명하였다.

어찌되었건 피해는 막심하였다. 애버딘, 그러니까 외교 행정가의 눈으로 볼 때 레이어드가 문제점을 지녔음은 명백한 사실이었으니 여왕 폐하를 위한 공직을 수행하기엔 천부당 만부당한 사람이었다.

모든 일이 그에게 불리하게 돌아갔다. 그러나 레이어드에 대한 스트래트포드 경의 신임은 결코 흔들리지 않았다. 게다가 그는 레이어드에게 콘스탄티노플에서 그의 공식 수행원으로서 일해 달라고 하였다. 그는 애버딘이 언젠가는 레이어드를 대사관직에 임명해 주게 될 것이니 걱정 말라고 하였다.

그리하여 실의에 빠진 레이어드는 보수 없는 비공식 직책을 맡으며 그때까지 기다리기로 승낙하였다. 그에게는 그래도 동방에 머무를 수 있는 기회가 주어지는 것이니 고맙기만 했다. 자유와 자립을 느낄 수 있는 소아시아에 머물 수만 있다면 무언들 아쉬워하랴?

독자들께서도 기억하시겠지만, 콘스탄티노플을 맨 처음 방문하였을 때 레이어드와 미트포드는 〈모닝 포스트〉지의 통신원인 J.A. 롱워스와 만난 적이 있다. 레이어드는 바로 그 사람을 방문하였다. 롱워스는 후에 「씨르카씨아인들과 보낸 한 해」라는 제목으로 출간될 책을 쓰고 있는 중이었다. 그는 레이어드를 반갑게 맞이하여 자기와 함께 하숙을 하자고 제안하였다. 롱워스는 딸 셋을 가진 아르메니아 과부의 집에서 세를 들어 살고 있었다. 열여섯 살짜리 막내딸이 레이어드의 민첩한 눈에 곧 들어왔다. '그 소녀는 무척 아름다웠다'고 그는 쓰고 있다.

롱워스의 하숙 친구 중에는 찰스 화이트라는 사람도 있었는데, 그는 〈모닝 크로니클〉지의 통신원이었으며 스트래트포드 캐닝 경과 마찬가지로 명문이튿의 생도였다. 그는 「콘스탄티노플의 역사」를 거의 끝내가고 있었다.

레이어드와 마찬가지로 롱워스와 화이트도 자유 분방한 사람들이었으며 셋만 모이면 항상 시끌벅적하였다. 과부 여주인으로 말할 것 같으면 일류급 터키식 아르메니아 요리의 전문가로서 그녀의 식탁은 가끔가다 필래프와 케밥(Kebabs)으로 상다리가 휘어질 지경이었다고 한다.

레이어드는 물론 런던 행을 포기하고 있었다. 그는 벤저민 외삼촌에게 이렇게 쓰고 있다. '저는 별다른 자극도 맛볼 수 없는 점잖은 직장의 책상 하나를 차지하기 위하여 즐거운 마음으로 귀향하기에는 너무나 팔팔한 것 같습니다. 뿐만 아니라 저는 법조계 속에 영원히 안주할 수 없을지도 모른다는 생각에 두렵기도 하구요.'

이와 동일한 두려움을 지니고 있었고 또 조카가 너무 경솔하다고 생각하고 있던 외삼촌에겐 그의 계획 변경이 새삼스레 놀라울 것도 없었다. 아니, 캐닝과의 관계를 더욱더 돈독히 하라고 격려까지 하였다. 그러나 한편으론 외교란 '냉정한 판단'을 요한다고 경고하면서, 자신의 조카가 행여나 그 서두르는 성격을 고칠 수 있을는지 몹시 의심스럽다고 걱정하고 있었다. 편지 속에서 외삼촌은 그에게, 공적인 인물들은 부하들을 철저히 부려먹은 다음 쓸모가 없어지면 헌신짝 버리듯이 내팽개처 버리기 일쑤라고 충고하였다. 이에 대해 레이어드는 캐닝의 경우 그럴 가능성이 없지 않다고 긍정하면서, 그러나 자신은 고용주로 하여금 부하 없이는 손 하나 꼼짝할 수 없도록 만들어 놓을 계획이라고 답변하였다.

1842년에서 1845년에 걸친 3년 동안 레이어드는 바람을 잔뜩 안고 가는 범선의 돛대처럼 바삐 움직였다. 비공식적으로 그는 캐닝의 개인 비서로서 일했다. 캐닝은 그에게 식대와 하숙비를 지불해 주고 그 밖에 연봉으로 200파운드씩 지급해 주었다. 그는 페르시아에서 있었던 그의 모험에 관한 책도 쓰고 있었다. 그러나 아직도 페르시아 감옥에서 고통을 당하고 있는 그의 절친한 친구인 메헤메트 타키 칸이 더 심한 곤경에 처하게 될까 두려워한 나머지 그 책의 발간을 45년이나 뒤로 미루어 그의 「젊은 시절의 모험담」 속에 포함시켜 발표하였다.

그는 구릉들에 대해서도 잊지 않고 있었다. 그는 계속해서 재정 후원자들을 찾고 있었다. 그런 면에서 그는 캐닝에게도 구릉에 대한 열병을 어느 정도 전염시키고 있었다고 해야 할 것이다. 그는 메소포타미아에서 있게 될 미래의 발굴 활동을 위하여 터키어, 헤브라이어 및 시리아어를 열심히 공부하였다. 후자의 두 셈족 계통의 언어는 아시리아의 화살촉 같은 문자들과 관계가 있을 거라고 확신하면서.

이렇듯 잡다한 활동을 벌이고 있는 한편으로는 임시 신문 기자로서도 일하였다. 〈모닝 크로니클〉지의 화이트가 런던으로 불려가자 그는 그의 자리를 이어받았다(화이트는 연봉 300파운드를 받았었는데 레이어드는 150파운드의 제의를 받았고, 승낙하였다). 롱워스 또한 전보 발령을 받자 그의 직책 역시 레이어드에게로 떨어졌다. 그리하여 자유 기고가로서의 그의 명성은 급속히 널리 퍼지기 시작하였고, 급기야 근동 지방의 영자 신문으로서는 가장 널리 읽히며 영향력도 큰 〈말타 타임즈〉의 콘스탄티노플 통신원으로 임명되기까지 하였다.

그러나 레이어드는 결코 참된 언론인일 수는 없었다. 언론인으로서의 그의 행동은 비윤리적인 지경에 이르기까지 하였는데 이해 관계에 있어서의 그의 혼동은 간담이 서늘해질 정도였다. 그는 영국 대사의 개인 비서 겸 비밀 첩보원 겸 P.R. 담당자로 일하면서 외교 문제에 관한 기사를 썼던 것이다. "스트래트포드 경의 입장에서 볼 때 영국과 유럽 언론의 지지를 얻는 것이야말로 매우 중요하다"고 그는 공공연하게 말할 정도였다. 레이어드의 지휘하에 영국과 유럽 대륙의 모든 권위 있는 신문들이 캐닝의 정책을 찬양하는 대합창을 불러 댔다. 평범하게 말해서 레이어드는 능수능란한 선전가로서 뉴스를 주물러 댔던 것이다. 레이어드가 언론인으로서의 신분을 망각하고 빗나가게 된 것은 얼간이 같은 편집인들 덕분이었으리라.

"해외에서 영국 통신원들──그 자신을 포함시켜야 할지도──을 관찰해 본 바에 의하면 그들을 높이 평가할 만한 그럴 듯한 이유가 전혀 없는 것 같다"고 그는 말한다. "시간이 지남에 따라 그들도 나아질 것이다……물론 개중에는 학식도 많고 고결하며 불편 부당한 사람들도 있음을 나는 안다. 그런데도 나는 그들을 결코 신용할 수 없는 것이다."

그러나 어쨌든 신문 만들기는 그에게 정치적인 이점을 가져다 주었다. 해외 통신원으로서 여러 사람들을 만나는 동안 그는 오토만 제국의 수도에 있는 터키, 아르메니아, 그리스 사회 등의 지도자들과 사귈 수 있었다. 그 중에는 레이어드보다 여덟 살 아래인 아메드 베피크(Vefyk)도 끼어 있었는데, 그는 터키 당국의 외무부에 근무하고 있었다. 벤저민 외삼촌 댁에서 청년 디즈렐리가 큰소리로 외쳐 대었듯이, 베피크도 "언젠가 나도 그렁 비지에 (grand visier)가 될 테다!" 하고 선언한 적이 있다고 한다. 그렁 비지에란 의회 정부의 수상에 해당하는 회교 왕국의 직위이다.

베피크의 집안은 터키 개혁 운동의 선봉에 서 있었다. 예를 들면 같은 수준의 계급과 신분을 지닌 대부분의 다른 가문들과는 달리 베피크의 집안은 환관이라든가 노예를 일체 두고 있지 않았다. 이 젊은 친구를 통하여 레이어드는 터키 개혁 운동의 지도자들과 은밀한 교분을 가질 수 있었다. 레이어드는 어느새 영국 대사와 개혁가들을 이어 주는 비밀 통로가 되어 있었다. "캐닝이 내게 내린 임무는 아주 어렵고 미묘한 것들이어서 그 당시도 위험 부담 없이는 해낼 수 없는 일들이었다"고 말하며 이렇게 덧붙이고 있다. "그러나 그러한 일은 모험을 좋아하고 어딘가 낭만적인 기질을 타고난 내게는 안성맞춤이었다"고.

캐닝은 레이어드를 통하여 영국의 지원을 개혁가들에게 던져 주려 하였다. 캐닝은 나태하고 부패한 관료주의가 간소화되지 않는 한——다시 말해서 오토만 제국이 근대화되지 않는 한——제국의 멸망은 머지않은 장래에 찾아올 것이라고 확신하고 있었다. 레이어드도 같은 생각이었다.(실제로 이 육백 살 먹은 터키 왕국은 레이어드가 죽은 후 꼭 한 세대 뒤에 제1차 세계대전의 후유증으로 멸망하고 만다)

레이어드의 낮 동안의 생활이 잡다한 일들로 분주하게 돌아갔다면, 저녁 시간은 로맨틱한 모험들로 가득 차 있었다. 그곳에서의 3년 동안 그는 '즐거운……아니 거리낄 것 없는 방탕한' 나날들을 보냈다고 고백하고 있다. 그와 그의 친구들은 콘스탄티노플의 외설스런 장소의 단골 손님들이었으며 금요일 오후에는, 레이어드말고는 유일하게 캐닝 경의 전적인 신임을 받고 있는 대사관 직원 찰스 앨리슨과 '아시아의 달콤한 물가'에서 시간을 보내곤 하였다. 이 길은 방파제를 따라 나 있는 산책로로서 터키 처녀들이 매주 모여 물담배를 피우거나 얼음과자를 들며 잡담을 나누는 곳이었다.

어느 금요일, 화려하게 차려 입은 젊은 부인 한 사람이 하녀를 데리고 노가 여덟 개나 되는 멋진 터키 돛배에 올라서는 게 보였다. 그런데 그녀는 발을 잠시 멈추고 조심스레 베일을 내리더니 레이어드와 앨리슨에게 얼굴을 내보이는 게 아닌가. "그녀의 얼굴은 비길 데 없이 사랑스러웠다"고 레이어드는 말하고 있다. 그녀가 그들에게 따라오라는 몸짓을 해 보였다. 노랑머리 두 총각은 얼씨구나 싶어 부리나케 수상 택시를 불러 타고 뒤쫓기 시작하였다. 그런데 앞서가던 카이크(돛배)가 갑자기 성스러운 세라글리오(Seraglio) 경내로 들어가는 것이었다. 바로 그때 앞으로 일어날 일을 미리 경고나 하듯이 그들 가까이에 '죽은 시체 하나가 물 위로 떠올랐다.' 사공들은 더 이상 노젓기를 거부하였다. 그들은 레이어드와 앨리슨에게 그 부인이 지체 높은 귀족 출신일지도 모르니 그녀를 따르다간 목숨을 잃을 위험이 있다고 경고하였다.

다음날 레이어드는 놀라지 않을 수 없었다. 베일로 단단히 휘감은 하녀 하나가 세라글리오를 방문해 달라는 여주인의 전갈을 들고 나타난 것이다. 하녀는 부인의 이름을 말하려 들지 않았다. 그날 저녁 궁전의 옆문은 열려 있었다. 레이어드와 앨리슨은 화려하게 장식된 커다란 홀로 안내되었다. 홀의 맨 끝쪽 긴의자 위에는 베일을 대담하게 벗어 던진 바로 그 여인이 비스듬히 앉아 있었다.

그녀는 '젊고 독특한 아름다움을 지니고 있었다. 눈은 복숭아 씨 같고 생김새는 씨르키씨아의 피가 섞인 터키 여인답지 않게……섬세하고 균형이 잘 잡혀 있었으며 맑고 빛나는 피부를 지니고 있었다'고 한다. 화려하게 차려 입은 그녀의 주위에는 젊은 시녀들이 서성거리고 있었다.

레이어드와 앨리슨이 진한 터키 커피를 대접받는 동안 시녀들은 긴의자 주위에 둘러앉았다. 그로부터 두세 시간 동안 그 여인과 시녀들 그리고 레이어드와 앨리슨은 화기애애한 잡담을 즐겼다. 대사관의 통역이었던 앨리슨은 터키어를 자유자재로 구사하였는데, 농담과 재담으로 모두를 웃기곤 하였다.

그들은 그곳을 나설 때까지도 그녀의 이름을 알지 못했다. 신비의 밑바닥까지 캐보겠다고 작정한 그들은 터키의 수도에서 세도가 당당한 이탈리아 마담과 접촉을 가졌다. 이탈리아 마담은 조그만 호텔을 경영하고 있었는데 이들과 친한 사이였다. 라 주세피나라 불리는 이 부인은 콘스탄티노플의 웬만한 사람의 이름은 전부 알고 있었으며, 설사 모른다 해도 어떻게 해서든지 알아낼 방도를 지닌 것으로 유명하였다. 그들은 이 신비의 미녀를 밝혀 달라고 그녀에게 부탁하였다.

한두 시간 후에 라 주세피나가 레이어드의 방문을 두드렸다. "마담은 공포로 질려 있었다"고 레이어드는 그때의 일을 회상하고 있다. 그 여인은 바로 술탄의 여동생이라는 것이었다. 만일 레이어드와 앨리슨이 그녀의 거처에서 발각되는 날에는 눈 깜짝할 사이에 죽음을 당하여 금각곶의 물 속으로 던져진다는 것이었다.

벤저민 외삼촌의 말씀을 따라 '냉정한 판단'이 승리하였다. 레이어드와 앨리슨은 추적 활동을 중지하였다. 그로부터 몇 년 후 베일을 쓰지 않은 채 세라글리오 밖으로 외출한 바로 그 공주 때문에 콘스탄티노플은 한바탕 난리가 일어난 적이 있었다. 정통파 회교 사회가 들고 일어났으며 황제 폐하는 여동생에게 금족령을 내렸다. '그녀는 사람들의 시야로부터 사라졌다……나도 그녀가 그 후 어찌되었는지 알지 못한다'고 레이어드는 쓰고 있다. 역사도 그에 대해선 알고 있지 못하다.

레이어드는 6년 전에 집을 떠난 이래로 한 번도 어울려 보지 못한 영국의 아가씨들이 간혹 생각나기도 했나 보다. 그는 어스틴 가의 친구인 세실리아 버클리 양과도 활기 띤 편지를 주고받긴 하였지만 그 이상 진전은 없었다. 초기의 편지들은 '친애하는 버클리 양에게'라고 부르다가 나중에는 '친애하는 세실리아에게'라고 좀더 친근하게 부르고 있다. 편지 내용은 익살맞고 암시하는 바가 많았다.

'물론 제가 머쓸맨(Musselman, 즉 Moslem을 익살맞게 섭조개라는 말로 바꿈)으로 전향한 걸 아실 테지요……저는 규칙적으로 기도를 한답니다——제 과거를 아시는 그대께선 제가 개과천선했다고 말씀하시겠지만——저는 포도주도 끊고, 진도 끊고, 모든 독한 술을 다 끊었습니다.' 또 한 편지에선 '저는 네 여자와 결혼했답니다——그러나 그에 대해선 다음 번 편지에 말씀드리지요'라고 익살을 부리고 있다.

다음 번 편지는 빅토리아 시대의 눈으로 볼 때 아슬아슬할 정도로 외설스러운 표현을 거리낌없이 쓰고 있다. '이 회교도 생활은 뭐니뭐니해도 매우 즐겁습니다. 4명의 아내를 가질 수 있다는 권리도 악용당하지만 않는다면——다시 말해서 마나님네들로부터 학대만 받지 않는다면——누구나 한번쯤 부러워할 만하죠'라고 그는 웃기고 있다.

이런 식으로 1842년은 1843년으로 이어져 갔고, 1843년은 1844년으로 이어져 갔다. 레이어드는 아직도 일정한 직업이 없었고 일정한 수입도 없었다. 그러니 미래를 내다볼 처지도 못 되었다.

그러나 그는 희망을 품을 이유를 지니고 있었다. 캐닝이 그를 위해 애써 주는 것 이외에도, 그는 이제 스물일곱 살이며 주위로부터 어느 정도 인정도 받고 있었다. 셸비 대위가 쓴 아시리아 호의 카룬과 디즈풀 상류 탐사에 관한 이야기가 1844년 〈왕립 지리학회지〉에 발표되었다. 그 이야기는 레이어드에 대해 몇 차례 유리한 언급을 하고 있는데, 특히 영국으로 하여금 페르시아의 산악민들과 우호 관계를 맺을 수 있도록 외교적인 성과를 거둔 그의 실력을 찬양하였다. 또 군인이며 학자로 이름을 날리고 있던 롤린슨 소령은 테일러 대령 후임으로 바그다드 주재 영국의 총독 대리로 앉게 되었는데,

레이어드와 연락을 취하고자 발벗고 나섰다. 롤린슨은 테일러 대령의 서재에 보관되어 있던 설형문자로 쓰어진 비문들의 복사를 보고 깊은 인상을 받았는데, 이들은 레이어드가 여행 중 베낀 것들이었다. '저는 당신과 서신을 교환하고자 합니다"라고 앞으로 설형문자의 수수께끼를 푸는 데 일익을 담당하게 될 롤린슨은 서두를 쓰고 있었다. 그리고 그는 곧바로, 못날같이 생긴 문자들에 관한 기술적인 세부 사항을 거론하기 시작하는 것이었다. 레이어드는 우쭐해졌다.

그러나 레이어드에게 수행원직을 얻어 주고자 노력하고 있는 캐닝 경은 아직도 애버딘의 편견을 돌려 놓지 못하였다. 걸핏하면 싸우는 이들 두 이웃 간에 합당한 경계를 그어 주고자 터키-페르시아 국경 분쟁 위원회가 만들어지자 캐닝은 그곳 사정에 훤한 레이어드를 위원회의 한 사람으로 발탁하자고 제안하였다. 그래도 외무 장관은 모르는 체하기만 하였다.

레이어드의 꿈은 산산조각이 나고 말았다. 대사관에서의 그의 위치 역시 점점 당혹스러워져만 갔다. 얼마나 실망하였으면 또다시 영국의 벤저민 삼촌 사무실로 돌아갈 생각까지 하였겠는가? 캐닝은 참고 견디라고 말하며 잠시 휴가나 다녀오라고 조언하였다.

그래서 레이어드는 1843년 가을 터키의 '팔꿈치'와 에게 해 연안을 돌아보기 위해 근동 지방에 온 하원 의원인 서머즈 경을 동행하기로 하였다. 레이어드는 자서전 속에서 서머즈 경을 '가장 절친하고 가장 진실한 친구이며 …… 그처럼 가깝게 느껴지고 그처럼 자기가 사랑했던 사람은 일찍이 없었다'고 언급하고 있다.

그들은 일명 트로이 평원이라고도 불리는 트로아드를 방문하였는데, 레이어드 역시 다른 사람들처럼 호머가 언급한 요새의 흔적을 전혀 발견하지 못하여 실망하였다. 그러나 그 당시만 해도 한때 그처럼 위대하였다는 트로이의 흔적을 찾는 사람은 공상가들뿐이었다. 레이어드 시대 사람들은 대부분 트로이라든가 트로이 전쟁 따위가 호머의 넘쳐흐르는 상상력이 꾸며낸 시적 창작품이라고만 믿고 있었다.

그 짧은 휴가는 레이어드에게 일시적인 비행기 타기에 지나지 않았다. 1844년에서 1845년으로 넘어가는 그 해 겨울은 그에게 불만의 겨울이었다. "나는 그 해 겨울을 초조와 기대 속에 보냈다. 나의 마음은 말할 수 없이 무거웠고 오로지 대사님 부부의 지나칠 정도로 따뜻한 친절만이 나의 괴로움을 달래 줄 뿐이었다" 하원 의원의 딸이었던 캐닝 부인은 캐닝 경보다 스무 살이 아래였고(그녀는 열아홉 살에 결혼함), 레이어드보다는 열한 살 위였다. 그들 부부는 레이어드를 무척 좋아하여서, 1844년엔 한집안 식구처럼 공관에 방 한 칸까지 내주었다.

이러한 속수무책의 표류 생활은 1845년 여름, 마침내 그 결정적인 순간에 이르고 말았다. 캐닝 부인과 학교 갈 나이가 된 그녀의 세 딸이 영국으로 떠났고 스트래트포드 경 역시 전례를 따라 귀임 휴가를 얻을 계획이었다. 레이어드가 뛰어난 외교 수완을 지니고 있다고 철석같이 믿고 있던 캐닝 경은, 자신이 직접 애버딘에게 가서 한 마디만 하면 만사가 잘 해결될 거라고 확신하고 있었다. 그러나 그렇게 되려면 적어도 2, 3개월이 걸릴 거라고 그는 말하였다.

캐닝이 자리를 비우는 동안 헨리 웰스리(Wellesley) 경이 터키 공관을 지키기 위해 런던을 출발하여 그리로 오고 있었다. '나는 캐닝 경이 떠난 후까지 콘스탄티노플에 머물고 싶지는 않았다. 나는 그가 영국에 가서 애버딘 경을 만나 약속대로 콘스탄티노플 대사관에 내 자리를 마련해 줄 수 있을 때까지 좀더 요긴하게 시간을 보낼 방도를 찾고자 애를 쓰고 있었다'고 그는 쓰고 있다.

그러나 어떠한 방법으로 시간을 '요긴하게' 보낸다? 갑자기 그의 머리에 와닿는 것이 있었다. 그것은 하늘에서 뚝 떨어진 것이 아니라 혼돈과 방황의 시절 내내 그의 코앞에 어른거리던 것이었다. 가지가 너무 무성하여 나무둥치가 보이지 않았을 뿐이었다. 레이어드는 캐닝 경에게 그가 자리를 비우는 동안 모술로 가서 수수께끼의 구릉들을 파보겠다고 제안하였다.

17. 발굴 작업의 계약

구릉들을 발굴하겠다는 레이어드의 제안은 결코 놀라운 일은 아니었다. 콘스탄티노플에서 이렇다 할 목적도 없이 부초 같은 삶을 영위하던 3년 동안에도, 그는 한 번도 니네베를 잊은 적이 없었다.

보타는 약속대로 끊이지 않고 소식을 보내왔다. 보타와 레이어드의 편지투는 천편 일률적이다. 보타가 그의 발굴이 헛수고로 끝났다고 불평을 늘어놓으면 레이어드는 제발 계속해서 파 내려가라고 간청하고 있다. 레이어드는──실망을 해서였는지는 몰라도──퀸지크에서 손을 떼고 님루드에 있는 구릉으로 옮겨 보는 게 어떠냐고 조언하기까지 하였다. 이 이상하게 생긴 인공 구릉은 다른 어떤 구릉들보다도 레이어드의 마음을 사로잡고 있었다. 그런데 누가 들으면 웃겠지만 그는 밑도 끝도 없이 그 구릉이 자기 구릉이라고 생각하고 있었다. 그러나 메소포타미아의 타는 듯한 더위와 아편으로 기력이 다 빠진 보타는 님루드가 너무 멀어서 힘들다고 불평하였다. 님루드는 모술에서 불과 14마일밖에 떨어져 있지 않은데도 말이다.

급기야 1843년 봄 보타로부터 퀸지크를 포기하였다는 유감스런 소식이 날아왔다. 레이어드는 욕설을 마구 퍼부었다. 몰도 역시 투덜거렸다. 그러나 레이어드와 몰이 각기 콘스탄티노플과 파리에서 맛있게 먹고 마시며 즐길 때, 자신은 더럽고 냄새나는 모술에서 땀투성이의 몸으로 쭈그리고 앉아 있다고 생각하니, 보타는 생각을 고치고 싶지 않았다.

모술에서 있었던 보타의 활동은 수개월 동안 마을 찻집의 화젯거리가
되고 있었다. 저 미친 유럽인이 화살촉 모양의 비명들을 가지고 어쩌겠다는
거냐? 지난해 12월 어느 날 보타가 한창 퀸지크에서 발굴 활동을 벌이고
있을 때 콜사바드의 한 주민이 설형문자가 새겨진 구운 벽돌 조각 두 개를
들고 그의 집 문 앞에 나타난 적이 있었다. 그 아랍인은 자기 마을 근처에서
그 벽돌들을 주웠다고 했다. 미치광이 외국인이 얼마만큼이나 원하는지는
몰라도, 헐값으로 얼마든지 대어 줄 수 있노라고 말하였다. 콜사바드에는
그런 게 아주 많다고 알라신에게 맹세까지 하였다. 아랍인들의 터무니없는
허풍에 익숙해 있던 보타는 하품을 하며 그를 돌려 보냈다.

그러나 퀸지크를 포기한 이제 와서, 그는 그때의 일을 상기하고 대여섯
명의 인부들을 콜사바드로 보내었다. 콜사바드는 모술에서 님루드까지 가는
거리보다 결코 가까운 거리에 있지는 않았다.

사흘 후 그의 인부들이 거의 미칠 듯이 날뛰며 돌아왔다. 그들은 못날처럼
생긴 글자들이 새겨진 조상 하나를 캐내었다는 것이다. 보타는 나아만 이븐
나오우치(Naouch)라는 그의 십장을 보내어 확인해 보라고 하였다.

보타는 나아만을 철저히 신임하고 있었다. 보타는 그에 대하여 이렇게
말하고 있다. "그는 이 고장에서 보기 드문 두 가지 장점을 가지고 있다.
사고력과 성실성이 그것이다."

나아만은 몹시 흥분하여 돌아왔다. 보타는 더 이상 주저하지 않고 그 구릉
으로 곧장 달려갔다. 그곳에서 그는 인부들이 발견했다는 조상을 보았다.
그것은 멋진 설화 석고(alabaster) 박부조(bas-relief)였다. 그는 눈을 비비고
또 비볐다. 그리고 자기가 지금 잃어버린 세계를 보고 있다는 사실을 깨달았
다.

그 역사적인 순간 이래로 한 사람을 제외한 모든 작가들은, 보타야말로
아시리아의 폐허를 본래의 장소에서 본 최초의 현대인이라고 찬양하였다.
한 사람의 예외란 바로 보타 자신이었다. 겸손하고 잘난 체하지 않는 보타는
"나는 그저 나아만에게 콜사바드에 가서 보고 오라고 그랬을 뿐이라니깐

요, 그 속에 숨겨진 보물을 발견한 사람은 내가 아니라 그 사람입니다"라고
고집 부렸다.

보타는 발굴품을 보고 놀라기만 한 것이 아니라 당황도 하였다. 조상의
기원(origin)이 수상쩍었던 것이다. 그 박부조는 포로들을 일렬 종대로 이끌
고 가는 이상한 옷을 입은 군사들과 함께 있는 군주의 모습을 보여 주고
있었다. 보타는 이 조상이 구릉 속에 묻힌 커다란 건물에서 떨어진 일개
단편에 지나지 않는다고 생각하였다. 그래서 그는 자신의 추론이 맞는지
틀리는지 알아보려고 기다란 말뚝을 여기저기 박았다. '……그리고 나는
구덩이를 파라고 시켰는데, 인부들은 곧 두 개의 거대한 인물들이 조각되어
있는 벽을 발견하였다. 그 벽의 높이는 8.5미터나 되었다'고 그는 쓰고 있
다.

4월 5일 보타는 몰에게 자신의 발견을 보고하는 편지를 보냈다. 당시만
해도 정기적인 우편 서비스는 존재하지 않았다——세계 최초의 우표인 영국
의 페니 블랙(Penny Black)은 겨우 3년 전부터 발행되기 시작하였고, 프랑스
는 그 후 6년이란 세월이 흐르도록 자국의 우표를 인쇄할 줄 몰랐다. 보타는
그 편지를 타타르 편으로 콘스탄티노플 주재 프랑스 해외 우편국장인 드
카달벤에게 보내어 배편으로 파리에 우송해 주도록 하였다.

"저의 인부들은 옛 기념비 하나를 발견하였는데, 그것을 장식하고 있는
인물들의 수가 어찌나 많고, 모습 또한 독특한지 놀라울 뿐입니다. 저는 발굴
을 계속하고 있습니다. 그리고 저야말로 어쩌면 니네베가 영화를 누리던
시대까지 거슬러 올라가는 조각상들을 처음으로 발견한 사람일지도 모른다
는 생각에 홍분을 감출 수 없군요."

그는 몇 장의 간단한 스케치들도 동봉하였는데, 이들은 갑옷을 입은 사람
들과 싸움을 하고 있는 전사들, 벌거벗은 아이를 팔에 안고 가는 여인네들
등이 얕은 양각(박부조)으로 새겨진 것들이었다. 이 인물상들은 모두 3피트
높이의 크기로서 그 곁에 설형문자들이 함께 새겨져 있었는데 몹시 훼손되
어 있었다. 보타는 자신의 편지와 스케치가 극히 단편적인 것밖에 보여 주지

못한다고 생각하였다. "모든 세부 사항들을 빠짐없이 묘사하려면 책 한 권으로도 모자랄 것"이라고 그는 말했다. "그 예술 작품들은 내가 아는 한 독특한 성격을 지녔다." 또 삼각형 모양의 제단을 발견하고는, "전체적으로 볼 때 너무도 그리스적인 냄새를 풍겨, 받침대의 원주가 설형문자로 가득 새겨지지 않았다면 나는 그 기원을 의심하였을 것"이라고도 말하였다.

그 받침대는 그리스 예술 작품과 기막히게 유사해 보일지언정, 그 위에 새겨진 그림들은 그리스 청동 시대보다도 수천 년 전까지는 아니더라도 수백 년 전쯤에 새겨진 것들이었다.

보타는 수천 년 동안 햇빛을 보지 못했던 것들을 발굴해 냈다. 그 중에는 거의 9피트에 가까운 두 점의 인물상들이 있었는데, 하나는 새의 머리를 하고 있는 날개 달린 사람상이었고, 또 하나는 창끝에 세 개의 방울이 달린 삼지창을 들고 있는 수염 달린 임금이었다. 어떤 박부조들은 수염을 달지 않은 신하들을 보여주고 있다. 보타는 이 수염 없는 인물상들이 '여성을 나타내는 것이 아니라 환관(내시)들을 나타내고 있는 것'이라고 결론지었다.*

발굴이 있은 지 한 달도 채 못 되어 보타는 발굴물들의 심한 부식 작용을 염려하기 시작하였다. 공기 속에 노출된 발굴물들의 부식 속도는 어찌나 빨랐던지 그는 "이러다간 아무것도 남지 않겠다"고 말하기까지 하였다.

보타는 첫번째 편지를 보내기가 무섭게 두번째 세번째 네번째 보고서들을 계속 파리로 보내기 시작하였다. 삽질만 하면 유물들이 쏟아져 나왔다. 그리고 새로운 유물들을 보면 볼수록 보타의 눈은 휘둥그래져 갔다. 도대체 이러한 작품들을 만들어 낸 예술가들은 누구였을까? 어떠한 문명이 그들을 낳았단 말인가?

그는 부식 때문에 끊임없이 걱정을 하였던 것 같다. "가장 흥미로운 부분들이 부식되어 가고 있습니다. 프랑스 정부가 전문적인 지원을 해주지 않는다면 이 기념비들은 모두 망각의 세계로 영원히 사라져 버리고 말 것입니

* 이러한 결론을 내린 사람은 보타가 최초의 인물이다. 아시리아 학자들은 그 이래로 아직까지 그에 대한 일치된 견해를 보이지 못하고 있다.

다"라고 그는 경고하기도 하였다.

그러나 그는 결코 스러져 버리지 않을 돌들로 만들어진 두 개의 멋진 초대형 기념비들을 발견하였다. 이들은 단단한 자연석을 깎아 만든 것으로서 하나는 날개 달린 황소였고 다른 하나는 새의 머리를 지닌 사람상이었다. "다른 모든 유물들이 흙으로 부스러져 없어진다 해도 이 두 거대한 조상들은 그들을 대신하여 영원한 침묵 속에 우뚝 서 있으리라"고 보타는 승리감에 취하여 외쳐 댔다.

한편 파리에 있던 몰은 의기양양해졌다. 구릉에 대한 그의 믿음이 옳았음이 입증되었기 때문이다.

몰은 보타의 첫번째 편지를 들고 '비문 및 순문학 아카데미'(Academy of Inscriptions and Belles-Letters)로 달려가 보타의 발굴 작업이야말로 "고대사 중 가장 흥미진진하면서도 유감스럽게 어둠 속에 가려져 있던 부분에 위대한 빛을 던져 주게 될 운명을 지닌 발굴"이라고 열변을 토하였다. 그는 보타에게 아카데미가 "굉장히 지대한 관심"을 보여 주었다고 편지를 쓰는 한편 보타의 보고서들을 〈아시아 학회〉지에 실리도록 주선하여 주었다.

보타의 발견은 파리 시민들을 깜짝 놀라게 하였다. 1843년 5월 24일, 보타가 뉴스를 발설한 지 6주밖에 안 되었을 때 프랑스 내각은 보타의 발굴 작업을 돕기 위해 3,000프랑을 지원하자는 안을 가결시켰다. 지원은 그치지 않고 계속되어 총 140,000프랑이라는 거금이 될 때까지 불어났다. 유젠느 플렁댕이라는 이탈리아 태생의 변덕쟁이 젊은이가 보타의 발굴물들을 스케치할 수 있도록 메소포타미아로 보내어졌다.

플렁댕이 근동 지방을 여행하는 것은 이번이 처음은 아니었다. 그는 수년 전에 코스트가 이끄는 프랑스 페르시아 탐험대를 따라 나선 적이 있었다. 그는 뛰어난 예술가였던 만큼 허영심 많고 오만 불손하여 미움받기 딱 알맞은 성격의 소유자였다. 1851년에 발간된 「페르시아 여행기」라는 탐험에 관한 그의 책 속엔 코스트가 거의 언급되어져 있지 않다. 그 책을 읽은 독자는 플렁댕이 없었더라면 그 탐험이 실패로 돌아가고야 말았을 거라는 허황된 이야기가 씌어 있음을 기억할 것이다. 그 책 속에서 그는 자신이 비열한 성격의 소유자라는 것을 노출시키고 있기도 하다.

한번은 페르시아 관리들에게 자신의 그림 도구들이 없어졌다고, 아니 어쩌면 도난당하였을거라고 불평불만을 늘어놓았다고 한다. 관리들은 그에게 한 사나이를 끌고 왔다. 그의 두 손은 뒤로 묶인 채였다. '나는 그가 긴지 아닌지 알 수 없었다. 그러나 그건 별로 문제가 되지 않았다'고 그는 쓰고 있다. 플렁댕이 원했던 건 그 사나이에게 자신의 분통을 터뜨려 화를 푸는 것뿐이었다. "그래서 나는 그 죄수가 도둑인 것처럼 말하였다." 그 무고한 사나이는 무자비한 매질을 당하였다. '본때를 충분히 보여 주었다는 생각이 들 때까지 매질을 한 다음 나는 회초리를 내려놓았다'고 그는 쓰고 있다.

그러나 플렁댕의 콜사바드 여행은 연기되고 말았다. 7월로 접어들자 메소포타미아의 여름은 화씨 115도라는 불볕 더위로 치솟기 시작하더니 좀처럼 식을 줄 몰랐고 보타는 '죽을 병에 걸린 것 같다'고 전해온 것이다. 그는 일종의 콜레라로 쓰러지고 말았다. 그리하여 빈사 상태에 빠진 그는 들것에 실려 모술로 운반되었다. 설상가상으로 회복이 되어 가나 보다 싶었더니, 이번에는 정치적인 문제로 수렁 속을 허우적거리게 되었다.

보타의 곤경은, 그가 보물을 발견하였다는 등 아니면 그가 열심히 베낀 비명의 문구가 보물이 숨긴 장소를 알려 주는 암호라는 등의 헛소문과 함께 시작되었다. 그보다 더 심한 헛소문들이 입에서 입으로 전해져 갔다. 그 중에서 가장 기발난 헛소문에 의하면 글자들이 새겨진 벽돌들이 고대의 토지 대장이라는 것이었다. 노랑머리의 손에 토지 대장이 들어갔으니 이제 그는 메소포타미아 전체 땅이 내 것이라고 주장하고 나올 것임이 뻔하다는 것이었다. 또 다른 소문에 의할 것 같으면 보타가 콜사바드에 남몰래 요새를 짓고 있다는 것이었다.

1843년 10월 모술의 파샤는 콘스탄티노플의 입김을 등에 업고 보타의 발굴 작업을 중지시켰다. 터키 수도에 있던 프랑스 대사는 이 얼토당토 않은 이야기들을 불식시키고, 보타가 발굴을 다시 시작하여 플렁댕이 그에 합세할 수 있도록 칙령을 얻어내기 위하여 수개월 동안 땀을 흘리며 동분서주하였다. 이러한 정치적인 어릿광대 덕분으로 플렁댕이 모술에 도착한 것은 당초 예정했던 것보다 거의 1년이 늦은 1844년 5월 4일이었다. 그 사이에 보타가 파낸 유물들의 대부분은 사막의 바람과 작열하는 태양, 그리고 차가운 겨울 비로 온통 바스러지고 말았다.

그 후 6개월 동안 매사에 무관심한 보타와 불붙기 잘하는 플렁댕은 놀라운 조화를 이루어 가며 일을 하였다. 양극을 달리는 그들의 성격을 감안하여 볼 때 그들이 이룬 성과는 실로 놀랍다 하지 않을 수 없을 것이다. 플렁댕은 조각품들을 스케치하였고, 보타는 비문들을 복사하였다. 10월 30일 작업을 마친 그들은 콜사바드를 악천후에 내맡긴 채 모술로 철수하였다.

아흐레 뒤에 플렁댕은 귀중한 스케치들을 꾸리고 콘스탄티노플을 경과하여 파리로 향하였다. 다음해 5월 16일 프랑스 학회는 그들의 걸작품들을 발행하기 위하여 4백만 프랑의 지출을 결재하였다. 그 결과 「니네베의 기념비들, 발굴되어지고 묘사되어지다(Monument de Ninive Découvert et Décrit)」라는 눈부시게 화려한 책이 나왔다. 크기는 가로 45센티미터에 세로 60센티미터인 5절판이었으며 90권으로 나누어 권당 20프랑씩의 가격이 매겨졌다.

비평가들은 "몇 사람이나 그 훌륭한 책을 구입할 수 있겠느냐"고 불평하였다. 그 책의 훌륭함으로 말할 것 같으면 그때나 지금이나 변함없이 그러하다. 아시리아 예술을 복사한 플렁댕의 스케치들을 능가할 수 있는, 아니 어깨를 나란히 할 수 있는 작품은 아직까지 발견되어지지 못하고 있다.

그런데 '니네베의 기념비'라는 제목은 보타가 결정한 것은 아니다. 그는 한 번도 자신이 니네베를 발굴했다고 주장한 적이 없다. 이상하게도 아시리아 고고학 연구기관의 여러 학자들, 특히 고 윌리스 버지 경 같은 사람은 보타가 몰에게 "저는 니네베를 발견하였습니다!"라고 써 보냈다고 인용하고 있는데, 그에 대한 증거는 전혀 없다.* 보타가 주장한 것은 그가 콜사바드에

---

* 버지(Budge)와 그 밖의 다른 학자들에 따르면 '니네베가 발견되었다'(Ninive etait retrouvee)라는 구절은 보타가 몰에게 보낸 첫번째 편지에 쓰여 있다고 한다. 저자도 그의 편지들을 전부 읽어 보았는데 어디에서고 그런 말은 나타나 있지 않다.

서 발굴한 유물들이 '아마도' 니네베 시대에 속하는 것 같다는 것이었다. '저보다 더 많은 지식을 지니고 있는 사람이 언젠가 이 기념비들의 연대를 추정하는 일을 떠맡게 되겠지요…… 저는 이에 대해 어떠한 언급도 피하고자 합니다'라고 보타는 쓰고 있다. 보타는 모르고 있었지만, 그가 옳았다. 콜사바드가 니네베의 옛 터라고 주장한 전문가들이 잘못인 것이다. 콜사바드는 그 옛날의 니네베 자리는 아니다. 그곳은 사르곤의 성채 도시였던 두르샤르킨(Dur Sharrukin)이 위치하고 있던 곳이다.

콜사바드를 떠나기 전에 보타는 루브르 박물관을 영광스럽게 빛내기 위해 몇몇 조각품들을 골랐다. 플랑댕이 고국으로 떠난 후 혼자 작업하면서 그는 운반에 필요한 온갖 준비를 다하였다. 어떤 조상들은 무게가 3톤씩이나 나갔기 때문에 그는 여러 부분으로 잘라 내었다. 그럼에도 불구하고 당시의 운송 수단이 어찌나 원시적이었는지, 그는 튼튼한 굴대(차축)를 깎아 만드는 데만 6주일을 소비하였다. 그런데도 도중에 수없이 많은 조각품들을 버릴 수밖에 없었다. 그는 또 이 물건들을 바그다드까지 실어 보내기 위해 따로 여러 척의 켈렉(뗏목)을 주문하기도 하였다. 뗏목 하나에 무거운 석상을 싣다가 인부 한 명이 깔려 죽고 여러 명이 다치는 불상사까지 일어나기도 하였다. 보타가 콜사바드를 철수한 지 8개월이 지난 1845년 6월에 이르러서야 겨우 아시리아의 조각품들은 바그다드에 도착하였다. 여기서 이들은 프랑스의 군함이 올 때까지 기다리게 되는 것이다.

보타의 발견으로 파리가 열광하였다면 콘스탄티노플의 외교가, 특히 영국과 러시아의 외교관들은 경악을 금치 못하였다. 러시아인들은 의심이 많았다. 그들은 프랑스인들의 행동거지가 수상쩍다고 생각했으며, 소문대로 인도양으로 진출할 수 있는 부동항을 얻기 위해 모스크바가 오래 전부터 탐내고 있던 바로 그 지역에 보타가 토목 공사를 벌이고 있다고 판단하였다. 러시아는 콜사바드에 시찰단을 보내어 보타의 '참호들'을 살펴보도록까지 하였다. 보타는 웃음이 나왔을 것이다. 러시아인들의 의심을 풀어 주기 위해 보타는 그들이 보는 앞에서 발굴 작업을 해보이기도 하였다. 러시아인들은 안심을 하였는지 잠자코 콘스탄티노플로 되돌아갔다.

영국 대사관은 그와는 다른 이유로 속이 편치 못했다. 보타는 콘스탄티노플에 주재하던 카달벤스에게 자신의 편지를 파리로 우송하기 전에 헨리 어스틴 레이어드에게 보이도록 일러 두었다. "보타는 발굴 기간 내내 편지들뿐만 아니라 비문의 필사본까지도 내게 보내 주었다"라고 레이어드는 보고하고 있다.

보타는 욕심이 전혀 없는 사람이었다. "그와 같은 일을 보타처럼 스스럼없이 행할 수 있는 사람도 극히 드물 것이다." 레이어드는 보타를 높이 존경하였다. 보타와 마찬가지로 레이어드 역시 천성적으로 질투를 할 줄 몰랐다. 그러나 그가 만일 부러움으로 속이 떨떠름하지 않았다면 인간이 아니었으리라. 공공연한 자리에선 보타의 발견을 찬양하며 "아시리아의 기념비들을 최초로 발굴하는 영예는 보타가 차지하였다"고 한껏 추어 올렸지만, 어머니에게 보낸 개인적인 편지 속에선 '보타의 위대한 발견은 누군가 한 사람을 적지않이 실망시키는군요'라고 쓰고 있다.

그렇다고 해서 레이어드가 좌절한 것은 아니었다.

"보타의 성공은 아시리아의 폐허를 발견하고자 하는 나의 열망을 더욱더 부채질해 주었다"라고 그는 말하였던 것이다.

유물을 발견하였다는 보타의 첫번째 소식에 접하자 레이어드는 두말 할 나위도 없이 캐닝에게로 서둘러 갔다. 그는 자신이 지금 낚시밥을 던지고 있음을 잘 알고 있었다. 바로 그즈음 이 '위대한 각하'께서는 터키 황제와 끝이 날 것 같아 보이지 않는 지루한 협상을 하고 있는 중이었다. 즉 그는 고대 할리카르나서스의 유적지인 터키의 부드룸에서 우연히 발견된 박부조상을 대영 제국의 박물관으로 옮겨 놓고자 고심을 하고 있었다. 아르테미시아——크세르크세스의 왕비였던 아르테미시아가 아니라 마우솔루스가 남기고 간 청상 과부였던 아르테미시아——가 기원전 353년 그녀의 죽은 남편을 기리기 위하여 묘자리를 쓴 것이 바로 그곳이었다. 그 무덤을 이루고 있던 축조물은 고대 세계에 있어 7대 불가사의 중 여섯번째로 꼽혔는데 그 이름

은 오늘날까지도 건축 양식의 하나로 알려지고 있다. 모솔리엄 양식이 그것
이다. 캐닝은 그곳의 조각품들을 부식과 방치 상태로부터 건져 내기로 마음
먹었다. 필요하다면 자비로라도 그 일을 해낼 각오를 하고 있었다.

자녀들을 데리고 영국에 갓 도착한 부인에게 그는 '할리카르나서스 대리
석'(오늘날 그 조상들은 이렇게 불린다)을 되찾으려는 자신의 노력에 관해 상세
히 써 보내고 있다. 그 편지를 보면 캐닝의 생각을 아주 잘 알 수 있다. 또
레이어드가 어찌하여 님루드와 퀸지크 구릉의 발굴 계획에 캐닝의 지지를
얻을 수 있으리라 확신하였는지도 쉽사리 이해할 수 있게 된다.

'마침내 모든 문제들이 해결되었소. 이제 부드룸의 대리석들은 옮기기만
하면 되오.' 캐닝은 아내에게 이렇게 쓰고 있다. '서류(칙령)들이 구비되었고
……나는 이들 더할 나위 없이 귀한 열세 개의 대리석 조각들을 다룰 만반의
준비를 하여 놓았소. 이 조각품들은 헤로도토스가 전해 주고 있듯이 그리스
전성기에 가장 위대했던 네 명의 예술가들을 위해 만들어진 것이라오. 그들
이 불후의 걸작품으로 길이 빛나게 된 것은 천재적인 예술가들의 손길 이외
에도 아르테미시아의 애절한 사랑이 그들 속에 깃들여 있기 때문일 것이오
……영국까지 무사히 보낼 수 있을지? 바다에 빠뜨리지나 않을는지 걱정이
되는구려. 모든 비용을 전적으로 우리 개인이 부담하고 있다는 것을 생각해
보오! 그렇다오, 내 개인의 아르테미시아란 말이지. 새 내각이랑 곡물 조례
법으로 한창 떠들썩한가 본데, 이 유명한 대리석 상들이 런던에 나타나면
모두들 빛을 잃고 뒷전으로 물러서게 될 것이오. 만일 그런 일이 일어나지
않는다면 내 실망도 클 것이오. 3년간의 끈질긴 투쟁 끝에 얻은 것이니, 안
그렇겠소?'

오늘날 할리카르나서스의 대리석 상들은 대영 박물관에 고이 모셔져 있
다.

그러니 보타의 편지가 레이어드뿐만 아니라 캐닝까지도 놀라게 만든 것은
당연한 일일 것이다. 테일러의 후임으로 바그다드에 가 있는 롤린슨 소령
역시 보타의 발굴로 속이 편치 못했다. 그는 레이어드에게 편지를 보내 왔

다. 레이아드가 설득 작업을 펴서 스트래트포드 경으로 하여금 '이 나라의 고대 유물들에 깊은 관심을 갖도록' 만들어야 한다는 것이었다. 그의 편지는 이렇게 이어지고 있다. '프랑스인들이 폐허 일대를 독점하고 있는 걸 보면 몹시 고통스럽다네. 왜냐하면 보타가 이미 거두고 또 앞으로도 계속 거두게 될 열매들은 하루만 반짝하고 사라질 것들이 아니라 먼 장래까지도 한 국가 의 영광으로서 기여하게 될 것이기 때문이네.'

레이어드는 바그다드의 무역상 알렉산더 헥토르를 구릉 발굴의 재정적 후원자의 한 사람으로 점찍고 있었는데, 그 역시 1845년 4월 20일자 편지에 서 롤린슨과 같은 의견을 보내 왔다. '나는 이곳의 구릉들을 파(dig)*보고 싶다네. 내게 돈만 있다면 지금 당장에라도 일을 시작할 텐데'라고.

사실 메소포타미아가 고고학적인 보물을 지니고 있을 가능성이 크다는 언질을 캐닝에게 맨 처음 해준 사람은 레이어드라든가 롤린슨이 아니라 크리스천 라쌈의 장인인 배저(Badger) 목사였다. 말타를 거쳐 영국으로 가던 배저는 콘스탄티노플에 잠시 들렀었는데, 그때 그는 캐닝에게 구릉들을 파볼 것을 강력히 주장하였었다.

캐닝은 배저에게 런던에 제출할 보고서를 작성해 보라고 하였고, 배저는 그대로 따랐다. 1844년 10월 26일 말타에서 보고서를 띄운 배저는 다음과 같이 그 끝을 맺고 있다. '그리하여 저는 감히 이러한 생각을 하였던 것입니 다. 즉 이 관심을 불러일으키는 발굴을 정부가 직접 떠맡아 하도록 일을 추진시킬 수도 있지 않을까 하고 말입니다.' 그런데 놀랍게도 이 '관심을 불러일으키는 구릉'은 퀸지크가 아니라 님루드였다. 그는 캐닝에게 자신에 관한 소개 편지를 애버딘 경에게 띄워 달라고 부탁하였다. 아마도 그는 런던 에 도착하는 대로 외무부로 직행하여 장관과 그 일을 직접 상의할 계획이었 던 것 같다. 그러나 선교 활동을 못마땅하게 생각하고 있던 이 위대한 각하께

＊ 판다(dig)라는 말은 역사적인 견지에서 각주를 붙일 만한 단어일 것이다. 이 단어가 고고학 사전에 오르게 된 시점은 바로 이 구릉 발굴 때였으며 이후 고고학자들간에 현지 발굴(on-site excavations)이라는 의미로 쓰여지고 있다.

서는 배저에 대해서도 별다른 호감을 못 느꼈는지 끝내 편지를 써주지 않았다.

배저가 구릉들에 대해 관심을 갖게 된 것은 성서적인 이유 때문이었다. 그는 설형문자가, 성서 속에 전해져 내려오는 역사적 사실들을 뒷받침해 주는 기록들을 간직하고 있을 거라고 확신——정확히 말하자면 후에 갖게 된 것이지만——하고 있었다. 그는 "화살촉같이 생긴 문자들이 구약성서 사본들이 진실성과 확실성을 지니고 있다는 매우 중요한 증거"를 제시해 줄 거라고 추측하였다.

배저는 당시 막 싹트기 시작한 복음주의 운동의 한 멤버였는데, 이 운동은 후에 빅토리아 시대의 성격을 규정짓게 된다. 사실 이 운동은 새 옷으로 단장한 청교주의라 해야 할 것이다. 즉 프랑스 혁명, 이성의 시대(Age of Reason), 산업혁명 그리고 무엇보다도 이러한 사회적 배경이 불러일으킨 자유 분방하고 제멋대로인 수용 자세랄까, 아니면 사고 방식이랄까 등에 대한 복수심에 불타는 청교주의였다고 해야 할 것이다. 복음주의는 자유 사상에 대한 반동을 의미하였다. 현대의 영국 사학자인 아이언 브래들리의 말을 빌릴 것 같으면 "이 복음주의는 빅토리아 시대의 성격을 규정짓는 데 아주 중요한 요인으로 작용하였다"는 것이다. 이 운동은 점잔 빼기라든가, 또는 체면 치레 등을 중요시하도록 만들었는데, 존 스튜어트 밀이라든가 당시의 여러 사회 비평가들로부터 무자비한 공격을 받는 홍역을 치르기도 하였다.

배저와 레이어드와 롤린슨이 캐닝의 지원을 눈이 빠지게 기다리고 있는데 예의 플렁댕이 제삿상의 웃기처럼 위풍도 당당하게 콘스탄티노플에 나타나더니 레이어드에게 자신이 그린 그림들을 보여 주는 것이었다. 레이어드는 캐닝 경에게 이 사실을 즉시 보고하였다. 프랑스인들이 당해 연도의 고고학 분야에서 대횡재를 하였다고 말이다. 할리카르나서스의 대리석상들은 콜사바드에서 발굴되어진 예술품들로 인하여 빛을 잃고 말았다.

레이어드가 원망하는 사람이 있었다면 그건 보타나 플렁댕이 아니라 자신의 동족들이었을 것이다. 공사를 막론한 영국의 자본들은 산업화와, 새로운 무역 거래 지역 및 새로운 식민지 쟁취에 혈안이 되어 있었다. 과거의 세계를 파헤치다니? 이처럼 수지가 안 맞는 백일몽 따위는 입에 오르내릴 가치조차 없었다.

그러나 보타의 발견품들에 대해 곰곰이 생각해 보면 볼수록 레이어드는——보타와 마찬가지로——보타가 니네베를 발견한 게 아니라는 확신을 하게 되는 것이었다. 그 발굴지는 티그리스 강으로부터 너무 멀리 떨어져 있었다. 그리고 위치에 관한 역사적인 진술과도 전혀 일치하지 않고 있었다. 또 폐허의 크기 역시 너무 한정되어 있었다. 니네베는 '위대한 도시'가 아니었던가? 니네베는 아직도 곡괭이와 삽을 기다리고 있는 것이다.

레이어드는 보타가 님루드라든가 그 밖의 다른 구릉들에 대하여 공격 개시를 하지 않는 게 이상하였다. "왕국의 도읍지는 티그리스 강 언덕에 자리하고 있었다는데, 그 도읍지의 중심부에 가까울수록 더 크고 더 웅장한 축조물들이 세워져 있을 거라고 생각하는 것은 당연한 일이 아닌가!"하고 레이어드는 나름대로 이론을 전개하였다.

그러나 보타는 달리 생각하였다. 콜사바드에서 발굴되어진 유물들의 대부분이 그의 눈앞에서 공기를 쐬자마자 순식간에 흙으로 사그러지지 않았던가? 그러니 아시리아의 잃어버린 도시들 역시 수천 년이 지나는 동안 구릉들 속에서 이미 초토화되어 버렸을 거라는 것이었다.

"있을 수 있는 일이다"라고 레이어드는 인정하였다. 그러나 그는 보타가 겨우 겉껍질에 손톱 자국만 냈을 뿐이라는 생각을 떨쳐 버릴 수가 없었다.

1845년 여름 캐닝이 부인과 아이들과 함께 보내기 위하여 영국으로 휴가차 떠나려 할 때, 레이어드가 잠시 메소포타미아로 가보겠다고 제안한 것은 바로 이러한 상황에서였다. 그는 스트래트포드 경이 애버딘을 설득하여 자기에게 대사관의 수행원 자리를 얻어 줄 수 있을 때까지 2, 3개월 시간도 보낼 겸 메소포타미아로 가서 보타가 내동댕이친 발굴 작업을 계속해 보겠다고 하였다.

레이어드는 님루드━━그는 그 구릉이 대대로 내려오면서 님루드라 불린
다는 사실 자체가 벌써 커다란 의미를 지닌다고 생각하였다━━를 발굴하는
데 150파운드(750달러)가 들 것이라고 내다보았다. 그는 보타가 인부 한 명당
하루 노임을 4.5피아스터(20센트)를 지불한 것을 기준으로 계산하였다. "스
트래트포드 경은 나의 제안을 승낙하였을 뿐만 아니라 시험 발굴에 발생하게
될 비용도 일부 지불하여 주겠다고 말씀하셨다"고 레이어드는 기뻐하며
말하였다.

캐닝은 우선 60파운드를 건네주었다. 후에 그는 그 위에 60파운드를 더
얹어 주었고 레이어드는 차액인 나머지 30파운드를 부담하였다.

캐닝과 레이어드는 1845년 10월 15일자로 날인되어 있는 계약서도 작성해
놓고 있다. 계약 조건을 살펴보면, '레이어드는 스트래트포드 경에게 자신의
활동 사항을 수시로 알려 줘야 하며, 관심의 대상이 될 만한 어떠한 종류의
유물이라도 발굴하거나 발견하게 되면 상세한 내용을 보고해야 하며……선
교사들(배저 목사)과는 국적과 종교를 불문하고 허물 없는 접촉을 피하고
자주 만나지도 말며, 터키 당국자들에게 존경과 경의를 표하는 걸 잊지 말
고, 그들의 호감을 살 수 있는 기회를 만나면 절대로 놓치지 말 것이며,……
고대 유물을 좋아하고, 아름다운 산천을 즐기며, 아시아인들의 생활 풍습에
호기심을 지니고 있는 여행자라는 명색을 유지할 것이며…… 사전 통보
없이 자리를 옮기지 말고……발굴한 물건들을 옮겨 올 허가를 바로 그 자리
(모술)에서 얻도록 최선을 다할 것' 등으로 되어 있다.

레이어드와 캐닝은 발굴 작업이 두 달 내에 모두 끝나리라고 생각하였
다. 캐닝의 메모지에는 이렇게 씌어 있다. '그가 만일 열흘 내지 보름을 더
요한다는 그럴 듯한 이유를 발견한다면, 그의 자유 의사에 따라 작업을 연장
할 수도 있다'고.

그러나 그는 2개월이 아니라 7년이 넘도록 아시리아의 구릉들 사이에서
땅파기를 계속하게 된다.

18. 발굴 작업

레이어드가 갑작스레 들이닥치면 프랑스인들이 발굴을 속개할지도 모른다는 생각을 한 캐닝은, 레이어드가 비밀리에 출발하는 것이 '가장 좋을 것'이라고 판단하였다. 레이어드는 그러한 속임수에 마음이 언짢았다. 어쨌든, 프랑스인들은 콜사바드에서 있었던 그들의 발굴 활동에 관해 하나도 숨김 없이 자세히 들려 주지 않았던가! '보타처럼 도량이 넓고 도가 트인 사람은 유감스럽게도 그리 많지 않은 것 같다'고 당혹감을 금치 못한 레이어드는 쓰고 있다.

떠나기 전 레이어드는 터키 군부에 근무하고 있는 영국 장교로부터 지도 작성에 관해 속성 강습을 받았다. 그는 고대 니네베였다고 생각되어지는 티그리스 강 언덕의 여러 폐허들은 물론이고 눈에 띄는 유적지들은 무조건 모두 측량할 계획이었던 것이다. 그러나 탐사의 주요 대상은 예언자 요나가 '위대한 도시'라 불렀던 장소가 될 것이었다.

이번에도 그는 그의 방식대로 혼자 여행하였다. 짐도 별로 없어서 두 개의 안장 가방에 다 들어갔다. 속옷 몇 벌과 바꿔 입을 겉옷 한 벌, 책 서너 권, 지도, 측량 기구 그리고 덮고 잘 모포가 고작이었다. 두 달 만에 다시 돌아올 터였으므로 부리나케 달리는 타타르처럼 가벼운 몸차림으로 길을 떠난 레이어드는 12일 만에 900마일을 달려 10월 27일에 모술에 당도하였다. 여행길 내내 날씨가 궂어서 그는 대부분 '속옷까지 흠뻑 젖은 채로' 말을 달렸다고 한다.

크리스천 라쌈과 배저 목사의 딸인 그의 영국 아내는 모술로 되돌아온 그를 보고 깜짝 놀랐으며, 반갑게 맞이하여 주었다. 다정한 얼굴을 다시 보게 되니 즐거웠던 것이다.

11월 3일자로 보낸 편지에서 그는 어머니에게 자신의 계획 변경과 은밀한 임무에 대하여 다음과 같이 이야기하고 있다. '아직 일을 시작한 건 아니지만 3, 4일 내로 그렇게 하려 합니다. 이번 발굴이 어느 정도 성공하리라고 믿는 것도 전혀 터무니없는 일만은 아닙니다.'

맨 먼저 할 일은 그 지방 총독인 모하메드 파샤에게 인사를 드리는 것이었다. 그는 크레테 섬 출신으로 케리틀리 오글루, 즉 '크레테인의 아들'이라 불리고 있었다. 그러나 크레틴 병 환자라 불리는 편이 훨씬 어울릴 뻔하였다. 그는 외눈박이에 외귀였다. 또 땅딸보에 뚱뚱보였으며, 마마가 휩쓸고 간 얼굴은 구멍이 숭숭 뚫려 얽어 있었다. 게다가 말소리마저 개굴개굴 깍깍대는 것처럼 들렸으니, '대자연이 장난을 쳐도 너무 쳐서, 그 자신 어쩔 도리가 없었을 거다'라고 레이어드는 쓰고 있다.

레이어드가 그곳에 도착하였을 때 케리틀리 오글루(Keritli Oglu)는 모술뿐만 아니라 그 지방 일대를 공포와 절망의 도가니 속으로 빠뜨린 지 오래였다. 1년 전 그곳에 온 그는 모술에서 가장 부유한 상인 세 사람을 목매다는 것으로 취임 인사를 대신하였다. 물론 이들의 돈과 재산을 몽땅 자기 차지로 만들어 버렸다. 그는 새로운 수입원을 찾아서 시골 곳곳 총독 관할 구역의 변두리까지 샅샅이 돌아다니곤 하였는데—— 이는 현대의 관리들도 곧잘 흉내내고 있다고 하지 않는가?—— 한번은 '치아세'를 물리기까지 하였다. 치아세란 그가 잔치상을 받은 어느 마을에 내려진 세금이었다. 허둥지둥 서둘러 만든 요리들을 먹다 이가 닳고 상했으니 그 보상을 받아 내야 한다는 것이었다.

이 총독은 어쩐 일인지 순진한 관광객 행세를 하던 레이어드에게는 깍듯하게 대해 주었으며 접견도 순조롭게 끝났다.

　11월 8일 레이어드는 라쌈의 도움으로 곡괭이와 삽들을 장만하고 석공과 사환 그리고 하인을 각각 한 명씩 이끌고 티그리스 강가로 가서 조그만 켈렉 (뗏목)에 몸을 실은 다음 님루드를 향하여 내려갔다. 바로 전날 모술에 도착한 바그다드의 상인 헨리 로스도 그 탐사에 끼어들었다. 님루드까지 흘러 내려가는 데는 여섯 시간이나 걸렸다.

　일행은 땅거미가 질 무렵 그곳에 닿았는데, 나이파의 인근 초라한 마을로 가서 그 마을의 족장인 아와드 압드-알라의 움막에서 밤을 보내기도 하였다. 그의 부족 역시 총독에게 약탈당하여 사막 이곳 저곳으로 뿔뿔이 흩어지고 말았다고 하였다. 아와드는 터키어를 약간 할 줄 알았고 '지혜롭고 매사에 능동적'이었다. 레이어드는 그 자리에서 그를 인부들의 십장으로 고용하였다. 그날 밤 아와드는 그들에게 님루드 구릉의 폐허에 얽힌 전설들을 들려주어 기쁘게 하였다. 그의 말에 의하며 실은 그 구릉이야말로 '주 앞에 강한 사냥꾼'이었던 님로드의 부관 앗수르(Ashur)가 세운 궁성이 서 있었던 자리라는 것이었다. 바로 이곳이야말로 아브라함께서——그에게 평화가 있을진저!——이방 불신자들의 우상들을 내리치고 또 내리쳐서 박살을 내신 장소라는 것이었다.

　그날 밤 레이어드는 지하의 궁전 속을 헤매느라 잠을 설쳤다. '나는 수없이 많은 방들 사이로 나 있는 출구 없는 미로를 헤매는 꿈을 꾸었다'고 그는 쓰고 있다. 아와드가 아침 식사를 알린 때는 동이 막 트기 시작한 때였다. "육중하게 우뚝 솟은 님루드 구릉은 아침 하늘 속에서 멀리 아스라한 곳에 서 있는 산처럼 보였다. 사다리 꼴과 같이 누워 있는 이 거대한 구릉은 길이 1,800피트, 너비 900피트, 높이 65피트나 되었다."

　아와드는 아랍인 인부 여섯 명을 더 데리고 왔다. 그들은 레이어드가 깨어진 벽돌 조각들이라든가 그 밖에 다른 허섭스레기 사금파리들을 주워 모으느라 구릉 주위를 기어다니다시피 뒤지는 걸 보고 기가 막히다는 표정을 지었다. 그러나 어쩌겠는가? 그들은 어깨를 움찔거리더니 보물찾기에 합세하였다. 인부 중 한 사람이 박부조가 새겨진 사금파리 하나를 주워 오자 레이어드는 뛸 듯이 기뻐하였고, 영문을 모르는 인부들은 눈이 휘둥그래질 뿐이었다. 아와드는 땅 위에 빠꼼히 드러나 있는 설화 석고 조각 하나를 가리켰다. 레이어드는 인부들에게 그것을 파내라고 하였다. 인부들이 흙 속에 삽을 꽂았다. 그것은 설형문자가 새겨진 거대한 석판같이 보였다. 레이어드의 명령에 따라 그들은 점점 깊숙이 파내려갔다. 그러자 석판들이 줄을 지어 나타나기 시작하였다. '그러자 얼마 안 있어 비문이 잔뜩 새겨진 벽이 나타났다.' 군데군데 훼손된 자리들은 그 옛날 불에 그을린 것 같아 보였다. 저녁때쯤 되자, 레이어드는 뭔가 굉장한 것이 구릉 속에 묻혀 있다는 생각을 굳혔다. 그러나 그것이 무엇이고, 자신이 무얼 찾고 있는지에 대해서는 전혀 알 수가 없었다.

다음날 아침, 그러니까 11월 10일, 레이어드는 다섯 명의 새로운 인부들을 더 얻었다. 그날 일이 끝나기도 전에 레이어드는 벌써 석판들로 둘러싸인 방에 서 있을 수 있었다. 쓰레기 더미가 쌓인 방바닥에서 그는 '상아로 만든 장식품들'을 발견하였다.(이 상아 제품들은 유명한 님루드의 상아라 불리어지며 지금까지 세계적으로 아주 귀중한 고고학적 보물의 하나로 사랑받고 있다)

상아의 표면엔 금 가루가 묻어 있던 흔적이 엿보였는데, 실제로 그 방의 쓰레기 더미 속에서 아와드는 몇 조각의 금박(gold leaf)을 주워 뜯어맞추는 데 성공하였다. "나리," 그가 말하였다. "당신네들 책이 맞았구먼요. 믿음이 신실한 우리들조차 몰랐던 것을 유럽 사람들은 알고 있었다구요! 이 금 좀 보세요!"

아와드는 레이어드의 진짜 목적은 노다지를 캐는 것이라고 믿고 있었다. 그런데 어찌된 일인가? 레이어드는 아와드가 발견한 금박을 그에게 선물하는 게 아닌가? 그리하여 아와드는 전보다 더 뭐가 뭔지 영문을 알 수 없게 되었다.

그날 밤 훨훨 타오르는 모닥불 곁에서 레이어드는 의기양양하여 그를 항상 못미더워하는 대부 대모께 편지를 썼다. 그는 '1845년 11월 10일 님루드에서'라고 쓴 다음 로스에게 건네 주며 바그다드에서 배편으로 우송해 달라고 부탁하였다.

'아직 조상들은 나오지 않았지만, 쓰레기 더미 속에서 주운 돌조각들로 미루어 보건대, 머지않아 틀림없이 나타나리라 믿습니다. 이 구릉은, 주로 대리석으로 지어진 거대한 궁전이었던 것 같으며 약탈당한 후 방화로 허물어져 세월이 날라다 준 흙더미 속에 파묻히게 된 것 같습니다'라고 그는 편지에 쓰고 있다.

재미있는 것은——그가 이유를 밝히진 않았지만——그 폐허가 니네베 자리가 아니라 아시리아의 다른 도시였을 거라고 추측하고 있었다는 점이다. 그가 사실을 알게 되기까지는 상당한 시일이 걸렸다. "나는 그 도시가 레젠이었을 거라고 믿는다"라고 그는 말하였다. 즉 창세기에 나오는 앗수르가 세웠다는 위대한 도시 레젠 말이다. 그는 또 이 님루드 구릉이 「아나바시스(사이러스 왕 치하에 있던 페르시아 원정기)」속에서 크세노폰과 1만 명의 그리스 군인들이 페르시아 원정 때 잠시 머물렀다는 라리싸일지도 모른다고 생각하였다.

그는 발굴을 계속하였으며 새로운 벽들과 방들이 속속 나타났다. 그러나 사흘째가 되도록 그의 '주요 목표'인 조상들은 보이지 않았다.

나흘째 되던 날 레이어드는 로스의 강요에 못 이겨 작업을 멈추고 모술로 되돌아갈 수밖에 없었다. 그의 몸이 열과 오한으로 몹시 지쳐 있었기 때문이다. 로스는 그의 병이 위험한 지경에 다다라 있다고 생각하였다. 그는 너무나 많은 유럽인들이 학질로 도중에 쓰러지는 걸 보아 왔던 것이다.

레이어드는 말라리아의 재발로 모술에서 요양하면서 캐닝에게 그들의 공동 '사업'에 관한 첫번째 보고서를 썼다. 보고서는 12페이지에 달하였다. "아직 조각품들을 발견하진 못했지만, 구릉의 쓰레기 더미 속에서 발견한 파편들로 미루어 볼 때 조각품들이 틀림없이 존재하리라고 믿는 것은 당연한 일일 것입니다. 게다가 저는 이곳에서 한 늙은 노인을 만났는데, 그는 50여 년 전에 콜사바드에서 출토된 것들과 비슷한 석판들을 발견하였다고 말하는 것입니다. 그 노인네는 집을 짓는 데 쓰려고 벽돌을 파내다가 석판까지 캐냈는데, 다시 묻어 버렸다는군요. 그는 그 지점을 가르쳐 주겠다고 약속했습니다."

그러나 그는 캐닝에게 단언하였다. "설혹 제가 조상들을 발견하지 못한다 해도, 이미 발굴되어진 여러 비문들이 이번 시험 발굴에 쓰여진 비용을 갚아 주고도 남을 것입니다. 물론 이 비문들은 전체 건물이 지니고 있는 비문들 중 극히 일부분에 지나지 않습니다만 말입니다."

그는 "님루드의 폐허가 굉장히 크며 그 전체를 탐사하는 데는 거의 한 달이 걸릴 거"라고 말하였다. 그는 또 영국으로 운반해 갈 가치가 있는 조상들을 발굴할 경우 님루드(Nimrod)야말로 수송 작업에 아주 적합한 장소라고 말하였다. 님루드는 강가로부터 1.2킬로미터 안쪽에 자리하고 있기 때문이라는 것이었다.

캐닝은 사기를 복돋아 주는 답장을 보내 왔다. "내가 자네 곁에 있을 수만 있다면 무엇인들 못 주겠나? 모든 것이 너무도 궁금하여 발꿈치만 들고 있는 게 아니라 황새처럼 목까지 길게 뽑고 있다네."

레이어드는 11월 19일 그 어느 때보다도 활기찬 몸과 마음으로 다시 님루드(Nimrod)에 돌아왔다. 그는 본부를 셀라미예라고 하는 새로운 마을로 옮겼다. 이 마을은 흙 벽돌로 된 담으로 둘러싸여 있어, 혹시 보물 이야기를 들은 베두인족들이 야습을 해온다 치더라도 어느 정도 보호받을 수는 있었다. 그는 마을에서 가장 큰 오두막집으로 짐을 옮겼다. 그 오두막은 헛간과 거의 다를 바가 없었다. 그는 오두막의 절반을 차지하였는데, 절반은 암소들과 황소들 그리고 노새들이 차지하였다. 두번째 오두막은 아낙네들과 어린이들과 닭들이 차지하였다. 세번째 오두막은 커다란 홀로서 부인들의 공동 거처였다. 네번째 오두막은 레이어드의 말들을 위한 헛간으로 쓰여졌다. 이 집들의 지붕들은 비만 오면 얼마나 많이 샜는지, 레이어드는 비오는 밤이면 자신이 직접 만든 엉터리 책상 아래서 지새우곤 하였다고 한다. 콘스탄티노플의 양반(?) 생활에 익숙해 있던 그의 카와스는 "이러한 생고생을 더 이상 견딜 수 없다"고 어찌나 불평을 늘어놓았는지, 레이어드는 그를 붙잡아 두느라 꽤 애를 먹었다고 한다.

님루드에서의 작업은 착착 진행되었다. 그의 인부들 중 기독교도인 건장하고 지구력 있는 칼데아 사람들(그는 그들을 그렇게 불렀다)은 삽질을 하였고, 아랍인들은 흙 부스러기를 바구니에 담아 구릉 옆으로 갖다 버리는 일을 하였다. 레이어드도 모르는 새에 고고학적으로 가치가 있는 상당량의 깨어진 조각들이 버려졌음에 틀림없을 것이다.

11월 28일은 레이어드가 최초로 성공한 날이었다. 그날 아침 첫번째 삽질에 박부조의 조각상이 빠꼼히 머리를 내민 것이다. 레이어드가 흥분을 하니, 인부들도 덩달아 야단들이었다. 비가 억수같이 쏟아지는 데도 아랑곳하지 않고 그들은 어두워질 때까지 이 박부조 조각상을 꺼내는 일을 하였다. 석판 하나는 포위당하고 있는 성곽 도시를 묘사하고 있고 다른 하나는 전쟁을 묘사하고 있었다.

부친으로부터 예술 감식가로서의 훈련을 받고 자란 레이어드는 이 양각(부조)의 뛰어난 예술성에 숨이 넘어갈 지경이었다. '나는 우아하고 풍부한 장식 무늬에 놀라지 않을 수 없었다. 게다가 인간과 말들의 사지라든가 근육에 대한 충실하고도 기술적인 묘사, 인물들 하나 하나에 나타나 있는 예술적인 지식 및 뛰어난 구도 등은 우리를 아연케 만든다.……이러한 모든 점을 감안하여 볼 때, 이 조상은 콜사바드의 박부조상들과 다를 뿐 아니라 훨씬 더 우월한 것같이 생각되어 진다'고 그는 쓰고 있다.

12월 1일 그는 캐닝에게 편지를 띄웠다. '지난 금요일 님루드에서 조상들을 발견하였음을 각하께 보고드리게 되어 얼마나 기쁜지 모르겠습니다.' 이에 덧붙여 그는 더 흐뭇한 뉴스를 알려왔으니, 보타가 보낸 대리석 조상들이 아직도 바그다드의 선창에서 뒹굴고 있다는 소식이었다. 물론 레이어드 역시 캐닝처럼 '아시리아의 대리석들'을 유럽으로 가지고 가는 데 있어 영국이 프랑스를 앞지르기를 간절히 소망하고 있었다. 같은 날 그의 어머니에게는 이렇게 쓰고 있다. '머지않은 장래에 어머니께서는 제 고생의 대가를 대영제국의 박물관에서 보실 수 있는 기쁨을 누리시게 될 겁니다.'

한창 신나게 삽질을 하고 있는데, 모술의 총독으로부터 느닷없이 불호령이 떨어졌다. 어찌 감히 모슬렘의 장지(무덤)를 파헤쳐 대느냐는 것이었다. 발굴을 당장에 멈추라고 하였다. 파샤의 명령을 전하러 구릉으로 달려온 총독의 부관인 다우드 아가는 레이어드에게 귀띔해 주었다. 즉 레이어드가 구릉으로부터 잠시 자리를 뜬 새에 총독은 그와 그의 부하들에게 명령하여 모슬렘인들의 공동 묘지로부터 묘비들을 훔쳐다 님루드에 갖다 꽂게 하였다는 것이다. "당신들이 (메소포타미아 전역에서) 저지를 수 있는 온갖 모독죄를 다 합쳐도 신실한 신자들의 성한 무덤들을 수없이 망가뜨린 우리들의 죄에 비하면 아무것도 아닐 겁니다." 양심의 가책을 받고 괴로워하고 있던 부관은 털어놓았다. "말이고 사람이고 이들 운이 없는 돌덩이들을 몰래 옮기느라 죽을 고생을 했지요!"

파샤의 명령을 속여 넘기기는 별로 힘들지 않았다. "저는 다우드 아가와 그 일에 관하여 합의를 보았습니다"라고 그는 짤막하게 보고하였다. 그는 총독의 부관에게 뇌물을 주고 삽질을 계속하였던 것이다.

넙죽이 누워 있는 구릉 위에 걸터앉아 있던 레이어드는 별 뜻 없이 한 장소를 가리키며 파보라고 하였다. 인부들이 곡괭이를 땅에 내리치는 순간 쿵하는 소리와 함께 조각되어진 화강암 덩어리 하나가 나타났다. 인부들은 물론 레이어드까지 모두들 눈이 휘둥그래졌다. 그들은 기막히게 훌륭한 한 쌍의 날개 달린 황소들과 날개 달린 사자들을 발견한 것이다. 이들은 높이가 14피트나 되었는데, 거대한 홀의 입구에 서 있었다. 그 홀의 사방 벽은 9피트씩 되는 사람들의 모습이 새겨져 있었다.

이때부터 캐닝에게 보내어지는 레이어드의 보고서는 이른봄 녹아내리는 시냇물처럼 거침없이 쏟아져 흘러나오기 시작하였다. 12월 4일자의 보고서는 12페이지에 달하였으며 조상들의 스케치도 포함되어 있었다. 이어서 12월 15일에는 10페이지짜리 보고서가, 그로부터 나흘 후엔 4페이지짜리 보고서가 연이어 날아왔다.

캐닝은 기뻤다. 12월 27일 대사께서 편지를 보내 왔다. '자네에게 크리스마

스 인사를 보낸다면 너무 늦었다 하겠지. 게다가 티그리스 강 언덕에서 두더
지처럼 땅굴을 파기에 여념이 없는 자네에겐 웃음거리가 될는지도 모르겠네
…… 하여튼 자네가 이룬 성과에 찬사를 보내네.' 이 '위대한 각하'께서는
편지의 아래쪽에 인쇄체로 근하신년이라 쓰고 있었다.

크리스마스 바로 전날 모술로 돌아온 레이어드는 마을이 온통 축제 분위
기로 들떠 있음을 알았다. 방금 황제 폐하께서 현 총독을 해고하고, 새로운
총독으로서 이스마일 파샤라고 하는 젊은 혁신주의파 육군 소장을 임명하였
다는 소식을 타타르가 가지고 왔기 때문이었다. 레이어드는 총독 관저의
낡고 헐어빠진 방 한가운데 앉아 있는 케리틀리 오글루를 만났다. 구멍난
천장 사이로 빗물이 떨어져 그의 머리를 적시고 있었다. "사람 새끼들이라는
게 다 그런 거라구!" 해고당한 총독이 철학자나 되는 것처럼 내뱉었다. "어
제까지만 해도 저 개자식들은 내 발바닥에 입맞추느라 야단이더니, 오늘은
모든 게, 나를 못살게 군단 말이야! 저 망할 놈의 비까지도!"

롤린슨의 편지가 레이어드를 기다리고 있었다. '나는 님루드가 원래 니네
베였다는 결론을 내릴 수밖에 없다네'라고 쓰면서 그는 바그다드로 와서
발굴 이야기를 직접 들려 주지 않겠느냐고 레이어드를 초대하였다. 레이어드
는 이 초대를 기꺼이 받아들였다. 그는 날개 달린 황소들을 영국으로 운반하
기 위하여 동인도 회사의 대표와 의논하려던 참이었기 때문이다. 게다가
그는 자신이 하룻밤쯤 인가에서 보낼 만한 충분한 대가도 치렀다고 생각하
였는데, 바그다드라니? 그보다 더 좋은 곳이 어디 있겠는가?

레이어드는 크리스마스 이브에 하룬 알-라시드의 천일야화에 나오는 동화
의 도시인 바그다드에 도착하였다.

19 역사적인 만남

레이어드는 크리스마스 주일을 롤린슨의 위풍 당당한 저택에서 보냈다. 붉은 양탄자가 귀한 손님들을 맞이하기 위하여 깔렸다. 빈대와 벼룩이 우글 거리는 오두막과 님루드의 더러운 천막에서 살다 온 레이어드는 깨끗이 빤 옷을 입고, 단정하게 정돈된 침대에서 자며 티끌 하나 없이 깨끗한 빵과 냉방 장치가 되어 있는 서재에서 온갖 호강을 누리게 되었다. 롤린슨의 서재 는 그 지방 고유의 기계공학이 만들어 낸 걸작품이었다. 티그리스의 세찬 강물로 돌아가는 물레방아가 서재의 지붕 위에 시원한 물을 끊임없이 뿌려 주고 있었다. 옥외 온도가 화씨 120도까지 치솟고 있을 때 서재 안의 온도는 비교적 시원해서 화씨 90도를 유지하고 있었다.

동인도 회사의 정무관인 롤린슨은 레이어드보다 일곱 살 위인 서른다섯 살이었으며 총각이었다. 그는 쐐기문자를 해독하고 야생 짐승을 길들이는 데 온 정열을 쏟고 있었다.

인도산 몽구스가 집안을 이리저리 돌아다니며 뱀을 잡아 일손을 덜어 주는가 하면 롤린슨의 발치엔 검정 표범이 웅크리고 앉아 있기도 하였다. 이 철창 없는 동물원은 다 자란 메소포타미아 산 암사자로 더욱더 진풍경을 이루고 있었다. 새끼였을 때 티그리스 강 언덕에서 주워 온 이 암사자는 롤린슨의 개인 경호원 역할을 잘 해내어, 길이 잘 든 개처럼 그가 가는 곳이 면 집안이고 정원이고 어디든지 따라다녔다.

편지 왕래는 잦은 편이었지만 그들이 만나기는 이번이 처음이었다. 즉 아시리아 고고학의 창시자인 레이어드와 장래 아시리아 문자를 해독하게 될 학자들 중의 한 사람인 아시리아 언어학자인 롤린슨의 역사적인 만남이 었던 것이다. 롤린슨의 큰 형이며 옥스포드의 고대사 교수이며 켄터베리의 캐논이었던 조지는 이 만남에 대해 후에 이렇게 언급하였다. "이 두 사람이 가까이 할 수 있었던 것은 아주 다행스런 일이다. 그들은 서로의 가장 약한 곳에서 가장 강했기 때문이다."

레이어드는 발굴자로서 건장하고 단호하고 능동적이며 원기 왕성하고 외진 구석까지 돌아다녀 어떠한 어려움에도 익숙해 있었다. 열일곱 살 때 동인도 회사에 들어간 롤린슨은 레이어드와 마찬가지로 대학에 발을 들여 놓은 적은 없었지만 타고난 학자로서 독학으로 고전학과 언어학에 통달해 있었으며 현대 및 고대 페르시아어는 물론이고 힌두어, 헤브라이어 등 그 밖에 여러 소수 민족의 언어들을 자유 자재로 구사할 수 있었고, 광범위한 독서를 즐기는 깊은 통찰력을 지닌 사람이었다.

롤린슨이 말뚝을 박은 곳은 설형문자였다. 레이어드가 님루드에 있는 구릉 의 비밀을 파헤치게 될 장본인이었던 것처럼 그는 화살촉 모양의 문자를 해독하게 될 운명을 지닌 사나이였다. 롤린슨은 고고학을 잃어버린 문헌을 되찾는 학문으로서 이해하고 있었다. 그는 고대 예술을 재현한다는 것은 우리를 즐겁게 해주는 부산물일 뿐, 그 이상도 그 이하도 아니라고 생각하였 다. 그는 왕립 아시아 학회지에 발표한 '아시리아 비문에 관한 글'에서 역사 적인 문헌을 발견하는 것이, 단순히 그림이 새겨진 석판을 드러내놓는 것보 다 훨씬 더 중요한 것같이 생각되어진다고 말하였다. 이러한 예술품들은 그 디자인이 아무리 흥미롭다 하여도 우리에게 아무런 새로운 사상도 더해 주지 못하며 위대한 역사적 진실도 전달해 주지 못한다고 하였다.

이 벽창호 같은 주장은 레이어드를 비롯하여 여러 사람들을 분노케 하였 다. 이들은, 한 폭의 그림이 천 마디 말보다도 더 큰 값어치를 지니고 있다고 주장하는 사람들이었다. 이 논쟁은 몇 년 후 양편에서 서로들 아시리아 제국의 연대기를 작성하겠다고 나서면서 회오리바람을 일으키고야 만다.

탁월한 건축가이며 레이어드와 롤린슨 두 사람과 절친한 친구였던 제임스 페르그선은 몇 년 후 연대기 건에 관하여 쓴 글에서 다음과 같이 자신의 의견을 피력하고 있다.

'나는 이 주제에 관하여 그(롤린슨)처럼 박식한 학자와 전혀 다른 의견을 갖고 있다는 것을 몹시 송구스럽게 생각하고 있다. 정말 미안한 일이지만, 나는 그가 이 문제를 결정하는 데 있어서 가장 중요한 요소를 간과하고 또 경시하고 있다고 생각한다. 왜냐하면 그는 예술의 스타일이 일종의 증거가 되어 줄 수 있다는 사실은 전혀 받아들이려 하지 않고, 무조건 비문에만 의존하고 있으며 ……비문만이 이 문제를 결정하는 데 우리가 지닌 유일한 수단인 것처럼 생각하고 있기 때문이다.'

'그런데 레이어드 씨는 표현상의 극히 미세한 차이까지 구별해 낼 수 있는 직관적인 감식력을 지니고 있어, 롤린슨 씨가 비문에 정통해 있는 만큼 아시리아의 여러 다른 예술 양식들에 정통해 있다.'

"문헌상의 증거물들은 수천 가지 방법으로 변형되어질 수가 있다"고 페르그선은 계속하고 있다. 그는 비문들이란 실제로 그 내용이 속하는 시대보다도 훨씬 뒤에 씌어지거나, 설사 그 시대에 씌어졌다 하여도 후대에 가서 변조되어질 수가 있다는 점을 지적하였다. 예를 들어 어느 전제 군주가 그의 궁전 담벼락에 고의적으로 거짓말을 새겨 놓을 수도 있을 것이며, 비슷한 이름들이 서로 헛갈릴 수도 있고 또 오역으로 거짓말이 탄생할 수도 있다는 것이다. 이 밖에도 수많은 오류의 요소들이 있다는 점은 누구나 부인 못 할 것이다. "그런데," 하고 페르그선은 단호히 주장하였다. "건물들은——이런 표현을 쓴다면 좀 우스울진 몰라도——건물 자체와 동년배로서 존재할 뿐 아니라 그들이 세워진 고유의 목적이 있게 마련이므로 속임수가 통하지 않는 것이다." 예술 역시 어느 정도 당대의 사상을 표현하게 되는데 그 사상을 후세까지도 고스란히 전하여 준다. 페르그선은 계속한다. "아무리 절대적인 군주일지라도 당대의 예술을 그 시대의 감정의 표현과 달리 만들 수는 없다. 또 그 시대의 국민이 창조해 낼 수 있는 것 이상의 예술을 만들어 내도록 할 수도 없다."

그러고 나서 페르그선은 명백한 진리를 말하고 있다. "필요한 것은 이들 양자——예술과 비문——에 대한 사려 깊은 이해와 평가일 것이다"라고.

아시리아의 예술과 비문의 중요성에 관한 열띤 논쟁은 결국 그 끝을 보지 못하였다. 레이어드는 양자를 다 둘러볼 수 있을 정도로 상상력이 풍부하고 유연하였다. 그러나 롤린슨은 군사 교육을 받은 탓이었는지는 몰라도 요지부동이었고 굽힐 줄 몰랐다. 그는 자신이 난공불락의 요새를 차지했다고 생각하였으며 결코 항복하려 들지 않았다. 그럼에도 불구하고 이 두 사람들은——후에 조지 롤린슨이 동생의 전기에서 회상하고 있듯이——서로를 아끼고 존경하였으며, 힘 자라는 데까지 상대방을 도와 주려 애썼다고 한다. 그리고 고대 유물에 관하여 의견이 엇갈려 서로 다른 관점을 지니게 되더라도 상대방을 미워하거나 질투하는 게 아니라 전보다도 더욱더 아끼고 존중하였다고 한다.

1845년 12월 25일의 크리스마스는 레이어드가 이탈리아에서 어린 시절을 보낸 이래 가장 아름다운 추억을 남겨 준 날이었다. 롤린슨의 저택은 크리스마스 장식들로 예쁘게 차려졌고, 식탁은 구운 양고기와 속을 채운 날짐승들로 성찬을 이루고 있었다. 아락(술)도 아낌없이 접대되었다.

롤린슨은 레이어드가 쐐기문자에 관해 어느 정도 자신의 말 상대가 되어 줄 만한 실력을 갖춘 걸 보고 깊은 인상을 받았다. 레이어드의 원래 활동 무대가 서재용 안락 의자가 아니라 현장이었으며, 그가 어디까지나 행동의 사나이였음을 고려해 볼 때 그만한 학식을 갖추고 있다는 사실은 하나의 놀라움으로 비쳤으리라. 크리스마스 주일 내내 레이어드와 롤린슨은 설형문자를 앞에 놓고 신이라든가, 왕, 도시 등의 글자들을 해독해 나갔다. 어머니에게 보낸 편지 속에서 레이어드는 '롤린슨과 자신의 공동 노력에 의하여 머지않아 알파벳을 파악해 낼 것'이라고 대담하게 말하고 있다.

레이어드보다 덜 낙관적이었던 롤린슨은 그의 일기에다 '앞으로 2, 3년

안에 설형문자의 수수께끼를 풀게 되기를 기대한다'고 쓰고 있었다. 설형문자는 칼데아 문자인가? 아니면 오래 전에 잊혀진 현재 언어의 방언인가? 그것도 아니면 전혀 알려지지 않은 언어의 문장인가? 그들은 밤을 지새우며 이에 대하여 토론을 벌였다. 그때 그들은 아시리아의 언어가 알파벳을 지니고 있지 않았다는 사실을 알지 못하고 있었다.

1월 초 모술로 되돌아가기 전 레이어드는 롤린슨과 합의를 본 게 한 가지 있었다. 레이어드는 자신이 발굴한 것을 바그다드에서 배에 옮겨 싣기로 하였다. 롤린슨이 모든 설형문자 비문들을 개인적으로 살펴볼 수 있도록 말이다. 대신 롤린슨은 티그리스 강 상류로 증기선을 보내어 발굴물들을 바그다드까지 운반하여 주고 영국으로 가는 배에 실어 주기로 하였다. 보타의 발굴품들은 아직도 바그다드의 선창가에 주저앉아 프랑스 배가 오기만을 기다리고 있었다. 캐닝과 레이어드와 마찬가지로 롤린슨 역시, 영국 박물관이 루브르를 앞질러서 아시리아의 유물을 세계 최초로 전시하게 될 날을 꿈꾸고 있었다.

새로운 활력으로 기운을 얻은 레이어드는 이듬해 1월 17일 님루드로 돌아왔다.

들판엔 그야말로 극적인 장면이 벌어지고 있었다. 12월로 들어서면서부터 줄기차게 내린 비로 구릉은 생기를 되찾은 것이다. '구릉은 이제 메마르고 푸석푸석한 불모의 흙더미가 아니었다.…… 꼭대기나 기슭이나 온통 파릇파릇한 신록으로 뒤덮여 있었다.'

새로 부임한 파샤의 우호적인 태도에 용기를 얻은 아랍 종족들은 티그리스 강을 건너 예전에 살던 님루드로 되돌아와 있었다. 그들은 천막을 치고 밭을 갈기 시작하였는데, "구릉 위에까지도 이랑들을 일구어 놓아 아시리아 왕들의 궁전 위에도 머지않아 곡식의 이삭들이 출렁거리게 될 터였다."

그가 자리를 뜬 사이 영국 부영사의 동생인 열일곱 살짜리 호르무즈드 라쌈이 구릉의 일을 떠맡고 있었는데, 그 동안 그는 구릉 꼭대기에 새로운 현장 본부를 지어 놓고 있었다. 레이어드에게는 새 거주지 중에서 가장 호화로운 공간이 제공되었다. '가구로는 두세 개의 투박한 의자들과 책상 하나, 나무침대 하나가 전부였다.' 레이어드는 성실하고 부지런한 나이 어린 호르무즈드가 마음에 들어서 그를 님루드의 현장 소장으로 임명하고 자신의 초라한 오두막에서 같이 기거하도록 하였다.

님루드의 구릉은 60에이커나 되는 광범위한 땅을 차지하고 있었다. 보타가 콜사바드에서 겪었던 전철을 밟지 않기 위해서, 즉 중도에 금광맥(?)이 끊어지는 일을 당하지 않기 위해서 새로운 장소를 지정하여 또 다른 구덩이를 파도록 지시하였다.

다시금 예의 그 변덕스런 여신이 그에게 행운을 가져다 주었다. 그는 되는 대로 적당히 한 군데를 가리키며 파보라고 하였는데, 그의 인부들이 쓰레기 더미 속으로 첫 삽질을 하기가 무섭게 얕은 양각(bas-relief)이 잔뜩 새겨진 벽이 나타났다. 레이어드는 어리둥절하였다. 열두 살 때 베네치아 화풍의 여러 화가들의 그림을 식별할 수 있었던 실력을 발휘하여 이 새로운 양각을 들여다본 그는 첫눈에 그 양각이 지닌 예술 양식이 전에 발굴한 것들과는 다른 시대에 속한다는 사실을 감지할 수 있었기 때문이다.

새로 발굴한 양각 속의 그림들은 3피트 8인치 정도의 크기로 아주 훌륭하게 제작되어 있었다. 그 그림들은 악몽 속에서 뛰쳐나온 것같이 보였다. 몸은 사람인데 날개가 달렸고 독수리나 콘도르의 머리를 지녔다. 그 중에는 휘어진 부리를 지닌 것도 있었는데 반쯤 벌린 부리 사이로 빨갛게 색칠한 혀가 보이기도 하였다. 누가 보아도 그는 아시리아의 또 다른 시대를 발굴했음에 틀림없었다.

다음날 레이어드는 그 지역의 족장과 할 이야기가 있어 아침 일찍 집을 나섰다. 그는 님루드 근처에 사는 여러 부족들과 우호적인 관계를 유지하기 위해 그들과 잦은 접촉을 갖고 있었다. 그는 전략상 그들 족장들에게 정기적으로 비단이라든가, 자수품들 또는 장화 등의 선물을 보내기도 하였다. 아랍인들은 매우 흡족해하였다. 그들 중 어떤 사람들은 "댁에서처럼 편히 쉬세요"란 말을 문자 그대로, 아니 레이어드의 말을 빌리면 그가 뜻한 바보다 훨씬 '더 글자 그대로' 받아들이어, 그의 오두막은 식객들로 항상 붐볐고, 조용히 혼자 쉴 수 있는 날이 거의 드물었다고 한다. 족장이라는 사람이 12명도 더 되는 부하들을 이끌고 그의 문전에 느닷없이 들이닥치는가 하면, 노랑머리 유럽인으로부터 식사 대접까지 받으려고 죽치고 앉아 있는 일도 흔히 있는 일이었다고 한다.

이야기를 끝내고 아침 늦게 님루드로 돌아오려니 구릉으로부터 두 명의 마을 아랍인들이 나는 듯이 달려오고 있었다. 그들은 갑자기 말을 멈추었다. "오, 하느님, 빨리" 하고 그 중 한 명이 숨을 헐떡거리며 말을 잇지 못하였다. "빨리 인부들한테 가보시라구요. 진짜 님루드님을 찾아냈다구요!" 벌어진 입을 다물 줄 모르는 레이어드를 뒤에 남겨둔 채 그들은 그 소식을 퍼뜨리기 위해 다시금 쏜살같이 달려나갔다.

구릉은 시끄러움으로 와자지껄하였다. 십장인 아와드가 자랑스럽게 그 앞에 나서더니, 아슈르의 아버지이신 '주 앞에 강한 사냥꾼 님'을 캐어 냈다고 말하는 것이었다. 레이어드는 서둘러 그 장소로 갔다. 구덩이의 밑바닥으로부터 삐져 나와 있는 것은 높이가 8피트나 되는 설화 석고 머리였는데, 그는 즉각적으로 그것이 사람 얼굴을 하고 날개가 달린 거대한 사자의 머리라는 것을 알아차릴 수 있었다. "표현 양식은 차분하면서도 장엄하였고, 그렇듯 먼 옛날의 작품에서는 찾아보기 힘든 예술적인 지식과 자유 분방함이 전체적인 윤곽 속에 나타나 있었다"라고 레이어드는 말하였다. 레이어드의 머릿속에서는 컴퓨터가 바삐 돌아가더니, 빅토리아 시대의 예술관을 뜯어고치기 시작하였다. 당시의 사람들은 그리스의 조각이 가장 완전한 예술의 경지를 보여 주고 있다고 믿고 있었다. 그런데 지금 그는 수천 년 전은 아닐지 몰라도 그리스의 페리클레스 시대를 앞서는 예술 작품으로서 그리스 작품에 결코 뒤지지 않는 조상을 눈앞에 두고 있는 게 아닌가.

뭐든지 잘 믿는 아랍인들은 이 괴물의 출현으로 공포에 빠지고 말았다. '그들은 기상 천외한 환상을 그려 내기 위하여 따로이 공상을 할 필요가 없었다'라고 레이어드는 쓰고 있다. 그 지방 전설에 의할 것 같으면 그 머리는 지하, 즉 지옥으로부터 재앙을 불러들인다는 것이다.

레이어드가 그 머리를 한참 들여다보고 있는데 좀 전에 만나고 온 족장이 자신의 전사들을 이끌고 이 괴물을 보러 왔다. "이것은 사람의 손으로 만들어진 것이 아닙니다. 예언자까지——그에게 평화가 있을진저——예언자께서 대추야자 나무보다 크다고 말씀하신 그 믿음이 없는 거인 불신자들이 만들어 낸 것입니다. 이것은 노아——그에게 평화가 있을진저——노아께서 홍수 이전에 저주하신 우상들 중의 하나입니다"라고 그는 외쳐 댔다.

모술은 이 소식으로 온통 소란스러워졌다. 파샤 관할 구역의 카디, 즉 이름뿐인 정통파 종교 지도자는 총독에게 레이어드의 행위가 코란의 가르침에 어긋난다고 항의하였다. 그 이유를 딱 꼬집어 대지도 못하면서 말이다. 모술이 일대 혼란에 빠지자 총독은 레이어드를 불러 잠잠해질 때까지 잠시 작업을 중단하도록 일렀다.

캐닝은 소식을 듣고 기뻐하였다. '구릉으로부터 얼굴을 내밀어 자네에게 격려의 말을 던져 준 신사분께 내가 심심한 감사를 드리더라고 간곡히 말씀드려 주게'라고 그는 써 보내왔다.

이 발굴은 레이어드를 생각에 잠기도록 만들었다. 그는 의미라는 말 자체를 생각하기 시작하였다. "이 조상들은 2천 5백 년 동안이나 사람의 눈을 피해 있었다. 그런데 이제 다시 한번 그 옛날의 위풍 당당함을 자랑하며 우리 앞에 나서고 있다. 그러나 그들 주위의 환경은 얼마나 많은 변화를 겪었는가? 한 강대한 국가의 온갖 사치스러움과 문명이 거의 야만인에 가까운 몇몇 종족들의 무지와 가난에게 자리를 내주었다. 위대한 도시의 풍요로움과 신전들의 부는 형체도 알아볼 수 없는 흙더미로 변하였다. 거대한 홀들의 천장 위로는 쟁기가 밭을 갈고 황금빛 곡식들이 춤을 추고 있다."

1846년 4월 21일 모술의 소요가 가라앉기를 기다리는 동안 레이어드는 어머니에게 긴 편지를 쓰며, 날개 달리고 인간 머리를 한 사자가 땅 위에서건 땅 아래에서건 발견되어질 수 있는 모든 아시리아의 조상들 중에 가장 멋진 모습을 지녔다고 말하고 있다. 그는 승리감에 도취하여 이렇게 쓰고 있다. '님로드의 조상은 콜사바드의 것보다 훨씬 더 훌륭합니다……예를 들어 사자들만 해도……훌륭하게 그려져 있지요. 근육이라든가 뼈마디 그리고 핏줄 등은 거의 진짜처럼(자연에 가깝게) 묘사되어 있어 위대한 예술 정신을 엿볼 수 있습니다. 그 동물의 모습 속에서 우리는 프랑스인들이 즐겨 논하고 있는 위대한 율동감도 찾아볼 수 있습니다.'

헤브루의 예언자 에제키엘의 말이 그의 뇌리에서 떠날 줄을 몰랐다. '에제키엘은 예언을 말할 때 아시리아라든가 칼데아의 조각상들을 마음 속으로 그리고 있었던 것 같습니다. 그의 묘사는 님루드의 박부조에 나타난 그림과 너무도 흡사하군요'라고 그는 어머니에게 쓰고 있다.

그가 내린 이러한 결론은 캐닝과 롤린슨과 다른 여러 사람들에게 보낸 그의 보고서를 통해서 널리 퍼졌고 유럽과 미국 내에 커다란 소요를 불러일으켰다. 미국의 어느 목사는 용기를 북돋아 주는 편지를 보내 오기도 하였다. '아마도 당신은 당신의 외로운 작업이 성경 말씀의 역사적이고도 예언적인 부분을 우리가 올바로 이해하는 데 얼마나 중요한 역할을 하게 되는지 꿈에도 모르시겠지요.' 콘스탄티노플 시절 레이어드의 술 친구였으며, 함께 여자를 따라다녔던 성마른 기질의 앨리슨은 당시 싹터오르고 있던 복음주의 운동에 편승하여 빛 좀 보는 게 어떻겠느냐고 귀띔해 주기도 하였다. "자네의 돌덩이에 대한 관심이 굉장하더군 그래…… 자네의 발견물에 성서적인 중요성을 강조하여 덧붙이면, 자네는 온 세상의 얼간이들과 몽상가들을 감쪽같이 속일 수도 있을걸세"라고 그는 충고하였다.

모술은 좀처럼 조용해지려 하지 않았고, 레이어드는 조바심이 나기 시작하였다. 그는 캐닝에게 칙령을 빨리 얻어 달라고 졸라 댔다. 작업을 계속해야 하기도 했지만 발굴물의 운반도 서둘러야 했기 때문이다. 그는 또 그를 끊임없이 괴롭히는 돈 문제도 거론하고 있다. 1846년 4월 21일 캐닝에게 보낸 편지에서 그는 '6개월 가까운 시일 동안 일을 하는 데 거의 8,644피아스터(400달러)가 소요되었습니다!'라고 쓰고 있다. 또 기금이 바닥나기 시작하였으나, 정부가 발굴사업을 떠맡지 않을 경우 새로운 기금을 얻게 되리라는 희망 아래, 얼마 남지 않은 자신의 돈으로 해나가고 있다는 말도 덧붙였다.

레이어드의 어려움을 충분히 이해하고 있었던 캐닝은 "최선을 다하여 돕겠다"고 약속하였다.

그러나 이 '위대한 각하'께서도 마술 지팡이를 휘둘러 '칙령과 기금이 나와라 뚝딱' 할 수는 없었다. 할리카르나서스의 대리석을 운반하기 위하여 술탄으로부터 허가를 얻어 내는 데만도 거의 3년이란 세월이 걸리지 않았던가? 그것도 바로 엊그제 앨리슨이 선적 수속을 마친 지금에 와서 또 다른 허가를 내달라고 하는 것은 너무 뻔뻔스러운 것같이 생각되어졌다. 이집트에서 페르시아 변경까지 뻗어 있는──이 걷잡을 수 없이 비틀거리는──왕국의 맨 윗자리에 앉아 있는 술탄은 그렇지 않아도 걱정거리가 태산 같은 터였다.

캐닝은 돈 걱정도 하였다. 두 달간의 체류가 6개월로 연장되었으나 레이어드는 문자 그대로 아직도 구릉 표면만을 건드린 데 지나지 않았다. 캐닝 부부는 사춘기에 이른 딸 삼형제를 두고 있었으니, 채워 넣어야 할 금궤가 셋이나 되는 셈이었다. '나는 고대 유물 건에 있어서 애국심을 발휘하고 있는 내 자신이 무척 자랑스럽소. 그러나 당신이나 자식들의 신세를 쪼들리게 하면서까지 일을 벌여서는 아니 되겠지요'라고 그는 그가 영국으로 오기만을 학수고대하고 있는 그의 부인에게 쓰고 있다.

캐닝 부인은 남편의 호화판(돈 많이 드는) 취미가 마음에 들지 않았다. 그녀는 고대 유물을 '하잘것없는 것'이라고까지 말하기도 하였다. 이 말은 캐닝이 자신의 어수룩함을 정당화시키려고 노력하고 있는 편지들에도 자주 나타나곤 한다. '아마도 당신은 그러한 하잘것없는 것에 몰두해 있는 내가 미친 사람처럼 생각되겠지. 그러나 바로 이 하잘것없는 것들을 서로 차지하려 대학들과 연구 기관들과 하다못해 국가들까지도 아귀다툼을 하고 있단 말이오.' 그리고 그는 아내의 복음주의적인 취향에 호소하면서 롤린슨이 '그 비명들이 성서상의 역사에 많은 빛을 던져 줄지도 모른다'는 말을 했다고 자신의 행위를 추켜 올리기도 하였다.

한편 레이어드는 기금 문제보다도 발굴 허가가 빨리 떨어지기를 애타게 기다리고 있었다. 왜냐하면 1년 전 보타가 떠난 이래 비어 있던 부영사 자리에 새 사람이 왔는데, 이 새 영사인 귈루와 씨는, "프랑스 당국이 보타가 파다 만 퀸지크를 계속 파기로 작정하였으며, 콘스탄티노플에서 목하 칙령 협상이 한창 진행 중에 있다"는 말을 레이어드에게 전하였기 때문이다. 레이어드는 이것이야말로 영국 국익에 커다란 위협이 아닐 수 없다고 생각하고 캐닝에게 편지를 띄웠다. '저는 그가 허가를 얻기 전에 퀸지크에 몇 군데 참호를 파고 싶습니다.'

레이어드는 혼자 힘으로 일을 해결하고자 결심하였다. 그는 님루드 발굴에 내려진 금지령을 거두게끔 지사를 못살게 굴어야 한다고 생각하였다. 극적인 외교 술책이 동원되어야 할 터였다. 그래서 그는 엄청난 계획을 세웠다. 그는 지위 여하를 막론하고 온갖 사람들을 호화판 파티에 초대하였다. 지사와 그의 터키 관리들, 아랍 족장들과 쿠르드족 두목들, 기독교 소수 민족의 지도자들, 모술의 토박이 유태인들 및 외교관 가족들(라쌈과 귈루와)을 모두 초대하였다. 14마리의 양들을 잡아 불에 굽고, 악사들과 무용수들을 고용하였다. 파티는 사흘간 계속되었다. 빼어나게 아름다운 페르시아 미인인 마담 귈루와가 뭇 사람들의 시선을 독차지하고 있었다. 파티가 한창 무르익어갈 무렵 아랍 족장 한 사람이 레이어드에게 다가와 귓속말로 속삭였다. "저 여잔 태양의 여동생인가 봐." 그리곤 수다스런 아랍어로 이렇게 덧붙였다. "저런 아내를 얻을 수만 있다면 돈 지갑 천 개를 주어도 아깝지 않을 거구먼. 저 눈 좀 보게나, 암망아지 같지 않은가. 머리는 흑단 같고, 부스라의 제일 잘 익은 대추 야자처럼 불그스레한 볼을 지닌 저런 선녀를 위해서라면 목숨을 주어도 아깝지 않지, 암."

아름다움에 대해 결코 무심한 적이 없었던 레이어드도 이렇게 맞장구를 쳤다. "족장님의 찬사는 하나도 틀린 데가 없습니다."라고.

파티는 대성공이었다. 레이어드의 명성은 치솟을 대로 치솟았고, 장터에서나 찻집에서나 레이어드의 이름이 사람들의 입에 오르내렸다. 레이어드의 인기에 좋은 인상을 받은 지사는 "소동이 가라앉았다"는 결론을 내리고 님루드의 발굴을 재개토록 허가를 내렸다.

지사가 푸른 신호등을 켜기가 무섭게 콘스탄티노플로부터 레이어드의 이름으로 된 공식적인 허가증이 도착하였다. 캐닝은 휴가를 떠날 참이었는데, 칙령을 얻을 충분한 시간이 없다고 생각한 그는 차선의 수단으로 그의 절친한 친구였던 수상(grand vizier)을 찾아가 수상령 허가권을 받아 냈다. 1846년 5월 5일자의 날인이 찍힌 이 서류의 원본은 크리스천 라쌈의 번역문과 함께 영국 박물관에 보관되어 있다. 타블로이드 판 크기의 종이에 대담하고 꾸불꾸불한 터키 문자로 씌어진 이 서류는 화려한 인장으로 장식되어져 있다. 라쌈의 번역은 당시 국제어였던 프랑스어를 사용하였는데, 매우 복잡하고 고풍스러운 문구로 씌어져 있었다.

수상령 허가 문서는 지사 앞으로 보내지고 있다. '모술의 근교에는 수많은 돌들과 고대 유물들이 널려 있습니다. 그리고 이러한 돌들을 찾으러 온 영국 신사 한 분도 그곳에 계실 겁니다…… 영국 대사께서는 상기 신사께서 그에게 필요한 몇몇 돌들을 아무런 장애 없이 취할 수 있도록 해달라고 간청하셨습니다. 즉 그곳에서의 발굴 중에 상기 신사께서 발견하는 돌들이 이러한 유형의 돌들일 경우 그분의 뜻대로 취하도록 조처해 주시고, 영국으로 운반하기 위하여 선적할 수 있도록 허락하시기 바랍니다.'

실제상으로 레이어드의 이름은 그 서류에 나타나 있지 않다. 그럴 필요조차 없었으리라. 1846년도에 콘스탄티노플에 있었던 대사는 오직 한 사람뿐이었으며, 모술에서 '돌을 찾고 있던 영국 신사 역시 한 사람'뿐이었으니까. 그럼에도 불구하고 훨씬 후에 가서 이 문제는 법률가들과 학자들 간에 끝없는 논쟁을 불러일으키게 된다. '돌들'은 탐사의 경비를 조달하고, 수상의 허가를 얻어 낸 캐닝의 소유물인가? 아니면 메소포타미아에서 두더지처럼 일한 레이어드의 것인가? 만일 레이어드의 것이라면, 그는 독립된 개인으로서 행동했는가? 아니면 캐닝의 하수인으로서 일했는가?

이러한 입씨름은 그칠 줄 몰랐다.

아시리아의 날개 달린 거대한 황소의 눈으로 볼 때 이러한 하찮은 짓은 가소롭기만 하였을 것이다. 변호사라든가 학문깨나 한다는 서류 벌레들은 그렇게 해서 먹고 사는지도 모른다. 논쟁거리를 물고 늘어져야만 일이 생기는가 보다. 핵심적인 진리는 레이어드와 캐닝과의 관계가 레이어드와 롤린슨과의 관계와 유사하였다는 점이다. 상호 보완적인 역할을 해주었던 것이다. 각기 상대방이 가장 약한 곳에서 가장 강했다. 수상의 명령에 대한 캐닝과 레이어드의 즉각적인 반응을 보면 그들이 개인적인 이득에 전혀 관심이 없었다는 사실을 알게 될 것이다.

'낙타 똥으로 지핀 희미한 불빛 아래서……나는 영국에게 아시리아의 초기 기념비 발굴을 허락하는 서류를 읽어 내려갔다'고 레이어드는 쓰고 있다.

수상의 허가 서류에 첨부한 편지 속에서 캐닝은 레이어드에게 그 서류를 100퍼센트 이용하여 아시리아의 유물이 들어 있음직한 구릉들을 따발총 쏘아대듯 모조리 파헤쳐서 '영국'이 모든 구릉들에 대한 선취권을 딸 수 있도록 손을 쓰라고 충고하고 있다. 당시만 해도 고고학적 활동이 정상적인 궤도에 올라서고 있어도 먼저 삽질을 시작한 사람에게 우선권이 주어지는 게 상례였다. 즉 다른 사람에게 양보하지 않는 한 그 권리는 지속되었다. 그러면서도 캐닝은 사려 깊게 행동하여 너무 게걸스레 달려들지 말라고 충고하였다. 그는 다른 사람들의 주장이라든가 질투도 존중하라고 일러 주면서 이렇게 덧붙였다. "특히 우리의 이웃인 고올 사람들(프랑스인들)을 염두에 두고 하는 말이라는 걸 새삼스레 얘기할 필요는 없겠지?"

레이어드도 동감이었다. 귈루와는 수상의 지시에 깜짝 놀랐다. 망할 놈의 앵글로색슨 녀석들이 또 한 차례 우리 프랑스를 뒤로 제치고 선수를 친 것이다. 어쨌든 그는 레이어드에게 엄포를 놓았다. 일찍이 보타가 아무것도 발견하지는 못했지만 퀸지크에 대한 선취권은 프랑스에 있다고 눈을 부라렸다.

레이어드는 프랑스의 주장이 아무런 근거도 없다고 생각하였다. 레이어드는 따지고 들었다. 보타는 퀸지크를 내동댕이친 거라고. 게다가 구릉의 둘레가 거의 1마일에 가까우니, 프랑스와 영국 양자가 함께 일하여도 자리는 넉넉하지 않은가? 캐닝의 충고를 따라 레이어드는 그 구릉의 영·프 합동 발굴에 퀄루와를 초대하였다. 그러나 이 프랑스인은 이 황금 가지를 거절하였다.

앞뒤 가릴 줄 모르는 어린아이들처럼 남에게 뒤질세라 구릉으로 달려간 이 두 유럽인들은 서로 반대 방향에서 파들어가기 시작하였다. 레이어드는 누가 보아도 유리한 자리를 차지하고 있었다. 예리한 관찰력을 지니고 있을 뿐만 아니라 예술 감식가이기도 한 레이어드는 퀄루와에 비하면 경험도 풍부한 땅파기 선수였다. 그는 뱃사람이 바다 한가운데서 뱃길을 알아맞히듯 구릉을 볼 줄 알았다. 예를 들어 그는 모든 구릉들이 피라미드 모양의 정점을 지니고 있다는 것을 알고 있었다. 그 자신 왜 그런지는 알고 있지 못했지만, 바로 그 지점 주위에 쌓여 있는 흙더미를 헤쳐 나가다 보면 주요한 발굴물들을 건질 확률이 크다는 것을 어렴풋이 터득하고 있었다.

오늘날 이 꼭대기 점은 일종의 신전탑인 지구라트(ziggurat)라 알려져 있다. 즉 하늘 나라에 이르는 아시리아와 바빌로니아인들의 계단인 것이다. 그래서 레이어드는 퀸지크의 발굴 경쟁을 함에 있어 이 높은 땅이 자기 것이라고 말뚝을 박아 놓아 표시를 해두었다. 레이어드는 캐닝에게 이렇게 쓰고 있다. '저는 가장 좋은 장소를 선택했다고 자신합니다. 퀄루와가 처음 손댄 곳을 계속 파건 말건 저는 하나도 두려울 게 없습니다.'

그러나 이 경쟁은 유야무야로 끝나고 말았다. "양편은 거의 한 달 동안 아무런 소득도 없이 파기만 하였습니다"라고 레이어드는 보고하였다. 그의 실망은 대단히 큰 것이었다. "메소포타미아의 모든 구릉들 중 유독 퀸지크만은 크세노폰에서 랍비 벤저민을 거쳐 클로디우스 리치에 이르기까지 수많은 여행자들에게 니네베의 옛 터로 알려지고 있었다. 그러니 그 속에 뭔가 들어 있어도 굉장한 것이 들어 있을 터였다. 그러나 지난번 보타가 겪었던 것처럼 이들 역시 한두 개의 구운 벽돌 조각과 깨진 양각 나부랭이들만 건졌을 뿐이다.

레이어드가 실의의 나날을 보내고 있던 어느 날 그의 구릉 탐사를 거의 중단시킬 뻔한 어떤 일이 벌어지고 말았다.

터키와 영국 정부의 공식적인 비밀 문서에도 기록되어져 있던 이 사건에 대해 레이어드는 40여 년 동안 일체의 공식적인 언급을 하지 않았다. 그는 자서전 속에서 처음으로 그 사건을 털어놓았다.

레이어드는 모술과 퀸지크 사이를 오고 갈 때 유명한 부교를 이용하였다. 그러나 아르메니아의 높은 산에서 눈이 녹는 봄만 되면 티그리스 강물이 불어나 다리 대신 연락선을 탈 수밖에 없었다.

강물이 한창 불어나고 있던 어느 날 저녁, 레이어드와 인부들은 여느 때보다도 지치고 맥빠지는 하루를 보낸 후 강가에 도착해 보니 밤이 되어 연락선이 끊어졌다는 것이다. 왼쪽 강둑에 있는 것이라곤 조그만 보트 하나뿐이었다. 레이어드는 즉시 그 보트를 세내었다. 그들이 보트를 강둑으로부터 밀어내려는 찰나 터키 군대 소속인 두 명의 알바니아 비정규군이 나타나 함께 좀 태워 달라고 하였다. 원래 사교성이 풍부한 레이어드는 어서 올라타라고 말하였다.

보트를 밀어내고 얼마쯤 가니 멀리서 일단의 사나이들이 강둑으로 달려오는 게 보였다. 레이어드는 그들이 여행자들인 줄 잘못 알고 '아이구 저 사람들 강둑에서 하룻밤을 지새우겠구나'하고 생각하였다. 그 자신 상처투성이인 여행자로서 가만히 있을 수 없었던지 레이어드는 뱃사공에게 배를 돌리라하고 그들이 올 때까지 기다렸다. 알고 보니 그들은 모술의 명목상의 종교적 지도자인 카디가 이끄는 회교도들로서 요나의 무덤에서 열린 기도회에 참석하고 돌아오는 길이었다. 이 고집 불통인 카디는 아직도 십자군에 대항하여 싸우는 자로서 불신자들, 특히 노랑머리들을 증오하고 있었다. 레이어드는 그에게 배에 오르라 하였다. 레이어드의 말을 빌릴 것 같으면 그는 얼씨구나하고 배에 올라탔다고 한다.

이 조그만 보트는 바야흐로 물에 잠길 정도로 만원이 되었다. 레이어드는 한 사람이 가까스로 앉을 수 있는 고물의 널대에 쪼그리고 앉았다. 그 자리는 원래 사공의 자리였는데 그가 비집고 앉은 것이다. 다른 사람들은 가운데 움푹 팬 곳에 몰려 있었다. 카디는 레이어드 바로 아래에 서 있었다.

　보트가 사납게 출렁거리는 물결을 헤치며 5노트의 속도로 힘들여 가고 있는데 카디가 느닷없이 큰 소리로 외쳤다. "참다운 신자들은 이렇게 아랫자리에 서 있는데 저 똥개들은 높은 자리에 앉아서 가도 된다는 말인가?"

　12시간 내내 땡볕 아래서 아무런 소득도 없이 땅을 파 온 레이어드는 몹시 지치고 짜증이 날 대로 나 있었다. 그리하여 그는 카디의 배은 망덕한 소행을 보자 이성을 잃고 말았다. 자기도 모르게 그는 짤막한 갈고리가 달린 군대용 지팡이로 카디의 머리를 툭 쳤다. 그 지팡이는 베두인족들이 낙타를 몰 때 사용하는 것으로 레이어드가 항상 몸에 지니고 다니던 물건이었다. 레이어드는 그렇게 친다고 해도 심한 충격을 가하게 되리라곤 생각지도 않았다. 왜냐하면 카디는 아주 두꺼운 터반을 쓰고 있었기 때문이었다. "나는 소스라치게 놀라고 말았다. 그의 이마에서 피가 마구 쏟아지는 게 아닌가?" 레이어드는 카디의 머리를 거의 빠개 버리고 말았던 것이다. 카디의 추종자들이 단검과 권총을 뽑아 들었고 보트는 물결 속에서 사납게 요동치기 시작하였다. 두 사람의 알바니아 용병들이 레이어드를 보호하겠다고 뛰어들었다. 그들은 아랍인들보다 훌륭한 좋은 무술 교육을 받았고 완전 무장을 하고 있었다. 레이어드는 그 특유의 실력을 발휘하여 고물의 널대에서 벌떡 일어나 카디의 목을 잽싸게 거머쥐었다. 그리곤 그의 추종자들이 달려들기만 하면 카디를 물귀신으로 만들겠다고 협박하였다.

　이 일촉 즉발의 위기는 그들이 오른쪽 강가에 닿을 때까지 계속되었다. 피범벅이 된 카디는 그 옛날 예언자께서 저주를 내린 불신자가 자기를 갈겼다고 소리소리 지르며 모술의 시가지를 마구 달렸다. 모술이 술렁거리기 시작하였으니, 레이어드는 기독교 소수인들(그 자신을 포함하여)이 대량 학살을 당하게 될지도 모른다는 급작스런 생각으로 공포에 질리고 말았다.

　레이어드는 새 지사의 세라이(숙소)로 달려가서 자초지종을 이야기하였다. "나는 나의 신변 보호를 위하여 충분한 주의를 기울여 달라고 부탁하였다. 그리고 내게 무슨 일이라도 일어난다면 그는 영국 정부에 대하여서는 물론이고 콘스탄티노플에 계신 위대한 각하께 책임 추궁을 면치 못할 거라고 경고하였다"라고 그는 털어놓고 있다.

천만 다행으로 카디는 평판이 좋지 않았다. 그는 너무도 타락하여 모든 사람들로부터 미움을 사고 있었다. 그는 또 쓰러져 가는 왕국을 구하고자 뒤늦게나마 개혁을 시도하고 있는 콘스탄티노플에 대항하기 위하여 반대 세력을 키우고 있는 중이었다. 지사는 레이어드의 편에 서기로 하였다. 그는 수상의 공문을 들어 카디가 터키의 손님뿐만 아니라 새로운 터키 헌법하에서는 회교도들과 동등한 시민권을 지니고 있는 기독교도 백성들을 모욕하였다고 공개 비난하였다. 그러면서도 한편으로는 레이어드에게 긴장 상태가 풀어질 때까지 밖에 나다니지 말고 세라이의 보호 구역내에 피신해 있으라고 부탁하였다.

레이어드는 자기가 만일 파샤의 충고를 받아들이면, 카디와 그의 추종자들이 자기를 겁쟁이라고 깔볼 테고, 그렇게 되면 그 지역의 사람들로부터 다시는 존경을 받지 못하리라고 생각하였다. 주민들의 지지가 없다면 구릉에서의 그의 작업은 하루 아침에 끝장이 날 것임에 틀림없었다.

레이어드는 두 명의 알바니아 비정규군――이들은 싸우고 싶어 몸이 근질근질한 참이었고, 그들의 은인을 집까지 무사히 안내하기로 결심하였다――의 호위를 받으며 지사의 관저를 나와 크리스천 라쌈에게로 가서 영국 시민으로서 사건의 전말을 공식적으로 보고하였다.

모술은 수일 동안 공포 분위기에 싸여 있었다. 기독교도들은 조심조심 숨어 다녔고 지사는 그의 병력에 24시간 비상령을 내렸다.

레이어드를 개인적으로 좋아하고 있었음에도 불구하고 롤린슨은 그 사건으로 몹시 충격을 받았다. 그는 레이어드에게 편지를 보내 왔다. 그는 카디가 이치에 맞지도 않는 욕설을 했다고 해서 대량 학살을 초래하고 메소포타미아에서의 영국의 이익에 재를 뿌릴지도 모를 무모한 짓을 한다는 것은 있을 수 없는 일이라고 충고하였다. 콘스탄티노플이 레이어드를 도와 주지 않았더라면 당장에 보따리를 싸가지고 모술을 떠날 수밖에 없었을 거라고까지 말하였다.

캐닝 역시 크게 실망하였다. 그는 카디가 응분의 대가를 받았다고 생각하고는 있었지만, 레이어드에게 퉁명스레 경고하였다. 자제하는 방법을 배울 수 없거든 외교가엔 아예 발 들여 놓을 생각조차 하지 말라고 말이다. 이 사건은 애버딘 경과 외무부의 메모 공책 속의 레이어드 난에 또 다른 감점으로 기록되었다.

다행스럽게도 이 사건은 모랫바람처럼 불다 지나가 버렸다.

바야흐로 여름철이 다가왔다. 웬만한 사람 같으면 가마솥처럼 뜨거운 메소포타미아의 더위에 두 손을 들고 가을까지 작업을 연기할 것이나, 레이어드는 예외였다.

그는 말리는 사람도 없고 해서 발굴을 계속하기로 결심하였다. 그러나 신중히 생각한 다음, 카디의 관할 구역인 퀸지크에서의 일을 중단하고 생산성이 있는 그의 사랑 님루드로 자리를 옮겼다. 그곳에서라면 훼방꾼도 없으니 마음대로 일을 할 수 있기 때문이었다.

그러나 님루드로 돌아왔다 해도 뜨거운 태양으로부터 허락을 받아내는 일이 남아 있었다. 라쌈이 지은 구릉 꼭대기의 다 무너져 가는 오두막 속은 숨막힐 정도로 뜨거웠고 아랍인들의 천막도 마찬가지였다. 레이어드는 티그리스 강둑 밑으로 굴들을 파도록 지시하여 그 중 하나를 탐사 본부로 꾸며 놓았다. '그러나 나는 흙벽으로부터 신고도 하지 않고 방문해 오는 전갈과 그 밖의 온갖 파충류들 때문에 고생을 하였다. 늦여름이 되자, 조용한 밤이 되면 강물 위를 떠도는 각다귀와 흡혈 파리들이 굴 속으로 몰려들어 내 피를 마구 착취해 갔다'라고 그는 쓰고 있다. 그래도 동굴집은 위로가 되어 주었다. 그 안은 바깥보다 화씨 30~40도나 시원하였다고 한다.

여름이 깊어 갈수록 더위는 점점 더 기승을 부려 피해가 막심하였다. 곡식 줄기들이 탁탁 부러지는가 하면 꽃들은 시들고 양들이 뛰노는 풀밭들은 타오르는 적갈색으로 변하였다. 모든 것을 태워 버리고야 마는 사막의 바람이 하늘을 검게 드리우며 사막 위를 휘몰아치더니 메뚜기 떼까지 보내 오는 것이었다. 멀리 돌풍이 불어 오는 게 보이면 님루드에서 땅 파던 사람들은 모두 혼비백산하여 숨을 곳을 찾았다. 레이어드는 하늘을 찌를 듯이 거대한 모래 기둥이 맴돌며 그에게 다가오는 걸 넋을 잃고 바라보곤 하였다. 구릉에서 일하다가 회오리바람이 불어 오면 그는 뒹굴고 있는 사자상 밑으로 달려가서 피하곤 하였다. 인부들은 구덩이 속으로 떼지어 몰려가 웅크려 있기 일쑤였는데 그때마다 모랫바람에 눈이 멀고 질식 직전까지 이르곤 하였다.

이렇게 어려운 상황 속에서도 레이어드는 열심히 일만 했다. 고생을 한 보람이 있었던지 이번 발굴은 그야말로 굉장한 것이었다. 구릉은 수많은 방들로 벌집을 이루고 있었고 시커멓게 그을린 벽들이 늘어서 있었다. 지붕이라든가 벽을 받치기 위하여 목재 대들보가 끼어 있던 곳엔 잿더미들이 쌓여 있었다. 도시였는지 궁전이었는지는 몰라도, 그곳은 한때 거대한 화염 속에서 불타올랐던 것 같았다.

날마다 진기한 일들이 일어났고, 그때마다 역사는 더욱더 컴컴한 어둠 속으로 빠져드는 것같이 보였다. 신들과 왕들과 전사들, 그리고 포로들이 구릉의 밑바닥으로부터 앞을 다투어 얼굴을 내밀었다. 정교하게 조각되어지고 풍부하게 장식된 조상들의 환상곡이라고나 할까. 어떤 조상은 8피트의 크기를 지닌 것도 있었다. 한번은 부러진 석판 밑에서 노란 석회암으로 만들어진 암소인지 황소인지를 발견하기도 했는데, 그것은 사람 머리에 날개를 달고 있었다. 그 조각상을 간신히 들어내 보니, 그 밑에는 놀랍게도 열여섯 개의 사자 동상들이 깔려 있었다. 이 사자상들은 훌륭하게 만들어져 있으며 큰 것은 30센티미터에서 작은 것은 3센티미터도 안 되는 것으로 크기가 규칙적으로 작아지고 있었다.

레이어드는 날마다 겉장이 가죽으로 된 연보라빛 공책에 스케치를 하고, 쐐기문자 비문을 베끼고, 건축 설계도를 베끼고 하였다. 그는 지극히 간결하게 기록을 하곤 했는데, 'M. 20 님루드' 등처럼 암호 같은 문자들만 적혀 있는 곳도 있었다.

  구릉의 정체는 쉽사리 밝혀지지 않았다. 그래서 그는 자기가 발굴한 것들을 '아시리아 혹은 칼데아'의 유물이라고 불렀다. 롤린슨은 레이어드가 니네베를 발견한 것이라고 강경하게 주장하고 나섰다. 그런데도 레이어드는 ——지난번 보타가 콜사바드를 발굴했을 때 그랬던 것처럼——자신이 창세기 속의 그 '위대한 도시'를 발견했다는 사실을 좀처럼 믿으려 들지 않았다. 이탈리아에서 활동하고 있던 미국의 화가 친구인 마이너 켈로그에게, 그는 자신이 "님루드라 불리는 폐허를 발굴하기 시작하였는데, 이곳이 옛날 니네베였는지도 모르겠다"고 조심스레 덧붙이고 있다. 니네베가 아니면 어떠랴? 켈로그는 기쁘기만 했다. 발굴물들에 관하여 열에 들뜬 사람처럼 묘사하고 있는 레이어드의 편지를 읽고 난 그는 그 당장에 모술로 편지를 띄웠다. "오랫동안 숨겨져 있던 고대 예술 작품들에게 빛을 던져 준 자네의 위대한 성공이 너무나도 기쁘네."

  님루드의 원래 이름이 아직 밝혀진 건 아니지만 레이어드가 자신의 위치를 발견했다는 것은 누가 보아도 명백하였다. "저는 폐허 속에서 살고 있어요. 이젠 다른 생각은 거의 하지 않고 지내요. 당분간 저의 희망과 두려움과 기쁨은 온통 이 폐허 속에 어우러져 있답니다."

  그 자신 알고 있진 못했지만, 그는 자기 자신을 되찾았을 뿐만 아니라 역사 속의 위대한 장소 역시 발견하였던 것이다.

20. 아시리아의 고고학 탄생

레이어드의 님루드를 샅샅이 뒤지고 있는 동안 롤린슨은 레이어드의 조상
들과 그 밖에 다른 유물들을 바그다드로 운반해 오기 위하여 증기선을 물색
해 두었다. 이 배는 동인도 회사 소유의 연안 무역선으로 바빌론의 전설상의
여왕의 이름을 따서 니토크리스(Nitocris)라 불리었다. 2년 전 레이어드를
티그리스에서 건져 준 존스 대위가 그 배의 선장이었다. 롤린슨과 레이어
드, 그리고 존스는 모두 니토크리스가 별 어려움 없이 일을 해내리라고 생각
하였다. 몇 년 전 니토크리스와 같이 일하고 있던 또 다른 배 한 척이 시험삼
아 강을 거슬러 올라간 적이 있었는데, 님루드에 채 이르지도 못하고 그냥
돌아오고 말았다.

니토크리스 역시 모든 사람들의 기대를 저버리고 완전히 실패하고 돌아왔
다. 그 해 따라 강의 흐름이 유달리 세차긴 하였지만 배는 순조롭게 전진할
수 있었다. 문제는 엔진 고장이 잦았다는 점이다. 보조 돛을 달아 보았지만
허사였다. 니토크리스는 채 절반도 가지 못해서 뱃머리를 돌려 빈손으로
돌아올 수밖에 없었다. 이제 이 거대한 날개 달린 사자들과 박부조 석상들을
어떻게 운반한단 말인가? 덩어리 하나가 몇 톤씩이나 나가는데 배가 없으니
큰일이었다. 어떤 조상은 사방 9자에 30센티미터의 두께를 지닌 것도 있었
다. 레이어드가 구한 얼마 안 되는 밧줄조차 어찌나 약한지 실밥처럼 툭툭
끊어지기 일쑤였다. 그리고 아랍인들이 끌고 다니는 수레들은 '건초 더미를

실어 나르기도 힘들 정도로' 허술하였다.

그는 보타가 쓴 편법을 사용하여 문제를 해결하였다. 그는 모술로부터 몇 명의 석수들을 불러와 조상들을 적당한 크기로 자르라고 지시하였다. 그러니 돌이 다치는 것은 피할 수 없는 일이었다. '비명들은 조상을 재설명한 것에 지나지 않고 또 무게를 더할 뿐이므로 남겨 둘 필요가 없다'고 생각하였다. 두 명의 석수가 조상으로부터 비문이 씌어진 부분을 잘라 내어 던져 버렸다.

돌덩이들은 양털과 지푸라기에 싸서 열두 개의 상자에 넣은 다음 물소가 끄는 덜컹거리는 수레에 싣고 강까지 운반하였다. 그는 양가죽 뗏목인 켈렉을 특별히 주문하여 만들게 하였다. 대바구니 같은 이 뗏목은 넓적하였고 만드는 데도 얼마 걸리지 않았다. 티그리스 강물을 따라 돌덩이들이 실려 내려갔다. 오로지 강물의 흐름과 여울목에 운명을 내맡긴 채 이 호송선은 바그다드에 무사히 도착하였다. 레이어드도 롤린슨도 놀랄 뿐이었다.

롤린슨은 이 돌덩이들을 살펴본 다음(아마 그는 비명이 잘려져 나가 몹시 애통했으리라) 곧바로 선적 작업에 들어갔다. 롤린슨은 영국으로 떠나는 화물선을 이미 대기시켜 놓고 있었다.

여름이 무르익어 가자 님루드의 더위는 점점 더 견디기 힘들어져 갔고 레이어드조차 불평을 늘어놓기 시작하였다. "날씨가 어찌나 더운지 다음 한 달 동안은 손을 놓아야 될 것 같습니다." 레이어드는 7월 말 어스틴 부부에게 호소하고 있다. "아랍인들은 날씨에 익숙해 있으면서도 삽질하기를 못 견더합니다. 그래서 저는 어쩔 수 없이 한낮만 되면 서너 시간 동안 그들을 놀려야만 합니다……농담이 아니라구요. 상상해 보세요. 그늘에서조차 화씨 115도에서 117화씨도 오르락내리락합니다."

이렇게 한창 힘들게 일하는 판에 모술의 지사가 2백 명의 호위병들과 신하들을 이끌고 님루드로 왔다. 레이어드가 발굴한 괴물들을 보기 위해서였다. 레이어드는 이 지사를 좋아하고 있었다. 그는 개인적인 편지 속에서 지사를 '백성의 번영과 행복을 위하여 힘자라는 데까지 노력하는 신사'라고 찬양하기도 하였다. 사람 머리를 한 사자상이라든가 독수리 머리를 한 사람상(반신상)들 및 다른 기괴 망측한 조상들을 본 방문객들은 아연실색하였다. 파샤의 부관 한 사람이 엄숙히 선언하였다. "이들은 불신자들의 우상이다"라고. 그러나 사탄의 손이 지어 낸 괴물들이 옆에 있어도 지사와 그의 일행들의 식욕은 떨어질 줄 몰랐다. '그들은 우리들의 6개월분의 양식을 몽땅 먹어치워 버렸다. 그것도 아끼고 먹지 않고, 절약하여 모아둔 양식이었는데 말이다' 라고 레이어드는 쓰고 있다.

날씨도 덥고 먹을 것도 떨어진 레이어드와 인부들은 하는 수 없이 님루드를 뒤로 하고 모술로 돌아왔다. 모술의 더위도 덜하지는 않았다. 그래도 모술의 반반한 집들은, 크리스천 라쌈의 영사관도 마찬가지지만, 대부분 사르다우브스, 즉 지하실을 갖추고 있어서 불볕 더위가 한창인 대낮이 되면 숨을 곳이 있어 위안이 되어 주었다. 그러나 레이어드는 초조하기만 하였다. '허송세월'을 하고 있다는 생각이 들면 자다가도 벌떡 일어나 앉곤 하였다.

아침마다 그는 티그리스 강 건너편을 바라다보았다. 그러면 언제나와 마찬가지로 도도한 퀸지크가 그를 굽어보고 있었다. 그는 클로디우스 리치의 말을 되뇌곤 하였다. "나는 이 구릉에서 적지 않은 고대 유물들이 쏟아져 나올 것임을 믿어 의심치 않는다."

마침내 그는 태양을 정복할 진기한 계획을 머리에 떠올렸다. 그는 해가 질 녘부터 해가 뜰 때까지 횃불을 밝히고 일을 하기로 결심했던 것이다.

퀸지크에서 야간 작업을 시작한 지 일주일 동안은 지난번 레이어드, 보타, 귈루와가 땅을 팠을 때처럼 아무런 소득도 없었다. 그러나 레이어드는 니네베의 터였다고 전해 내려오는 이 '구릉들 중의 구릉'인 퀸지크 속에 고대 세계에 대한 어떤 실마리가 들어 있음에 틀림없다고 굳건히 믿고 있었다.

다시 한번 행운의 여신이 레이어드에게 눈짓을 보냈다. 님루드에서 잠시 고용했던 모술의 늙은 석수 한 사람이 귀띔을 해주었다. 즉 자기는 리치가 박부조 상 하나를 찾아냈을 때 그곳에 있었는데, 후에 사람들이 그 우상을 산산조각을 냈다는 것이다. 진실한 신자인 자기도 빠지면 되랴 싶어 그들과 합세했었다는 것이다. '그는 내게 그 장소를 알려 주겠다고 말하였으며, 나는 그가 가리킨 폐허의 북쪽에 위치한 구릉 꼭대기에다 곧바로 구멍을 파도록 하였습니다'라고 그는 보고하고 있다.

레이어드의 인부들은 삽질을 하기 시작하였고, 곧 조각이 새겨진 알라바스터 조각이 나타났다. 그로부터 사흘 동안, 레이어드는 밤낮을 가리지 않고 24시간 내내 그 지점 주위를 파 내려갔다.

첫번째 주요 발견은 한 쌍의 날개 달린 반인 반수 상이 지키고 있는 홀의 입구였다. 이것들은 누가 망치로 두들겨 댔는지 조각이 나 있었다. 그 동안 놀라운 일을 하도 많이 당하여 웬만한 일로는 눈 하나 깜짝하지 않을 자신이 있다고 생각하고 있던 레이어드는 부조상의 크기가 어찌나 어마어마한지 ——20피트—— 경악을 금치 못하였다. 그들은 그때까지 아시리아에서 발견된 어떠한 조상보다도 컸다.

홀은 부서진 부조상의 파편들로 가득 차 있었다. 그 중 대다수의 파편들이 설형문자를 지니고 있었다. 화강암으로 포장된 통로가 홀로부터 구릉의 내부로 이어지고 있었다. 레이어드는 가슴을 잔뜩 죄며 그 통로를 따라가 보았다. 그러나 조상들은 더 이상 발견되지 않았다. 퀸지크는 다시금 비밀의 커튼을 내려 버리고 만 것이다.

현대의 고고학자였다면 그러한 발견을 뛸 듯이 기뻐했으리라. 그러나 레이어드는 실망하였다. 아직 고고학이 꽃피지 못한 그 당시만 해도 발굴의 성공 여부는 얼마나 많은 온전한 조상들을 발견하느냐에 따라 좌우되었다. 사금파리 따위는 아무런 의미도 없었다. 비명이라든가 문양 따위는 롤린슨과 같은 극소수의 학자들에게나 관심의 대상이 될 뿐 대부분의 사람들은 '거참 이상하게 생겼구먼' 하고 신기하게 생각할 따름이었다. 층위학(stratigraphy)이란 금시초문이었으니, 발굴 작업의 상세한 기록도 있을 리 없었다. 바로 그 때문에 레이어드라든가 동시대의 다른 고고학자들이 아시리아의 '조각 짜맞추기'를 풀어 내지 못했다고 해야 할 것이다. 그들은 커다란 덩치를 지닌 것만 다루고 작은 것들은 못 본 체하거나 쓰레기 더미에 던져 버렸다. 삼척동자라도 다 알 듯이 작건 크건 간에 모든 조각들을 짜맞추면 온전한 형체를 이룬다는 사실을 그 당시엔 미처 깨닫지 못한 것이다.

레이어드는 한여름에도 일을 하겠다고 고집을 부리더니 결국 대가를 치르고야 말았다. 몸무게가 현저하게 줄었을 뿐만 아니라 말라리아가 수시로 재발하였다. 크리스천 라쌈과 그의 아내 마틸다는 그의 건강이 내리막길을 달리는 걸 보고 커다란 충격을 받았다. 그들은 옛날 아시리아 왕들이 그랬던 것처럼 고산 지대로 가서 잠시 지내는 게 좋겠다고 충고하였다. 게다가 콜레라가 바그다드 지역에 창궐하고 있고 모술까지도 번져 올지 모르니 빨리 서두르라고 하였다. 퀸지크의 제2차 공격(?)이 별다른 성과를 보이지 못한 데 대해 실망이 컸던 레이어드는 그들의 애정 어린 충고를 받아들이기로 하였다.

9월이 되자 레이어드는 라쌈의 동생인 호르무즈드와 함께 네스토리아 및 칼데아파 기독교도들이 살고 있는 티야리 산악 지대로 떠났다. 그들은 자신들이야말로 고대 아시리아인들의 직계 후손이라고 주장하고 있었다.

레이어드는 휴가를 떠나기까지 일에서 손을 떼려 하지 않았다. 그 산악 지대는 북동쪽에 자리잡고 있었으므로 레이어드는 프랑스인들의 발굴 현장을 둘러보기 위하여 콜사바드를 거쳐 가기로 하였다. 그는 보타가 삽질하던 것을 돌아보고 그곳의 홀들 사이의 통로들이 님루드의 것들보다 훨씬 작다는 것을 알았다.

보타가 그곳을 삽질한 지 2년도 채 못 되었는데, 방들은 무너져 내린 흙더미들로 가득 차 있었다. 프랑스인들이 버리고 간 조상들과 양각들은 거의 박살이 나 있었다. "머지않아 이 훌륭한 유적은 흔적도 없이 사라질 것이다"라고 그는 앞날을 내다보았다.

레이어드는 콜사바드에서 머물지는 않았다. 왜냐하면 늪지대인 그곳이 '건강상 좋지 않기 때문'이었다. 사람들은 보타의 인부들 중에 많은 사람들이 학질로 쓰러진 것은 '늪' 때문이었다고 말했다.

날이 저물자 레이어드 일행은 서둘러 떠났다. 다른 동네에 도착하여 보니, 그곳 역시 습했다. 그러나 레이어드는 높다란 대 위에서 밤을 보냈다. '나는 저 아래 괴어 있는 물에 떼지어 사는 각다귀들의 습격을 전혀 받지 않고 밤잠을 잘 수 있었다'라고 그는 쓰고 있다.

물론 학질을 일으키는 것은 늪 때문이 아니다. 물론 각다귀도 아니다. 말라리아균을 지닌 학질 모기 때문이다. 그러나 이 사실을 알게 된 것은 근 반세기가 지나서였다. 북아프리카에서 활동하던 알퐁스 라브렁이라 하는 알려지지 않은 의사가 말라리아 매개체를 발견하였던 것이다.

그 후 몇 주일은 레이어드의 건강을 되살리는 청량제 역할을 해주었다. 그는 스위스의 알프스를 연상케 하는 산속을 돌아다녔다. 이 위그노 교도는 그들에게 동방의 프로테스탄트인들이라는 별명을 붙여 주었다.

그러나 그의 한가로운 여행 중엔 소름 끼치는 순간도 있었다. 3년 전 그 지역에서는 1만 명이나 되는 기독교인들이 터키인들에 의해 대량 학살을 당하였다는데 유럽인으로서는 레이어드가 처음으로 그곳을 방문하게 된 것이다. '한 군데서만도 저는 8백 명(네스토리아인들은 2천명이라고 말했다 한다)의 남자, 여자, 어린아이 할 것 없는 산더미 같은 해골들을 보았습니다. 그 해골들은 아녀자들의 머리채와 해진 옷가지들과 헌 구두 등과 함께 햇빛과 비바람에 노출되어 있었습니다'라고 그는 어머니에게 보낸 편지에 쓰고 있다.

특히 그는 폐허들을 눈여겨보며 다녔는데, 눈에 띈 유적이라곤 바위 위에 새겨진 닳고 닳은 박부조 하나뿐이었다. 그것은 어찌나 마모가 심하였던지 복사조차 할 수 없었다. 여행 중 하일라이트는 알코쉬의 방문이었다. 그 지방 전설에 의하면, 그곳은 예언자 나훔의 무덤이 있었다고 한다. 회교도, 기독교도, 유태교도들은 이 장소를 성역으로 모시고 있었는데, 특히 유태인들은 건물을 수리하고 근처에 무리를 지어 살고 있었다. 그러나 무덤은 보잘것없었다. 무덤이라고 하는 것은 석고 상자에 지나지 않았는데, 초록빛 천으로 덮여 있을 뿐 '비명도 씌어 있지 않고 근처엔 눈에 띌 만한 유물조차도 없었다.' 레이어드는 전설의 출처를 확인해 볼 도리가 없었다. 성 제롬은 엘 코쉬

(알코쉬?)가 갈릴리에 있는 마을이라고 하지 않았던가?

레이어드는 9월 말에 모술로 돌아왔다. 더위는 아직도 기승을 부리고 있었고 그는 학질 재발로 다시 고생하였다. 그의 이마는 끓어오르고, 이는 덜덜거렸으며, 뼈마디는 욱신욱신거렸다.

그가 네스토리아 교인을 방문했었다는 소문은 메소포타미아에서 억압을 받고 있는 다른 소수 민족의 귀에까지 들어갔다. 이들은 레이어드와 미트포드가 다마스커스에서 모술로 올 때 잠시 만났던 악마 숭배자인 예지디족이었다. 예지디족은 카왈, 즉 사제를 모술로 보내어 사탄을 달래기 위한 그들의 10월 축제에 레이어드를 초대하고 싶다고 하였다. 그 초대는 아마도 정치적인 의도에서 이루어졌던 것 같다. '위대한 각하'의 이름과 바그다드에서의 영국의 활동 상황은 티그리스와 유프라테스 전역에 널리 알려져 있었다. 소수 민족들은 영국으로부터 도움과 위로를 받고 싶어하였다. 그들은 레이어드가 위대한 각하의 대리인——그뿐만 아니라 모든 영국인들을 다——이라 믿었으므로 친구로 사귈 만한 사람이라고 생각하고 있었다.

그 지방의 회교도들과 기독교도들은 예지디인들이, 색정광이었던 아시리아의 세미라미스 여왕이 창시한 기괴 망측한 종교를 지니고 있다고 믿고 있었다. 유럽인들은 그때까지 예지디인들의 종교적 행사를 본 일이 없었다. 전하는 바에 의하면 그들의 축제는 흥청망청거리고 방탕스럽기까지 하다는 것이었다. 레이어드는 그 초대를 두말 않고 받아들였다.

레이어드가 가서 보니 악마 숭배자들의 신앙은 여러 종교들의 잡탕이었다. 예지디인들은 시리아와 레바논의 사베아인들을 연상시키기까지 하였다. 예지디인들은 최고의 존재를 인정하고 있었다. 그들은 창세기의 우주 진화론, 이를테면 천지창조와 대홍수 등을 믿고 있었다. 그들은, 모세는 물론 마호메트도 예언자로서 신봉하고 있었다. 그들은 또 예수께서 사람의 몸을 하고 이 세상에 오신 주님의 대천사라 믿고 있었으며 그의 재림을 기다리고 있었다. 그들은 기독교도들처럼 어린아이들에게 세례를 주고, 유태인들과 회교도들처럼 남자아이는 할례를 받도록 하였다. 그들은 또 고대 이집트인들처럼 태양을 숭배하였으며 매일 아침 첫번째 햇살이 가닿는 물건마다 입맞추어 경배하였다.

예지디인들이 여타 종족들과 다른 점은 사탄을 공경한다는 데 있었다. 사탄은 신적인 의지에 대항하여 반란을 일으켜서 신으로부터 벌을 받은 힘센 천사라고 믿어지고 있었다. 이 악마가 된 천사는 아직도 힘을 잃지 않고 있으며, 잘못 건드리면 인간에게 해를 끼칠 수단을 지니고 있으므로 잘 달래 줘야 한다고 믿고 있었다. 사탄이 힘을 행사하고 있다는 사실은 인간의 조건을 보면 알 수 있지 않냐고 하였다.

예지디인들은 이 악마의 눈에 거슬리지 않기 위하여 피나는 노력을 다하고 있었다. 그들은 일상 언어생활 중에 악마의 이름을 발설하는 적이 절대로 없으며 악마를 의미하는 아랍어의 쉐이탄(Sheitan)에 조금이라도 닮은 말은 모조리 추방하고 있었다. 그들은 강을 의미하는 아랍어의 샤트(Shat)라는 흔한 말까지도 입에 담길 거절하고 있었다. 그 단어의 첫 음절이 쉐이탄의 첫 음절과 동일하기 때문이라는 것이었다.

예지디인들과 함께 지내면서 레이어드는 입조심을 하느라 애를 써야 했다. 왜냐하면 그는 때에 따라 영어나 아랍어로 되는 대로 욕지거리를 퍼붓는 습관이 있었기 때문이다. 그런데 딱 한번 그는 실수를 저지르고 말았다. 사내아이 하나가 흔들거리는 나무 위로 올라가더니 레이어드와 예지디 장로들이 앉아서 이야기하고 있는 머리 위에 뻗어 있는 연약한 나뭇가지로 기어 오고 있는 게 아닌가? 레이어드가 올려다보니 사내아이가 가지째로 그들 한가운데로 떨어질 참이었다. 놀란 그는 가지를 가리키며 "저 꼬맹이 악(sheit)……" 하고 소리지르다 재빨리 입을 막았다.

공포의 단어 중 절반이 튀어나온 것이다. 그와 동석하고 있던 사람들은 모두 새파랗게 질리고 말았다. '나는 본의 아니게 그들의 마음을 상하게 한 것이 몹시 한심스러웠다. 그리고 나의 경거 망동을 무엇으로 보상하여야 할지 몰라 낭패하였다'라고 그는 후에 쓰고 있다. 수분간의 어색한 순간이 지나고 난 다음에야 비로소 예지디인들은 본래의 자세대로 돌아왔다. 그들은 레이어드의 실수가 고의적인 것이 아니라고 생각하였는지 위기는 그런 대로 넘어갔다. 레이어드는 안도의 한숨을 내쉬었다. 예지디인들은 모독죄를 짓는 사람들을 죽음에 처한다는 말을 들은 적이 있기 때문이었다.

축제에 초빙된 외부 사람들과 어느 정도 낯이 익어 쑥스러움이 가시자, 예지디의 아낙네들은 베일을 벗었다. "나무 아래 앉아 있자니, 소녀들이 와자지껄 웃으며 내게로 몰려와, 내 옷을 살펴보고 이상한 게 눈에 띄면 물어 보곤 하는 것이었다. 몇몇 대담한 소녀들은 목에 걸친 구슬 목걸이를 내게 보여 주기조차 하였다. 구슬들은 돌을 새겨 만든 것이었는데, 대부분 아시리아로부터 유래된 것 같았다."

약 7천 명의 예지디인들이 축제에 참가하였다. 레이어드는 연 사흘 밤 동안 그들의 의식에 참석하여 음악 연주와 찬송을 들었다. 그러나 그가 상상 하고 있던 일들은 전혀 일어나지 않았다. "점잖지 못한 행동거지도 엿보이지 않았으며 꼴사나운 일들도 벌어지지 않았다." "흥청망청 떠들기는커녕 온 산골짜기에 성스러운 분위기가 맴돌고 있었으며 유태법상 불경스럽다고 인정되는 일은 조금도 용납되지 않았다." 그러나 레이어드는 사탄 자신인 '공작 왕'을 경배하는 제사엔 참석하지 않았다. 그 종교의 전수자들만이 참석 할 수 있었기 때문이다. 예지디인들과 따뜻한 우정을 나누었음에도 불구하고 그는 '그러한 행사들'을 이해할 수 없었다.

레이어드 자신으로 말할 것 같으면, 그는 예지디인들을 아주 '훌륭한 종 족'이라 생각하고 있었다. 레이어드는 다음과 같은 우스갯소리를 늘어놓아 빅토리아식 양반인 어스틴 부부를 놀려 주기도 하였다. "이 불쌍한 산악민들 만큼 제게 따뜻하게 대해 준 사람들은 일찍이 없었습니다. 그래서 저는 '나도 그들처럼 악마 숭배자가 되어 볼까' 하는 생각이 들기까지 합니다."

그런데 모술의 총독 역시 10월경 예지디를 방문할 친선 사절단을 조직하 고 있었다. 레이어드는 하루 빨리 님루드로 가서 발굴 작업을 계속하고 싶었 지만 자신의 연설 장소에 배석해 달라는 파샤의 청을 거절할 수가 없었다.

파샤는 대오토만 제국의 총독답게 화려하고 위풍 당당한 행렬을 이끌고 길을 떠났다. 정규 보병 연대가 선두에 서고 그 뒤로는 포병 중대, 그 다음엔 공작새와 같이 화려한 제복으로 성장한 총독과 부관들이 파샤의 개인 깃발을 펄럭이며 따르고 있었다. 그 깃발은 초록색 비단 천에 코란으로부터 따온 시구를 금실로 수놓아 만든 것이었다. 행렬의 끝엔 무지막지하기로 유명한 바쉬-바쥬크, 즉 비정규 기병대 6개 중대가 따르고 있었다.

"카와스와 하인들을 동반한 나는 말을 타고 행렬의 앞과 뒤를 자유로이 오고 가며 행군을 즐겼다."

중간에 그들은 언덕 위에서 밤을 지내게 되었는데, 레이어드는 그곳에서 서쪽의 지평선까지 뻗어 있는 아시리아의 광활한 평야를 한눈에 내려다볼 수 있었다. "고대 도시들과 마을들의 폐허인 구릉들이 도처에 널려 있었다. 이 구릉들의 검고 긴 그림들은 평야를 가로지르며 점점 길어져 갔다. 해질 무렵까지 내가 셀 수 있었던 구릉의 수만 해도 백여 개가 넘었다. 이들은 아시리아의 문명과 번영이 남긴 망령이다. 메소포타미아의 이 지역에 정착민들이 들어선 지 수세기가 지났다고 한다. 그러나 이제는 베두인의 천막 하나 눈에 띄지 않는다. 평원 전체가 불모의 땅인 황무지가 되어 버린 것이다."

에제키엘의 예언이 이루어진 것이다.

이번 총독은 다름 아닌 평화를 위하여 찾아왔음에도 불구하고 전임 총독의 치하에서 너무나 심한 고통을 겪은 예지디인들은 어떠한 약속을 다 해도 두려움을 떨칠 수 없었다. 카왈(장로)들이 선발대에게 자신들은 마을을 굳건히 방어하겠노라고 통보하여 왔다.

파샤의 군대가 레이어드를 앞세우고 당도하여 보니 마을은 온통 불질러져 있었고 두 명의 터키병의 시체가 발 아래 쓰러져 있었다. 파샤는 이 뜻하지 않은 공격에 격분하였고 비정규군들로 하여금 본때를 보여 주라고 명령하였다. 이제껏 선린 정책을 펴나가는 데만 열중하고 있던 마음씨 착한 총독 밑에서 몸이 근질근질해 있던 참인 바쉬-바쥬크들은 함성을 지르며 달려 나갔다. 마을은 순식간에 짓밟혔다. 그러나 부락민들의 대부분은 산속으로 도망간 지 오래고 너무 늙어 움직이지 못하는 노인네들 몇 명만 남아 있었

다. 비정규군들은 양처럼 저항할 줄 모르는 노인네들을 잡아들이는 것만으로
양이 차지 않아 목까지 베어 버렸다.

"밤이 되자 이 가련한 할머니 할아버지들의 머리들이 막사 주위를 돌며
열병식을 가졌다"고 공포에 질린 레이어드는 말하고 있다. 그리고 그러한
트로피를 지닐 수 있었던 행운의 사나이들은 이 텐트 저 텐트 돌아다니며
"자신의 용맹에 대한 상금을 내놓으라고 고함 질렀다." 레이어드는 파샤에게
그 머리들을 땅에 묻도록 지시하라고 애걸하였다. "그러나 병사들은 파샤의
명령을 따르려 들지 않았을 뿐만 아니라 그 피투성이 전리품을 밤 늦도록
들고 다녔다. 새벽녘이 가까워서야 그들은 그 무시무시한 머리들을 늘어놓은
다음 불을 질렀다."

다음 수일 동안 파샤의 군대는 예지디인들을 산으로부터 끌어내리려고 애썼
다. 인명 손실도 컸다. 파샤는 병사들의 사기를 돋우느라 예지디인의 총부리
앞에다 자신의 양탄자를 깔게 한 다음 레이어드에게 같이 와 앉으라고 권하
기조차 하였다. 키플링(1865~1936)의 시에서나 나옴직한 장면이었다.

"거기서 그(파샤)는 태연스럽게 앉아 담뱃대를 뻐끔거리며 예지디인의
총부리가 자신을 겨냥하고 있는 것도 아랑곳하지 않은 채 내게 쓸데없는
얘기만 늘어놓는 것이었다. 바로 코앞에서는 병사들이 죽어 갔고 콩볶듯
쏟아지는 총알 앞에서 우리들의 얼굴은 튀어오르는 흙먼지로 희뿌연 탈을
뒤집어 쓴 것 같았다."

레이어드는 꽁무니를 빼고 싶어도 창피당할까 두려워 파샤의 모사에 응할
수밖에 없었다. 그는 자신의 체면을 잃는 날에는 님루드건 퀸지크건 물거품
처럼 사라져 버리고 말 것이라는 걸 잘 알고 있었다.

밤이 되자 예지디인들은, 낭패한 터키 군대를 남겨 둔 채 깊은 산속 그들
의 성채로 물러갔다. 레이어드는 모술로 되돌아갈 수 있게 되자 안도의 한숨
을 쉬었다. 이제 그는 평화스런 구릉에서의 생활을 다시 시작할 수 있게
된 것이다.

이렇듯 괴상망측한 상황 아래서 아시리아 고고학은 탄생하였던 것이다.

21. 대영 박물관과의 마찰

레이어드가 산악 지대를 여행하고 있는 동안 런던에 머물고 있던 캐닝은 영국 정부가 대대적인 발굴 사업에 동의 서명하도록 영향력을 행사하고 있었다. 그는 수상에게 졸라 대고, 재무성과 외무성을 괴롭히는가 하면, 모교 인 옥스포드의 친구 교수들에게 압력을 가하고 대영 박물관의 이사들을 방문하였다.

장애물은 한두 가지가 아니었다. 억울한 노릇이었지만, 런던에서의 레이어 드의 평판은 그리 좋지 못했다. 팔머스톤 경이 외무 장관인 애버딘 경을 교체하였는데도 불구하고 외무성은 레이어드가 영국 대사관 직원 행세를 하였다는 샘 많은 벨그라드 주재 영국 영사의 날조된 보고를 아직도 기억하고 있었다. 재무성은 재무성대로 커츠 사건을 잊지 않고 있었다. 은행이 레이어드의 결백을 선언하고 그들 스스로의 잘못이었음을 시인해도 막무가내였다. 박물관 이사들은 레이어드야말로 그들을 언제 어디서 어떤 곤경에 빠뜨릴지 모를 망나니 무뢰한이라고 제쳐 놓고 있었으니, 카디(회교 지도자) 사건을 보면 알 수 있지 않느냐고 말하였다.

그러나 레이어드는 캐닝이라는, 만인으로부터 존경받는 막강한 실력자를 방탄막으로 삼고 있었다. 스트래트포드 경은 테니슨의 말대로, '동방에서의 영국의 소리'였다. 캐닝이 입만 뻥긋해도 사람들, 특히 관리들은 귀를 기울였다.

당시 수상이었던 로버트 피일 경에게 보낸 편지에서 캐닝은 님루드에 대한 자신의 관심을 허심 탄회한 말투로 다음과 같이 털어놓고 있다. '보타가 니네베(사실은 콜사바드임)에서 성공한 걸 보고 저도 그와 똑같은 행운을 얻고자 모험을 하고 싶었던 것입니다. 그런데 제 행운권이 횡재를 하게 생겼단 말입니다.'

캐닝은 레이어드의 이름을 언급하지는 않고 그저 '님루드'라고 하는 거대한 구릉에서 피땀 흘려 일을 하여 많은 조상들과 비명들을 발견한 '저의 대리인'이라고만 말하고 있다. 레이어드가 터키 수상의 허가서를 얻어 내기 위하여 캐닝의 애국심에 호소하였듯이, 캐닝 역시 피일의 애국심에 호소하여 필요한 자금을 얻어 내려 하였다. "저희들 예상이 맞아떨어지기만 한다면……"하고 캐닝은 간곡하게 말했다. "몽타그 하우스(대영 박물관)는 루브르 박물관을 앞설 수 있을 겁니다."

그는 또 재무성의 관리들과 옥스포드의 고전학자이며 대영 박물관의 이사인 R. H. 잉글리스 경 등과 같은 절친한 친구들에게도 압력을 가하였다. 'P. R.'이라는 말이 아직 창안되지도 않았을 그 당시, 캐닝의 님루드 캠페인은 엄청난 반응을 불러일으켰다. 재무성과 박물관이 알맹이 없는 말만을 늘어놓자 그는 구릉에서 있었던 첫번째 발견에 대한 레이어드의 비공식 보고서를 회람시켰다. 이사들은 감명을 받고 레이어드 편이 되었다. 그러나 매사에 용의 주도한 정치가인 캐닝은 발굴에 있어서의 자신의 역할을 역사 속에 길이 남도록 손을 써놓는 것도 잊지 않았다. 즉 공식 기록인 박물관의 비망록에는 '스트래트포드 캐닝 경은, 쿠르디스탄(사실은 메소포타미아임)에서 레이어드가 각하의 지도하에 탐사, 발굴하여 얻은 결과를 대영 박물관 이사회에 자진하여 제공하였으며……더불어 이사회가 이 발굴 활동을 적극 추진 지원해 주기를 바란다는 의사를 표명하였다'라고 씌어 있다.

캐닝이 런던에서 어려움을 겪게 된 보다 더 근본적인 이유는 레이어드의 불명예스런 평판이라든가, 구릉 속에 값진 물건이 파묻혀 있을 리가 있겠느냐는 의심스런 논제 때문이 아니었을지도 모른다. 오히려 아무런 이익 배당도 없는 사업에 돈을 투자해야만 하는 명백하고도 냉엄한 현실 때문이었다. 그것은 마치 헌 램프를 사느라 새 램프를 내주는 일과 같지 않은가? 박물관이 기금 지원에 있어 인색하게 군 사실은 이러한 결론을 뒷받침해 준다. 대영 박물관은 구릉의 발굴 비용으로 2,000파운드(10,000달러)의 기금을 승인하였는데, 그도 1847년 6월 30일까지, 10개월 이내에 일을 끝마쳐야 한다는 단서를 붙이고 있다. 기금은 다시 네 등분으로 나누어져서, 400파운드는 캐닝이 그간 자기 주머니에서 낸 돈을 메워 주어야 했고, 500파운드 플러스 100파운드는 수고비와 귀향 편도 여비조로 레이어드에게 지불하고 나면 나머지 1,000파운드만이 발굴 자체에 쓰이게 되는 것이다.

말이 기금이지 한 마디로 기막힌 노릇이었다. 레이어드는, 그러니까 님루드에서의 발굴 비용조로 매달 100파운드씩 받게 되는 셈인데, 이 돈으로 그는 백 명도 넘는 인부들의 품삯을 지불해야 하고, 발굴 작업을 총감독해야 하고, 양각들을 여벌로 스케치해야 하며(프랑스 정부는 보타에게 플렁댕이라는 화가를 보내 주었지만, 대영 박물관은 화가를 보내기를 거부하였다), 모든 설형문자 비문들을 베껴야 하고, 운반할 수 없는 조상들이라든가 양각들의 주조물을 두 개씩 만들어야 하고, 조상들을 상자에 넣어 운반하여야 하며, '횡재한 노다지들'(캐닝은 발굴물들을 이렇게 불렀다)을 영국으로 가는 배에 선적할 수 있도록 조처를 취해야 했다. 이에 비하여 프랑스 정부는 어떠하였는가? 그들은 보타와 플렁댕에게 5,000파운드를 주었는데, 이 금액은 콜사바드에서 그들이 수고한 데 대한 감사의 표시에 지나지 않았다. 이 밖에도 정부는 그 유명한 「니네베의 기념비들」을 출판하는 데 수천 파운드를 무상으로 제공하여 주었다.

캐닝은 이 문제에 대하여 대영 박물관이 전혀 무감각한 데 놀라지 않을 수 없었다. 그러나 노련한 외교관이었던 그는 이러한 상황으로부터 가능한 한 최대의 것을 얻어 내고자 노력하였다. 이제 그는 온갖 지혜를 다 짜내어, 비록 실망스러운 액수이긴 하지만 받아 두는 것이 현명한 일이라는 점을 레이어드에게 인식시키고자 노력하였다. '대영 박물관이 내 대신 님루드를

떠맡게 되었네' 하며 캐닝은 기쁘지 않느냐는 투로 쓰고 있다. '자네는 박물
관의 전권 위임자가 되고 말일세.' 이 편지는 9월에 씌어진 것인데, 레이어드
가 답장을 쓸 겨를도 없이 또 한 통의 편지가 날아왔다. '자네가 만족스러워
하지 않는다면 나는 실망이 클 걸세그려'라고 완곡하게 말하면서 그는 자신
의 부하에게 보이지 않는 압력을 가하고 있었다.

파샤의 지친 군대와 함께 산악 지대에서 돌아온 레이어드는 캐닝의 편지
와 함께 1846년 9월 21일자로 날인되어진 대영 박물관의 계약서가 자신을
기다리고 있음을 알았다. 편지 봉투를 손에 쥔 그는 구름 위를 떠다니는
기분이었다. 이 얼마나 기다리고 기다리던 대망의 순간인가 말이다. 그러나
내용을 읽어 내려가던 그는 깊은 절망감에 빠지고 말았다. 발굴 작업에 할당
된 돈이 어찌나 적은지, 그는 웃어야 할지 울어야 할지 몰랐다. 더욱더 기가
찬 것은 대영 박물관으로서는 발굴이 끝났다 해도 '레이어드를 어떠한 방식
으로든 고용할 수 없다'고 못박고 있었다. 그들을 위하여 아직 일도 시작하지
않았는데, 달라붙을까 봐 떼어 버릴 궁리부터 하고 있다니! 발굴이 끝나면
레이어드는 전문직에 발을 들여 놓을 수도, 또는 존경받을 만한 일자리를
바랄 수도 없는 나이에 세상에 내던져질 판이었다. 레이어드는 그답지 않게
자기 연민에 빠져 "저는 지금까지 너무 오랫동안 운이 없었습니다. 그래서
이젠 절망스런 생각이 들 뿐입니다"라고 캐닝에게 하소연을 하고 있기조차
하였다.

앞으로 이루어야 할 작업이 엄청난 규모의 것이며, 그것도 믿을 수도 없을
만큼 원시적인 상태에서 일을 해내야 함을 알고 있는 사람은 레이어드 이외
에 롤린슨뿐이었는데, 그 역시 대영 박물관의 인색함에 놀라지 않을 수 없었
다. 그는 이사회의 기금 제공을 '메스꺼울 뿐'이라는 한 마디로 표현하였다.

메스꺼움으로 말할 것 같으면 레이어드 개인의 입장에서도 마찬가지였
다. 계약서에 동봉된 편지를 보니 박물관의 총무라는 퍼샬 신부가 님루드에
서 레이어드가 지켜야 할 일들에 대하여 일장의 설교를 늘어놓고 있었기
때문이다. '첫번째 임무는' 하고 퍼샬은 뻔한 일을 가지고 새삼스레 위엄을

부려 쓰고 있었다. '기념물의 보존일 것인즉' 레이어드는 '조상이나, 비명, 기타 물체를 손상하지 않도록 극히 조심을 해야 한다'는 것이었다. 이제 막 구릉들이 있다는 사실을 안 주제에 뚱딴지같이 주인 행세를 하려 들다니! 박물관은 또 욕심까지 부려, '레이어드 씨는 님루드 구릉 이외의 지역에서도 발굴을 수행하도록 노력해야 한다'고 설교하는가 하면, '그럴 리야 없겠지만, 다른 유럽 강대국의 대리인과 치열한 선취권 다툼이 있게 될지도 모른다'고 주의까지 주고 있었다. 강대국이란 다름 아닌 프랑스였다.

이사회는 레이어드의 소문난 성깔에 대해서도 공공연한 주의를 주고 있다. 이제 앞으로 발굴 작업이 대대적으로 펼쳐지면 현장의 인부들의 숫자도 늘어날 것이고, 그렇게 되면 "분쟁이라든가 불만의 소지가 많아질 터인즉, 레이어드 씨는……가능한 한 전보다도 훨씬 신중하고 조심성 있게 행동할 것"이라고 덧붙였다.

레이어드는 박물관의 계약서와 퍼샬의 모욕적인 편지를 그 자리에서 되돌려 주고 싶은 생각이 들었다. 그러나 별 수 없지 않은가? 구릉을 발굴하고자 하는 그의 대망의 꿈이 물거품처럼 사라지고 말 터인데! 게다가 캐닝과의 절친한 관계도 깨어질 것임에 틀림없고, 그렇게 되면 외교가에 발을 들여 놓고자 하는 희망도 버려야 할 판이다. 다시 말해서 완전 낙오자가 되어 영국으로 되돌아가야 함을 의미하는 것이 아닌가? 멀리 계신 사라 아줌마 역시 자신의 대자가 우왕좌왕하다 갈림길에 서 있음을 감지하였는지, '네가 지금 갈림길에 서 있는 것 같구나'라고 쓰며 은근슬쩍 그 조건을 받아들이도록 암시하고 있었다.

사라 어스틴의 추측은 그리 틀리지 않았다. 레이어드는 결정을 내리느라 수일 동안을 고심하였다. 마침내 그는 몹시 실망하고 자존심이 상한 허탈 상태에서, 대영 박물관의 제안을 받아들였다. 그러나 자존심이 무척 강하고 고집 불통인 그는 대영 박물관을 어떻게 해서든 한방 먹이지 않고 견딜 수가 없었다. 그는 이사회에 자신에게 책정된 봉급과 여비를 도로 챙겨 넣어 두라고 써 보내면서 그러나 자기 같으면 그 돈을 차라리 구릉 발굴에 보태 쓰겠노라고 하였다. 장비 구입과 인부들 품삯에 보태 쓰겠노라고 말이다.

레이어드의 답장은 박물관 이사들에게 카운터 펀치를 먹인 결과가 되었고, 그들로 하여금 자신들이 상상력이 부족한 인사 담당자일 뿐 아니라, 나태한 관료임을 느끼도록 하기에 충분했다. 하긴 그들은 그러한 사람들이었다.

22. 님루드 발굴의 재개

1846년 11월 1일 레이어드는 님루드에서 대대적인 발굴을 재개하였다.

제일 먼저 할 일은 베이스 캠프를 세우고 인부들을 모집하는 일이었다. 본부는 님루드 근방에 흙벽돌로 정성들여 지었다. 레이어드가 님루드를 최초로 답사할 때 동반하였던 바그다드의 상인 로스는 그의 회고록에 이렇게 적고 있다. '그 집은 어찌나 서둘러 지었는지, 벽돌은 제대로 마르지도 않았고, 지붕을 올리기도 전에 비가 와서 사람이 들어 살게 되자, 안쪽 벽엔 곧 보리싹이 나와 뒤덮이게 되었다. 햇빛을 못 본 이 보리싹들은 날이 갈수록 허여멀거니 길쭉하게 자라 환상적인 꽃줄 장식처럼 벽에 늘어졌다.'

레이어드의 주거지 곁에는 카와스와 하인들을 위한 오두막들이 나란히 지어졌다. 이들은 외양간과 아랍인 귀빈(V.I.P.)들을 위한 사랑채와 함께 하나의 단지를 이루고 있었다.

집을 지을 때 일꾼들은 벽에 일정한 간격으로 구멍을 뚫어 놓았는데, 이러한 건축 양식은 같은 시기에 지구의 반대편, 즉 미 대륙의 텍사스 주에 살던 알라모 인디언들도 즐겨 쓰던 양식이다. 집들의 이러한 호전적인 모양새는 베두인 침입자들을 놀려 주기 위해 고안된 것이었다. 석수장이들이 훌륭한 머리를 짜내 정성들여 지은 집이었음에도 불구하고 레이어드는 겁에 질렸다. 그는 자신이 마치 님루드에다 요새를 짓는 것처럼 소문이 퍼져 콘스탄티노플 당국을 놀라게 할까 보아 당혹하였다. 콜사바드에서 작업하던 보타

역시 그러한 오해를 산 적이 있지 않은가? '나는 즉시 구멍을 메우라고 지시하였다'고 레이어드는 쓰고 있다.

그러나 그는 베두인족의 침입에 대비한 방어의 필요성조차 무시한 건 아니었다. 레이어드는 일꾼 40명과 그 가족들의 텐트를 자신의 오두막 주위에 치도록 지시하였다. 또 다른 40세대의 아랍인들은 구릉 꼭대기에 텐트를 치도록 하고 나머지 아랍인들은 티그리스 강둑을 따라 천막을 치고 거기서 아시리아의 유물들을 바그다드까지 싣고 갈 켈렉을 짜도록 지시하였다. 아랍인 장정들은 모두 무장을 시켰다.

이 밖에도 그는 터키 정부의 승인하에 모술에 있던 비정규 수비대 수령, 바이락다르를 임시로 고용하였다. '그의 용감성으로 말할 것 같으면 내 두 눈으로 확인한 바 있다'고 레이어드는 쓰고 있다. 그는 바이락다르에게 베두인 침입자들에 대비하여 야영지를 수호하고 구릉 깊숙히에서 발굴되는 예술품 모두를 관리하는 권한을 부여하였다. '그는 내게 충실히 봉사하였고 정직하였다'고 레이어드는 수년 뒤에 쓰고 있다.

구릉 한쪽, 그러니까 지난번 레이어드가 거대한 날개 달린 사자상들을 발견한 곳에는 50명의 네스토리아인 삽쟁이들과 그 가족들을 위해 막사를 짓도록 명령하였다. 그는 또 구릉 꼭대기에 발굴물들을 보관할 창고를 짓기도 하였다.

레이어드의 천막촌은 문자 그대로 바벨탑의 재현이었다. 아랍인, 쿠르드인, 터키인, 기독교계 칼데아인(네스토리아인)들, 그리고 덤으로 야곱지파 시리아인 한 사람까지 모두가 레이아드의 팀을 이루었다. 이 시리아인은 모술에서는 알아 주는 유명한 석수장이였다.

일꾼들은 형편 없는 품삯을 받았다. 그들은 일당 최하 3피아스터에서 최고 5피아스터까지 받았는데 대략 계산하면 13에서 22센트에 해당하는 금액이었다. 그러나 로스가 말하고 있듯이, "그곳 사람들은 어찌나 가난한지, 레이어드 밑에서 일하고 몇 푼 안 되는 돈이나마 손에 쥐게 되는 것을 커다란 행운으로 여기고 있었다." 레이어드는 이 사흘 동안에 130명이나 되는 일꾼들을 구하고 스물네댓 명의 경비원들과 하인들도 채용하였다.

이제 열여덟 살이 된 호르무즈드 라쌈은 레이어드의 참모장으로서 그와 한집에서 살며 회계를 보았다. 레이어드는 그를 전적으로 신임하였는데, 이 청년 라쌈의 임무 중에는 인부들의 주급을 지불하는 일도 끼어 있었다. "그는 곧 아랍인들 사이에서 대단한 영향력을 행사하게 되었고, 그의 명성은 사막 저 멀리까지 널리널리 퍼져 나갔다"고 레이어드는 만족해하였다.

대영 박물관, 다시 말해서 영국을 대리하여 일하는 그로서는 공금지출에 철저한 책임을 져야 한다. 지난날 법률에 관한 교육을 받은 것이 이제 도움이 되어 주었다. 그의 빈틈없는 회계 장부를 보면 알 수 있다. 천막 부락을 세우는 데는 2,407.20피아스터(107.31달러)가 들었는데 그 중에는 그 자신과 인부들의 움막들을 짓는 데 소요된 590피아스터도 포함되어 있다. 1,369피아스터는 임금과 연장과 그 밖에 버드나무 가지로 만든 바구니, 짐승 가죽, 통나무, 철제 나사, 거적 등과 같은 자재 구입비로 지출되었다.

레이어드는 툭하면 하사금을 내리곤 하였는데 인부들이 그것을 바랐고, 그들과 사귀기 위해서도 바람직한 일이었다. 그는 그러한 산타클로스 역할을 즐겼다고 한다. 따라서 퍼샬 신부와 이사회에 제출된 첫번째 달 대차 대조표에는 다음과 같은 지출이 기록되어 있다. 아랍 족장에게 선물 37.20피아스터, 족장의 딸에게 선물 100피아스터, 직원들을 위해 요리를 해준 하인들에게 선물 103.20피아스터.

일차 레이어드에게 한방 먹은 적이 있는 퍼샬과 그의 측근들은 아무런 이의도 제기하지 않고 이러한 지출들을 승인하였다.

레이어드는 그의 인부들을 여러 조로 나누었다. 각 조는 캠프 내에서 가장 힘이 세고 활달한 칼데아인 두서너 명과 여남은 명의 아랍인들로 구성되었다. 칼데아인들은 흙을 팠고 아랍인들은 바구니 속에 흙을 담아 날랐다. 파낸 흙은 구릉 위에 새로이 쌓아 놓거나, 아니면 구릉 비탈에 쏟아, 저 아래 사막에까지 흘러내리도록 하였다.

각 조에는 십장을 두었는데, 영국의 오랜 전통인 분할 지배책을 써서 서로

적대적인 아랍인들을 한 조로 편성하였다. "그렇게 함으로써" 하고 레이어드
는 천연덕스럽게 말하고있다. "……나는 무슨 일이 일어나고 있는지 알 수
있다. 이를테면, 어떤 음모가 싹트고 있는지, 아니면 누군가 발굴 중에 얻어
진 유물을 **빼돌리려** 하는지……."

인부들은 회교도들의 안식일인 금요일을 제외하곤 매일 아침 해뜰 무렵부
터 갱에 모여 힘든 일을 시작하였다. 레이어드가 처음 삽질을 하기 시작했을
땐 손이 부르트고 몹시 힘이 들었다. 그러나 그의 손바닥도 점차 굳어가고,
시간이 흐르자 그 역시 다른 인부들과 마찬가지로 정력적으로 맹렬하게
일할 수 있게 되었다. 매일 11시가 되면 인부들의 어린이들이 구릉 위로 점심
식사(사실은 아침 식사임)를 날라왔다. 거의 대부분이 수수빵 한 조각으로
끼니를 때웠다. 어쩌다 아낙네들이 나물에 물과 소금만을 넣어 끓인 국을
가져와 나무 그릇에 담아 나누어 주려면 인부들은 기뻐 어쩔 줄을 몰랐다.
종족에 따라 발효 우유나 응유가 장정들의 입맛을 돋우어 주기도 하였다.
'아빠나 형들의 점심을 날라온 어린아이들은 마냥 즐거워하며 돌아다니기도
하고, 구덩이 가에 앉아 싱글벙글거리기도 하고, 조상들을 신기한 양 쳐다보
기도 하다가 빈 접시와 사발들을 들고 구릉 아래로 돌아가곤 하였다'고 레이
아드는 기록하고 있다.

간혹 모술의 떠돌이 장사꾼이 건포도와 대추야자를 실은 나귀를 앞세우고
갱에 나타나기도 하였는데, 그때마다 레이어드는 '보따리째 몽땅 사서' 인부
들에게 나누어 주곤 하였다. 이러한 선심은 인부들로부터 대단한 만족과
기쁨을 불러일으켰는데, 아랍인들을 잘 모르는 사람들은 지나친 배려라고
눈살을 찌푸렸을 것이다.

이처럼 구차한 환경 속에서 레이어드와 누더기를 걸친 그의 인부들은
구릉을 공격하였던 것이다.

레이어드는 님루드의 구석구석을 공격하였다. 그는 구릉을 빙 둘러가며,
여기에 굴을 파고, 저기에 구덩이를 파라고 지시하였다. 물론 삽과 등잔불
시대였으므로 그는 귀로 소리를 들으며 굴을 파 나갔다. 적외선 사진이나

방사선 동위 원소 연대 측정을 위한 탄소 막대는 물론 불도저나 포크리프트 (달아 올리는 기계)도 없을 때였다.

레이어드의 전략은 지극히 단순하고 직선적이었다. 그는 땅을 파 내려가다 벽이 나타나면, 벽을 따라 호를 파나가도록 지시하였다. 자금이 넉넉지 못한 레이어드는 파헤친 곳을 꼼꼼하게 살펴보지는 못하였다. 그의 발굴 방법은 어디까지나 원시적이어서 벽을 따라가며 양각이나 조상들을 찾는 데 그쳤다. 따라서 건물이나 방을 채우고 있는 흙을 파낼 생각은 하지도 못했다. 게다가 그는 방을 발견하기가 무섭게 대충 파보고 서둘러 메운 다음 새로운 갱을 찾아 나섰다. "중대한 관심사를 불러일으킬 수도 있는 자그마한 유물들이 눈에 띄지 못한 채 그대로 파묻혀 버릴 수도 있다"고 그는 시인하고 있다.* 그렇다고 해서 레이어드만을 전적으로 비난할 수도 없는 것이, 이렇게 뒤죽박죽 허둥대며 일하게 된 데는 구두쇠 노릇을 한 박물관도 어느 정도 책임을 겨야 하기 때문이다.

그의 발굴 방식은 개선의 여지가 많다. 이를테면 원시적이었을 뿐만 아니라 거칠었고 과학적인 방법과는 거리가 멀었다. 어떤 점에 있어선 그의 땅파기 방법은 막심한 피해를 불러일으켰다고도 할 수 있는데, 많은 비문들과 양각들이 땅을 파헤치는 과정에서 흙더미 속에 다시 묻히거나, 완전히 무시되거나, 아니면 부주의로 형태조차 알아볼 수 없이 산산조각이 나곤 하였다. 따져 보면 이 같은 평가는 뒷공론에 불과하며, 어디까지나 불공평하다. 그러나 당시 그의 입장이 어땠었건, 번갯불에 콩 구워 먹기 식의 그의 발굴 방법은 후에 안락 의자에 앉아 연구만 하는 고고학자들의 비난의 화살을 면치 못하였다.

발굴을 시작한 지 일 주일이 되는 1846년 11월 7일, 레이어드는 사기 충천하여 집에다 편지를 쓰고 있다. '저는 지금 티그리스 강가의 모술 부근에서 아시리아의 유물들을 찾고 있습니다.'

바야흐로 님루드가 자신의 비밀을 드러내려 하고 있는 것이다.

---

* 예를 들어 1949년 영국 탐사대는 레이어드가 버린 흙더미 속에서 30점의 님루드 상아들을 발견하였다.

23. 발굴의 절정기

19세기에 들어서서 이집트학을 창시한 윌리엄 매슈 플린더즈 페트리 경은, 너무나 많은 사람들이 고고학에 대하여 뚱딴지 같은 생각을 하고 있다고 불평을 털어놓은 적이 있다. 한 예로 그는 런던의 어떤 부인이 폐허가 된 도시를 어떻게 발굴해야 좋을지 물어 온 적이 있다고 들려 주고 있다. 즉 꼭대기에서 파 내려가야 하는지 아니면 옆구리에서 파 들어가야 하는지 궁금하다고 했다는 것이다. 페트리는 주춤하였다. 아니, 이 부인은 케이크라든가 아니면 부풀어 오른 파이를 연상하고 있는 건 아닐까? 그녀는 단지 그 안으로 들어가는 최상의 방법만이 궁금했던 것이다.

아마도 이 젊은 아낙네는 레이어드의 발굴 이야기를 전해 듣고, 고고학에 대한 어렴풋한 인상을 갖게 되었으리라. 하긴 레이어드가 님루드를 발굴한 방법으로 말할 것 같으면 파이 속에 엄지 손가락을 되는 대로 쑤셔 넣어 오얏을 끄집어 낸 격이었다.

11월 1일에서 12월 12일까지, 발굴을 시작한 이래 첫 6주일간 님루드는 많은 예술품들을 토해 내었다. '어느 하루건 새롭고 중요한 것이 발견되지 않은 날이 없었다'고 그는 여행 일지에 적고 있다. "대대적인 발굴을 개시한 직후 6주일간이야말로 절정기에 해당한다"고 그는 말했다. "아랍인들은 열을 올려 작업에 임했고, 얻어진 결과에 대해 나에 못지않은 관심을 보였다."

이 숨가쁜 기간에 그는 3개의 왕궁과 28개의 방과 홀, 13쌍의 거대한 날개 달린 인두 황소상과 사자상들, 양각으로 뒤덮인 벽돌, 그 유명한 블랙 오벨리스크 및 그 밖에도 수많은 화병들과 무기, 점토판 등 박물관 하나를 채우고도 남을 아시리아 유물들을 발굴해 내었다. 그의 발굴 결과는 온 유럽을 흥분시켰고, 과거 세계에 대한 강렬한 호기심을 불러일으켰다. 맨주먹으로 뛰어든 그는 아시리아와 구약성서 간의 직접적인 연계성을 최초로 발견해 내었다. 다시 말해서 그는 구약성서의 역사적 정확성에 대한 뚜렷한 증거를 제시한 것이다. 그러나 어찌된 셈인지 그는 구릉의 심층에 도달하면 할수록, 또 많은 것을 발견하면 할수록 미궁으로 빠져들고 만다.

그는 쐐기문자 점토판이라든가 기념비 위에 새겨진 비문들을 읽을 수가 없었다. 그는 반인반수의 아시리아 신상들이 상징하는 바도 이해하지 못하였고 벽에 새겨진 전투 장면 속에서 누가 누구와 싸우는지도 알 수 없었다. 뿐만 아니라 궁전의 이름들이라든가 그 속에서 살다 간 왕들의 이름들도 알지 못하였다.

하루는 그의 인부들이 양각을 발견하고, 벽에 새겨진 남자들을 보았다. 양각의 일부는 아직도 원래의 빛깔인 주홍빛을 간직하고 있었는데, 아시리아인들이 낯선 사람들과 전쟁을 하는 모습이었다. 레이어드의 묘사는 성경 냄새가 물씬 난다. '당당한 옷차림을 한 왕이 술장식을 요란하게 한 세 마리의 말들이 끄는 병거 위에 서 있다'고 그는 쓰고 있다. 구약성서의 에제키엘서에 보면 죄많은 사마리아 여인이 "이웃 아시리아 사람들을 사모하였나니, 그들은 다 자색 옷을 입은 총독들과 영주들이요 준수한 얼굴의 말타는 소년들"이라고 씌어 있다.

양각 속의 전쟁 장면은 성곽과 총안이 있는 흙벽들을 보여 주고 있다. 말탄 전사들, 서 있거나, 부상당했거나, 죽었거나, 족쇄를 찬 적군들 및 적군의 요새 밑을 파는 공병들이 그려져 있는가 하면, 한쪽에선 전쟁 무기들이 불을 뿜어 대고 있고, 하늘에선 독수리 떼들이 살육장을 내려다보며 선회하고 있다. "우리는 이 양각 속에서 대단한 정신성과 성실한 장인 기질을 엿볼 수 있다"고 레이어드는 혀를 내두르고 있다.

석판이 하나하나 발굴되었다. 돌 속에 새겨진 5센트짜리 영화 장면이라고나 할까, 아시리아 병사들이 첫 화살을 퍼붓는 장면부터 시작되어 필생이 펜대와 장부를 손에 들고 발 밑에 구르는 적군의 머리들을 세며 기록하는 장면까지 계속 이어져 나가고 있다.

그렇다고 해서 모든 양각이 전쟁 장면만 보여 주고 있는 것은 아니다. 어린 양을 잡고 빵을 굽는 옆에서 승전을 축하하는 잔치 장면을 볼 수 있는가 하면, 밑에 드러난 키의 생김새까지 자세하게 묘사하고 있는 아시리아의 배들도 볼 수 있다. 레이어드는 감탄하고 말았다. "참 신기하기도 하지! 오늘날 모술 주민들이 티그리스를 건널 때 타고 다니는 돛배와 똑같으니 말이야. 아니, 지금의 배들은 3천 년도 더 오래 전에 바로 이 강 위에 떠 있던 아시리아인들의 배들보다도 훨씬 엉성하고 투박하지 않은가 말이다!"

인부들이 굴의 밑바닥으로부터 석판을 들어 올리느라 애를 쓰고 있는 틈바구니에서 레이어드는 우연히 이파리 모양의 갑옷 조각 몇 개를 발견하였다. 철로 만들어진 이 갑옷 조각들은 나풀나풀 서로 떨어져 있었는데 길이는 2~3인치씩 되고 밑을 향한 쪽은 둥글며 위쪽은 각이 졌고, 중앙에는 불룩 솟아오른 세로 선의 무늬가 있었다. 그러고 보니 중세 때 십자군들이 걸치던 갑옷과 별다를 바 없는 것 같았다.

"철갑은 온통 녹슬고 삭아 흙 바닥에서 들어 올리는 것조차 힘들었다"고 그는 보고하고 있다. 그는 이 잎사귀 모양의 갑옷 조각들을 세 양동이나 모았다.

갑옷의 다른 부분들도 발견되었는데, 어떤 것은 청동으로 만들어졌고, 어떤 것은 철로, 또 어떤 것은 철과 청동의 합금으로 만들어져 있었다. 놀랍게도 그는 고스란히 보존되어 있는 아시리아의 투구도 발견하였다. 그 투구는 양각 속에 그려져 있는 것과 똑같이 끝이 뾰족하였다. 레이어드가 손을 갖다 대자마자 투구는 그의 면전에서 바스러지고 말았다. 그는 조심스레 거의 가루가 된 그 조각들을 주워 모았다. 곧 또 다른 투구들이 발견되었으나 신선한 공기에 닿자마자 부서졌다. 이렇듯 손실을 눈앞에 보면서도 속수무책인 레이어드는 가슴이 터질 것 같았다. 역사가 재생되기 무섭게 사라져 버리고 말기 때문이었다.

레이어드는 또 수천 점이나 되는 도요의 파편들도 발견하였다. 이들이 문명의 시간 기록기(timeprints)로서의 가치를 지니고 있다는 사실을 미처 깨닫지 못한 레이어드와 그의 인부들은 이 파편들을 한쪽 귀퉁이로 치워 놓았다. '괴상한 유물들'이라고 레이어드는 이들을 묘사하였다. 그러나 어느 날 그는 이 파편들을 주워 모으고 싶은 생각이 들었다. 호기심이 생겨서가 아니라 파편들 위에 설형문자가 씌어 있기 때문이었다. 그는 대여섯 시간 동안 앉아 짜맞추기 놀이에 온 정성을 다하였으나 '허사'였다. 그는 이 파편들을 한쪽 구석에 쌓아 두고 생각날 때마다 찾아가 이리 맞추어 보고 저리 맞추어 보았다.

마침내 그는 어느 날 저녁 덥고 그을음투성이인 남폿불 밑에서 짜맞추기를 끝내고 놀라움을 금치 못하였다. 그 설형문자들은 보타가 콜사바드에서 발견한 유물들에 씌어진 것들과 비슷하였기 때문이었다. 우표를 수집하는 열 살짜리 소년이 자기가 가지고 있는 우표를 전부 기억하고 있듯이 레이어드 역시 그간에 보아 온 화살촉 모양의 문자들을 자신의 기억 장치 속에 고스란히 저장해 두고 있었던 것이다.

그는 자신과 보타가 발견한 도기들 위에 새겨진 비명이 어느 왕의 이름일 거라고 추측하였는데 실제로 그것은 사르곤 대제의 이름이었음이 후에 밝혀지게 된다.

언젠가 인부 한 사람이 온전한 화병 하나를 발견한 적이 있는데 잘못하여 곡괭이로 치는 바람에 윗부분이 떨어져 나가고 말았다. 레이어드는 "멈춰!" 하고 소리지른 후에 구덩이 속으로 뛰어들어 삽자루를 잡았다. "나는 조심스럽게 흙을 파 나갔다. 얼마 안 있어 조그만 알라바스터 화병 하나와 유리 화병 하나가 나타났다. 둘 다 어디 하나 손색이 없는 우아한 모습을 지녔고 훌륭한 솜씨에 의해 만들어져 있었다."

구릉의 어느 쪽으로 파 들어가도 그들은 새로운 화랑을 발견할 수 있었다. 정말이지 그는 양각이라든가 조상이라든가 쐐기문자 비문들을 발견하는 데 어찌나 이골이 나 있었던지 어느 땐 복에 겨워 웬만한 일에는 시큰둥한 반응을 보일 정도였다. '이 방의 생김새는 독특하고…… 특별히 눈에 띌 만한 발견은 없었다. 석판은 양각되어져 있지 않다.……입구는 둘이고, 그저 쉽게 볼 수 있는 비문들만 새겨져 있을 뿐이다'라고 그는 보고하고 있다.

인부들의 일부가 석판 주위의 흙과 사금파리들을 치우는 동안 레이어드는 구릉 한가운데로 달려가 발굴을 총지휘하였다. 그곳은 그가 아시리아의 상징이라 할 수 있는 날개 달린 인두 황소상 한 쌍을 최초로 발견한 곳이었다. 이 괴물들 주위에 쌓여 있는 쓰레기 더미를 치우던 레이어드는 황소의 뒷부분이 큼지막하고 멋진 설형문자들로 장식되어 있는 것을 보았다. 그는 이 황소상들이 궁전이라든가 방들을 지키는 수문장쯤 될 거라고 추측하였다. 그래서 그는 이들이 지키고 있는 것들을 발견해 보겠다는 희망 아래 뒤쪽으로 호를 파보라고 지시하였다. 일을 시작하기가 무섭게 14피트나 솟아 있는 맹수 머리의 날개 달린 조상이 모습을 드러냈다. 그러자 누군가의 곡괭이가 또 다른 황소의 수염과 다섯 개의 다리 중 한 다리를 찾아 내었다. 이 황소는 거대한 황색 화강암으로 만들어져 있었다. 레이어드는 의기양양하여, '이 유물들은 부분에 지나지 않지만 뭔가 좋은 것들을 약속해 주고 있다'고 기록하고 있다.

그러나 다음 수일 동안 그들은 아무것도 발견하지 못하였다. 40일이나 되는 발굴 기간에 처음으로 공친 날들이었다. 이제 호는 50피트 너비에 10피트의 깊이를 지니게 되었다. 레이어드는 그곳을 포기하려다 아쉬운 생각이 들어 고개를 돌려 다른 방향으로 파보았다. 수분도 채 지나지 않았는데 인부들이 반짝반짝 빛나는 검은 대리석 한 모서리를 발견하였다. 손과 삽을 총동원하여 사금파리 허섭스레기들을 전부 치우고 나니 6.5피트나 되는 훌륭한 비석이 가로누워 있었다.

밧줄을 가져오고 다른 인부들까지 동원하여 이 오벨리스크는 호의 밑바닥으로부터 조심스럽게 올려졌다. 이 비석은 4면이 양각되어져 있었다. 즉 20개나 되는 조그만 양각들과 210행에 달하는 비문이 새겨져 있었다. 오벨리스크는 어찌나 잘 보존되어 있었는지 "비문의 어느 한 글자도 상한 것이 없었으며, 바로 2, 3일 전에 새긴 것처럼 또박또박 명확하였다"고 한다. 레이어드는 이 비문을 정성을 다하여 꼼꼼하게 베꼈다.

이 비석은 발 밑에 포로를 둔 왕이 이국적인 동물들, 이를테면 코끼리, 무소, 육봉이 두 개 달린 낙타, 들소와 사자, 수사슴 및 온갖 종류의 유인원 원숭이들을 열병하고 있는 모습을 보여 주고 있다. 레이어드는 이 비석이 '인도나 아니면 아시리아 동편에 있는 어느 먼 나라를 정복한 것을 기념하기 위하여 세워졌을 거'라고 추측하였다.

비석을 발굴한 레이어드는 용기 백배하여 더 깊숙이, 그리고 더 넓게 파 들어가기 시작하였다. 그의 정력과 호기심은 또다시 보상을 받게 되었다. 구릉의 남동쪽 귀퉁이는 5피트 높이에 5피트 길이의 날개 달린 사자 한 쌍을 비롯한 수많은 보물을 지닌 보물 단지 중의 보물 단지였다. 게다가 이 사자 상들은 님루드에서 발굴된 다른 사자들과는 달리 다섯 개의 다리가 아니라, 네 개의 다리를 지니고 있었다. 이들은 투박한 화강암을 쪼아 만든 것이었다. 사자들 뒤에는 새 머리에 인간의 몸뚱이와 팔, 그리고 물고기의 꼬리를 지닌 돌괴물이 서 있었다. 레이어드는 인간의 토르소와 팔, 그리고 물고기의 머리와 꼬리를 지녔다는 성서 속의 블레셋 우상인 다곤(Dagon)을 상기하였다. "사람들은 그의 제단에 모여 제사를 드리고 즐거워하고…… 삼손이 힘을 다하여 몸을 굽히매 그 집이 곧 무너져 그 안에 있던 방백과 온 백성에게 덮이니……."*

이 두 사자들 사이에는 다 부스러져 가는 한 쌍의 스핑크스가 놓여 있었다. "이 스핑크스들은 이제까지 발견된 아시리아 조상들과 다르다"고 그는 말했다. "게다가 무슨 목적으로 세워졌는지도 전혀 알 길이 없었다." 이들은

---

* 오늘날의 학자들은 반인간 반물고기인 이 신이 그리스 신화 속의 프로메테우스의 전신인 메소포타미아의 오아네스(Oannes)라는 것을 밝혀 냈다.

양각되어진 것이 아니라 독립된 조상이었다. 인간의 얼굴은 수염을 달고 있지 않았지만, 레이어드는 남자인지 여자인지 구별을 할 수 없었다. 스핑크스의 동체는 카이로 근교에 있는 기자의 거대한 이집트 스핑크스와 마찬가지로 사자 모습을 하고 있었다. 그러나 아시리아의 스핑크스는 우아한 날개들을 지니고 있었다. 이 날개들은 단을 이루고 있어 레이어드는 제단이 아닌가 추측하였다. 제단 부위는 숯더미 속에 파묻혀 있었는데, 신전을 파괴하였음에 틀림없는(레이어드는 구릉 곳곳에서 불탄 흔적을 발견하였다) 방화는 "걷잡을 수 없는 분노에 의해 충동적으로 저질러진 것 같았다"고 레이어드는 보았다.

스핑크스들 중의 하나는 완전히 바스러졌고, 다른 하나는 그래도 건질 수 있을 것 같아 보았다. 그러나 둘 다 마멸되어 가고 있음이 밝혀졌다.

"나는 성한 쪽 것을 구하려고 밧줄과 나무 판자 등을 가져다 별짓을 다해 보았다. 그러나 알라바스터는 완전히 푸석푸석해져서 공기에 노출되자 부식하기 시작하였다. 나는 부리나케 서둘러 모든 게 흙 부스러기로 돌아가기 전에 가까스로 스케치 한 장을 그릴 수 있었다. 어찌나 산산이 부서졌는지 다시 주워 짜맞출 엄두도 못 내었다"고 그는 말하고 있다. 그러나 레이어드는 숯더미 속에서 또 다른 스핑크스의 잘려진 머리와——천만 다행으로——그 몸뚱이까지 발견할 수 있었다. 이 스핑크스는 아주 작았는데, 이제는 영원히 사라져 버린 커다란 스핑크스의 축소판 아니면 모델인 것 같았다.

2, 3일이 지나자 인부들은 또 다른 발견을 하였다고 보고해 왔다. 이번에는 구릉의 북서쪽에서였다. 벽돌들엔 레이어드가 지난번 모술 건너편 퀸지크에서 발견한 것들과 똑같은 설형문자들이 새겨져 있었다. 이 발견은 니네베의 자리라고 전해지고 있는 퀸지크와 니네베의 폐허라는 추측을 불러일으키고 있는 님루드를 연결시켜 준다 하겠다. 그렇다고 해서 레이어드가 뭔가 새로운 사실을 알게 된 것은 아니었다.

그는 자신의 머릿속을 정리할 틈도 없었다. 그 문제에 대하여 곰곰이 생각해 보려고 하는데, 구릉의 또 다른 곳에서 외치는 소리가 들려 왔다. 황급히 달려가 보니 군주의 이름임에 틀림없는 비명이 새겨진 거대한 석판이 발굴되어 있었다. "나는 비문을 베끼고자 그 석판을 끌어 올리라고 지시하였다"고 그는 말하였다. 쇠 지레가 사용되고, 온갖 악담과 욕설과 저주가 퍼부어진 다음 비석이 옮겨지자, 레이어드와 인부들은 입이 딱 벌어졌다. 석판 밑에 흙으로 빚은 좁다란 관이 있었기 때문이다. 관 속에는 잘 보존된 해골이 들어 있었으나 공기에 노출되자마자 삽시간에 진토로 변하고 말았다. 호를 계속 파보자 또 다른 토분이 나타났다. 이 토분은 토기들로 가득 차 있었는데 거기엔 해골도 두 개가 있었다. "이 해골들은 맨 처음 보았을 땐 멀쩡하더니만 손을 갖다 대자마자 가루로 변하여 보존할 도리가 없었다"고 레이어드는 아쉬워하였다.

이제 레이어드는 완전히 오리무중 속으로 빠져든 기분이었다. 불에 탄 벽들과 해골과 블랙 오벨리스크와 스핑크스들은 뭔가 이야기를 들려 주고 있는 것 같은데, 한 가닥 실마리조차 찾을 방법이 없었다.

그러나 그는 직감적으로——특히 블랙 오벨리스크를 발견하였을 때——자신이 고고학 사상 엄청난 전리품을 발견하였다는 것을 알게 되었다. 설형문자가 베일을 벗게 되는 훗날에 가서야 그는 비로소 그 비석이 기원전 841년 샬마네저 3세에 의해 세워진 사실을 알게 된다. 즉 비석에 새겨진 양각은 샬마네저 3세가 유태왕 옴리의 아들인 예후의 선물을 비롯한 다섯 나라의 공물을 거둬 들이는 장면을 보여 주고 있다는 것이다. 13명의 이스라엘인들이 왕에게 공물을 바치고 있는데 금, 은으로 된 그릇들과 주석 덩어리들과 과일이 담긴 접시들을 들고 있다. 예후의 이름 이외에도 이 비석은 하자엘의 이름을 담고 있으니 기절 초풍할 노릇이었다.

열왕기에 볼 것 같으면 예후와 하자엘은, 이들이 각기 이스라엘과 시리아를 통치하게 될 거라는 뉴스를 가져다 준 엘리아에 의해 기름 부음을 받았다. 레이어드는 오벨리스크를 통하여 구약성서와 메소포타미아의 구릉 사이에 끊을 수 없는 고리를 매어 주었다.

그의 발견은 빅토리아 시대 중엽, 일어나고 있던 복음주의 운동에 촉진제

구실을 하였으며, 간접적으로 동시대의 생활과 사조에 엄청난 영향을 끼쳤다. 땅 속으로부터 건진 레이어드의 발굴물들은 인간의 죄악과 구원의 절실한 필요성 및 그리스도를 통한 구원을 설교하는 자들에게 여분의 활력을 불어넣어 주었다. 레이어드의 발굴에 의해 감동을 받은 당대의 어느 유명한 복음주의가 말했듯이, "우리는 성서가 정확하다고 말해 주는 수많은 증거를 갖게 되었다. 성서 속의 기록과 설형문자의 비문들을 비교하고 그 의미에 관해 배우면 배울수록 우리들은 성서가 우리에게 들려 주고 있는 바가 진실로 영감을 통해 계시되어진 것들이라는 것을 확신하게 된다."

그런데 레이어드의 발견은 복음주의자들의 콧대를 높여 준 반면 빅토리아 시대 영국의 천주교 배척 운동에 부채질을 가하였다. 1853년 에딘버러에서 출판된 알렉산더 히스롭 목사의 「두 개의 바빌론」이라는 책자는 이에 대한 논거를 제시하고 있다. 히스롭은 「니네베와 그 유물들」 그리고 「바빌론과 니네베」를 인용하여 '교황 숭배는 사실상 님루드 숭배'이며 '로마 카톨릭 교회의 거의 모든 의식들이 우상을 숭배하는 이교도들로부터 들여온 것'이라고 반박하였다. 히스롭의 책은 수명이 길어 1959년 미국에서 제2판이 나올 정도였다.

롤린슨이 여러 학자들의 도움을 얻어 설형문자 해독에 첫 깃발을 꽂자 온 유럽이 일대 혼란에 빠져 한바탕 소동이 일어났다. 비문은 누가 뭐라고 해도 님루드가 창세기 10장 11절의 칼라와 동일 장소인 즉 노아의 홍수 직후 세워진 네 도시들 중에 하나라는 것이다. 그러나 님루드가 칼라라면, 니네베는 어디 있다는 말인가?

24. 약탈된 수송대

아무리 강인한 탐험가라도 님루드에서의 레이어드를 따를 수는 없으리라. 그는 날마다 해님과 함께 일어나 부리나케 아침을 들고 나선 하루 종일 타오르는 불볕 더위 속에서 발굴 작업을 총지휘하고, 비문을 베끼고, 양각의 탁본을 뜨며, 유물들을 운반하고, 짐을 꾸리고, 발송하느라 정신없이 움직였다. 그는 새로 파놓은 구덩이 속에 뛰어들거나 15피트나 되는 참호로부터 기어 나오는가 하면 때에 따라선 삽과 곡괭이를 직접 들고 일하였다. 밤이 되면 숨이 콱콱 막히는 남폿불 밑에서 노트에 베낀 비문과 종이에 먹칠을 해 복사한 비문을 비교하고, 낮에 대강 스케치한 그림들을 마무리짓고, 라쌈과 돈 계산을 하고, 바그다드와 모술로 필요한 물건들을 주문하고, 퍼샬과 이사회, 캐닝과 롤린슨에게 보낼 편지를 쓰고 이튿날의 발굴 계획을 짜곤 하였다. 이러한 일들을 다하려면 한밤중이 되어서야 잠을 잘 수 있었다. 녹초가 된 그는 딱딱하고 엉성한 나무 판자 위에서 다섯 시간 동안 죽은 사람처럼 잠을 잤다. 아침, 첫 햇살이 벌거숭이 구릉 위를 비추면 레이어드는 침대를 박차고 일어나 열아홉 시간 노동의 하루를 또 시작하는 것이다.

님루드에선 레이어드만이——돌팔이이기는 하나——현대 의학에 대한 지식을 지니고 있었으므로 그는 의사 노릇도 해야 했다. 그 자신 허구한 날 열과 오한으로 시달리는 환자였는데도 불구하고 인부들과 그 가족들은 자신들의 건강을 전적으로 그에게 맡기고 있었다. 그는 정성을 다하여 트라

코마나 이질 및 그 지역에서 흔히 볼 수 있는 만성 질환들을 돌보아 주었다.

그는 또 서로 반목을 일삼는 아랍 인부들간의 싸움이라든가 가정 불화를 중재하는 심판관으로서도 한몫하였다. 국외자인 레이어드가 어느 편에도 치우치지 않는 공평 무사한 민중의 보호자로 생각되어졌기 때문이다. 그러나 그를 찾아오는 진짜 이유는 재판 비용이 공짜였기 때문인지도 모른다. 언쟁이 일어나면 모술에 있는 카디를 찾아가는 것이 통례이지만 그는 중재의 대가를 요구하고 있었기 때문에 레이어드에게로 가는 것이 훨씬 싸게 먹혔던 것이다.

그에게 가져오는 논쟁거리의 대부분은 부부 싸움이었다. 인부들은 돈 몇 푼만 손에 쥐게 되면 보통 다음과 같은 순서, 즉 새 마누라, 새 창, 새 외투를 사는 방향으로 머리가 돌아갔다. '화가 머리 끝까지 난 늙은 마누라가 팔을 걷어붙이고 나서니, 자연 남편이 점찍어 놓은 색시감과 싸움이 붙게 되고 급가야 육박전으로 돌입하기까지 이르는 것이다.'

그러면 색시감의 아버지, 오빠, 동생들이 가문의 명예를 지키기 위하여 합세하게 되고, 그들의 일가 친척마저 종족의 명예를 지키기 위하여 한바탕 싸움에 말려들게 된다. "나는 거의 매일 밤마다 이러한 싸움을 중재해야만 했다"고 레이어드는 말하고 있다. 레이어드의 돈지갑 구실을 하고 있어 아랍인들간에 막강한 영향력을 행사하고 있던 라쌈도 같이 앉아 지켜보고 있기 때문에 심판은 더욱더 잘 먹혀 들어갔다. "단 한 건만을 제외하곤 모두들 나의 결정에 순순히 따랐다"고 레이어드는 말하고 있다.

그 자신 자유 분방하고 호탕한 레이어드는 인부들이 쉬지 않고 일만 죽도록 하게 되면 금방 기진맥진하게 되어 결국 일을 채산성 있게 꾸려 가지 못하게 되리라는 사실을 잘 알고 있었다. "나는 인부들에게 수시로 잔치를 베풀어 주었다. 그들의 아내와 딸들까지도 모두 오라 하여 딴 상을 차려 주고 먹도록——아낙네들은 외간 남자들과 식사를 하지 않는 그들의 풍습 때문에——하였다"고 그는 말하고 있다. 어느 땐 인부들 스스로가 파티를 열기도 하였다. 하루 일과가 끝나면 쿠르드족의 악사들이 심심찮게 찾아와 천막 사이를 배회하곤 하는데, 그러기만 하면 한바탕 춤잔치가 벌어져 밤 늦게까지 계속되곤 하였다. 가끔 이웃 사막에 사는 종족의 족장도 님루드를 방문하곤 하였다. 족장과 그의 부하들은 모닥불 가에 둘러앉아 최근에 나도는 소문을 들려 주곤 하였다. 종족간의 살상이라든가, 약탈 사건 및 그 밖에도 여러 토막 뉴스들을 들려 주었다. 아랍인들은 대체로 타고난 이야기꾼들이라 레이어드는 귀를 쫑긋 세우고 열심히 듣곤 하였다.

유목민들은 자리를 옮길 때마다 님루드가 날마다 토해 내는 어마어마한 기적들과, 정령(jinn)들을 구슬려 구릉 속의 비밀을 알아낸 전능한 파란 눈의 사나이에 대한 이야기를 퍼뜨리고 다녔다. 따라서 레이어드의 손님 접대실 (?)엔 족장들이며 그 밖에 온갖 사람들의 발길이 끊일 날이 없었다.

레이어드의 가난한 아랍 인부들은 가끔 그를 잔치에 초대하기도 하였다. 그러나 말이 잔치지 식탁은 애처로울 정도로 보잘것없었다. 인부들은 한두 푼이 모아져 한 줌의 건포도라든가 한 덩어리의 낙타 고기를 사게 되거나, 아니면 어쩌다 소라도 길러 버터라든가 발효 우유를 장만하면 동료들과 레이어드를 초대하여 자신의 행복을 나누었다. "음식 대접이라곤 펼쳐진 곡식 자루 위에 되도록 아주 푸짐하게 보이도록 하기 위해서 듬성듬성 널어 놓은 대여섯 개의 대추야자나 건포도들, 납작한 빵 한 귀퉁이에 얹어 놓은 조그만 버터 조각, 그리고 잿더미 속에서 구운 밀가루 반죽 과자가 고작이었다. "그러나 사람들은 온갖 위엄을 다 갖추어 차려 놓은 음식을 정성들여 먹었다"고 레이어드는 전하고 있다. "주인은 깨끗하고 점잖게 보이기 위해서 케피야라고 불리는 두건 같은 걸 뒤집어서 쓰고, 외투도 뒤집어서 입고 앉아 맛있다고 감탄을 연발하는 손님들의 인사 치레를 기뻐하며 구색을 맞추어 손님을 대접할 수 있는 자신의 능력을 자랑스러워한다."

레이어드는 가난의 의미를 터득하고 있었고 그것(가난)을 받아들일 줄 알고 있었다. 이렇듯 억압받고 있는 사람들의 처지를 함께 나누니 자연히 서아시아의 잡다한 종족들로부터 인기를 얻을 수밖에. 그래서 기독교도인데다 푸른 눈의 유럽인이었음에도 불구하고 인부들은 그를 '우리 편'이라 불렀다.

"나는 힘 자라는 한 모든 사람들과 사이좋게 지내려 애썼다. 그래서 그들이 자발적으로 협력해 오길 원했다. 그 점에 있어 나는 어느 정도 성공한 편이라고 생각한다"고 그는 말하고 있다.

캐닝과 롤린슨과 대영 박물관은 새로운 발견이 있을 때마다 보내 오는 레이어드의 보고서를 읽고 기뻐하였다. 그리곤 그 보물들을 지급으로 보내라고 재촉하였다. 보타가 파낸 유물들은 아직도 바그다드의 선창가에 뒹굴며 프랑스 소형 군함이 오기만을 기다리고 있었다. 그러니까 영국은 니네베의 보물들을 서구 사회에 소개하는 데 있어 루브르를 따라잡을 시간적 여유를 가지고 있는 셈이었다. 물론 레이어드가 티그리스를 통해 유물들을 바그다드까지 신속히 보낼 경우에 한해서지만.

본국에선 물건들을 빨리 보내라고 하는데 한편 사막에선 레이어드가 님루드의 금을 발견하였다는 소문이 파다하게 퍼지고 있었다. 몇몇 베두인 종족들은 외딴 곳에 있는 레이어드의 숙사를 약탈하면 떼돈을 벌 거라는 생각까지 하고 있었다. 이들의 계획은 바람에 실려 레이어드의 귀까지 전해져 왔고 그는 바이락다르에게 비상 경계령을 내렸다.

12월 초순이 되자 님루드의 창고는 조상들과 양각들과 그 밖에 수많은 유물들로 가득 차, 레이어드는 이것들을 강 하류로 보낼 좋은 기회가 왔다고 생각했다. 그는 거적들과 짐승 털 및 밧줄을 구하러 모술로 말을 달렸다. 레이어드는 이 장비들을 뗏목에 실어 님루드로 보내고 자신은 말을 갈아타고 유물들을 강 기슭까지 운반하는 걸 총지휘하기 위하여 발굴 현장으로 갔다.

그런데 장비들을 실은 뗏목이 오질 않았다. 베두인 약탈자들이 모술을 떠난 이 뗏목을 습격하였던 것이다. 레이어드는 모술의 총독에게 이 도적들을 찾아내어 자신의 물건들을 되찾게 해달라고 요청하였다. 그러나 총독은 고개를 흔들었다. "사막의 아랍족들은 우리들도 어쩔 수 없습니다"가 그의 답변이었다. 돈으로 따지면 몇 파운드 안 되는 물건들이었지만 레이어드는 자신의 위치가 흔들리는 것을 느꼈다. '이 사건을 그대로 지나친다면 이후 내 재산은 물론 내 목숨까지도 위험에 처하게 될지 모른다'고 그는 후에 쓰고 있다. 이제 베두인들은 님루드를 공격해 올지 모르고, 그렇게 되면 발굴은 끝장이 나게 되는 것이다.

일주일쯤 후 레이어드는 수송대를 약탈한 일당들의 이름과 그들의 야영 장소를 알아내었다. 중무장한 바이락다르와 그 밖에 여러 외인 부대병들을 이끈 레이어드는 베두인 야영지를 향하여 곧장 달려갔다. 다음에 그가 취한 행동은 라파엘 사바티니(Rafael Sabatini)에나 어울릴 순 허풍선이 짓이었다.

"우리들은 한참 달린 후에 그들의 야영지에 도착하였다. 아랍인들의 수는 상상한 것보다 훨씬 많았다"고 그는 말하고 있다.

레이어드의 대담성에 베두인들은 어리둥절하였다.

"그대에게 평화가 있을진저!" 하며 레이어드는 족장의 텐트 앞에서 말을 내려 자신이 왔다는 신호를 보냈다. "내 재산은 그대의 재산이며, 그대의 재산은 내 재산이라는 친구간의 율법을 나는 잘 알고 있소"라고 말하며 레이어드는 약탈한 물건들을 돌려 줄 것을 점잖게 요청하였다. 족장은 짐짓 모르는 체하였다. "그런 거적이나 털이나 밧줄 나부랭이들은 우리 텐트 속엔 있지도 않소이다" 하고 그는 대꾸하였다. 그런 중에도 레이어드는 족장의 텐트를 받치고 있는 장대에 묶여 있는 새 밧줄을 눈여겨볼 수 있었다.

미리 약속한 신호와 함께 레이어드와 바이락다르와 외인 부대병들은 일제히 권총을 빼어 들고 족장의 손에 수갑을 채운 다음, 그의 관자놀이에 총구를 들이대고 텐트를 빠져 나왔다. 비틀거리며 질질 끌려오는 족장에게 권총을 휘두르며 그들은 말에 올라탔다.

레이어드의 무지막지한 행동은 족장의 부하들을 공포에 질리게 하였다. 님루드로 끌려온 족장은 노략질한 물건들을 순순히 내놓지 않으면 모술의 터키 당국에 고발하겠다는 협박을 받았다. 끔찍한 바스티나도(발바닥을 때리는 형벌)를 피하기 위해서 족장은 레이어드의 말을 순순히 따랐다. 바로 다음

날 훔쳐 간 물건들은 물론이고 새끼 양과 새끼 염소까지 보내 왔다. "나는 족장에게 일장 훈계를 해댄 다음 풀어 주었다……그 후 그의 부족은 일체 얼씬거리지도 않았다. 물론 인근의 어느 다른 부족들도 마찬가지였다."

1846년 12월 18일자 그의 회계원장을 보면 되돌려 받은 장비 중에는 3타스의 연필과 1파운드의 아교, 10장의 배형지(48×26.5인치), 150장의 도화지, 2개의 지우개, 4개의 탄성 고무 및 대영 박물관이 보내온 탁본 뜨는 방법의 설명서도 들어 있었다.

일주일 후, 크리스마스에 그는 오벨리스크를 포함한 23 상자의 유물들을 뗏목에 실어 보내 '만족스럽다'고 쓰고 있다. 뗏목이 강굽이를 돌아 사라지자 그는 깊은 생각에 빠지고 만다.

"나는 그들의 기이한 운명에 대해 생각하지 않을 수 없다." 한때 아시리아 왕들의 궁전을 장식했던 이들 오벨리스크랑 다른 여러 예술 작품들은 수천 년 동안 누구의 눈에도 띄지 않은 채 흙 속에 파묻혀 있었다. 이 땅은 사이러스 대제 때는 페르시아인에 의해서, 알렉산더 대제 때는 그리스인에 의해서, 그리고 예언자 모하메드의 첫번째 후손들 아래에서는 아랍인들에 의해서 짓밟히지 않았던가! 그런데 이제 이 보물들은 지구의 남반부 한 끝에 자리잡은 저 먼 바다를 지나 대영 박물관의 횡한 홀들 속에 닻을 내리게 된다. "그들의 운명이 어떻게 끝을 맺을지 누가 감히 예언할 수 있으랴?"(기적 같지만 대영 박물관과 그 소장품들은 그 유명한 런던 폭격의 공포 속에서도 살아 남았다.)

켈렉이 멀리 사라지자 레이어드는 말잔등에 올라타고 예수께서 탄생하신 날을 축복하기 위하여 모술로 달렸다. 파티 장소에는 공무차 또는 사업차 지구의 한 귀퉁이 머나 먼 이곳까지 흘러 들어온 유럽인들이 모여 있었다. 크리스천 라쌈과 그의 부인 마틸다가 크리스마스를 맞아 멋진 식탁을 마련한 것이다.

1년 전 레이어드는 크리스마스를 롤린슨과 함께 보냈었다. 올해는 라쌈 부부와 함께 보내게 되었으니, 다음 해는 콘스탄티노플, 아니 어쩌면 런던에서 보내게 될지도.

25. 앗수르의 발견

1847년 1월 1일 모술에서 크리스마스 휴가를 즐긴 레이어드는 새로운 몸과 마음으로 님루드에 돌아왔다. 그는 커다란 기대 속에 발굴을 재개하였으며 만족할 만한 성과를 거두었다. 발굴 활동에 관한 상하권으로 된 그의 저서 속에서 그가 쓰고 있듯이 "발굴 이야기를 단계적으로 하나하나 이야기하면 독자들은 싫증이 나고 말 것이다……날마다 연달아 발견되는 유물들로 인해 우리들은 흥분의 도가니 속에서 일을 하였다. 그때의 상황을 독자들에게 전하기란 꽤 힘들다. 단 하루라도 카르카네, 즉 인부들로부터 새로운 기적이 나타났다라는 전갈이 들려 오지 않은 적이 없었다."

레이어드의 이러한 말은 그곳에 들렀던 무역상 로스라든가 〈런던 모닝〉 지의 해외 통신원이었던 J.A. 롱워스(그는 레이어드가 콘스탄티노플 시절 망나니 짓을 하고 다닐 때 절친한 친구였다)의 입을 통해서도 확인되어지고 있다. 또 대영 박물관 이사회의 기록에도 나타나 있다. 레이어드의 이러한 믿을 수 없는 성공은 퍼샬 목사가 그에게 보낸 편지에서 가장 잘 나타나 있다고 해야 할 것이다. '우리는 당신의 장쾌한 성공을 보상하고자 합니다'라고 쓴 퍼샬은 대영 박물관이 앞서 레이어드가 사양했던 500파운드를 그의 개인 구좌에 예치하였음을 전하고 있다.

한편 님루드에서 띄운 롱워스의 첫번째 기사는 온 런던 장안을 떠들썩하게 만들었다. 그때까지만 해도 일반 대중들은 레이어드가 폼페이의 시가지라

든가 이집트의 피라미드처럼 땅 위에 있는 폐허를 발굴하고 있는 줄 알고
있었다. 소수의 전문 소식통들을 제외하곤 흙 속에 파묻힌 도시를 상상할
수조차 없었던 것이다.

님루드 발신 첫번째 기사에서 롱워스는 '나는 폐허가 완전히 땅 속에 파묻
혀 있다는 말로 서두를 꺼내야 하겠다'라고 시작하고 있다. 그는 또 레이어
드가 15피트 깊이나 되는 굴과 참호를 파 내려가고 있으며 아직도 더 파야
한다는 이야기를 성급히 늘어놓음으로 해서 독자들을 더더욱 놀라게 만들었
다. '내가 맨 처음 이 방들 속으로 내려간 것은 거의 해질 무렵이었다. 어둑어
둑한 땅거미는 그 속에 둘러서 있는 조상들에게 엄숙함과 신비스러움을
한층 더해 주었던 것 같다'고 그는 쓰고 있다. '갑자기 옛 아시리아 왕들의
장려한 궁전 속에 들어 서 있는 나를 발견하니 감회가 없을 수가 없었다.
게다가 이미 오래 전에 사라진 권력과 위대함을 그려내기 위하여 오만 가지
상상을 쥐어 짤 필요조차 없지 않은가?'

롱워스는 널따란 날개를 내려뜨리고 있는 콘도르의 머리를 지닌 인간,
수염난 사람 얼굴을 지닌 사자들과 황소들 등 구릉 속 한복판에서 수천 년을
살아온 괴물들의 상세한 모습을 묘사하고 있다. 이들은 벌써 오래 전에 이들
과 함께 죽어 파묻힌 종교의 우상들이었다. 그런데 이들은 지금 갑자기 수천
년 동안의 잠에서 깨어나 기지개를 켜고 있다. 아마도 '지금 나를 사로잡고
있는 이 경외감은 예전에 이들을 섬기던 이교도들이 경험했던 경외감과
별다를 바가 없으리라'고 그는 쓰고 있다.

롱워스의 송고로 인해 레이어드는 첫번째 팬레터를 받게 되었다. 한 친구
는 "날개 달린 사자들 사이에서 지내기가 굉장히 신나시겠지요?"라며 그를
마구 찬양하였다. 또 어떤 팬은 그를 "애국자인 동시에 고고학의 모범적인
인물"이라고 추어 올렸다.

조상들과 비명들을 실은 레이어드의 첫번째 뗏목이 바그다드에 무사히
도착하자 롤린슨은 입이 딱 벌어졌다. '이 이대리석 상들은 대영 박물관에
속하기 때문에' 그는 1847년 1월 27일 퍼샬에게 서둘러 편지를 띄워 학술

잡지에 이 발굴들을 게시할 수 있도록 허락해 달라고 요청하였다. '당연히 저는 이 정보를 온 세상에 알리고 싶습니다'라고 그는 쓰고 있다.

이사회는 기뻐하였다. 그들은 퍼샬을 통하여 롤린슨 소령이 그의 손을 거치게 되는 이 유물들로부터 필요한 정보를 자유 자재로 취해도 좋다고 알려 왔다. 게다가 이사회는 롤린슨 소령의 연구에 의해 이 유물들이 역사적 지식을 넓히는 데 큰 공헌을 할 수 있게 되기를 바란다는 인사 치레까지 하고 있다.

캐닝은 레이어드가 몸을 아끼지 않고 일을 한다는 소식을 전해 듣고 우려를 표명해 왔다. 2월 9일자 편지에서 그는 이렇게 쓰고 있다. '매사는 순리에 따라 느긋하게 이루어져야 한다네'라고. 그러나 '몽 세르 레이어드'라 시작되고 있는 보타의 편지는 영국인인 벗을 축하하고 계속 서둘러 일하라고 용기를 북돋우고 있다.

보타의 말대로 레이어드는 계속 바삐 일하였다.

새해 들어 첫 주만 해도 그는 이미 양각들이 빽빽히 들어찬 8개의 방들을 발견하였다. '이들은 이제껏 발굴된 다른 어떤 방들보다도 훨씬 멋지다'라고 그는 그의 여행기 속에 쓰고 있다. 양각 속에 나타난 장면 중엔, 날개 달린 여사제의 모습도 보이는데, 그녀는 한 손에 화환을 들고 있고, 다른 한 손은 경배라도 올리는 양 치켜들고 있다. 사자와 수사슴의 모습도 보이고, 각양각색의 모습과 크기를 한 괴물들도 그려져 있었다. 예술학도인 레이어드는 이 양각들, 특히 아직도 선명한 파랑, 빨강, 하양, 노랑, 검정 등의 다채로운 빛깔을 지닌 양각들에 매료당하였다. 그러나 "놀랍게도 초록과 자주색은 전혀 찾아볼 수 없었다"고 그는 전하고 있다. 색채 배합기를 지니고 있던 아시리아의 화가들은 이 색들이 존재하고 있음을 알고 있었을 텐데도 말이다. 아시리아인들이 특히 좋아한 색채는 파랑과 노랑이었던 것 같다.

이 두번째로 접어든 발굴 과정에서 레이어드는 특이한 것을 발견하였다. '상당히 아름다우면서도 흥미 또한 자아내는' 하얗고 노란 상당수의 기이한 장식이었다. 발견 당시 이들은 딱딱한 흙에 착 달라붙어 있었고 부식이 어찌나 심하였던지 조각조각 들어내는 것마저 힘들었다. "나는 몇 시간 동안이나 쭈그리고 앉아 쓰레기 더미를 헤쳐 가며 주머니칼로 이 장식을 떼어 내었다 ……나는 온 정성을 다 기울여 작업을 해야 했다. 왜냐하면 산더미 같은 잡동사니 밑에 깔려 있는 이 조각들은 눈에 띄지 않고 그대로 파묻힐 수도 있고 또 주웠다가도 다시 잃어버릴 염려가 있기 때문이었다."

땅으로부터 20피트나 아래서 네 발로 기어다니며 하루 해를 보낸 그는 이 사금파리들을 조심스레 모셔 들고 자신의 누추한 오두막으로 돌아와 밤새도록 조각 짜맞추기에 몰두하였다. 당시 님루드를 이따금씩 찾아 주던 로스도 이 게임에 합세하곤 하였다. '우리는 밤 늦도록 머리를 맞대고 앉아 조각난 비문들을 짜맞추곤 하였다'고 1902년 그의 아내 쟈네트가 펴낸 그의 유작 회상기 속에 씌어 있다. '그러나 가장 힘든 수수께끼는 돌인지 사기인지 알 수 없는, 깨지기 쉬운 희끄무레한 조각들을 짜맞추는 일이었다.'

'아무리 뒤집어 보고 비틀어 보아도 그게 뭔지 알 수 없었다'고 로스는 쓰고 있다. "그런데 어느 날 밤 내 손에 쥔 조그마한 파편 하나에 불빛이 반짝거리며 비껴 지나갔다. '아차, 상아로구나' 하는 생각이 내 머릿속을 살같이 스치고 지나갔다." 이 파편들은 동화같이 유명한 님루드의 바로 그 상아들이다. 이 상아들은 오늘날 세계적으로 알아 주는 고고학적인 보물들 중의 하나다.

이 사금파리들이 영국에 도착하자 이들을 감식한 화학자들은 장구한 세월 동안에 상아의 동물성 흰자질이 완전히 파괴되고 석회질만 남아 있다는 사실을 발견하였다. 박물관의 직원들은 이 조각들을 글루틴이 들어 있는 액체——젤리 같은——속에서 끓여 수천 년 동안 흙속에 묻혀 있으나 잃어 버렸던 윤기를 되찾아 주었다. 이 재생 작업은 어찌나 훌륭히 이루어졌는지 후에 이것을 본 레이어드는 자기 눈을 의심할 정도였다고 한다.

이 상아 파편들 중에 가장 귀한 것은 이집트의 상형문자와 카르투쉬(왕을 상징하는 타원형), 그리고 아케나톤(이크나톤)의 태양 원반을 지니고 있었던 것이다. 아케나톤으로 말할 것 같으면 유일신 신봉자인 이단왕 파라오로서 모세 이전에 이미 이집트의 우상들을 내던지고, 한 분의 신만이 존재함을 강력히 주장한 자이다. 상형문자는 파랗고 오파크 빛을 띤 초록색 도료로 상감되어 있어 라피스 라즐리라든가 장석의 효과를 내려 애썼다.

이들 외에도 레이어드는 인간의 유골이 들어 있는 옹기관들도 발견하였다. 이 옹기관들은 대체로 항아리 같은 모양을 하고 있었다. "거의 대부분의 관 속엔 구운 토기들과 구리 또는 은으로 된 장신구들, 눈물 단지(문상객이 눈물을 받아 두는) 및 조그만 알라바스터 병들이 들어 있었다"고 그는 말하고 있다. 그는 두 개의 유골만을 그대로 보존할 수 있었다.

관들 사이에는 벽돌로 쌓고 안에다 알라바스터 석판을 댄 잘 지은 무덤도 끼어 있었다. 아마도 지체가 꽤 높은 사람의 무덤인 것 같았다. 그는 진토가 된 인간의 유골을 손으로 체질을 해보았다. 목걸이에서 떨어진 것 같은 구슬들과 장식들이 손바닥에 남았다. 구슬들은 마노와 홍옥과 자수정과 오파크 빛을 내는 유리로 되어 있었다. 가장 멋진 것은 웅크리고 앉아 있는 사자 모습을 한 라피스 라즐리로 만든 펜던트였다. 그는 구리 장신구들도 발견하였다. 그는 이들 장신구들이 여성의 것이라고 추측하였다. 그녀는 누구였을까? 여왕이었을까? 아니면 공주? 아니면 여사제? 레이어드는 또다시 깊은 좌절감에 빠지고 말았다. "길을 떠나기 전에 책이나 많이 읽어 둘걸!" 하고 그는 로스에게 말하였다. "내 여행의 절반은 무지로 인하여 아무런 의미도 띠지 못한 채 망각의 세계로 사라지고 만다네. 이 무덤들은 언제 만들어진 것일까?" 그는 가슴이 터질 것만 같았다.

일련의 다른 무덤들 역시 그를 미궁 속으로 빠뜨렸다. 이 무덤들은 님루드 궁전의 폐허 위에서 발견되었다. 궁전 꼭대기라니? 어찌하여 무덤이 지붕 꼭대기에 있을 수 있단 말인가? 전혀 있을 수 없는 일이다. 후대의 것이라고 볼 수도 없고, 고고학자들은 나중에야 비로소 도시 문명에서 볼 수 있는 한 가지 재미있는 사실, 즉 수백 년이나 수천 년 전에 융성했던 도시의 폐허 위에 또 다른 새로운 도시가 세워진다는 사실을 발견하게 된다.

인간사 중에서 가장 소름 끼치는 전쟁 역시 문명권에서 없어서는 안 될

시녀인 것 같다. 레이어드는 아시리아인들이 지극히 현대적인 무기를 지니고
있었음을 알고 크게 감탄하였다. 그들은 고패와 고팻줄을 잘 다룰 줄 알았고
지렛대에 관한 상세한 지식도 소유하였던 것 같았다. 이러한 기술들은 파성
퇴와 화염 투척기, 성벽을 오르는 기구, 석궁 등과 같은 무기들을 사용하며
싸우는 아시리아의 용병들의 모습을 보여 주는 양각들 속에 상세히 묘사되
어 있었다.

레이어드가 발견한 것들 중에는 왕실 의전 식장과 같이 너무도 어마어마
하게 커서 사람을 압도시키는 것들도 있었다. 이 의전 식장의 입구는 날개
달린 거대한 사자들과 황소들이 지키고 있었다. 이들 가운데는 그때까지
아무도 본 적이 없는(이후로도 볼 수 없을) 한 쌍의 쌍두 스핑크스가 놓여
있었다. 이 스핑크스는 회색빛 나는 거친 석회암을 깎아 만든 것이다.

거대한 홀들의 모든 벽들은 불꽃에 그을어 있었다. 님루드 전체가 그 옛날
화염에 싸였었음에 틀림없다. 도시가 파괴될 때 피어오른 연기와 잿더미는
버섯 모양의 불길한 구름처럼 온 메소포타미아를 뒤덮었을 것이다.

몹시 힘든 하루를 보낸 어느 날 저녁 사막의 유목민 할아버지 한 분이
발굴 현장을 찾아와 레이어드의 인부들과 함께 하룻밤을 지냈다. 그에게
님루드의 우상들이라든가 정령들은 별로 새로울 게 못 되는 것 같았다. 이
아랍인은 몇 년 전 칼라 샤르가트에서도 이와 똑같은 것들을 보았노라고
말하였다. 2년 전 그곳에 갔다가 빈손으로 돌아온 경험이 있던 레이어드는
이 노인네가 '다른 아랍인들과 마찬가지로 아무짝에도 쓸모없는 거짓말'을
늘어놓고 있다고 생각하였다. 그러나 그는 검은 돌에 새겨진 그 거대한 조상
이 있는 정확한 장소를 가리켜 줄 수 있다고 내기까지 걸며 자기 말이 진짜
라고 주장하였다.

레이어드는 정 그렇다면 어디 한번 가보자고 승낙하였다. 레이어드는 지난
번 방문 때 그곳이 베두인 약탈자들로 들끓고 있는 아주 위험한 장소라는
걸 알고 있었다. 그럼에도 불구하고 그는 그 석상들이 도박을 걸 만한 가치
가 있다고 생각하였다. 게다가 근자의 소문에 의하면 상당히 우호적이면서도

막강한 권력을 휘두르는 족장이 그 근처에 천막을 치고 있다고 하니 덜 위험·할 것 같았다. 그래서 그는 소규모의 정찰대를 미리 보낸 다음, 라쌈과 그의 바이락다르를 포함해 중무장한 인부들을 이끌고 님루드로부터 수마일 남쪽에 위치한 칼라 샤르가트로 향하였다.

도중에 그들은 사막 여기저기 널려 있는 역청 채광장들을 발견하였다. 레이어드는 이 채광장들이 상당한 면적을 차지하고 있으며 "갈라진 땅으로부터 역청이 부글부글 끓어오르고 있었다"고 말하고 있다. 오늘날 이 지역은 이라크의 거대한 유전지로 탈바꿈하였다.

레이어드는 칼라 샤르가트로부터 10마일 전방에서 우호적인 족장의 야영지를 발견하였다. 이 거대한 구릉은 북부 메소포타미아의 티그리스강 양쪽 기슭을 뒤덮고 있는 관목 수림 위로 높다랗게 솟아 있어 그곳에서도 잘 보였다.

족장은 레이어드 일행을 따뜻하게 맞이하고 노랑머리인 그에게 하렘은 물론 '미인으로 소문난' 자신의 여동생까지 소개시켜 주는 것이었다. 그녀는 소문보다 훨씬 더 아름다웠으며, 놀랍게도 '아직 시집을 가지 않고 있었다'고 한다.

오후가 되자 그들은 구릉으로 올라갔다. 토끼, 늑대, 여우, 쟈칼, 멧돼지 등이 그들의 앞길을 쉴새없이 가로질러 갔다. 그리고 온갖 종류의 새들도 살고 있는 것 같았다. 그들은 사자의 발자국도 보았는데 티그리스 강 유역 중에서는 이곳이 사자들의 최북단 서식처였다.

늙은 아랍인 이야기꾼은 내기에 승리하였다. 그는 레이어드의 인부들에게 한 장소를 가리켰고 한 시간도 채 못 되어 그들은 검은 현무암 속에 자리잡고 앉아 있는 석상을 발견하였다. 머리와 손이 잘려 나간 토르소였다. 석상은 무척 아름다웠다. 석상이 앉아 있는 네모진 받침대의 삼면엔 설형문자의 비문들이 새겨져 있었다. 당시 레이어드는 알지 못했지만 그 석상은 성서 속에 나오는 살먀네저 2세의 것이었다. 이 석상은 실물 크기를 지니고 있다는 점에서 좀 특이했다. 레이어드가 보아 온 다른 모든 석상들은 난쟁이들이

거나 아니면 거인들이었기 때문이다.

석상의 아름다움에 탄복한 레이어드는 그 둘레를 계속 파라고 지시하였다. 인부들은 곧 벽을 발견하였고 조그만 인물들이 양각되어진 현무암 조각들과 설형문자가 새겨진 석판들 및 접시 뚜껑같이 둥그스름하게 솟아 있는 무덤들도 발견하였다.

그는 한 관 속에서 구리로 만든 컵을 발견하였는데, 님루드에 있는 양각 속에서 왕이 들고 있는 컵과 똑같았다. 이 컵이 님루드와 칼라 샤르가트를 맺어 준다 하겠다.

경험이 풍부한 발굴자로서 이 구릉을 조사하던 레이어드는 갑자기 아시리아 축조물들의 대체적인 구조를 알 수 있을 것 같았다. "칼라 샤르가트의 주요 유적은 님루드, 콜사바드 등 고대 아시리아의 다른 유적들과 마찬가지로 거대한 사각 구릉 위에 고깔 모양의 피라미드를 올려 세운 것"이라고 그는 말하였다.

오늘날 우리는 이것을 층계식 지구라트(ziggurat) 또는 신전탑이라 부른다. 지구라트는 아시리아와 바빌로니아의 전형적인 신전 양식으로서 레이어드는 발굴을 계속하면서 이에 관해 상당한 지식을 얻게 된다.

이틀째 되는 날 레이어드는 거센 폭풍이 몰아치고 비가 퍼붓듯이 쏟아졌다고 보고하고 있다. 천둥이 우르릉 쾅쾅 오랫동안 울려대었고, 번개는 거의 그칠 새 없이 밤하늘을 갈라놓아 온누리가 대낮같이 훤히 밝았다고 한다. "폭풍이 잠시 멎자 나는 텐트 밖으로 빠져 나와 구경삼아 주위를 둘러보았다. 우리가 켜놓은 커다란 램프가 텐트를 둘러싼 나무 숲에 무시무시한 불빛을 던져 주고 있었다. 캄캄한 밤하늘을 뒤로 한 거대한 구릉이 멀리 보이는 산처럼 의연히 서 있었다. 산지 사방으로부터는 쟈칼의 구슬픈 울음이 들려오는데, 수천 수백 마리의 이 동물들은 마지막 땅거미가 서쪽 지평선으로 사라지기가 무섭게 폐허 속 그들의 소굴로부터 기어나온다. 쓰러져 가는 돌담 속에 둥지를 틀고 있는 올빼미들은 간혹 비탄에 잠긴 목소리로 자신의 소재를 알려 온다. 아랍인들의 자지러지는 웃음소리가 쟈칼의 울음과 뒤섞여 밤하늘에 울려 퍼지기도 한다. 그러자 지상의 모든 소음을 삼켜 버리는 깊고 우렁찬 천둥소리가 하늘 끝 먼 곳으로부터 쿠르릉 쿠르릉 다가온다. 이때 느끼게 되는 적막감은 이 광경을 경험한 자만이 알 수 있으리라……."

레이어드는 조금만 더 내려가면 멋진 발견을 하게 되리라고 확신하고 있었다. 그러나 그는 충분한 인력을 지니고 있지 못했다. 그는 검은 현무암 석상마저 운반할 장비가 없어 발굴한 자리에 그대로 두고 와야 했다.

칼라 샤르가트에서의 막간극은 가뜩이나 가벼운 그의 지갑을 텅텅 비워 놓았다. 그러나 그는 그 탐사 원정이 가능한 한 여러 곳에 발굴 선취권을 얻어 놓으라는 퍼샬의 지시에 어긋나지 않는다고 생각하고 있었다. 어쨌든 그는 프랑스인들로 하여금 칼라 샤르가트에 눈독을 들이지 못하도록 만든 셈이었다.

그곳을 떠나면서 그는 구릉의 정체에 관하여 곰곰이 생각해 보았다. 그곳에서 발견한 유물들을 님루드의 그것들과 비교하면서 그는 그 구릉이 아시리아 왕국의 가장 오래된 도시들 중의 하나라고 바로 결론지었다. 그는 그곳이 칼라 또는 아브라함의 고향인 칼데아의 우르일지도 모른다고 생각하였다.

그가 만일 그 구릉의 진짜 이름을 알았다면 펄쩍 뛰었을 것이다. 칼라 샤르가트는 아시리아 왕국의 첫 도읍지였던 앗수르였기 때문이다.

26. 조상들의 이동

심한 한발을 동반한 1847년의 봄이 양대 강 사이에 놓인 땅 전역에 몰아쳐 왔다. 티그리스 강물이 줄어들고, 사막 깊숙이 우물을 지니고 있던 베두인 약탈자들이 님루드 근처 마을을 비롯한 영구 취락 지구를 습격해 오기 시작 하였다. 베두인들의 위협도 위협이려니와 레이어드가 인부를 차출해 쓰고 있는 대부분의 평화스런 아랍 종족들마저 물을 구하기 위해 모술과 그 위쪽 으로 이동하기 시작하여 님루드는 무인지경이 될 위기에 놓여 있었다. "그렇 게 되면 님루드에서의 발굴 작업은 끝장이 날 수밖에 없다"고 그는 내다보았 다.

이러한 상황 속에서 레이어드는 발굴을 중단하고 유물들을 영국에 보내는 일에 몰두하였다.

퍼샬과 박물관의 이사회는 실수를 하게 될까 두려워 날개 달린 황소와 사자들은 영국으로 보내지 말라고 하였다. 그들은 콜사바드의 석상들을 보내 려다 실패한 보타의 경우를 잘 알고 있었기 때문이다. 보타의 날개 달린 황소 하나는 구릉과 티그리스 강 사이에 뒹굴고 있고, 톱으로 여러 토막을 낸 다른 하나는 바그다드의 햇빛 쏟아지는 선창가에서 아직까지 프랑스 소형 군함을 기다리고 있었다. 어쨌든 날개 달린 거상을 톱으로 썬다는 것은 대영 박물관의 예술적 감각으로서는 상상도 못할 일이었다. 그래서 그들은 레이어드에게 이 전설 속의 동물들을 본래의 장소에 묻어 두고 오라고 지시하였다.

"그러나 나는 이 아시리아의 조상들을 두고 떠나는 게 무척 싫었다"고 레이어드는 말하고 있다. 왜냐하면 그의 진실성 여부가 여기서 문제가 될 것이기 때문이다. 이러한 위대한 전리품을 두고 갈 경우 사람들은 자신의 말을 반신반의할 것 같았다. '사람들은 내가 꿈을 꾸고 있었거나 아니면 동양의 전설 한 토막을 듣고 왔으려니 여길 것이다.'

그러나 무슨 방법을 써서 이 거대한 조상들을 런던까지 운반한다? 그에 대한 답변은 '고대 소설 속에서 특히 디오도러스의 소설 속에서 찾아볼 수 있으려니' 그는 생각하였다. 기원전 50년경 디오도러스는 이렇게 쓰고 있다. '아시리아의 여왕인 세미라미스는 아르메니아 산의 채석장에서 135피트 크기에 25피트의 너비와 두께를 지닌 돌을 캐어 여러 마리의 노새와 황소에게 끌게 하여 강까지 운반한 후, 뗏목에 실어 바빌로니아까지 띄워 보냈다' 라고.

그 옛날 세미라미스도 해내었는데, 수천 년이 지난 오늘날 레이어드가 못 해낼 게 무엇이람? "나는 그들 중 두 개를 운반하여 배에 싣기로 결심하였다"고 그는 말하였다.

13쌍의 '날개 달린 인두 황소와 인두 사자들' 중에서 레이어드는 보존 상태가 가장 좋으면서도 제일 작은 사자상과 황소상을 하나씩 골랐다. 이들은 14피트 크기에 30톤이나 되는 무게를 지니고 있었다.

레이어드는 모술 북쪽에 있는 산으로 여러 장정들을 보내어 뽕나무를 베어 오도록 지시하였다. 아시리아인들이 궁전 대들보로 쓴 바로 그 나무였다. 레이어드는 또 보타가 두고 간 녹이 슨 굴대들도 빌렸다. 바퀴들은 단단한 나무 세 토막을 짜맞추어 만들었다. 이 바퀴들은 두께가 30센티미터나 되는 굴렁쇠에 긴 맥주통들처럼 모두 열을 지어 연결해 놓았다. 커다란 들보들을 굴대 위로 가로질러 놓았고 그 위엔 다시 굴대를 엇갈려 놓았다.

'이렇게 간단한 수레인데도 모술 시민들은 소인국 사람들처럼 매일같이 떼를 지어 몰려와 거대한 수레를 요모조모 살펴보고 돌아갔다.' 여러 마리의 황소들에 이끌려 수레가 도시를 떠나려 하자 임시 휴일이 선포되었다. 총독의 게으름쟁이 부관들도 의자에서 일어났고 보초들은 초소를 비운 채로 달려왔다. 바자르마저 텅텅 비었으니, 온 시내 사람들이 이 장관을 지켜보려 모술의 성문 앞에 몰려들었던 것이다.

레이어드는 거상의 발치로부터 저 아래 평지까지 200피트 길이에 15 내지 20피트 너비의 참호를 파라고 지시하였다. 그는 이 참호 안에 기름칠을 한 통나무를 두 줄로 연결하여 미니 철길을 만들게 하였다. 님루드의 구릉은 고고학적인 보물들을 어찌나 많이 간직하고 있었는지, 참호를 파는 이 북새통 속에서도 새로운 방들과 웅장한 양각이 새겨져 있는 석판들을 토해 내었다.

바그다드에 있는 롤린슨은 인도 왕국 해군에 근무하는 존스 대위의 인사말과 함께 굵은 밧줄과 잭 스크루, 고패와 고팻줄과 같은 해양 장비를 부쳐 주마고 하였다. 레이어드는 장비들이 도착하기를 기다리면서 짐승 가죽과 거적들로 거상들을 둘둘 말아 운반 도중 상처받지 않도록 조처를 취했다. 이들은 꼭 미라 같았다고 한다.

3월 중순경, 모든 준비가 완료되었다. 레이어드는 먼저 황소를 운반하기로 하였다. 거상 발치에 있는 흙과 쓰레기 더미들이 파헤쳐졌다. 굵은 통나무들을 받쳐 놓아 황소가 쓰러지지 않도록 하였다. 돌의 둘레에는 수백 길도 넘는 밧줄이 꽁꽁 동여 매어졌다. 300명이나 되는 레이어드의 인부들 이외에도 그때까지 열심히 구경하고 있던 여러 명의 아랍 장정들이 손을 빌려 주겠다고 타고 있던 말에서 내려왔다.

레이어드는 높다란 흙더미 위에 올라가 황소가 서 있는 구덩이를 내려다보며 작업을 총지휘하였다. "아주 조마조마한 순간이었다. 그런데 저마다 한 마디씩 꽥꽥 소리질러 말할 수 없이 시끄러웠다." 어찌나 소란스러웠는지 레이어드가 목이 쉬어라 소리쳐도 누구 하나 쳐다보지도 않았다. 레이어드는 그들의 주의를 끌고자 벽돌 조각이며 흙더미들을 마구 던졌다. "그러나 돌팔매질조차 소용이 없었다"고 한다.

244

거상이 서서히 아래를 향해 움직이기 시작하자 쿠르드족의 악사들이 북을 두드리고 째지는 듯한 피리를 불면서 앞장을 섰다. 마치 스코틀랜드 보병의 선두 풍악대처럼. 찌는 듯한 더위에 웃옷을 벗어 던지고 흥분으로 반미치광이 상태에 빠진 아랍 인부들은 전쟁터에서나 들을 수 있는 무시무시한 외마디 소리를 지르곤 하였다. 옆구리 쪽에 둘러선 여인네들과 어린이들은 남자들에게 힘을 내라고 목청껏 응원하였다.

쐐기가 빠져 황소가 기우뚱거리자 인부들은 있는 힘을 다하여 밧줄을 잡아당겼다. 밧줄을 적시면 힘이 덜 드려니 생각한 칼데아인들이 밧줄에 물을 마구 뿌려 대는 순간, 아뿔싸 그 굵은 밧줄은 연줄처럼 툭 끊어지고 밧줄의 양끝을 결사적으로 잡아당기고 있던 인부들은 어릿광대들처럼 뒤로 나뒹굴어 엉덩방아를 찧었다. 거대한 황소가 몸부림을 쳤고 구덩이 아래로부터는 회뿌연 먼지 구름이 피어 올라왔다. '나는 구덩이 아래로 달음질쳐 내려갔다. 황소가 산산 조각이 났으려니 각오하고'라고 그는 쓰고 있다.

그러나 아시리아의 신들이 하늘에서 지켜보고 있었던지 황소는 멀쩡하였다. '나는 황소가 내가 바라던 바로 그 지점에 태연스레 서 있는 걸 보았다'고 쓰고 있다.

쿠르드인들의 피리와 장고 소리가 다시 시작되었고 아녀자들은 손뼉을 치며 혀 굴리는 소리를 질렀다. 인부들 역시 흥이 나서 춤을 덩실덩실 추었다. 해가 뉘엿뉘엿 기울기 시작하여 여흥이 마련되지 않을 수 없었다. 여러 마리의 양과 암소들을 잡아 삶고 굽고 하였다. 레이어드가 일찍 자라고 성화를 해도 인부들은 지칠 줄 모르는 정력을 자랑이라도 하려는 듯 동틀 무렵까지 춤추며 놀았다.

다음날 아침, 황소는 기름칠한 통나무 레일 위에 조심스레 올려졌다. 구릉 아래에 도착한 황소는 다시 수레 위로 옮겨졌다. 그런데 멍에를 멘 소들이 꽁무니에 실린 거대한 돌덩이의 무게를 짐작이라도 했는지 눈만 끔벅거리고 영 움직이려 들지 않았다. 그래서 수백 명의 장정들이 소들을 대신하여 거대한 수레를 이끌고 관목이 제멋대로 자라 울퉁불퉁한 사막길을 전진하기 시작하였다.

바이락다르를 옆에 대동한 레이어드가 화려한 행렬의 선두에 섰으며 그 뒤로 쿠르드족의 악사들, 수레 그리고 아녀자들이 차례로 따랐다. 행렬의 꽁무니에는 말을 탄 아랍인 한 패가 깃털로 장식한 창을 높이 치켜들고 기마병이라도 되는 것처럼 행렬의 앞뒤를 오락가락하며 갖가지 무술 시범을 보여 주었다.

갑자기 행렬이 중단되고 말았다. 바퀴 두 개가 움푹 팬 흙 속에 빠져 여간해서 나오려 들지 않았다. 밧줄이 끊어지고 인부들은 욕지거리를 퍼부어 댔다. 레이어드는 해도 지고 해서 모두 해산시키고 바이락다르와 무장한 아랍인 패거리들만을 남겨 두었다. 밤에 베두인 약탈자들이 밧줄과 거적과 짐승 가죽들을 훔치러 올지 몰랐기 때문이다.

"내 예상은 적중하였다"고 그는 후에 회고하고 있다. 베이스 캠프에 돌아오기가 무섭게 거친 사막으로부터 총 쏘는 소리가 들려 왔던 것이다. 수렁에 빠진 황소 곁으로 달려간 그는 베두인 패거리들이 한바탕 총싸움 끝에 지금 막 도망친 사실을 알아냈다. 총알 하나가 거적과 양 가죽을 뚫고 돌 속에 박혀 황소에게 흉터를 남겼다.*

다음날 아침 한참 흙을 파고 메우는 소동을 피운 끝에 수레는 티그리스에로의 여행을 다시 시작하였다. 수레가 마침내 강가에 닿았으니, 엄청난 일을 해낸 것이다.

어머니에게 보낸 편지 속에서 레이어드는 다음과 같이 무척 자랑스럽게 이야기하고 있다. '저는 오늘 날개 달린 황소 하나를 강까지 운반하였습니다. 이젠 배에 옮겨 싣기만 하면 되지요. 프랑스의 황소는 아직까지 길가에 나뒹굴고 있는데, 저는 멋지게 해낸 셈입니다.'

이젠 사자를 옮길 차례가 되었다. 그는 밧줄을 두 배로 준비해 나뒹구는 일이 없도록 하였다. 이번에는 사자 밑둥을 파헤치다 그는 비문이 새겨진

---

* 런던의 대영 박물관을 방문한 나는 님루드 갤러리를 둘러보다 아직도 뚜렷한 총알 자국을 지니고 있는 황소를 보고 웃음이 절로 나왔다.

석판을 발견하는 행운을 얻었다. 이틀 후 사자는 트라팔가 광장의 사자들처럼 아주 느긋한 모습으로 티그리스 강 언덕에 앉아 있게 되었다.

이러한 작업이 진행되고 있는 동안 그는 다른 한 패의 인부들에게 두 척의 거대한 가죽배(raft)를 만들도록 지시하였다. 이 배들은 각기 600마리 이상의 양과 염소 가죽으로 만들어졌는데 님루드에서 티그리스의 하구에 있는 바스라까지 500마일이나 되는 강물을 타고 여행하려면 튼튼해야 했기 때문이다. 레이어드는 이 배들이 바그다드까지 급류를 빠져 나가는 데 열흘이 걸릴 것이고, 바그다드에서 바스라까지 60마일을 흘러가는 데는 보름이 더 걸릴 거라고 예상하였다. 강 하류에서는 매여섯 시간마다 썰물과 밀물이 번갈아 가며 강물의 속도에 영향을 미치기 때문이다.

4월 20일 강물이 약간 불자 레이어드는 재빨리 움직였다. 기름칠을 잘한 미끄럼판을 통해 배를 진수시키는 수법을 그대로 흉내내어 그들은 사자와 황소를 가죽배 위로 옮겨 놓았다. 물론 수백 명의 인부들이 밧줄을 잡아당겨 거대한 돌덩이들이 배 속으로 곤두박질치는 걸 막았음은 두말 할 나위도 없었다. 이틀 후 이 켈렉들은 강물 위에 띄워졌고, 신들의 자비로운 손길에 내맡겨졌다.

레이어드는 5월 3일 캐닝에게 편지를 띄웠다. '소식을 전합니다. 인두 황소상과 사자상이 가죽 배 위에 안전하게 옮겨진 후 여행길에 올랐습니다.' 그로부터 6주일 후에는 대영 박물관 앞으로 소요 경비 명세서도 보냈다. 총경비 9,560피아스터(500달러가 채 못 됨) 중에는 목재비 1,156피아스터, 가죽배 호송비 335피아스터, 뱃사공 임금 45피아스터도 들어 있었다.

이제 님루드에서의 실질상의 작업은 끝이 난 거나 다름없었다. 그러나 아직도 마무리지어야 할 일들은 남아 있었다. 그로부터 거의 매일같이 베두인 침략자들이 근처 마을들을 습격하였다는 소식이 들려 왔다. "우리들은 아직도 막강한 힘을 지니고 있어 두려워할 정도는 아니었다. 그러나 나는 완전 방어 태세에 들어가도록 지시하고 야밤 습격에 대비하여 밤에는 순찰을 돌게 하였다"고 그는 보고하고 있다. 5월 말일에는 구릉에서 바로 건너다

보이는 조그만 마을 하나가 베두인 패거리에 습격당하여 수명이 살상당하는 사태까지 일어났다고 한다.

그는 박물관의 지시에 따라 5월 중에 님루드에서의 발굴을 중단하고, 어쩔 수 없이 놔두고 가야 하는 거상들과 양각들을 땅 속에 파묻었다. 조상들을 흙으로 덮은 이유는 강력한 태양 광선과 비바람으로부터 보호하기 위함뿐 아니라 이방인들과 우상이라면 무조건 때려 부수는 광신적인 모슬렘 교도들과 베두인 약탈자들의 곤봉으로부터 보호하기 위함이었다. 그는 자신의 오두막과 요새도 헐어 버렸다. 구덩이들까지 모두 메워지자, 구릉은 이따금 무심한 바람만 스쳐 지나가는 무인지경의 벌거숭이 가파른 둔덕으로 되돌아가 있었다.

'이제 아시리아 궁전의 폐허는 다시 풀들로 무성해질 것이다. 그때 누군가 이곳을 방문하면, 그는 내가 꿈에 본 이야기를 들려 주었으려니 생각할지도 모르겠다'고 레이어드는 쓰고 있다.

그는 님루드를 떠나는 게 싫었다. 그는 일기 속에서 그 폐허가 충분히 발굴되어지지 못했다고 쓰고 있다. '나는 님루드 구릉의 많은 부분을, 내 뒤를 이어 아시리아 폐허를 찾아오는 사람들에게 남겨 둔다.'*

천막을 걷으려 하니, 레이어드와 그의 주위 사람들은 가슴 속이 착잡해짐을 느끼게 된다. 칼라 샤르가트에서 레이어드가 만났던 족장은 도대체 무슨 영문인지 알 수 없다고 고백하였다. "오! 어르신, 가장 높으신 분의 이름으로 말씀해 주십시오. 저 돌덩이들을 어찌하실 작정이십니까? 무엇하러 그 많은 돈을 들여 저런 걸 모으십니까? 당신이 말씀하신 대로 당신네 나라 사람들은 저 돌들로부터 지혜를 얻을 수 있다는 게 사실입니까? 아니면 카디 각하께서 말씀하신 대로 다른 이방인들처럼 이런 우상들을 경배하는 당신네 나라 여왕님의 궁전에 모셔 두기 위해서입니까?"

"지혜에 관해 말할 것 같으면" 하고 족장은 계속하였다. "이 돌덩이들은

---

* 100년 후 이라크에 자리하고 있는 영국 고고학회는 M.E.L. 맬로완 주재하에 레이어드가 남긴 작업을 계속하도록 한다.

더 잘 드는 칼이라든가 가위를 만드는 법도 가르쳐 주지 못하지 않습니까? 영국 사람들은 바로 그런 것들을 만드는 데 지혜가 필요하다는데 말입니다! 어쩌면 이들은 대홍수 이전부터 땅 속에 파묻혀 있었는지도 모릅니다. 나의 아버지와 아버지의 아버지들은 바로 여기, 이 흙 위에 천막을 치셨습니다. 그러나 그분들은 이 괴물들에 관해 전혀 아무것도 알지 못했습니다…… 그런데 보십시오! 수만 리 이역 땅에서 온 푸른 눈의 사나이 한 분이 바로 이 장소에 와서는 막대로 여기에 금을 긋고, 저기에 금을 그은 다음 '여기가 궁전이다, 저기가 문이다' 하고 말하는 것입니다. 그리고 그는 이제껏 우리들 발 밑에 놓여 있었으나 우리가 전혀 알고 있지 못했던 모든 것들을 보여 주는 것입니다. 놀랍도다! 놀랍도다! 당신이 이 모든 것들을 알게 된 것은 책을 통해서입니까? 아니면 마술을 부려서입니까? 그것도 아니면 당신네 예언자들이 가르쳐 주었기 때문입니까? 오, 어르신 그대가 지닌 지혜의 비밀을 알려 주십시오!"

모술로 이르는 길 중간쯤에는 조그만 언덕 하나가 놓여 있었다. 이 언덕 위에 오르면 님루드의 마을과 폐허가 한눈에 들어왔다. 나지막하게 웅크리고 있는 구릉들의 길고 거무스레한 능선이 레이어드의 눈시울을 뜨겁게 하였다. 그는 말고삐를 잠시 늦추고, 마지막으로 그들의 모습을 가슴 속 깊이 새겨 두었다.

그런 다음 그는 두번 다시 뒤돌아보지 않고 모술을 향하여 말을 달렸다. 행여나 꿈에서 깨어날까 두려운 사람처럼…….

27. 모술을 떠나며

모술로 되돌아오니 강 왼쪽에 있는 구릉들이 전과 다름없이 유혹의 손길을 뻗어 왔다. 님루드에서 그는 어찌나 짜게 굴었던지 박물관으로부터 받은 몇 푼 안 되는 기금 중 아직도 얼마가 그의 수중에 남아 있었다. 그래서 그는 마지막 남은 돈을 모술 건너편에 있는 폐허들, 특히 거대한 퀸지크 구릉을 발굴하는 데 쓰겠다고 제의하였다.

1년이 넘게 삽질을 하였지만, 레이어드는 아직도 니네베의 참된 위치를 발견하지 못하였다. 이제 그는——앞으로 상당 기간 깨닫지 못할 터였지만 ——필생의 꿈을 실현할 찰나에 서 있었다. 퀸지크는 그곳에 손대는 어느 누구에게나 모습을 드러내 놓지 않는 구릉으로 알려져 왔다. 님루드에서 레이어드가 엄청난 성과를 올렸다는 소식을 들은 프랑스 영사 귈루와가 퀸지크를 파보았지만, 앞서 보타와 레이어드가 그랬듯이 아무것도 손에 넣지 못하였다. 그는 한 자리에서 몇 인치 파 내려가다가 아무것도 발견하지 못하면 자리를 옮겨 다른 구멍을 파곤 하였다. 그리하여 퀸지크는 레이어드가 모술에 다시 나타났을 때만 해도 이미 스위스 치즈처럼 구멍이 숭숭 뚫려 있었다.

그런데 님루드와 칼라 샤르가트에서 '피라미드', 즉 지구라트를 발견한 경험이 있는 레이어드는 이제 전혀 아무것도 모르는 까막눈은 아니었다. 6월이 되자 레이어드는 퀸지크를 재공격하였고, 그는 그 어느 때보다도 구릉 속에 수많은 보물이 숨겨져 있다는 것을 확신할 수 있었다. 궁전들과 조상들이 삽질을 피할 수 있었던 것은 그때까지 그 누구도 아시리아인들이 그들의 성채를 어떻게 지었는가 알지 못했기 때문이었다.

님루드의 '피라미드'를 여기저기 쑤시던 중 레이어드는 메소포타미아의 구릉을 파는 비법 하나를 배우게 되었다. 이 비법은 오늘날까지도 현대 고고학자들에 의해 답습되어지고 있다. 아시리아인들은 궁전이나 신전을 지을 때 우선 평지에 30 내지 40피트 높이의 기단을 진흙 벽돌로 쌓아 올렸다. 따라서 폐허들은 이 단 위에 남게 되고 바람에 날려온 흙, 모래가 쌓여 거대한 인공 구릉이 탄생하는 것이었다. '그러므로' 하고 레이어드는 결론을 맺고 있다. '제일 먼저 해야 할 일은 햇볕에 말린 진흙 벽돌로 쌓은 기단을 찾는 일이다. 기단이 발견되면 참호는 기단의 윗면과 똑같은 높이를 따라 수평으로 파야 한다. 그보다 더 깊숙히 파 내려가서는 안 된다.'

쿤지크에서 레이어드는 인부들에게 조상이나 비문보다는 기단을 찾아내라고 지시하였다. 그는 이제 능숙한 발굴자로 변해 있었던 것이다. 대엿새 동안 삽질만 하던 그는 마침내 찾을 것을 찾고야 말았다. 구릉의 꼭대기로부터 20피트 파 내려가니 굽지 않은 벽돌로 쌓은 기단이 나타난 것이다. 거의 8개월 동안이나 구릉 전체를 샅샅이 뒤졌으나 아무런 수확도 얻지 못한 귈루와는 속이 부글부글 끓어오를 지경이었다.

발굴이 진전을 보게 되자 레이어드는 캐닝과 퍼샬에게 보고서를 띄우기 위하여 모술로 되돌아갔다. 그는 쿤지크를 떠나 오면서 조상들이 발견될 경우 그 소식을 자기에게 가장 먼저 알려 주는 자에게 상을 주겠다고 약속하였다.

"어느 날 아침, 모술에 있자 하니" 하고 그는 후에 말하였다. "두 명의 아랍 여인네들이 내게 와서 조상들이 발견되었다고 알려 주는 것이 아닌가?" 이들에게 상을 주고 있는데, 우두머리 십장인 뚱보 아랍인이 헐레벌떡 들이닥쳤다. 그 역시 같은 뉴스를 가지고 왔던 것이다. 그는 곧바로 폐허를 향해 달렸다.

그가 구릉에 도착해 보니 인부들은 방의 입구까지 파놓고 있었으며 불에 거의 파괴된, 양각되어진 석판 하나를 끌어내고 있었다. 레이어드는 불에 탄 벽을 따라가며 파보라고 하였다. 얼마 안 가서 그들은 로비 하나를 발견하였는데 17피트나 되는 날개 달린 거대한 황소들이 지켜 서 있었다. 레이어드는 많은 황소들을 발굴해 내었지만 이렇게 큰 황소는 처음이었다. 6월 중순쯤까지 레이어드는 아홉 개의 방을 비워 놓았다. 그런데 이들은 모두 불에 타 파괴되어 있었다. 조상이라든가 양각들은 대부분 머리통이 잘려져 있었는데, 분노에 가득 찬 폭도들이라든가 아니면 복수심에 불타는 적군들에 의해 난도질당했음에 틀림없었다. 건축 구조와 조상들은 콜사바드나 님루드의 것들과 매우 유사하였다. 그러나 한 가지 현저한 차이는 있었다. 퀸지크의 모든 것들은 어마어마한 크기를 지니고 있었다. 예를 들어, 양각 속에 나타나 있는 인물의 크기가 10피트에 달하였다. "퀸지크는 현재까지 알려져 있는 다른 어느 아시리아 폐허에도 뒤지지 않는다"고 레이어드는 선언하였다.

어느 쪽으로 파 들어서건 새로운 조상들이 튀어나왔다. 그들 중에는 4쌍의 날개 달린 멋진 인두 황소 상들도 끼어 있었다. 방들은 온통 깨진 꽃병, 단지 등과 같은 토기 조각들과 유리 조각들로 널려 있었다. 또 진흙을 햇볕에 말려 만든 괴상하게 생긴 장방형 검은 점토판들도 있었는데, 쐐기 모양의 문자들이 가득 새겨져 있었다. 말하자면 현대식 책 한 페이지에 해당되는 것 같았다. 나중에 알게 되지만, 이들은 정말로 책이었다.

양각에 나타나 있는 그림들은 소름이 끼칠 정도였다. 승리를 얻은 아시리아 군인들이 다른 나라 도시들에 불을 지르는가 하면, 손이 묶인 포로들이 생가죽 채찍질을 받으며 가축과 뒤범벅이 되어 정복자 앞으로 끌려 가기도 하고, 어린 아이를 팔에 안은 여자 포로들이 긴 행렬을 이루고 있기도 하였다. 포로들의 잘린 머리들이 아시리아의 조각가들에 의해 도식화되기도 하였다. 이 장면들은 아시리아인들에게 내려진 구약성서의 경고를 상기시켜 주었다. "너를 보는 모든 자들이 도망치리라!" 님루드와 칼라 샤르가트에서와 마찬가지로 레이어드는 퀸지크의 진정한 정체를 알지 못하였다.

그는 알지 못하였지만, 사실 그는 다름 아닌 바로 니네베를 발견한 것이다. 퀸지크의 폐허는 세나케립의 궁터였다. 열왕기와 역대기와 이사야서에 나오는 바로 그 세나케립(산헤립) 말이다.

처음에는 레이어드도 롤린슨의 영향을 받아 님루드가 니네베라고 생각하고 있었다. 그러나 니네베를 전부 돌아다니려면 사흘이 걸린다는 요나의 말을 상기한 그는 생각을 고쳐 니네베는 굉장히 큰 도시였음에 틀림없다고 믿게 되었다. 그는 이렇게 쓰고 있다. '이 폐허(퀸지크)는 한때 니네베 시에서 가장 중요한 위치를 차지하였음에 틀림없다. 폐허의 웅장함으로 미루어 보건대 본래의 건물은 아시리아 왕국의 가장 막강한 군주 중의 하나가 축조한 것 같다.'

다시 말해서 레이어드는 이제 퀸지크를 니네베 시의 한 부분으로 여기고 있었던 것이다. 그는 니네베가 님루드와 퀸지크를 포함하는 거대한 도시라고 생각했기 때문이다.

그러나 그는 자신의 이러한 추측에도 불구하고 니네베의 위치에 대한 확고한 신념을 지니고 있지 못하였다. 예를 들어 그는 세실리아 버클리 양에게 보낸 6월 14일자 편지에 이렇게 쓰고 있다. '님루드의 궁전 이외에도 저는 모술 건너편, 티그리스 강의 왼쪽 강기슭에서 축조물 하나를 발견하였습니다. 이 폐허는 구약성서에 언급되고 있는 아시리아 왕들——이를테면 세나케립, 엣살하돈, 티글라트 필레저 등——중 한 사람의 궁전이었을지도 모르겠습니다.' 그러나 그는 퀸지크의 궁전이 님루드의 궁전보다도 훨씬 후대의 것이라고 생각하고 있었다. 따라서 그는 롤린슨의 잘못된 추론에 의지하여 "님루드가 참된 니네베 터인 것 같다"고 결론지었다.

레이어드는 자신의 발견이 성서와 틀림없는 연관성을 지니고 있다는 것을 밝혀 내려고 필사적인 노력을 하였다. 그러나 그는 물론 그 누구도 설형문자를 아직 읽을 수가 없었다. '만일 문자를 해독하여 비문을 읽을 수만 있다면 ——물론 이 방면에 있어 상당한 진전이 보이고 있습니다만——구약 역사의 주요 골격을 그려 낼 수 있을 겁니다'라고 그는 세실리아에게 쓰고 있다.

그러나 그에게도 한 가지 사실만은 명백하였으니, 돈 주머니가 급속도로 바닥이 나고 있다는 사실이었다. 앞으로 발굴을 계속하려면 그가 데리고 있는 인부들만으로는 턱도 없는 일이었다. 그는 이제까지 구릉 곁을 제대로 긁적거리지조차 못하지 않았던가? 그러나 그는 이번 발견으로 대단히 만족해하고 있었다. "우리가 이 건물을 발견하였을 뿐만 아니라 이 정도로 발굴을 진척해 놓았으니" 하고 그는 박물관 이사회에 전하고 있다. "이사회가 이 고장에서 발굴을 계속하기를 원하기만 한다면 이 구릉에 대한 선취권을 언제나 주장할 수 있을 겁니다."

심신이 피로하고 돈까지 떨어진 레이어드는 이렇게 적고 있다. '아시리아에서의 내 고생도 이제 끝날 때가 온 것 같다.'(얼마나 자주 그는 이곳에서의 생활을 끝장내고자 했던가? 그러나 그때마다 그는 가차없이 아라비안 나이트의 땅으로 되돌려지곤 하였다)

이제 그는 모술에서의 일들을 마무리짓기만 하면 되었다. 날개 달린 거상들은 영국으로 가는 여행길의 첫 구간인 바스라까지 무사히 갔다고 한다.

영국이라니? 그가 도버의 하얀 절벽을 본 것도 벌써 8년 전이다. 그가 만일 자신의 고고학적 발견을 밑천으로 한몫하여 외교직에 발을 들여 놓고자 한다면, 바로 지금이야말로 런던에 가야 할 가장 적당한 시기일 것이다. 그러나 그는 집에 갈 차비도 없지 않은가? 대영 박물관의 이사회는 놀랍게도 그의 개인 구좌에 또다시 500파운드라는 여분의 돈을 예치해 주었다. 이 돈은 황소와 사자를 운반한 그의 수고에 대한 대가였다. 그렇다, 영국으로 돌아갈 시간이 무르익은 것이다.

그는 모술을 떠나기 전에 인부들과 친구들과 현지인들에게 섭섭하지 않게 거창한 고별 파티를 열었다. 카디와 프랑스 영사도 초대되었다. 얼마나 많은 사람들이 손님으로 초대되었는지 잔치 준비에 마을 전체 사람들을 고용하여야 할 판이었다. 적당한 장소에 텐트들을 치고 보니 버킹검 궁전 뜰에서 벌어지는 가든 파티처럼——물론 꼭 그렇다는 것이 아니라——보일 지경이었다.

레이어드의 초대는 당시로서는 그야말로 파격적인 것이었다. 남자들은 물론 여자들도 초대되었으니 말이다. 터키령 아시아의 모슬렘 부인들에 비하여 표면상으로나마 상당히 많은 자유를 누리고 있던 기독교도 아낙네들까지도 커다란 감명을 받을 지경이었다고 한다. '이번 파티가 있기 전까지만 해도 마을의 성벽을 나설 엄두조차 못 내던 모술의 정숙한 기독교도 아낙네들은 기쁨과 놀라움에 가득 찬 얼굴로 눈앞에 벌어지고 있는 광경을 지켜보고 있었다'고 레이어드는 쓰고 있다. '아마도 그들은 이렇듯 흥겨운 잔치에 자주 동반해 주지 않는 자신들의 남편을 야속하게 생각하고 있었을 것이다.'

쌀밥과 구운 양고기가 듬뿍 담긴 접시와 마늘과 발효 우유로 만든 요리 및 그 밖에 맛있는 아랍 요리들이 진수 성찬을 이루었다. 춤과 노래와 웃음이 땅거미가 질 때까지 계속되었다. 레이어드는 짤막한 작별 인사를 하고 인부들에게 고마운 마음을 전하였으며, 십장들과 그들의 아내들에게 조그만 선물들을 주었다. 그리고 섭섭한 대우를 받은 일이 있는 사람은 남녀를 불문하고 지금이라도 앞으로 나와 시정을 요구하라고 말하였다.

이러한 모임이 있을 때마다 대변인 역할을 해오던 족장 칼라프가 무리들로부터 앞으로 나왔다. 그들은 레이어드의 그늘 아래서 이제껏 살아왔는데 "신께 찬미할진저! 무슨 불평이 있겠습니까마는"이라고 그는 읊었다. 그러나 모든 인부들이 한 가지 부탁을 지니고 있는 것 같은데, 그건 다름이 아니라 레이어드 밑에서 일했다는 테스케레(teskere), 즉 증명서를 써달라는 것이라고 했다. 이 증명서는 억압을 일삼는 관청에 대한 호신용으로 쓰여질 뿐만 아니라, 먼 훗날 손자 손녀들에게 님루드에서 캐낸 기적에 관해 들려 줄 때 추억이 담긴 기념물이 되어 줄 거라고 했다.

레이어드는 영광스럽기도 하였지만 가슴이 뭉클할 정도로 감동을 받기도 하였다. 그래서 그는 다음 며칠 동안 손목이 뻣뻣해지도록 증명서를 써주었다.

1847년 6월 24일 레이어드는 모술을 떠났다. 반짝거리는 눈을 지닌 열여덟 살의 호르무즈드 라쌈을 데리고 레이어드는 부영사인 크리스천에게 이 소년을 영국으로 데려가 '알맞은 교육'을 시켜 줘야겠다고 말하였다. 이 '알맞은 교육'이란 말은 어스틴 부부가 그들의 대자에 관해 의논할 때 흔히 쓰던 말이었다. 크리스천 라쌈은 레이어드의 관대한 호의를 기꺼이 받아들였다.

마을의 거의 모든 사람들이 작별을 고하겠다고 상당히 먼 곳까지 레이어드와 함께 말을 달렸다. 그의 인부들은 걸어서 따라왔다. 성문에 지켜 서 있던 그들의 아내와 딸들은 감정에 북받쳐 울음을 터뜨리고 말았다. 이들은 그의 말에 매달리고, 그의 손에 키스를 하는가 하면, 그가 이제는 떠나야 한다고 말을 재촉하자 소리내어 울기까지 하는 것이었다.

라쌈과 함께 서쪽으로 서쪽으로 말을 달리면서 레이어드는 아시리아에서의 지난날들을 돌이켜 보았다. 바로 1년 전만 해도 보타가 발견한 폐허를 제외하고는 단 하나의 아시리아 기념비도 알려져 있지 않았다.

레이어드는 신실한 기독교도도 아니었으며, 그렇다고 해서 미신을 믿는 사람도 아니었다. 그러나 니네베에서의 그의 행운은 그를 헛갈리게 하였다. 아시리아 왕국의 수도들은 수천 년 동안이나 메소포타미아의 평원 밑에 묻혀 있으면서 구원자가 나타나기만을 기다리고 있었다. "왜 하필이면 나란 말인가?" 그는 후에 이렇게 고백하고 있다. "그곳에서 일할 때 나는 가끔 이러한 의문을 떠올리곤 하였다……이 유물들을 발견한 시기는 너무도 적절하여 미신을 잘 믿는 사람 같으면 이 발견이 단순한 우연 이상의 어떠한 뭐라고 생각하였을 것이다."

어쨌든 그는 회의주의가 전염병같이 번져 가던 시대에, 성서 속에 나오는 아시리아 왕국의 권력과 영화가 단순히 꾸며 낸 이야기가 아니었음을 말해 주는 증거물들을 찾아내었다. 고대인들로부터 한결같은 부러움을 샀으며 예언자들과 시인들이 그 멸망을 노래했던 니네베를 세운 바로 그 아시리아 왕국의 흔적을 말이다.

28. 보타와의 만남

1847년 7월 31일은 몹시 무더운 여름날이었다. 레이어드는 콘스탄티노플 주재 영국 대사관의 장식이 요란한 정문 앞에서 말을 내렸다. 문득 5년 전 일이 생각났다. 그러나 이번에는 대기실에서 푸대접을 받고 돌아갈 필요가 없었다. 캐닝 경이 부재 중이라 대리 공사직을 맡고 있던 카울리 경이 몸소 나와 '아주 친절하게' 그를 맞아들였기 때문이다. 카울리 경은 레이어드에게 차를 대접하며 캐닝 경이 보내온 봉인된 편지를 건네주었다. '자네에게 이 소식을 알려 주게 되어 기쁘네'라고 캐닝 경은 알려 왔다. '팔머스톤 경은 고맙게도 자네를 콘스탄티노플 대사관 직원으로 일하도록 승낙해 주셨네.'

그런데 캐닝은 엉뚱하게도 신발 한 짝을 떨어뜨려 놓고 있었다. 보수가 없는 직책이었던 것이다. 그러나 그는 터키-페르시아 국경 분쟁을 해결하기 위해 앞으로 조직될 영·노 국경 협상 위원회에 레이어드가 임명될 것임을 넌지시 비치고 있었다. 그리되면 레이어드는 연 250파운드를 받게 된다는 것이었다. "물론 그 자리가 대단할 수야 없지. 하지만 외교 경력이란 그러면서 쌓아가는 것이라네" 하고 그는 격려하고 있었다. 레이어드는 착잡한 심정으로 편지를 읽었다. 월급이 없는 건 둘째치고 영국으로조차 갈 수 없게 되었으니 말이다. 그러나 그는 달리 어쩔 도리가 없었다. 나이 서른이 되도록 반반한 직업 한번 가져본 적이 없는 주제이니 말이다.

캐닝은 그 해 말경 터키로 되돌아올 계획이며, 터키-페르시아 문제 해결에 있어 레이어드가 도움이 되어 주기를 기대한다고 쓰고 있었다. 명목상 대사관 직원이 된 그는 이제 함부로 움직일 수도 없었다. 즉 그는 외무부의 허가 없이는 런던이고 어디고 갈 수 없게 된 것이다.

레이어드의 처지를 동정한 카울리는 캐닝이 올 때까지 여행이나 다녀오라고 충고하였다. 바다 여행 같으면 그의 몸과 마음에 활기를 되찾아 줄지도 모른다고 하였다. 그는 자신과 함께 보름 후에 출발하는 영국 포함을 타고 에게 해를 여행하자고 하였다.

레이어드는 카울리의 친절한 제안을 받아들였다. 항해 도중 배는 터키 북서쪽에 위치한 늪 지대인 트로아드 앞 바다에 정박하였다. 이 늪 지대는 밤만 되면 '나쁜 공기'로 감염되어——사실은 학질모기 때문임——콘스탄티노플로 되돌아올 땐 승객의 거의 대부분이 간헐적인 고열로 신음하였다고 한다. 그런데 레이어드의 경우, 열은 좀처럼 가라앉을 줄 몰랐다. 대사관의 주치의는 카울리 경에게 레이어드를 영국으로 즉시 보내야 한다고 말하였다. '그렇지 않으면 그의 생명을 책임질 수 없겠다'는 것이었다.

10월 초가 되자 그는 고향으로 가기 위해 프랑스 배에 올라탔다. 아시리아의 조상들과 비문들을 베낀 도화지 250장을 옆구리에 끼고 가는 그의 뒤엔 가방을 든 라쌈이 따르고 있었다. 열이 심한 그는 배 위에서도 대부분의 시간을 선실에서 보냈다. 그러나 배가 이탈리아에 들르자, 레이어드와 라쌈도 내렸다. 그는 이탈리아 공기를 마시면 자신의 건강이 나아질 거라고 생각하였던 것이다. 게다가 그는 어린 시절을 보냈던 플로렌스가 그립기도 하였다.

이탈리아에 머무는 동안 그는 프랑스 소형 포함인 르 코모렁이 갖은 고생 끝에 보타가 톱으로 썬 황소를 싣고 르아브르에 도착하였다는 소식을 들었다. 센 강변에 몰려선 프랑스의 시골뜨기들은 거대한 돌덩이들이 전마선에 실려 파리로 운반되어 가는 걸 보고 대단히 놀랐으며, 돌덩이들은 루브르 바로 곁에서 내려져 다시 짜맞추어졌다는 것이다. 아시리아의 황소들은 대단한 경탄을 불러일으켰으니, 캐닝은 누구보다도 마음이 아팠다. 그는 "프랑스가 영국의 박물관을 따라잡았다"고 애통해하였다.

플로렌스에 잠시 들른 레이어드는 영국 외교계의 알짜배기들, 이를테면 왕족 출신인 민토 경과 나피어 경 등과 함께 술도 마시며 허물 없이 지내기도 하였다. 아시리아의 황소와 사자들 덕분에 그는 대영 제국의 핵심적인 권력층에 쉽사리 접근할 수 있었던 것이다. 뿐만 아니라 그는 어디서고 대환영을 받았다. 교황 피포 니노(Pipo Nino)께서는 그를 알현에 초대까지 하셨다. 레이어드는 교황 성하를 "가장 궁금한 사람 중에 한 분"이라고 말하였다. 툴루즈의 레이몽이 무덤 속에서 이 소식을 들었다면, 19세기의 에큐메니컬한 정신에 깜짝 놀라고 말았을 것이다. 그러나 교황 성하와 만날 약속이 되어 있는 날 레이어드는 말라리아의 재발로 자리에 눕게 되어 방문을 취소할 수밖에 없었다.

레그호온에서 그는 마르세유로 떠나기 위해 다시 배에 올라탔고, 뼛속까지 스며드는 오한을 가라앉히기 위해 김이 무럭무럭 나는 부이야배스(생선 찌개)를 몇 그릇 든 뒤 다시 파리로 향하였다. 이 두 도시간엔 아직 철로가 개설되어 있지 않았으므로 레이어드는 덜컹거리는 딜리정스(합승마차)를 타고 사흘 밤 나흘 낮을 여행하여야만 했다.

파리에 도착한 레이어드는 한시라도 바삐 루브르를 방문하여 보타가 발견한 기념비들을 두 눈으로 확인해 보고 싶었다. 또 보타도 만나 옛정을 나누고도 싶었다. 보타는 리브 드루와트(센 강 동쪽)에 살면서 「니네베의 기념비들」이라는 저서를 집필하는 중이었다. 그런데 그가 막상 보타의 집 대문을 두드리자니 웬지 망설여지는 것 같은 생각이 들었다고 고백하고 있다. 보타보다 훨씬 더 중요한 발견을 한 자신에게 질투의 눈길을 보내지 않을까 두려웠기 때문이다. 자기를 깔아 뭉개고 인기를 독차지한 벼락치기 덜 되어 먹은 영국놈이라고 경멸이라도 해올 것만 같았다.

그러나 잠시 뒤 그는 그러한 생각을 한 자신이 대단히 부끄러웠을 것이다. 자신이 그때까지도 보타를 잘 알고 있지 못했다는 사실이 드러났기 때문이다.

천성이 착하고 욕심이 없는 보타는 레이어드를 보자 두 팔을 벌리고 달려와 그를 따뜻하게 껴안았다. 자기 대신 모술에 남아 일을 하고 있던 헨리 로스에게 보낸 편지 속에서, 그는 보타가 자기를 '말할 수 없이 친절하고 정성스럽게 맞이하여 주었노라'고 쓰고 있다. 그러나 그는 보타가 병약한 상태에 놓여 있음을 보고 안타까웠다. 모술에서의 힘든 생활과 아편 때문이었으리라.

병에 찌들어 있긴 마찬가지였으나, 그래도 레이어드는 풀이 죽어 있던 보타에게 청량제 역할을 해주었던 것 같다. 어디서 힘이 솟아났는지, 보타는 총알같이 튀어올라 프랑스 학회로 달려가서 레이어드의 도착을 알리고, 독일 태생의 고고학의 선구자 쥘 몰을 비롯하여 여러 프랑스 학자들과의 회합을 주선하는가 하면 12월 17일에 열리는 권위 있는 '비문과 순문학 학회'에 참석하도록 교섭까지 벌였다.

보타는 또 루브르에 새로 마련된 니네베 홀(Salle de Ninive)에도 레이어드를 끌고 가 자랑스레 보여 주었다. 레이어드는 날개 달린 황소들을 교묘하게 짜맞추어 놓은 프랑스인들의 솜씨에 놀라움을 금치 못하였다. 그러나 황소 이외에는 볼 만한 구경거리가 별로 없었다. '보타는 콜사바드에서 대활약을 했었는데 말이야' 하고 그는 로스에게 쓰고 있다. '루브르의 니네베관은 두 개의 황소상(아주 훌륭하게 재생되었더군)과 사자를 목졸라 죽이는 두 사람의 거인을 빼놓곤 초라할 정도로 텅텅 비어 있더군.'

라쌈과 보타와 함께 파리 시내를 동분서주하다 보니, 그는 또다시 심한 말라리아에 걸리고 말았다. 그래서 그는 12월 17일 금요일이 바로 코앞에 다가오고 있는데도 침대에 누워 있기만 하였다. 그러나 그는 프랑스 지식층들과 만날 기회를 놓치고 싶지 않았다. 커다란 아프간 담요를 몸에 둘둘 감고 축 늘어진 얼굴을 한 채, 그는 라쌈의 어깨에 기대어 학회의 위풍 당당한 건물로 마차를 달렸다. 보타가 미리 일을 어찌나 잘 꾸며 놓았던지, 레이어드가 회장에 나타나자 장내가 떠나갈 듯한 함성이 터져 나왔다.

그날 저녁엔 어느 변호사 겸 학자가 발언을 하게 되어 있었는데, 주최측은 그에게 발언 시간을 줄여 달라고 정중하게 요청하였다. 레이어드가 저렇게 아프고 파리에 오래 머물 사람도 아니니 이번이 프랑스 학자들에겐 님루드 발굴에 관해 질문을 할 수 있는 더 없는 기회이기 때문이라고 하였다. 청중들은 한 시간 동안이나 이 변호사님의 중얼중얼 횡설수설을 하품을 하며 들어야만 했다. 그런데 갑자기 그가 발표 주제를 다시 다섯 부분으로 나누어 설명하겠다고 말하자 청중들의 인내심도 한계에 다다랐다. 야유가 터져 나오고, "님루드 사람 나와라! 님루드 사람 나와라!" 하고 소리질렀다. 장내가 계속 떠들썩하자 학회장이 화가 머리끝까지 나 얼굴이 빨개진 발언자를 중단시키고 레이어드에게 단을 내주었다.

"나는 그때까지도 고열로 시달리고 있었다. 사실, 경험한 자만이 알겠지만 열이 심한 사람은 두뇌 회전이 평소 때보다 배나 빠르고 시종 일관 무모할 정도로 대담성을 보이는가 하면 수다까지 늘어놓게 마련인데 이러한 상태는 몸이 더 이상 감당하지 못하게 되어야 진정될 수 있다"고 레이어드는 말하고 있다.

그는 필요 이상으로 높은 목소리로 말하였다. 그도 그럴 것이, 수년간 동방에서 벌레와 오물과 말라리아 속에서 온갖 고생을 한 끝에 최초의 공적인 인정을 받게 되었기 때문이다.

레이어드는 스케치가 들어 있는 가방을 열었고 청중들은 침을 꿀꺽 삼켰다. 누가 보아도 그의 발견은 보타의 것을 훨씬 능가하고 있었다. 그러고 나서 레이어드는 자신의 발견에 대하여 이야기하기 시작하였다. 그것도 프랑스인들이 듣기에 흐뭇한 유창한 프랑스어로. 그는 그리스인들의 것이라고 여겨져 온 많은 조각상의 기술들이 실은 수백 년, 아니 어쩌면 수천 년이나 더 먼 아시리아까지 거슬러 올라간다는 것을 보여 주었다. 예를 들어 이오니아식 기둥은 누가 보아도 아시리아인들의 창안이었다는 것이다. 그의 이러한 주장에 어떤 사람들은 코방귀를 뀌고 어떤 사람들은 고개를 끄덕였다.

학자들이 상호 의견을 주고받으며 열띤 논쟁을 벌이자, 일대 소동이 잇따랐다. 그 들의 이러한 관심은 레이어드가 몇 달 전부터 그려 오던 계획을 구체화하기에 이르렀다. 즉 아시리아에서 그가 벌인 모험과 발굴 이야기를 책으로 내자는 것이었다. '님루드의 발굴 결과가 파리에서의 반만큼이라도 런던 사람들로부터 관심을 자아낼 수 있다면 그 이야기를 책으로 내는 데 어느 정도의 희망을 가질 수 있을 것이다'라고 그는 쓰고 있다.

회의가 끝나 갈 때쯤 되자 레이어드의 발언은 답변보다도 더 많은 의문을 남겨 놓고 있다는 사실이 밝혀졌다. 그리고 회원들은 다음날 저녁 레이어드를 환영하는 만찬을 곁들인 '특별 회합'을 갖자는 제안을 만장 일치로 통과시켰다. 게다가 놀랍고도 고맙기 그지없는 것은 발언권이 센 대부분의 회원들이 모여 의논하더니 레이어드를 학회의 통신 회원으로 임명한다고 서둘러 발표하였다는 점이다. 이 임명은 유럽 전역의 학자들이 모두들 부러워하는 커다란 영예 중의 하나였다.

토요일 밤의 축제에서 프랑스 학계의 지도자 급에 속하는 르노르멍 씨는 유럽 사상계에 끼친 레이어드의 영향을 다음과 같이 멋들어지게 요약하였다. "이제부터 님루드에 관해 자세히 알지도 못하고 그리스의 예술이라든가 신화에 대하여 감히 이러쿵저러쿵 떠들 자는 없을 것입니다"라고.

거의 광신적이라 일컬을 만큼 배타적인 국민임에도 불구하고, 프랑스의 식자들은 앵글로색슨과의 경쟁 관계도 잊고, 레이어드에게 런던에 돌아가는 즉시 그의 스케치와 비문 베낀 것들을 출판해야 한다고 수차례 다짐까지 하는 것이었다. 프랑스인들은 보타의 책을 출판할 때 새겨 놓은 특수 활자들을 제공해 주겠다는 약속까지 하였다.

레이어드는 동전 한 닢마저 내놓기 싫어하던 자신의 동포들을 생각하니 쓴웃음이 나왔다. 그는 프랑스인들에게 솔직하게 털어놓았다. "그게 그렇게 쉽게 이루어질 수 있을까요?"라고.

당시 프랑스는 많은 문제점을 지니고 있었다. 왕당파이며 루이 필립의 지지자였던 보타는 개인적으로 프랑스의 군주 체제가 머지않은 장래에 무너지리라고 예견하고 있었다. 그는 레이어드가 자신이 모시는 왕을 만나 뵙기를 간절히 소망하였다. 그러나 루이 필립은 크리스마스 전야에나 파리로 돌아온다는 것이었다. 수년 동안 객지에서 생활한 사람에게 크리스마스를 프랑스 국왕과 보내든지, 아니면 그리운 고향 친지들과 보내든지 둘 중에 하나를 택하라고 한다면 그에 대한 답변은 뻔할 수밖에 없을 것이다. '나는 크리스마스 만찬을 영국에서 들기 위하여 폐하와의 만남을 포기하였다'라고 그는 쓰고 있다.

12월 19일 레이어드는 영국으로 가기 위하여 칼레를 떠났다. 그는 보타와 아쉬운 작별을 하였다. 그로부터 그들은 다시는 영영 만나지 못하게 된다. 신사 중의 신사인 보타는 1848년 프랑스 혁명 때 체포된다. 이 혁명으로 왕은 폐위되고 제2공화국이 탄생하게 된다. 보타는 모술로 되돌아가서 콜사바드를 계속 발굴하고 싶었지만, 시리아의 한직에 발령되어 수년 후 아무도 모르게 세상을 떠나고 만다.

레이어드에게 보타는 콜럼버스 이전의 토스카넬리라든가 다윈 이전의 웰레이스처럼 촉매와 같은 존재였다. 이들의 이름과 마찬가지로 보타의 이름도 역사 속에서 사라지고 말았다. 대영 박물관의 아시리아 부서 직원이었던 개드는 "보타가 유능하고 용감하며 학식이 풍부한 학자로서, 그가 지닌 가장 훌륭하고 매력적인 장점은 관대함이었다"고 말하고 있다. 개드는 또 "그에 대하여 더 이상 알지 못하는 것이 아쉬울 뿐이다"라고 함축성 있게 끝을 맺고 있다.

12월 21일 무거운 외투를 입고 털목도리를 두른 레이어드는 호르무즈드 라쌈과 함께 영국 해협을 건넜다. 레이어드가 흥분하지 않았다고 하면 거짓말일 것이다. 그러나 그는 그답지 않게 빅토리아식 무관심의 태연 자약함을 발휘하여 자신의 감정을 억누르고 있다. '나는 12월 22일 영국에 도착하였다'라고 그는 쓰고 있다. '거의 8년 반을 객지에서 보낸 뒤에.'

29. 다시 런던으로

레이어드는 때를 잘 맞추어 일 년 중 가장 즐거운 절기에 런던에 도착하였다. 그는 사륜 마차를 타자 블룸스버리의 몽타그 광장에 있는 어스틴 가의 위풍 당당한 저택을 향하여 쏜살같이 달렸다. 그곳은 대영 박물관에서 엎드리면 코 닿을 거리에 있었다.

바람 한 점 없이 잔뜩 찌푸린 날인데도 불구하고 온 시가지가 축제 분위기로 활기에 넘치고 있는 것 같았다. 제니 린드와 도니제티의 피글리아 델레지멘토가 사람들을 서리 극장으로 불러들이고 있었다. 라임하우스 리치의 선창가에서는 브라질 황제의 죽은 아들을 기려 알폰소라 이름 붙인 브라질 구축함에 관한 이야기로 꽃을 피우고 있었다. 퍼셀 제과점은 시내에서 가장 많은 종류의 크리스마스 케이크를 진열하고 있었다. 한 조각당 5실링에서 50실링에 이르기까지 가격이 다양하다고 했다. 그러나 스코틀랜드식 설날 단빵이 훨씬 싸고 인기도 좋았다. 흑맥주는 1리터짜리 12개들이 한 상자에 4실링에 팔리고 아몬틸랴도는 한 상자에 60실링이었다. 그러나 약간 질이 떨어지는 셰리는 그 반값에도 구할 수 있었다. 레이어드가 영국을 떠날 때 베스트 셀러 명단에 올라 있던 「러셀 여사의 요리 강좌」는 아직도 명단에서 사라지지 않고 있었다. 타임지의 독자 투고란에는 귀족들과 상류 사회 사람들이 선물 구입 청구서 지불을 크리스마스 후로 미루고들 있어 상인들에게 심각한 타격을 주고 있다는 비난이 실려 있기도 하였다.

그 주일의 해외 뉴스는 오토만 제국에 초점을 맞추고 있었다. 터키 당국은 또다시 알바니아와의 화해를 선포하였다. 콘스탄티노플에서 콜레라가 발생하였다는 뉴스도 빠뜨릴 리가 없었다. 그러나 메리 올드 잉글랜드는 전과 다름없이 건재하였다. 여왕 폐하와 프린스 알버트는 왕실 가족과 함께 오스버언에서 윈저궁으로 돌아오셨다는 궁내 소식이었는데, 그 기사에 따르면 레이디 캐닝이 여왕님의 시녀로 동반하였었다고 한다.

로우스트 비프와 요크셔 푸딩이 차려진 크리스마스 만찬 석상에서, 레이어드는 아시리아에서 있었던 모험과 발굴에 관한 이야기를 하여 식구들을 즐겁게 하였다. 어스틴 부부는 입이 함박만해졌다. 레이어드는 이제 예전의 게으름쟁이 백수 건달의 조카가 아니었다. 그는 다시금 그들의 대자로 돌아와 있었고, 그들은 그가 자신들의 성을 물려받은 걸 자랑스러워하였다.

레이어드는 내면적으로뿐만 아니라 외면적으로도 많이 변해 있었다. 지치고 피곤해 보이기는 하였지만, 대꼬챙이 같은 몸집에 이젠 제법 살도 많이 올라 있었다. 레이어드가 건강을 되찾고 수염을 깎은 다음에 G.F. 와츠에게 주문시킨 초상화를 보면, 거의 토실토실하다고 할 정도로 살이 쪄 있다. 코는 귀족적인 매부리 코에다 눈썹은 진하고 무성하며, 꼭 다문 입술에 머리는 바이런 스타일을 흉내내고 있다. 단지 그의 눈만은 아직도 소년 시절 그대로 맑고 푸르러 아득히 먼 곳을 바라보는 듯한 봉상적이고도 낭만적인 모험가 특유의 눈매를 지니고 있다.

레이어드는 그날 아시리아에 관해서뿐만 아니라 그가 즐겨 들먹이는 또 다른 화젯거리인 외교 정세에 관해서도 이야기하였다. 그는 근동 지방에 있어서의 러시아의 술책을 경고하고 오토만 제국이 살아 남고자 한다면 조속한 개혁이 이루어져야 한다고 역설하였다. 그리고 그는 프랑스에서의 급박한 혁명을 예견하기도 하였다. 프랑스에 대한 그의 견해는 왕정파들이 굳건한 발판 위에 서 있다고 믿고 있던 어스틴 부부를 경악케 하였다.

레이어드의 이름은 몽타그 가 밖에까지도 널리 알려지고 있었다. 그가 호르무즈드 라쌈을 입학시킨 옥스포드 대학에서는 그에게 교회법 박사 학위

를 수여하였다. 뷰셔 목사의 학교 시절을 돌이켜 볼 때 이 영예는 그에게
특별한 기쁨을 안겨 주는 위안거리였다. 그는 또 25년 전 월터 스코트 경과
토머스 무어가 세운 아테네움회의 회원으로도 선출되었다. 레이어드의 이름
은 대서양도 건너갔다. 그의 미국 친구인 마이너 켈로그는 뉴욕에서 이렇게
써 보내 왔다. '이곳의 인종학회는 당신의 발견에 대하여 대단한 관심을 보이
고 있습니다. 그래서 저는 제게 보내 주신 편지를 회원들에게 읽어 주었답니
다.'

스트래트포드 캐닝 경은 1월 2일 임지로 가는 길에 잠시 들른 스위스에서
격려의 편지를 보내 왔다. '자네는 아시리아 유물을 최대 한도로 이용하여야
하네. 유물들의 가치를 충분히 인식시켜 자네의 이름을 날리도록 하고 대중
들에게는 영국이 커다란 횡재를 하였음을 이해시키게.'

레이어드는 파리와 런던에서 열광적인 환영을 받은데다 캐닝의 격려 편지
까지 받고 보니, 문득 앞으로 외교 무대로 등장함에 있어 아시리아가 지렛대
역할을 해줄 수 있을지도 모른다는 생각을 하게 되었다.

섣달 그믐날 밤 그는 신임 외무장관인 팔머스톤 자작에게 개인적인 인터
뷰를 청하는 편지를 썼고, 장관은 기꺼이 승낙하였다. 그의 편지는 의심할
여지 없이 아첨으로 가득 차 있었다. '저는 여왕 폐하의 콘스탄티노플 주재
대사관 직원으로 임명해 주신 각하의 서신을 받을 만한 자격도 없는 사람이
지만' 하고 그는 쓰고 있다. '외무부에서 제게 보인 평가로 미루어 저는 감히
각하께 진심으로부터 우러나오는 감사를 표해도 좋을 거라는 생각을 하게
되었습니다. 임명은 물론 추천까지 하여 주신 데 깊이 감사드립니다.'

그는 또 대영 박물관에도 들러 총무인 퍼샬 목사에게도 자신을 소개하였
다. 퍼샬은 그를 따뜻하게 맞이하였고 1월 8일 이사회와 공식적인 만남을
가질 수 있도록 일을 처리해 주었다. 그 회의는 다름 아닌 케임브리지 공작
의 주재하에 열렸다. 케임브리지 공작으로 말할 것 같으면 빅토리아가 각별
히 좋아하는 사촌 동생으로서 그가 없을 때 사람들은 그를 '로열 조지'라고
불렀다. 그 외에도 노스앰톤 후작과 마혼 자작, 웨스트민스터의 수석 사제

잉글리스 바르 경 등과 같은 저명 인사들도 참석하였다. 레이어드는 상류 사회로 접근하고 있었던 것이다. 회의록을 볼 것 같으면 로열 조지는 레이어드에게 '그의 열성적이고도 성공적이며 무엇보다도 대단히 만족할 만한 임무 수행에 최상의 찬사를 보낸다'는 인사말을 하였다고 기록되어 있다. 이에 대하여 레이어드는 자신이 직접 그린 아시리아 기념비의 스케치를 하나하나 보여 주며 설명하였다. 이사들 모두가 한결같이 매료당하고 말았다. 그런데 바로 이러한 결정적인 순간에 '님루드의 대리석들'은 앞서 보타가 겪어야 했던 시련을 그에게도 안겨 주었다. 레이어드의 날개 달린 황소가 사자가 벌써 여러 달째 배 한 척 보이지 않는 수평선을 바라보며 바스라 선창가에서 천대받고 있었던 것이다. 뿐만 아니라 검정 오벨리스크와 님루드와 상아들 그리고 사자 사냥 양각 등도 같은 처지에 놓여 있었다. 레이어드는 바스라에 70~80개의 대리석 상들과 30~40개의 조그만 유물들이 배를 기다리고 있을 거라고 추측하였다. 그는 해군 본부에 영향력을 가해 이 유물들을 하루빨리 영국으로 운반해 오도록 이사회에 간청하였다.

바로 보름 전 프랑스인들이 그토록 신신 당부하던 말이 아직도 귓가에 쟁쟁한 터라, 그는 이사회에 그의 그림들을 책으로 내달라고도 부탁하였다. "되도록이면 빨리, 그러나 가능한 한 많은 독자들이 비문에 접할 수 있도록 정확성을 기해서 저렴한 가격으로 내달라"고 부탁하였다. 이사회는 호의적인 반응을 보여 주었을 뿐만 아니라 로열 조지를 주축으로 하는 '특별 위원회'를 구성하여 그 일을 검토해 보겠다고 답변하였다. 레이어드는 이사회가 그렇게까지 적극적으로 나올 줄은 상상도 하지 못했었다. 그러나 결과는 아무것도 없었다. 피일 내각이 그 계획에 4천 파운드를 지출하는 걸 허용하지 않았기 때문이다. 이 스케치들은 1850년에 이르러서야 비로소 출간을 보게 된다.

레이어드는 매우 기분이 좋아서 회의장을 떠났다. 그러나 한 가지 꺼림칙한 말이 그의 머리에서 떠나질 않았다. 케임브리지 공작이 아시리아 발견을 캐닝과 박물관과 레이어드의 공동 협조에 의하여 이루어졌다고 언급하였던 것이다. 사실이야 어쨌든, 수년 동안 구릉들 사이에서 피와 땀을 흘리고 난 레이어드는 아시리아 유물들을 '내 대리석들'로 여기고 있었다. 런던에서 따뜻한 환영을 받고 난 직후 그는 로스에게 이렇게 쓰고 있다. '(내) 유물들을 위해서 날개(박물관 전시실의) 하나를 더 증축하겠다고 한다네.'

일이야 어찌 돌아가건 나흘 후 레이어드는 아시리아 전역을 발굴할 영국 탐사대를 위한 응대한 계획을 대충 그린 장문의 보고서를 이사회에 제출하였다. 그러한 계획을 실천에 옮기려면 연간 최소한 5천 파운드의 경비가 소요될 것이라고 그는 추산하였다. 그는 "지금이 가장 유리한 때"라고 말하였다. 왜냐하면 터키 정부가 현재 콘스탄티노플에 최초의 박물관을 세울 계획을 세우고 있으며, 그리하여 제국 전역의 파샤들에게 현지에 널려 있는 폐허들을 발굴하여 '대리석'들을 보내라는 명령을 내렸기 때문이라는 것이다. 마을 사람들은 이미 발굴대를 조직하였는데 보수도 받지 못하고 조상들을 캐내야만 하므로 그들은 눈에 띄는 조상들을 마구 때려 부수어 강제 노동을 피하고자 한다는 것이었다.

"파괴 행위는 이미 시작된 상태입니다"라고 그는 롤린슨과 로스, 크리스천 라쌈 등 여러 사람들로부터 주워들은 정보를 토대로 경고하였다.

그가 작성한 계획은 수주일 동안 이 부서에서 저 부서로 돌아다니다, 마침내 피일 내각으로부터 공금을 남용하는 어리석은 짓이라는 선고를 받고 말았다. 그러나 그의 제안이 기각된 근본적인 이유는 더 깊숙한 곳에 뿌리박고 있었다. 즉 정치적인 데에 있었다. 피일은 이 계획이 국민들에게 먹혀들어가지 않으리라는 것을 잘 알고 있었다. 프랑스에서는 루이 필립이 폐위당하고 1848년의 혁명이 진행 중이었다. 레이어드는 로스에게 이렇게 고백하고 있다. "프랑스 사태가 다른 유물들은 물론 니네베까지도 사람들의 머릿속에서 내몰아 버렸다네. 내 생각엔 일이 제대로 풀려 나갈 것 같지 않네." 그리고 그의 말 그대로 아무것도 이루어지지 않았다.

그의 화려한 금의 환향은 또 다른 먹구름에 의해서 부분적으로나마 울적한 분위기를 자아내었다. 계속되는 말라리아의 재발이 그것이었다. 말라리아는 이제 간까지 못쓰게 만들어 그는 사교적인 술도 마시지 못할 정도가 되었다. 그러니 자연 콘스탄티노플로 되돌아가는 일도 자꾸만 연기되었다. 그로부터 2, 3개월이 지나는 동안 레이어드는 예전의 건강을 많이 되찾긴 하였지만, 할리 가의 의사들은 그가 여건도 좋지 못한 터키-페르시아 국경 지대에 가서 임무를 수행할 정도로 회복되진 않았다고 주장하였다. 마침내 5월에 가서 외무부는 의사들의 충고대로 그의 휴가 기간을 6개월 더 연장하여 주었다. 휴가 기간의 연장은 자신의 모험담을 책으로 내어 아시리아 발견이 불러일으킨 세간의 호기심을 한껏 이용해 보고자 하는 그의 계획과 아주 딱 들어맞았다.

1903년 윌리암 N. 부르스와 함께 레이어드 관계 서류들을 편집한 애버대어 경은 이렇게 쓰고 있다. '레이어드는 1848년의 대부분을 영국에서 보내며 그의 유명한 저서 「니네베와 그 폐허들」을 집필하고 있었다……' 레이어드는 아직도 니네베의 정확한 위치를 알고 있지 못하였다. 니네베가 하나의 구릉에만 속해 있는지 아니면 여러 개의 구릉을 포함하는 광범위한 도시였는지 알고 있지 못했다. 그런데 이 책의 초점은 님루드와 그곳에서의 발굴 활동에 맞춰지고 있었다. 그가 님루드를 니네베로 착각한 것은 아마도 롤린슨의 정확하지 못한 설형문자 해독의 영향을 받아서였던 것 같다.

책을 쓰는 동안 그는 주로 버어머스 근처의 도르시트셔에 있는 사촌 누님의 집인 캔포드 메이너에서 지냈다. 그는 누님인 레이디 샤를로트 게스트와 그녀의 남편 존 경을 얼마 전 런던에서 알게 되었다.

존 경과 레이디 샤를로트는 디즈렐리 부부 및 캐닝 부부와 절친한 친구 사이였다. 지난 12월, 레이어드가 영국에 돌아온 지 얼마 되지 않았던 때 캐닝은 레이디 샤를로트에게 레이어드가 님루드에서 그린 그림들을 보여주었다. 샤를로트는 일기에다 그 그림들이 '멋지고 매우 흥미롭다'고 쓰고 있다. 2월이 되자 샤를로트와 하원 의원인 그녀의 남편은 '유태인의 의회 진출에 찬성표를 던지기 위하여' 잠시 런던에 들른 적이 있다. 바로 그때 런던에서 샤를로트는 자신의 사촌 남동생을 처음으로 만났다. 샤를로트는 이 '동방의 탐험가'를 보자마자 마음이 끌렸다고 한다. 그래서 레이어드는 게스트 가의 일원이 되어 캔포드 메이너에 편히 정주하게 되었던 것이다.

당시 레이어드는 서른한 살이었고 샤를로트는 그보다 다섯 살 위였다. 그녀의 남편 존 경은 예순세 살의 노인으로 병상에 누워 있었다.

1833년 샤를로트가 열아홉 살의 나이로 시집갈 때 게스트는 마흔아홉 살의 원기 왕성한 홀아비로서 철강업자이자 하원 의원이었다. 그는 소학교밖에 나오지 않았지만 산업 혁명의 바람이 거세질 것을 예감하고 다울레스에 있던 제철 공장의 연료를 코크스에서 석탄으로 대체하는 시도를 벌인 자이기도 하다. 그는 철로를 깐 최초의 제철업자이기도 한데, 당시 사람들은 그가 엉뚱한 투자를 한다고 비웃었다.

샤를로트의 결혼은 귀족들과 상류 사회 사람들을 놀라게 하였다. 사람들은 샤를로트가 당시 유행하던 말대로 '돈에 팔려' 시집갔다고 수군댔으며 신랑 신부는 곧 사회로부터 추방당하는 신세가 되었다. 그러나 얼마 안 가서 온 영국 사람들이 게스트의 철로를 사용하게 되었고, 반면에 게스트는 게스트대로 이 철로를 타고 어마어마한 부와 명성을 향하여 치닫게 되었다. 1838년에 이르자 영국의 귀족들은 새로운 사회 계층의 출현을 더 이상 못 본 체할 수가 없게 되었다. 상공인들이 '산업 사회의 우두머리'로 앉게 되었기 때문이다. 이러한 배경하에 게스트는 남작이라는 작위까지 받게 된다.

샤를로트 역시 그녀의 남편 못지않게 뛰어난 여인이었다. 그녀는 발랄하고 아름다웠을 뿐만 아니라 주관이 뚜렷했고 재능까지 겸비하고 있었다. 초서는 그녀가 가장 좋아하던 작가였고 버질과 바이런 역시 애독하고 있었다. 그리스어와 라틴어로 고전들을 척척 읽는가 하면 페르시아어와 헤브라이어도 상당히 알고 있었다. 존 게스트에게 시집간 후로는 웨일즈어를 공부하여 「마비노기온(*Mabinogion*)」을 영어로 번역하였다. 샤를로트는 이 번역을 위하여 8년이란 세월을 보냈는데 웨일즈 이야기들이 들어 있는 중세 초기 원전들을 통달하기에 이르렀다. 그녀의 「마비노기온」 번역은 1846년, 그러니까 레이어드가 캔포드에 나타나기 2년 전에 상하권으로 출판되었다. 알프레드

테니슨 경은 바로 이 책에서 영감을 얻어 「왕들의 목가시(*The Idylls of the Kings*)」를 쓰게 되었다고 한다.

샤를로트 게스트는 다른 면으로도 뛰어난 여인이었다. 15년 동안 결혼 생활을 하면서 5남 5녀라는 10명의 자녀를 낳았으니 말이다. 당시 와츠 ——레이어드의 초상도 그림——가 그린 그녀의 초상화를 볼 것 같으면 그녀가 보기 드물게 젊은 얼굴을 지니고 있었음을 알 수 있다.

존 게스트는 나이 어린 신부를 위하여 고고학자들에나 어울릴 중세기의 고성, 캔포드 메이너를 구입하여 개축을 지시하였다. 다음해 캔포드 메이너 는 당시 유행하던 빅토리아 시대의 네오 고틱 스타일로 새로이 단장을 하고 개인 크리켓 경기장까지 갖춘 웅장한 모습을 드러내었다.

애버대어 경이 레이어드를 처음 만난 것은 1848년 바로 이 성에서였다. 46년 후에 발표한 그의 회상기 속에서 애버대어는 이렇게 회고하고 있다. '나는 우리가 첫번째 만났던 장면을 아직도 생생하게 기억하고 있다. 친척인 존 경과 레이디 샤를로트를 방문하고 있던 그는 다울레스의 종업원들에게 땅 속에 파묻혀 있던 기념비를 파내던 자신의 모험담을 원색적이고도 감정 이 풍부한 용어를 사용하면서 재미있게 들려 주고 있었다. 종업원들은 특히 구약성서 속의 역사와 지명, 국명 등이 조상들과 어떠한 관계를 맺고 있는가 에 대해 커다란 관심을 보이고 있었다.'

레이어드는 다울레스의 종업원들과 그들의 가족들에게뿐만 아니라 샤를로 트의 어린이들에게도 니네베 이야기를 들려 주어 환영을 받았다. 그는 「아라 비안 나이트」에서 따온 이야기와 동방에서 있었던 자신의 모험담을 적당히 배합하여 들려 주었는데, 아이들은 땅 속에서 나온 '사람 얼굴을 한 날개 달린 황소와 사자' 등과 같은 돌 괴물 이야기를 들을 땐 숨을 죽이고 상상의 세계 속으로 빠져들곤 하였다.

어린이들 중에 유독 한 어린이가 '헨리 아저씨'에게 각별한 관심을 보이며 따랐다. 그 어린이는 어머니를 꼭 빼어 박은 다섯 살 난 메리 에니드 에빌린 이었는데, 레이어드가 이야기를 들려 줄 때면 무릎 위로 뛰어올라 품에 안기

곤 하였다. 에니드는 엄마의 니네베 친구를 '무지무지하게' 좋아하였다고
한다.

레이어드가 짐을 꾸려 갖고 캠포드 메이너에 들어가 살자, 몇몇 빅토리아
시대 사람들은 눈썹을 치켜뜨곤 하였지만, 그와 샤를로트의 관계가 애정이
개입된 친구 관계로 진전될 만한 그럴 듯한 이유는 없었다. 샤를로트를 통해
서 레이어드는 디즈렐리를 새로이 사귀게 되었고 캠포드 메이너에서의 생활
은 즐겁고도 포근하였다.

레이어드가 모술에 남아 있던 로스에게 쓰고 있듯이, 영국에서의 느긋한
시골 생활은 동방에서 온갖 고초를 겪다 온 천덕꾸러기를 응석받이로 망쳐
놓은 것처럼 느껴졌으리라.

30. 대사관 시보 자리

그러나 그는 아시리아를 거의 한시도 잊고 있지 않았다. 캔포드에서 그는 그의 서사시 「니네베와 그 폐허들」을 느긋한 마음으로, 막히는 구석 하나 없이 꾸준히 써 내려갔다. 사라 어스틴과 샤를로트는 레이어드의 앞으로 있을 문학적 성공에 서로 더 큰 영향력을 행사하려고 경쟁을 벌인 것으로 보인다. 레이어드에게 발행인이 되어 주었던 존 머레이가 남겨 놓은 기록과 샤를로트 게스트의 일기를 읽어 본 사람은 적어도 그러한 인상을 받게 될 것이다. 사라 어스틴은 디즈렐리가 그의 처녀작인 「비비안 그레이」를 쓸 때 도와 준 사람이며——어떤 비평가들은 그녀가 대신 써준 것이 아닌가 의심하고 있다——샤를로트로 말할 것 같으면 자신의 이름으로 책까지 낸 여류 작가였다. 각기 무대의 가운데 자리를 누비고 있던 이 두 여인들은 어차피 서로 만만찮은 경쟁자일 수밖에 없었으리라.

왕년에 미인 소리를 듣던 사라 아줌마는 이제 쉰두 살의 한물 간 여자였지만 아직도 그녀의 살롱에서 젊고 똑똑한 젊은이들에게 에게리아(Egeria) 역할을 하고 싶어하였다. 머레이의 전기 작가인 조지 패스톤에 의하면 "이제 그녀는 자신의 능수능란한 손으로 사사건건 조카의 일을 요리하려 들었다"고 한다.

패스톤은 그녀가 머레이를 설득하여 레이어드의 원고에 관심을 갖도록 만들었음을 시사하고 있다. 또 그녀가 적어도 편집에 관한 한 조언을 제공한 증거도 보여 주고 있다. 사라는 캐닝 경이 휴가차 런던에 들렀을 때 이야기를 나눈 후 니네베에 관해 너무 자세한 책을 내놓으면 프랑스인들이 질투하여 술책을 걸어 올지도 모른다는 캐닝의 말을 들어가며 머레이에게 다음과 같은 편지를 보냈다. '발굴 이야기를 시시콜콜히 늘어놓는 일은 대단히 어리석은 짓이라고 생각합니다.'

"그러므로," 하고 사라는 머레이에게 충고를 하고 있다. "그분(캐닝)은 가장 소중한 발굴품들——이를테면 오벨리스크라든가 청동 기기, 상아 등——을 일일이 열거하지 않는 일이 무엇보다도 필요하다고 생각하시는 겁니다."

그러나 샤를로트의 1848년 4월 7일자 일기를 보면 레이어드가 그녀에게 머레이를 소개한 사실을 알 수 있다. '나는 헨리가 니네베에서 그린 그림들의 출판에 관해 의논하기 위하여 그를 만나기로 약속하였다'고 샤를로트는 쓰고 있다. 아마도 그녀는 출판비를 보조해 주려 마음먹고 있었는지도 모른다.

머레이는 캠포드에서 레이어드의 원고를 보고 깊은 인상을 받았으며 출판을 해보고 싶다는 의사를 밝혔다. '저는 당신의 문장이 마음에 들었습니다. 그리고 성공하리라 확신도 하고 있습니다'고 그는 나중에 레이어드에게 쓰고 있다. '저는 전적으로 저의 부담으로 출판을 할 의사를 가지고 있습니다. 순익의 절반을 선생께 제공하기로 합니다.'

'나는 화보에 상당 금액을 투자할 용의가 있다'고 쓴 그녀의 일기를 미루어 보아 우리는 샤를로트의 영향력 역시 느낄 수 있다. 레이어드는 「니네베와 그 유물들」과는 별도로 「니네베의 기념비들, 현장에서 만들어진 스케치를 토대로」라는 백 개나 되는 그림을 담은 책을 내기도 하였는데, 게스트 부부가 출판비 일부를 보조해 준 것이 아닌가 하는 추측을 불러일으키게 한다.

따라서 레이어드가 사라의 편집 조언을 무시하고 오벨리스크와 상아 등에 관하여 상세한 이야기를 늘어놓았다고는 해도 사라와 샤를로트가 공동으로 머레이를 설득하고 레이어드의 문필 활동에 영향력을 끼쳤다는 주장은 어느 정도 일리가 있어 보인다.

레이어드는「니네베……」와「기념비들……」을 집필하는 중에도 님루드와 퀸지크와 그 밖에 여러 곳에서 베껴 온 비문을 수록한 그의 세번째 저서인 「설형문자로 씌어진 비문들」에도 손을 대기 시작하였다. 전문 작가라도 이들 세 권 중 한 권을 쓰려면 상당한 시일이 걸렸을 것이다. 그런데 그는 세 권을 한꺼번에, 그것도 건강이 좋지 못한 상태에서 써냈던 것이다.

퍼샬에게 보낸 편지 속에서 그는 자신의 니네베 원고가 아시리아 탐사 중에 발견된 유물들에 관한 '통속적인 묘사'를 담고 있다고 쓰고 있다. 언제나와 마찬가지로 레이어드의 겸손은 자신을 제대로 평가하지 못하고 있다. 그의 니네베 이야기는 흔히 볼 수 있는 그런 여행담과는 거리가 멀다. 레이어드는 문학에 있어 새로운 장르를 탄생시킨 것이다. 고고학에 관한 그의 책은 학문과 여행과 모험과 낭만을 아주 재미있게 엮은 이야기체의 소설이다. 현대 고고학 소설에 끼친 그의 영향으로 말할 것 같으면 에드가 알란 포가 추리 소설의 발전에 끼친 영향만큼이나 크다.

레이어드 이래로 고고학에 관한 대부분의 유명한 책들은 그의 스타일을 그대로 모방하고 있다. 1870년「트로이와 그 유물들」이라는 걸작을 낸 쉴리만이 그랬고, 떠들썩한 1920년대에 투탄카멘의 무덤과 보물을 발견한 호와드 카터를 거쳐 1964년에「님루드와 그 유물들」을 낸 M.E.L. 맬로완에 이르기까지 모두들 레이어드를 본보기로 삼고 있다.

생존해 있는 위대한 아시리아 고고학자들 중의 한 사람인 맬로완은 부인인 추리소설 작가 아가타 크리스티와 함께 레이어드가 파다 만 구덩이들을 다시 판 사람인데, 상하권으로 된 자신의 저서가 "형식이나 구성면에 있어서 레이어드 회고록의 계속이라고 할 정도로 구닥다리 냄새가 난다"고 태연스레 고백하고 있다.

레이어드의 문학적 재능으로 말할 것 같으면「빅토리아 산문집, 1830~1880」등과 같은 빅토리아 시대의 명작집들 속에 그의 작품이 발췌되어 있는 사실로 미루어 충분히 짐작할 수 있을 것이다. 이 빅토리아 산문집에는 레이어드의 작품과 함께 윌리엄 메이크피스, 세커리, 조지 엘리오트, 찰스 디킨즈, 토머스 하디, 에밀리 브론테, 샤를로트 브론테 등과 같은 깜짝 놀랄 만한 (레이어드의 눈으로 볼 때) 인물들의 작품들이 나란히 실려 있다.

캔포드에서 집필하느라 바쁜 나날을 보내면서도 그는 아시리아 발굴을 원격 조정하는 시간적 여유는 지니고 있었던 것 같다. 레이어드는 로스에게 부탁하여 퀸지크의 발굴을 재개토록 하고 칼라 샤르가트(앗수르)로부터 샬마네저 2세의 목이 달아난 석상을 옮기도록 하였다. 그는 또 메소포타미아에 대한 자신의 원대한 공격 계획을 재검토해 달라고 대영 박물관에 끈질긴 압력을 가하였다.

당시 레이어드가 구릉 탐사에 관여한 사실은 캔포드에 있던 레이어드와 모술에 남아 일하던 로스가 서로 주고받은 편지와 보고서들 속에 잘 나타나 있다.

1월 24일자 편지에서 로스는 레이어드에게 건강이 어떠냐고 물은 다음 예전보다 발굴전망이 훨씬 좋을 것 같다고 말하고 있다. '나는 지금 서남쪽 귀퉁이를 파고 있다네. 수레와 기마병들이 그려진 석판들이 속속 출토되고 있는 걸 보면 뭔가 굉장한 것에 다다르게 될 것 같네. 그렇지만 구덩이를 너무 깊이 파야 되므로 야단이야. 인부들이 적으니 일을 빨리 진척시킬 수도 없고.'

이 보고서는 언제나처럼 구차스런 타령으로 끝나고 있다. "기금이 오는 걸 기다리자니 목이 빠질 지경이라네그려!"

3월이 되자 로스는 일단의 인부들과 함께 거적과 밧줄을 칼라 샤르가트로 보내어 목이 달아난 석상을 운반하도록 지시하였다. 레이어드는 그 작업이 2천 피아스터(92달러) 이하에서 이루어지기를 원하였다. 그러나 로스는 "칼라 샤르가트 석상은 자네가 생각하는 것보다 훨씬 더 들 거라네"라고 불평을 털어놓고 있다. 그는 상세한 비용을 보고하고 있진 않지만 모술로 옮겨오는 데 15내지 20달러가 더 소요되었음에 틀림없다.

그러는 중에 그는 대단히 흥분하여 퀸지크에서 또 다른 중요 광맥을 발견하였노라고 보고하고 있다. "바닥이 너무 깊어 터널을 파고 있다네. 여기저기 구멍을 뚫어 햇빛이 통하게 만들면서 말이야. 천장 두께는 6내지 7피트 정도나 된다네." 그는 또 절망감에 빠진 프랑스 부영사가 예전에 보타가 발굴했던 콜사바드를 다시 파기 시작하였다는 별로 달갑지 않은 소식도 전하고 있다. "퀼루와가 콜사바드 근처의 한 작달막한 구릉에서 독수리 머리를 한 황소상 하나를 파내었다네."

5월 20일경쯤해서는 어찌나 깊이 파 내려갔는지, 뉴 캐슬의 광부들이 사용하는 램프를 사용하고 있다고 로스는 말하고 있다. "우리의 발굴 장소는 그야말로 카타콤(지하 묘지)과 흡사할 지경이야. 구멍들 새로 햇빛이 새어 들어오긴 하지만 석판들을 보려면 램프를 사용해야 한다네." 양각들은 성곽 공격용 사다리를 사용하고 있는 아시리아 병정들의 모습을 보여 주고 있었다. '머리가 잘려나간 시체들이 땅으로 떨어지고 있는 이 양각은 님루드의 것과 똑같은데, 단지 까맣게 그을어 있는 게 다르구먼 그래'라고 그는 쓰고 있다.

레이어드는 슬쩍 그의 여자 친구들이 어떻게 지내는가 묻고 있기도 하다. 총각인 로스는 모술의 자유 분방하고 대담한 아가씨들 때문에 골치 아파 죽을 지경이라고 말하며, 자기 방문에 출입 금지령을 내리고 "앞으로 여자들은 절대로 발을 들여 놓지 말라고 선포하였노라"고 답변하고 있다.

메소포타미아 평원에 여름이 다가오자 수은주가 치솟기 시작하였다. 6월이 되자 로스는 그곳을 떠나야만 했다. 더위 때문이 아니라——더위라면 그는 레이어드와 마찬가지로 지옥 속이라도 견뎌낼 사람이었다——무역을 하고 있던 그의 아버님이 말타에서 그를 필요로 하고 계시기 때문이었다. 로스는 콘스탄티노플을 거쳐 말타로 갔다. 지중해의 섬에 도착한 그가 제일 먼저 쓴 편지는 물론 레이어드에게였다. "퀸지크에서 뭐가 나왔는지 상상이나 할 수 있겠나! 아주 조그맣고 예쁘장한 설형문자들이 새겨진 원통 모양의 테라-코타 실린더라네!" 이것은 고고학 사상 가장 희귀한 보물 중의 하나인 아시리아의 실린더들이다.

로스는 또 섬으로 오는 도중에 콘스탄티노플에서 캐닝 경과 아주 유쾌한 만남을 즐겼노라고 쓰고 있기도 하다.

"스트래트포드 캐닝 경께서는" 하고 그는 이야기하고 있다. "본관을 아주 정중하게 맞이해 주셨단 말씀이야!……그런데 굉장히 바쁘신 것 같은 눈치셨어. 게다가 나를 까맣게 잊고 계시지 않은가 말이야? 내가 죽은 줄 아셨대. 아, 글쎄 그분이 '몇 년 전 모술로 간 젊은이가 있는데 그곳에서 죽었다니 매우 섭섭하군요. 나랑 같이 식사도 했는데……'라고 말씀하시지 않겠어? 자네도 그랬겠지만, 이상한 생각이 들더군 그래. 그래서 이렇게 말씀드렸지. 모술 근처 어디서고 영국 젊은이가 죽은 일이 없다고 말이야. 그런데 각하께서는 극구 그 젊은이랑 이야기도 나눈 적이 있고 아주 호감이 가는 청년이었는데, 죽은 사실을 알고 계시다는 거야. 그러자 갑자기 머리를 스치는 게 있더구먼. 자네도 알다시피 내가 왜 그때 숨이 꼴깍 넘어갈 뻔한 적이 있지 않나? 그래서 그 자가 바로 나라고 말씀드렸지."

캔포드 메이너에서 레이디 샤를로트와 그녀의 자녀들 틈바구니 속에서 쾌적한 나날을 보내던 레이어드에게도 어느 새 서늘한 가을이 찾아왔다. 그의 건강은 회복되었고 그의 원고 역시 완성되었다. 말라리아 발작이 멈춘 건 물론 몸무게까지 늘었다. 크리스마스까지 느긋한 캔포드에 머물고 싶은 마음 간절했지만, 캐닝 경이 콘스탄티노플에서 빨리 오라 성화를 부리니 돌아가야지 별 수 없었다.

10월에 이르러 레이어드가 출발할 준비를 한창 하고 있으려니 캐쌈에 영국 해군 소속 범선인 H.M.S. 줄마 호가 닻을 내렸다. 캐쌈은 메드웨이가 템스와 합류하는 지점으로부터 10마일 상류, 그러니까 런던으로부터 30마일 위쪽에 위치해 있다. 이 도시는 헨리 8세 이래로 영국 해군의 주요 본부 기지로 사용되고 있다. 선창가의 창고엔 55상자의 님루드 보물들로 가득 찼다. 이 보물들은 사실 인도양 한가운데서 수장될 뻔한 위기를 넘기기도 하였다는 것이다.

이 아시리아 유물들은 소형 군함에 실려 바스라를 떠나 봄베이로 옮겨진 다음 상당 기간을 지체한 후, 줄마에 옮겨졌다. 봄베이를 떠난 이 쌍돛대

범선은 거센 몬순 기후를 만나, 바람에 갈팡질팡하다 돛대마저 부러뜨려 동아프리카를 향하여 서쪽으로 가는 대신 서남쪽으로 표류하다 바로 레이어드와 미트포드가 1839년 동방을 향해 떠날 당시 그들의 목적지인 세일론에 가 닿았던 것이다. 갑판 위에는 님루드에서 발굴된 검은색 방첨탑(black obelisk)도 적재되어 있었는데, 이것은 성서학상으로 볼 때 아주 소중한 보물이라고 한다.

레이어드는 즉시 캐쌈으로 달려가 수화물을 박물관으로 옮기는 작업을 직접 거들기로 하였다.

10월 12일 안개가 자욱한 날, 퍼샬과 박물관 직원들이 레이어드가 상자를 푸는 모습을 지켜보기 위하여 박물관 지하실에 모였다. 그러나 레이어드는 상자 속을 들여다보자 화가 머리끝까지 치솟았다. 유물들은 뒤죽박죽 넣어져 있었으니, 상자와 내용물이 서로 맞지 않은 건 둘째치고 없어진 것까지 있었다. 이러한 광경을 눈앞에 둔 그는 문득 로스가 보낸 편지 내용 하나를 상기하였다. 편지를 받을 당시 그는 무슨 영문인 줄 몰랐고 로스가 횡설수설 말을 잘못 전하는 것이려니 웃어 넘겼다. 로스의 보고는 이러하였다. 즉 〈봄베이 월간 타임즈〉지에 의하면 그곳에 있는 왕립 아시아학회 지부는 "롤린슨 소령이 발견한(원문 그대로임) 님루드의 유물들"에 관하여 세미나를 열었는데, 블랙 오벨리스크의 탁본은 그것에 씌어 있는 비명들이 이집트의 상형문자임을 보여 주는 것 같다는 것이었다. "배운 작자들이 하는 짓거리라는 게 다 이렇다구!" 하며 장사꾼 로스는 덧붙였다.

상자를 전부 열어 보고 난 레이어드는 유물들이 바스라에서 런던으로 운반되는 도중 봄베이에서 제멋대로 개봉되어졌을 뿐만 아니라 도적까지 맞았다는 사실을 깨달았다. 당황한 이사회는 동인도 회사의 중역 회의에 진상을 해명해 달라고 정식으로 요청하였다. 봄베이 당국과 동인도 회사는 공식적인 조사 작업에 착수하였다.

조사 위원회는, 대부분의 상자들이 개봉되어졌을 뿐만 아니라, 봄베이 선창가에 전시되어지기조차 하였다는 사실을 알아내었다. 그러니 몇몇 아시리아 유물들이 기념으로 간직되기 위하여 누군가의 손으로 들어갔음직도 한 일이었다. 사과문이 박물관으로 전달되었다. 그 이후로 봄베이 당국은 바스라로부터 운반되어 오는 모든 아시리아 유물들에 대하여 엄한 감시를 했기 때문에 도적맞는 일이 전혀 없게 되었다.

도난 사건만 빼놓으면 이사회는 불만스러울 게 하나도 없었다(날개 달린 황소와 사자도 조만간에 도착할 것이고……). 박물관 당국은 외무부 장관인 팔머스톤에게 보고하였다. "레이어드 씨의 발굴물들은……근자에 보기 드물게……고고학에 매우 중요한 공헌을 하여 줄 것입니다"라고. 이 말은 과장이 아니었다.

한편 레이어드의 터키-페르시아 국경 문제 위원회에의 임명건은 이상하게 풀려가고 있었다. 캐닝과 레이어드는 레이어드가 육군 대령 펜위크 윌리엄즈와 공동으로 그 위원회를 맡아 일하게 될 거라는 인상을 받고 있었다. 윌리엄즈 대령은 후에 장성이 되어 빅토리아 시대의 국민적 영웅으로 추앙받게 된다. 그런데 나타난 결과는 레이어드가 일개 위원으로 일하게 된다는 것이었다. 다시 말해서, 분쟁 지역의 상황에 대하여 훤한 그에게 명색만 화려한 말단 공무원 직이 떨어진 것이었다.

욱하는 기질로 말할 것 같으면 레이어드에 결코 뒤지지 않는 캐닝은 자기 부하에 대한 이러한 푸대접에 불같이 화를 냈다.

'내 정말, 참을 수 없군 그래' 하고 그는 레이어드에게 쓰고 있다. '겉만 번지르르한 그런 하찮은 일자리를 자네에게 주다니 말이야.'

캐닝은 위원회 자리를 거절하라고 충고하였다. 마찬가지로 화가 나 있던 레이어드는 그의 충고를 즉각 받아들였다. 팔머스톤에게 보낸 편지에서 레이어드는 자신을 위원회에서 빼내어 콘스탄티노플 대사관에서 캐닝의 직속 부하로 일할 수 있게끔 허락해 주면 고맙겠다고 말하고 있다. 외무부는 레이어드의 청을 받아들여 그를 대사관으로 발령을 내리긴 하였으나, 그를 도매금으로 그것도 아주 싼 도매금으로 넘겨 버렸다. 즉 콘스탄티노플의 자리는 모두 채워져 있으며 팔머스톤은 대사관을 확장할 아무런 적당한 이유도 발견할 수 없기 때문에 레이어드가 구태여 그곳으로 가겠다면 국경 위원회의 위원으로 받게 될 연봉 250파운드를 포기하여야 한다는 것이었다.

레이어드는 심기가 뒤틀려 펄쩍 뛰었다. 그러나 어찌하랴? 그가 말한 대로 '땡전 한푼 못 받는' 대사관 시보 자리라 하더라도 누가 보면 그래도 반반한 직장에 다닌다고 하지 않겠는가?

11월, 그는 터키로 가는 배에 올랐다. 그리고 크리스마스에는 캐닝과 함께 대사관에서 식사를 하였다.

31. 「니네베」의 출판

콘스탄티노플로 돌아온 레이어드는 짐을 풀기가 무섭게 캐닝의 지칠 줄 모르는 조력자로서 일하기 시작하였다. 아침 6시, 아니 때에 따라선 아침 5시면 캐닝과 그는 차를 나눈 다음 산더미처럼 쌓인 그날의 서류함 앞에 가서 앉는다. 그들은 점심까지 거르며 일하기가 일쑤였다. 밤이 되어 10시가 되면 레이디 캐닝은 잠자리에 들어갔으나, 스트래트포드 경은 밤이 새도록 일하곤 하였다. 그의 한 친구는 이렇게 회상하고 있다. "대사관 직원들은 아침 일찍 각하의 집무실에 들어갔다가, 그때까지 이브닝 드레스를 입은 채 일하시는 그분의 모습을 자주 보았다고 한다. 아마 그렇게 정열적으로 일할 수 있는 사람도 드물 것이다."

그러나 레이어드도 그런 드문 일벌레 중의 한 사람이었다.

엄청난 스태미나와 끈질긴 추진력은 캐닝과 그의 부하를 결속시켜 주는 든든한 이음줄이었다. 캐닝은 또 레이어드의 정치적인 판단력을 높이 신용하고 있었다. 그리하여 그는 자신이 충동적인 의사 결정을 하게 될까 보아 레이어드에게 의견을 묻곤 하였다. 오랜 정치 생활 끝에 그는 매콜리(Macaulay)와 레이어드가 '이제껏 만난 사람 중 가장 명석한 사람들'이었다고 논평한 적도 있다.

캐닝은 외교관으로서의 레이어드의 앞길을 닦아 주려고 발벗고 나서기도 하였다. 예를 들면 그는 레이어드가 동화같이 아름다운 세라글리오에서 터키

황제인 술탄 압둘 메지드를 알현할 수 있도록 주선한 적도 있다. 그 알현은
한 마디로 서로 이가 맞지 않는 톱니바퀴가 맞물린 꼴이었다. 캐닝은 레이어
드의 발견으로 인해 밝혀진 고대 역사에 대해서, 또 위대한 도시들의 멸망으
로부터 우리가 배워야 할 도덕성 등에 대하여 온갖 수사학적인 기교를 동원
하여 열변을 토하였다. 그런데 황제의 통역관은 그의 장황한 연설을 다음과
같이 간결하게 통역하더란다. "이분은 바로 옛날 돌덩이들을 파낸 사람입니
다"라고. 황제는 졸린 듯이 고개를 끄덕이셨고…….

그러나 고집 불통의 대사와 월급도 못 받는 대사관 시보와의 기이한 관계
가 언제까지 아무 탈 없이 지속할지는 의문이었다. 레이어드는 한 푼 안
받아도 살아갈 수 있는 것처럼 태연 자약하게 굴었지만 실은 캐닝이 이따금
씩 던져 주는 동냥으로 그럭저럭 때우고 있는 판이었다. 이제 서른두 살,
중년의 나이에 접어든 그는 우울증에 빠지는 횟수가 늘어만 갔다. 그는 일정
한 월급을 받는 직업을 구하지 못한 자신의 무능력을 괴로워하였다. 이러한
악몽은 그가 법률 사무소의 수습 사원으로 일할 때부터 계속된 것이기도
하다.

그런데 어느 날 갑자기 전혀 뜻하지도 않게 그의 오랜 고난과 자기 희생의
보상을 받게 되었다. 1949년 초, 머레이는 레이어드의 「니네베와 그 유물들」
을 출간하였다. 그 책은 어찌나 성공적이었는지 머레이 자신마저 크게 놀랐
다. 첫해에 이미 8천 부가 팔렸으며 아직까지 베스트 셀러 자리를 고수하고
있었다.

「밴틀리스 매거진」은 "이처럼 높은 수준의 책은 백 년에 한두 권 나올까말
까 하다"고 논평하였다. 〈런던 타임즈〉지는 차라리 열광적이었다. "금세기
최고의 걸작품…… 현대 역사 속에서 레이어드만큼 모험적이며 깨인 사람을
다시 볼 수 있을까 의심스럽다." 〈트리뷴〉은 이렇게 찬양하였다. "이 책은
보기 드물게 재미있고, 생동감 넘치는 다채로운 이야기를 들려 주고 있다."

"아무도 다른 책 이야기를 하지 않는단다"고 사라 아줌마는 몽타그 플라
스에서 소식을 전해 왔다. "헨리야, 이제 네 앞길은 훤히 열렸어. 이젠 어느

누구도 네 앞을 가로막을 수 없을 테지." 왕립 지질학회는 레이어드에게 금메달을 수여했고, 벤 아저씨가 객지에 있는 레이어드를 대신하여 수상하였다. 한때는 너무나 실망하여 자신의 대자를 뱅충맞은 몽상가라고 따돌렸던 어스틴도 이젠 그를 달리 보게 되었다. "영국을 떠날 때만 해도 헨리는 소개장은커녕 후원자라든가 어떠한 종류의 도움도 받질 못했습니다"라고 벤 아저씨는 수상식에 이은 만찬석상에서 이야기하였다. "그러나…… 헨리는 불굴의 모험 정신과 용기를 발휘하였던 것입니다."

헨리 크랩 로빈슨은 실소를 금치 못했다. "어스틴은 내가 헨리를 곁길로 새게 한다고 비난을 퍼붓곤 하였다…… 그런데 이제 레이어드의 니네베 발견은 '그에게 장래의 마술사 속의 한 자리'를 약속해 주고 있지 않은가 말이다."

외무부 당국 역시 깊은 감명을 받았다. 외무부에 근무하던 레이어드의 친구는 이런 소식을 전해 왔다. "그 책을 읽었느냐고 묻는 사람은 아무도 없지. 다들 읽었을 테니까 말이야."

공교롭게도 「니네베」가 출간함과 동시에 종범식 범선인 아프렁티스 호가 17상자의 유물을 더 싣고 캐쌈에 도착하였다. 창세기의 앗수르인 칼라 샤르카트에서 파낸 목 없는 샬마네저 석상도 그 속에 끼어 있었다. 이 유물들은 즉시 대영 박물관에 진열되었다. 물론 레이어드의 책도 덩달아서 날개 돋친 듯 팔렸다.

빅토리아 여왕마저 호기심이 일었는지 알버트 경을 박물관으로 보내어 새로 개관된 니네베 룸을 관람하고 설명해 주도록 부탁하였다고 한다. 퍼샬 목사의 후임인 에드워드 호킨스가 여왕님의 부군을 모시고 안내하였다. "이 유물들은 값도 없답니다. 수천 금을 줘도 살 수 없는 물건들이지요. 그런데 영국은 공짜로 얻은 거나 마찬가지지요"라고 그는 설명하였다고 한다.

품위를 지키기로 유명한 〈쿼털리 리뷰〉지마저도 46페이지에 걸쳐 니네베에 관한 논평을 실었음에도 불구하고 독자들에게 '지면 관계로 우리들의 이야기를 짤막하게 줄일 수밖에 없었던 점'을 용서해 달라고 쓰고 있었다.

'천성이 꾸밈없고 소박한 레이어드는 근동과 오토만 그리고 아시리아 제국에 관하여, 도서관 책장에 하나 가득 진열되어 있는 학자들의 연구 논문이나 박사 학위 논문들보다도 훨씬 더 많은 지식을 전해 주었다'고 샌트 폴의 수석 사제이며 역사가인 H.H. 밀맨은 논평하였다. '우리는 여기서 작가로서 또 발견자로서 성공한 미스터 레이어드를 다시 한번 더 축하하고 끝맺어야 할 것 같다'라고 그는 덧붙이고 있다.

밀맨의 논평이 실린 〈리뷰〉지의 동일 호에는 2편의 또 다른 서평이 잇따라 실려 있었다. 이 사실로 미루어 보아도 우리는 빅토리아 문학에서의 레이어드의 위치를 어느 정도 상상할 수 있다. 다른 두 책들이란 바로 「허영의 시장」과 「제인 에어」였다.

「니네베」는 해외, 특히 파리에서 열광적인 인기를 얻었다. 러시아에서는 호머에 미친 백만장자 괴짜 신사가 눈을 휘둥그래 뜨고 레이어드를 읽었다. "레이어드가 동화 속의 니네베를 발견하였다는데, 나라고 전설상의 트로이를 발견하지 못하란 법이 없지 않은가?" 그의 이름은 하인리히 쉴리만이었다.

대부분의 평론가들은 레이어드의 겸손함에 깊은 감명을 받았다. 이러한 그의 겸양은 사적인 서신 왕래 속에서나 공적인 저술 활동 속에서도 찾아볼 수 있다. 레이어드는 한 번도 자기 자신을 잘났다고 생각해 본 적이 없다. 그는 성서 속의 훈계를 철썩같이 믿고 있었다. '화 있을진저, 그대 모든 자들로부터 칭찬을 받는 자여!'

레이어드는 그 책을 캐닝에게 헌정할 생각이었다. 그러나 그는 그러한 행위가 외무부로부터 특히 자신을 못마땅하게 생각하는 애버딘 세대의 비평가들로부터 오해를 살까 두려워하였던 것 같다. "출세를 위하여 야비한 짓을 꾸민다"고 말이다. 심술궂은 변덕 때문이었는지 어쩐지는 모르지만 그는 엉뚱하게도 벤저민 어스틴님께 애정 어린 헌정사를 바치고 있다. 그 해 말에 나온 미국판과 1859년도에 다시 나온 영국판, 그리고 1970년에 새그스가 편집한 복사판에는 헌정 페이지가 백지 상태로 비어 있어 우리의 눈길을 끝다.

헌정 페이지엔 오르지 않았다 해도 캐닝은 서운하지 않을 만큼의 충분한 찬사를 받고 있다. 레이어드는 그를 이야기 속에 등장시켜, 자신의 발굴 성공에 결정적인 역할을 한 사람이라고 수차례에 걸쳐 언급하고 있다. 「니네베」 속에서는 캐닝과 레이어드가 시종 일관 일심동체가 되어 등장하고 있다.

반년도 채 못 되어 「니네베」는 4판을 거듭하게 되었고, 머레이는 레이어드와의 먼젓번 계약서를 찢어 버렸다. 그는 출판을 할 때 통상적인 관례대로 순익의 절반씩을 나눠 갖기로 약속하였었다. 그러나 그는 첫판이 나간 다음 레이어드에게 편지를 써서 그의 책이 기대 이상의 성과를 거두었으므로 1대 2로 해주겠다고 말하였다.(당시만 해도 출판계는 지금과 같은 정글 지대가 아니라 목가적인 푸른 초원이었다)

머레이는 또 미국에서의 판권을 조지 푸트남에게 팔았는데, 뉴욕에 있던 그는 만사 제쳐두고 「니네베」의 출판을 서둘렀다. 소개 서론은 뉴욕의 유니온 신학교 교수인 에드워드 로빈슨 박사가 썼다. 그는 레이어드의 이야기를 로맨스(공상 소설)에 비유하였다. "이 책을 읽는 동안 내내 우리는 신기한 일들과 정령들에 관하여 들려 주는 아라비아의 이야기를 듣고 있는 것과 같은 착각에 빠진다"고 로빈슨은 말하고 있다. 이러한 그의 통찰력은 상당히 놀라운 일이다. 왜냐하면 그는, 레이어드가 「아라비안 나이트」에 사로잡혀 있었음을 알고 있지 못한 상태에서 이 말을 했기 때문이다.

이렇듯 비행기 태우는 식의 말들이 콘스탄티노플로 속속 전해져 들어오자, 레이어드는 당황하였다. '신문에 난 낯간지러운 기사들을 읽으니 제가 사람들을 속여먹은 것 같아 부끄러운 생각이 들 정도입니다'라고 그는 집에다 쓰고 있다. 특히 〈런던 타임즈〉에 실린 장문의 찬사를 읽은 그는 가슴이 울렁거릴 정도로 속이 편칠 못했다. '그 글을 읽으면서 저는 얼굴이 빨개질 수밖에 없었습니다. 이곳에 있는 사람들이 읽을까 창피할 정도였다구요'라고 그는 쓰고 있다.

그는 이 논평이 사라 아줌마에 의해 씌어졌다는 사실을 알고 굴욕을 느꼈으리라.

당황한 것은 레이어드뿐만이 아니었다. 레이어드를 푸대접해 오던 외무부와 대영 박물관도 마찬가지였다. 외무부 장관인 팔머스턴 경은 이제 레이어드를 "비범하고…… 모험심이 강하고…… 세련되었다"며 열렬히 칭찬하였다. 그러고는 4월 1일자로 소급하여 레이어드를 대사관 유급 시보로 승진 발령한다고 발표하였다. 고작 연봉 250파운드에 지나지 않는 자리였지만 그래도 무보수 시보보다는 백 배나 나은 자리였다. 수상인 존 러셀 경(Lord John Russel)은 박물관에 진열된 아시리아 유물들을 둘러보고 너무나 감격하여 해군 본부의 최고 사령관에게 특별히 명령하여 바스라에 있는 날개 달린 황소와 사자들을 빨리 운반해 오라고 하였다. 박물관은 박물관대로 정부의 인가하에, 레이어드에게 제2차 아시리아 탐사를 이끌어 달라고 제안해 왔다. 전속 미술가와 보조원들과 주치의까지 딸린 완전 무결한 탐사대를 조직하고서.

레이어드와 캐닝은 이러한 뉴스, 특히 정부가 제2차 탐사를 거행하기로 정하였다는 소식을 듣고 사기 충천하였다. 자세한 소식은 앞으로 또 전해져 오겠지만, 레이어드의 친척들과 캐닝의 외무부 관계 소식통들에 의하면, 러셀 내각은 열차를 이미 발차시켰다는 것이다. 떠도는 소문 중엔 2, 3년간의 아시리아 캠페인을 위하여 2만 파운드 내지는 그 이상이 할당될 거라는 말도 끼어 있었다.

호르무즈드 라쌈은 콘스탄티노플로 내려와 탐사 계획을 짜고 있는 레이어드를 도우라는 지시를 받았다. 라쌈은 옥스포드의 막달렌 대학에서 공부를 하고 있었는데(그의 학점은 특별히 뛰어나질 못하였다) 영국 사람들은 그를 '훌륭하신 레이어드 선생'의 짝꿍이라고 떠받들고 있었다. 열아홉 살짜리 이 청년은 동양으로 가는 게 싫었다. 그는 레이어드에게 이렇게 쓰고 있다. "저는 이곳을 떠나는 게 정말 싫습니다. 터키에서 파샤 노릇을 하느니 차라리 여기서 굴뚝 청소부를 하는 게 더 나을 겁니다." 그러나 그는 레이어드를 그대로 본뜬 극적인 말재주를 부려 "그렇지만 영국을 위해서라면 제 육신을 희생하렵니다"라고 말하며 즉시 건너가겠노라고 약속하였다.

라쌈은 프레드릭 찰스 쿠퍼와 함께 콘스탄티노플에 도착하였다. 쿠퍼는 결혼한 지 얼마 안 되는 새신랑이었는데, 절기당 200파운드의 급료를 받기로 하고 탐사대의 전속 미술가로 고용된 자였다.(그런데 그는 배가 영국 해안을 떠나기가 무섭게 색시를 그리워하기 시작하였다고 한다)

일이 이렇게 진척되어 가는 모양을 보자 캐닝과 레이어드는 영국이 고고학에 대하여 거국적인 관심을 보이고 있다는 확신을 되찾고 마음 든든해하였다. 하늘에 물어 보라! 문화를 위한 지출이라면 영국이 프랑스에 뒤지더냐고? 여기 증거가 있지 않은가? 영국(British Lion)은 군사·경제에서뿐만 아니라 문화적인 측면에서도 세계적인 위용을 자랑하고 있는 것이다.

그러자 곧 하늘이 무너져 내려오기 시작하였다.

4월 1일, 박물관은 레이어드에게 2년간의 탐사 예산안을 보내 왔다. 1849년에서 1850년 4월까지의 '신선한' 절기 동안을 위해 정부는 1,500파운드의 경비를 할당하였다. 탐사대는 이 돈으로 총, 삽, 곡괭이, 안장, 탈 짐승, 식량, 의약품 및 온갖 필요한 물자들을 사야 하고 쿠퍼, 라쌈, 주치의의 급료도 지불해야 했다. 또 150명이나 되는 인부들의 노임도 지불해야 되고, 유물들을 꾸리고 바스라까지 운반하는 데 드는 비용도 여기서 충당하여야 했다.

캐닝은 외교관으로서의 체통도 잃고 으르렁거렸다. "이럴 수가 있단 말인가?" 레이어드는 "전혀 불가능한 일"이라고 박물관에 전하였다.

바그다드에 있던 롤린슨도 그 소식을 듣고 자신의 귀를 의심하였다.

레이어드와 캐닝은 밤새도록 머리를 맞대고 앉아 돈 계산을 하였다. 일반 경비를 다 지출하고 나서 아직도 300 내지 400파운드의 인부들 노임과 그 절반에 가까운 뗏목 주문 비용이 필요하다고 그들은 추산하였다. 그러니 정부가 제시한 금액으로는 턱도 없는 일이었다.

박물관은 긴장을 해소할 방도를 강구하느라 애썼다. 사서 부장인 헨리 엘리스 경은 1,500파운드로 끝나는 것이 아니고 1850~1851년의 제2차 절기에도 그만한 금액이 지불될 것이라고 알려 왔다. 레이어드는 헨리 경이 자신을 달래느라 얼렁뚱땅 주워 댄다고 생각하였다. 그러나 박물관의 신임 총무인 호킨스는 사적인 편지 속에서 그나마 주는 돈이라도 받아 챙기라고 레이어드에게 귀띔을 해왔다. 박물관으로 쇄도해 들어오는 기금 요청이 어찌나 많은지, 돈만 보였다 하면 어디로건 흘러 나가기 바쁘다는 것이었다.

레이어드는 수주일 동안을 머뭇거리며 보냈다. 이렇게 망설이고 있는 참에, 「니네베」가 5, 6판을 거듭하게 되어 레이어드가 뜻하지 않은 수입원을 갖게 되었다는 소식이 왔다.(레이어드는 연간 1,500파운드의 인세를 받게 된다는 것이었다. 이 금액은 공교롭게도 박물관이 제공하겠다는 탐사 비용과 일치하였다)

8월 20일경, 아시리아 평원으로부터 불볕 더위가 한 풀 꺾일 즈음이 되자 레이어드는 결심하였다. 그는 인세를 탐사에 충당하기로 한 것이다. 지난번에도 자신의 월급을 주지 않아도 된다고 말함으로써 박물관 이사들의 코를 납작하게 만든 적이 있는 그는 이번에도 그들 앞에 대형 거울을 가져다 놓은 셈이 되었다. '제가 가지고 있는 돈은 많다는 말과는 거리가 먼 변변치 않은 금액이지만, 그나마라도 탐사비에 보태 쓰기로 하였습니다'라고 레이어드는 써서 보냈다. 이사회와 정부는 쥐구멍을 찾아 뒷걸음질쳤다.

그러나 그는 공적인 자리에서는 시치미를 뚝 떼고 외교술을 발휘하였다. 4년 후에 발간된 「니네베와 바빌론」에서 그는 다음과 같이 점잖은 말 한마디로 그때 일을 설명하고 있다. "영국에서는 일을 너무 서둘렀고, 따라서 준비 과정 중에 불충분한 점이 없지 않아 있었다"라고.

일주일 후에 레이어드 일행은 캐닝에게 작별을 고하고 여행길에 올랐다. 대원 중엔 쿠퍼와 라쌈 이외에도 주치의인 험프리 샌드위치 박사가 끼어 있었다. 그러나 그는 나중에 알고 보니 의술보다는 새사냥에 더 관심이 많은 호남형의 무능한 왓슨 박사임이 드러났다. 그는 두루미와 능에 및 영국에는 알려지지도 않은 온갖 종류의 새잡기에 여념이 없었으며 메소포타미아를 '조류학상의 바벨'이라고 찬양하기조차 하였다. 샌드위치의 인생에 있어 그 원정은 가장 괄목할 만한 사건이었으므로 그는 언제까지고 메소포타미아에 대한 생생한 추억을 지니고 있었다. 그리하여 훗날 그의 가족들과 친구들은

그의 이야기의 절반이 '왕년에 내가 메소포타미아에 있었을 때는'이라는
말로 시작된다고 놀리기까지 하였다고 한다.

　일행은 라쌈, 샌드위치, 쿠퍼말고도 또 있었다. 권총을 차고 있는 충직한
바이락다르, 늙은 카와스, 그리고 하인으로 고용된 천주교도인 시리아인과
아르메니아인 등이 그들이다. 지난 십 년간 온갖 고생을 다한 레이어드는
이번엔 그래도 어느 정도 구색을 갖춘 여행을 할 만하지 않겠느냐고 생각하
고 있었다.

　마지막 순간에 가서 다섯 명의 예지디족의 카왈 혹은 높은 지위의 승려들
이 일행에 끼어들었다. 레이어드가 영국에 머물고 있었을 때 그들은 레이어
드의 소개장을 들고 캐닝에게 왔으며, 캐닝은 이들에게 술탄을 알현할 수
있도록 주선해 주었다. 이 악마 숭배자들은 터키 황제 폐하로부터 오토만
제국내에서 그들의 종교 생활을 자유로이 영위할 수 있는 허가를 받아 내었
다. 그때까지만 해도 예지디인들은 무지막지한 터키인들로부터 조직적인
학살을 당하기 일쑤였고, 그들의 아내들은 공공연하게 터키의 하렘으로 팔려
가곤 하였다. 따라서 예지디인들은 레이어드를 그들의 구세주로 여기고 있었
다.

　레이어드에게 보내진 대영 박물관의 지시는 간단 명료하였다. 그는 '니네
베로 가서' 아시리아의 조상들과 비문들 중 '선택된 것들'을 러셀 가에 있는
대영 박물관으로 보내야 한다는 것이다. 그들이 발굴한 것들과 스케치, 복
사, 탁본한 것들은 모두 박물관에 귀속되었다.

　쥐꼬리만한 탐사 예산을 가지고서도, 레이어드는 입이 딱 벌어질 정도의
발굴 및 탐험 계획을 세우고 있었다. 원정 중 그는 쿤지크의 구릉을 재공격
하여, 말타로 떠나기 전 로스가 발견한 새로운 광맥을 계속 파헤치며, 님루드
와 칼라 샤르가트를 재발굴하고, 남쪽에 위치한 바빌로니아로 내려가 고대
바빌론을 부활시키고, 바벨탑의 비밀을 벗겨 볼 계획이었다. 이렇듯 산지
사방에 일을 벌여 놓아 눈코 뜰 새 없이 바쁠 터인데도 그는 터키와 페르시
아 양 제국이 걸쳐 있는 위험한 지역인 수시아나에 가서 아시리아의 유물을

찾아 나설 계획도 하고 있었다. 이러한 일들을 그는 가을, 겨울, 봄 동안에 하게 될 예정이었다.

불볕 더위가 계속되는 여름철에는 휴가 겸 모술 북쪽의 아르메니아 산맥과 쿠르디스탄을 여행하면서 아시리아 제국의 북쪽 변방 지대를 돌아볼 참이었다. 이러는 중에도 그는 미래의 저술 활동을 위하여 그날 그날의 일기를 써야 하고, 친척들과 친구들에게 잦은 편지를 써야 하는가 하면, 방문 지역의 정치적 상황에 관하여 상세한 보고서를 작성하여야만 했다. 물론 캐닝 경을 위하여.

1849년 8월 28일 제2차 아시리아 원정대는 모술로 떠나기 위하여 보통 때와는 달리 황금각 곳에서 영국배를 탔다. 그들은 나흘 동안 터키의 북쪽 해안을 따라 흑해를 항해하였다. 바다 여행은 평화로우면서도 상쾌하였다. 터키-러시아간의 국경 분쟁 지역으로부터 그리 멀지 않은 트레비존 항에서 그는 캬라반을 조직하여 아르메니아와 쿠르디스탄의 동부를 통과하여 남쪽으로 내려가기로 하였다. "이 길은 전혀 낯설다는 점에 있어서 모험을 좋아하는 나의 마음에 들었다"고 그는 말하고 있다.

그러나 그의 여행 일지와 메모장을 들추어 보면, 크세노폰과 1만 명의 그리스 병사가 밟았던 길을 더듬어 보고자 하는 꿍꿍이속이 있었음을 잘 알 수 있다. 그는 안장 가방 속에 읽고 읽고 또 읽어 다 해어진 크세노폰의 유명한 「아나바시스」를 넣어 가지고 있었다고 한다. 그는 그리스의 학자들과 문학가들이 만족스러워할 만큼 일을 훌륭히 해내었다. 그는 청년 시절 윌리엄 브록덴을 따라 한니발의 알프스 원정길을 재발견하고자 탐사할 때 배운 바를 그대로 실천에 옮겼다.

중앙 아시아의 가파른 경사지에 흩어져 있는 쿠르드인들과 아르메니아인들의 평화스러운 마을을 통과한 레이어드 일행은 아시리아 평원으로 달음질쳐 내려왔다. 이제 그는 메소포타미아로 되돌아온 것이다.

그가 도착할 거라는 소식이 바람을 타고 모술까지 전해졌다. 참으로 알 수 없는 일이지만, 소문은 사막이건, 정글이건, 빙원을 막론하고 거침없이 퍼져 나가게 마련이다.

일행이 모술로부터 40마일 전방쯤에 이르렀을 때, 말탄 사람 한 명이 죽을 힘을 다해 그들 쪽으로 달려오는 것이 보였다. 그를 추격하던 베두인은 무장한 레이어드 일행을 보자 말을 돌리더니 지평선 너머로 사라졌다. 공포에 질려 말조차 제대로 하지 못하는 이 사나이는 예지디인이었다. 그는 베두인 족들이 그 근처의 마을을 온통 생지옥으로 만들고 달아났다고 보고하였다.

"나는 우리 일행들에게 정신을 바짝 차려야 한다고 말하고 경계 태세에 임할 때 필요한 주의 사항들을 일일이 가르쳐 주었다"고 그는 말하고 있다. "그런데 갑자기 거대한 무리의 말탄 사람들이 우리의 동쪽에 있는 나지막한 모래 언덕 위로 나타나는 것이었다. 그 지점에서 아랍인들을 만난다는 일은 전혀 있을 수 없는 일이었지만, 어쨌든 우리 일행 전원은 공격해 올 것에 대비하여 준비 태세를 갖추었다.

예술가인 쿠퍼는 공포로 까무러칠 지경이 되었다. 샌드위치는 앞으로 눈앞에 벌어질 불꽃 튀기는 전쟁을 뇌조 사냥쯤으로 여기고 있는 것 같았다. 레이어드는 가장 현명한 방어는 공격이라고 생각하고 있었다. 그와 예지디의 한 승려는 방아쇠에 손을 갖다 대고 적군을 향하여 나아갔다. 정찰을 하기 위해서였다. 다른 일행들은 모두들 일제 사격을 준비하고 기다렸다.

"그런데 맞은편에서 한두 명이 말을 타고 조심스레 다가오는 것이었다." 아주 긴장된 순간이었다.

갑자기 카왈(예지디 승려)이 환호성을 질렀다. "그 순간 우리들은 친구들에게 둘러싸여 서로 얼싸안고 기뻐하였다." 레이어드 일행을 모술까지 안전하게 호위해 주고자 옛 친구들이 밤새도록 말을 달려 그곳까지 온 것이었다. "그들은 한없이 기뻐하였다. 나 또한 전혀 기대하지도 않던 친구들의 진정한 호의와 친절에 가슴이 뭉클해 옴을 느끼지 않을 수 없었다"고 레이어드는 말하고 있다.

다음날인 9월 30일 일요일, 레이어드는 모술 변두리에 있는 작은 둔덕을 넘어서며 성벽과 탑과 첨탑과 돔들이 티그리스의 서편 강언덕에 동화같이 펼쳐져 있는 모습을 바라볼 수 있었다. "위대한 니네베의 손색 없는 후계자로서 아직도 건재하고 있음을 자랑이라도 하려는 듯이. 그러나 가엾게도 그러한 속임수는 이내 드러날 터인즉……." 레이어드의 푸른 눈은 왼쪽 강언덕에 우뚝 솟은 퀸지크의 거대한 구릉에 가 닿아 떨어질 줄을 몰랐다. 그 거대한 구릉 바로 곁에는 예언자 요나의 무덤이라 일컬어지는 백색 돔이 솟아 있었다.

레이어드를 선두로 한 대규모의 전사들과 캬라반이 터키, 아랍, 쿠르드, 예지디, 칼데아, 유태인들로 복작거리는 바자르를 질주하며 통과하였다. 모두들 반가워 손을 흔들고 소리질렀다. 레이어드는 지난번 머물고 살던 옛집에 당도하였다. 일러주지 않았는데도 불구하고 예전의 일꾼들이 그곳을 다시 차지하고 그가 언제 떠났었냐는 듯 제 할 일들을 찾아 하고 있었다.

레이어드는 고향에 다시 돌아온 기분이었다.

"우리는 그저 짧은 여름철 휴가에서 돌아온 것 같은 기분이 들었다"고 그는 후에 고백하고 있다. "2년이라는 세월이 꿈속에서처럼 흘러갔던 것이다."

32. 반쯤 드러낸 니네베

그가 모술에 도착한 이튿날, 아침 햇살이 아시리아 평원 위로 떠오르기 시작하자 레이어드는 퀸지크로 올라가 발굴 작업을 개시하였다. '이 거대한 구릉은 그 동안 거의 아무런 변화도 겪지 않았다'고 그는 여행 일지에 쓰고 있다. '구릉은 연중 이맘 때면 으레 그렇듯이, 누런 벌거숭이 모습을 하고 있었다.' 구릉의 이곳저곳엔 흙더미들이 널려 있었는데, 어떤 건 구릉 위로 30피트 이상이나 높이 쌓여 있었다.

로스가 떠나자 발굴 작업은 호르무즈드 라쌈의 형인 크리스천 라쌈의 지휘하에 계속되었다. 레이어드가 올 때까지 발굴권이나마 그대로 유지하고자 하는 의도에서였다. 그런데 형 라쌈은 작업 범위를 넓히면서도 수천 톤이나 되는 흙이랑 벽돌 부스러기를 치울 필요가 없게 기발한 방법을 고안해 놓고 있었다. 그는 벽을 따라 굴을 파 들어갔는데, 듬성듬성 굴대를 박아 햇빛과 공기가 통하도록 하였다. 벽돌과 도요의 파편들이 박힌 단단한 흙이랑, 아시리아 폐허의 꼭대기에 세워진 건물들의 잔재는 이러한 건축상의 기술 도입을 가능케 하였던 것이다. 레이어드는 굴 속에 들어서자 라쌈의 천재성에 놀라고 말았다. 그는 자신이 웨일즈의 석탄 채굴장 속에 들어선 게 아닌가 하는 생각이 들 정도였다. '땅 밑으로 나 있는 통로는 좁았는데, 여기저기 갱도에서처럼 흙기둥을 그대로 남겨 두든지, 아니면 통나무로 받쳐 놓았다'고 그는 전하고 있다.

아시리아의 예술 작품들이 늘어서 있는 회랑들은 희미한 빛을 받고 있었다. 깨진 단지들이 벽으로부터 돌출해 있는가 하면, 도요의 파편들이 궁성의 통로들에 널려 있었다. 레이어드는 이 괴상한 지하 박물관을 이리저리 거닐어 보았다. 흥분으로 가슴이 마구 뛰는 것 같았다.

"나는 지체하지 않고 발굴 작업을 계속하기 위한 준비에 들어갔다"고 그는 말하고 있다. 그는 라쌈의 방법이 매우 효과적이라고 생각하여 그대로 흉내내기로 하였다. "나는 굴파기를 계속하기로 결심하였다. 즉 조각되어진 벽이 보일 정도의 흙만 파내면 되게끔."

알리지도 않았는데, 그날 아침 일찍부터 전에 일했던 인부들이 모두 모여들기 시작하였다. 레이어드는 1백 명이나 되는 인부들을 12패로 나누어 숨이 콱콱 막히는 구릉의 내부 여기저기에 배치하였다. 허약한 아랍인들은 흙과 사금파리들을 나르도록 하였고 곡괭이질 같은 힘든 일은 칼데아의 건장한 산악민들에게 맡겼다.

퀸지크에서의 그의 행운은 아직 바닥나지 않았다. 작업에 들어가기가 무섭게 일련의 멋진 박부 조상들이 나타나기 시작하였다. "아시리아의 정복사가 그때까지 발굴되어진 어떠한 것들에서보다도 훨씬 자세하게 묘사되어 있었다." 병거들과 기병, 보병들을 이끄는 왕이 숲을 지나 산을 넘어 적군의 성채에 돌진하는가 하면, 마을을 점령하며 적국의 심장부까지 쳐들어가고 있었다. 시체들의 머리들은 피라미드처럼 쌓여 있었고, 부상당한 적군들이 전진하는 기병들의 말발굽 밑에 짓밟히고 있었다. 이 박부조들은 포로들의 기다란 행렬을 보여 주고 있었으니, 남자들은 한 사람씩 아니면 여러 사람이 한꺼번에 묶여서 끌려가고 있고, 여자들 역시 끌려가고 있는데, 개중에는 아이들을 어깨에 메거나 걸려서 데리고 가고 있다. 아시리아 예술의 주요 주제는 전쟁과 그 참화였다.

바로 옆에 있는 방은 나중에 커다란 홀이라는 것이 밝혀졌는데, 그 속에서 레이어드는 사람 머리를 지닌 황소들과 독수리 머리를 지니거나 아니면 사자 머리를 지닌 거대한 괴물들을 발견하였다. 그 중엔 사람 머리를 지녔으면서 사자의 다리와 꼬리를 지닌 것도 있었다. 어두컴컴한 땅 속에서 레이어드는 노틀담의 첨탑들을 장식하고 있는 괴수들을 상기하였다. 이 기이한 괴물들은 레이어드와 그의 인부들이 흙을 퍼나르며 버팀목을 받치는 등 두더지처럼 열심히 일하면서 왔다갔다하는 모습을 무시무시한 눈빛으로 바라보고 있었다.

레이어드는 석판에 번호를 매기고 운반을 감독하였다. 그는 다 해진 노트장에 번호를 쭉 적고, 그 옆에 짤막짤막하게 예를 들면, 이렇게 메모를 해두고 있다. No.39 날개 달린 화려한 조상, No.45 창을 든 적을 쫓는 기마병, No.62 머리…….

당시 일에 열중하고 있는 레이어드를 직접 보고 쓴 생생한 목격담이 1851년 F. 왈폴(Walpole)의 여행기 속에서 일반에게 알려졌다. 왈폴은 영국 해군 대위였는데, 휴가를 이용하여 마침 그곳을 여행하던 중이었다.

'내가 그곳에 머물고 있는 동안 불처럼 뜨거울 뿐만 아니라 무서운 속력까지 지닌 질강풍이 북북서로부터 불어닥치곤 하였다. 이 질강풍은 타오르는 먼지 구름을 몰고 왔는데 조금이라도 틈이 있는 곳은 모두 침투해 들어갔다'고 왈폴은 쓰고 있다. 그 바람은 어찌나 더웠던지, 레이어드의 공책장은 바싹 말라 둘둘 감겼고, 잉크가 막혀 버리는가 하면, '밥 반찬 할 것 없이 온통 모래투성이였다'고 한다.

왈폴은 지하 통로 속을 직접 걸어 보았다. '투박하게 깎아 만든 계단을 몇 개 내려서면 곧 좁은 통로가 정규 발굴 장소로 안내해 준다. 이곳엔 기다란 회랑들이 있는데 어떤 회랑은 높이가 10피트──아니 15피트일지도──정도나 되며 너비가 4 내지 5피트나 된다. 천장은 무너져 내리는 것을 막기 위하여 아치형으로 깎아 놓았다. 통로에는 매 15 내지 20피트의 간격마다 천장에 구멍이 뚫려 있어 하늘이 보였다. 이 굴들 속에 들어서면 일종의 경외감에 빠져들게 된다'고 그는 기록하고 있다. 그는 원래 장소에 이렇게 있는 박부조들이 "아름답게 조각되어져 있다"고 묘사하고 있으며, "비명들은 지금 막 새겨지기나 한 것처럼 선명하다"고 덧붙였다. 이 비명들은 그에게 나훔서와 에제키엘서에 적혀진 구절들을 연상케 하여 주었다. '이 구절들을 나는 벽에서 읽고 있는 것 같았다.'

굴 속의 어두컴컴하고 음울한 장면은 바로 구약성서 속의 그것과 흡사하였다. 나훔은 예언하지 않았던가? "그대(니네베), 반쯤 드러낸 채로 숨겨져 있으리!"

10월 18일, 호르무즈드 라쌈을 대동한 레이어드는 꿈에도 잊지 못할 그의 사랑, 님루드로 말을 달렸다. 그곳 사람들은 그를 환영하기 위하여 양을 잡기조차 하였다.

퀸지크와 마찬가지로 그곳에도 아무런 변화가 없었다. 구릉 곳곳에 듬성듬성 서 있는 보초들이 그를 맞이하였다. '몇몇의 날개 달린 거대한 조상들이 흙더미 위로 말없이 머리를 내밀고 있었다'고 그는 쓰고 있다. 이들은 두 쌍의 날개 달린 황소들이었는데, 약간 파손된 곳이 있어 다시 묻지 않고 그대로 놔두었던 것들이다.

레이어드와 라쌈은 서둘러 옛 인부들을 모집하고 발굴을 재개하였다. 품삯은 너무나도 보잘것없었지만 그 지방 경제 사정 또한 매일반으로 구차하였다. 위험이 따르는 중노동을 하는 1등급 인부들은 일당 13.5센트에 해당하는 피아스타를 받았다. 2등급은 9센트, 흙더미와 쓰레기를 바구니에 담아 나르는 인부들도 9센트, 일반 노동자들은 7센트, 보물들을 찾기 위해 쓰레기를 체에 거르는 소년들은 하루 4.5센트를 받았다.

레이어드는 처음 며칠간을 그 근방의 마을에서 기거하였으나, 이와 벼룩 등쌀에 못 견뎌 구릉 꼭대기의 텐트로 피신하였다.

그런데 이곳에 온 지 이틀째 되던 날 아침 동틀 무렵 구릉으로 오르던 그는 꼭대기에 몇 명의 여행자들이 몰려 있는 것을 보았다. 그들의 말들이 바위라든가 이런저런 그루터기에 매어 있는 게 보였다. 그는 조심스레 다가갔다. 그러자 바이라크다르가 숨을 헐떡거리며 달려와 구릉 속의 방 하나를 가리키는 것이었다. 그 안을 들여다보니 한 남자가 혼수 상태에 빠진 채 커다란 망토에 싸여 있는 것이었다. 그 남자는 다름 아닌 롤린슨이었다. 밤새도록 달려와 지쳐 있는 데다 학질까지 재발하여 탈진 상태에 빠진 것이었다. "우리가 아시리아의 폐허에서 만난 것은 이번이 처음이었다"고 레이어드는 말하고 있다.

이 동인도 회사 해외 주재원은 그의 임지인 바그다드를 떠나 콘스탄티노플을 경유하여 런던으로 가던 중이었다. 레이어드와 롤린슨은 사흘 동안을 함께 보내었다. 그러나 처음 이틀 동안 롤린슨은 너무 아파 기동을 할 수가 없었다. 사흘째 되던 날 롤린슨의 병세에 약간의 차도가 있는 듯하자 레이어드는 그를 발굴 장소로 대충 안내하였다. 그런 후 롤린슨은 그에게 행운을 빌어 주고, 바그다드의 자기 후임으로 레이어드가 임명되지 않은 걸 아쉬워하면서 가던 길을 재촉하였다.

왈폴은 레이어드를 찾아 님루드에도 왔는데, 그의 여행 일지 속에는 다음과 같은 흥미로운 이야기가 씌어 있다. '구릉 위의 아랍인들은 모두가 무장을 단단히 하고 있다는 점을 말하고자 한다. 그들은 꽤 쓸 만한 머스케트 총을 지니고 있는데, 총신이 긴 반면 개머리판은 짧고 가볍다. 이 총은 계속적으로 사용하기엔 좀 불편해 보인다.' 이 해군 장교는 총신은 '아주 훌륭'하나, 방아쇠 부분에 결점이 있는 것 같다는 관찰을 하고 있다. '그러나 발사는 아주 잘 되었고, 우리들의 식탁은 하루도 빠지지 않고 토끼 고기와 영양 등의 진기한 요리들로 푸짐하였다.' 야생 조류들은, '진한 커피로 씻어낸 다음 고대 폐허들로부터 파낸 삼목 너미 불 위에서 구워졌다'고 그는 덧붙이고 있다.

야영지 자체는 활기에 넘쳐흐르고 있었다. 아랍 인부들은 짐을 나르며 소리를 고래고래 지르는 것이었다. '그들은 그 옛날 그곳을 그토록 공고하게 쌓아 올려 자신들을 고생시키는 자들을 저주하였다'고 왈폴은 쓰고 있다. 레이어드는 새로운 굴을 파는 작업을 지휘하거나 새로운 발굴품들을 연구 검사하지 않을 땐 '비명들을 베끼는 작업에 열중하였다.'

퀸지크와 님로드의 발굴이 재개되자, 레이어드는 새로운 발굴 장소를 물색하기 시작하였다. 그는 바아쉐이카 근처에 있는 아시리아 폐허를 돌아보았다. 이 구릉은 크기가 님루드만하였는데, 모양이 일정치 않았으며 겨울비로 파인 깊은 협곡도 고랑이 나 있었다. 그는 마클로우브 산에도 가보았는데, 그는 아시리아인들이 이 산에서 돌을 구해 왔을 거라고 추측하였다. 그는 육분의를 손에 들고 구릉들의 위치를 측정하기 위해 아시리아 평원 곳곳을 돌아다녔다. 아랍어로 구릉은 텔(tel)이라 불린다. 즉 그는 텔-에르마, 텔-쉬비트, 텔-두로지, 텔-아디야, 텔-아부-쿠바 및 텔-카랄라의 사이사이를 두루 돌아다닌 것이다. 그는 또 보타가 승리의 깃발을 꽂았던 콜사바드도 재방문하여 옛 친구가 남기고 간 발자취를 되밟아 보기도 하였다. "성 자체 속에 있던 조상들도 빠른 속도로 부식되어 가고 있었으니, 공기 중에 노출된 작품들은 말해 무엇하랴? 그들은 거의 흔적조차 남기지 않고 있었다"고 그는 말하고 있다.

그러나 다행스럽게도 보타가 파놓은 구덩이들의 몇몇 군데는 허물어져 박부조상들을 그대로 보존시켜 주고 있었다. "여기저기, 쌍을 이룬 거대한 황소들이 파괴된 홀들의 입구를 고집스레 지키고 서 있었다. 풍상에 찌들긴 하였으나 아직도 위풍 당당한 그들의 사람 얼굴을 흙 밖으로 내밀고서 ……."

레이어드는 다시 한번 그의 마술 지팡이를 휘둘렀다. 그는 몇몇 인부들을 데리고 와 그때까지 삽을 댄 적이 없는 콜사바드의 또 다른 부분을 파보도록 지시하였다——이게 웬 떡인가?——삽을 땅에 꽂기가 무섭게 비명이 새겨진 삼각 제단이 나타나는가 하면 아시리아 문자와 문양이 새겨진 호화 찬란한 벽돌들이 쏟아져 나왔다.

레이어드는 1849년의 크리스마스 데이를 라쌈과 쿠퍼 샌드위치 및 스튜어트 에르스킨 롤란드와 그의 매력적인 부인과 함께 보냈다. 롤란드는 69연대 소속 장교였다. 바로 전해 크리스마스는 콘스탄티노플의 캐닝 경 댁의 식탁에서 보냈으며 그 전전 해 크리스마스는 모친과 어스틴 외삼촌 내외와 함께 런던에서 보냈었다. "1850년도의 크리스마스는 어디서 보내게 될까?" 그는 반쯤 소리내어 자문하였다.

발굴을 시작한 지 6개월이 되는 이듬해 2월이 되니 대영 박물관 건물의 다른 한쪽 날개 부분 전체를 가득 채우고도 남을 고고학적인 보물들이 모아졌다.

퀸지크에서 그는 아시리아인들이 날개 달린 황소와 사자를 어떤 방법으로 궁성까지 운반하였는가를 보여 주는 석판 하나를 발견하였다. 그들은 지렛대와 각목, 복활차 등을 사용하여 굴림대를 영차영차 굶으로 해서 무거운 돌덩이들을 운반하고 있었다. "나도 그와 똑같은 방법을 사용하고 있는데!" 하며 그는 소리질렀다.

그는 또 니네베 궁성의 정면 벽을 발굴하기도 하였는데, 그 벽엔 열 마리의 거대한 황소들과 여섯 명의 사람 상이 새겨져 있었다. 그 중 어떤 것은 크기가 20피트나 되었으며, 몇몇 상들이 180피트나 되는 길이에 한데 몰려 새겨져 있기도 하였다.

그 중 한 장면이 그의 관심을 유난히 끌었는데 그 그림은 수염을 기른 거인이 발버둥치는 사자를 한 팔로 거머쥐고 낫같이 생긴 칼로 찌르려 하는 모습을 보여 주고 있었다. 그가 누구인지 모르고 있던 레이어드는 그에게 '아시리아의 헤라클레스'라는 별명을 붙여 주었다. 사실을 말할 것 같으면 그 거인은 수메리아와 바빌로니아로부터 유래한 우주 창조와 대홍수 이야기를 담고 있는 '길가메시'라는 제목의 영웅 서사시 속에 나오는 주인공 길가메시이다.

중요한 발굴물들 중는 152행에 달하는 기다란 설형문자 비문도 들어 있었는데, 그것은 수년 후 학자들에 의하여 아시리아의 왕 세나케립(성서에서 산헤립) 당시의 실록임이 밝혀졌다.

방들 속에 있던 거대한 조상들은 대부분 나뒹굴어져 있었는데 레이어드는 그 옛날 지각 변동에 의한 대파괴가 있었던 게 아닌가 하는 의심마저 가졌다. "바로 그러한 대자연의 경련이 그들을 박살내어 흩뿌려뜨렸던 것이다. 나는 어떠한 인간의 힘도 이렇듯 커다란 돌덩이들을 산산 조각낼 수는 없을 거라고 생각했다"고 그는 말한다.

그는 또 라키쉬(Lachish, 구약성서의 라기스)를 공격하는 아시리아인들의 모습을 13개의 연속적인 장면으로 나누어 보여 주고 있는 양각들도 발견하였다.——여호수아서에 의하면 이 라키쉬는 유다 지파의 최대 도시였다고 한다. "이 양각들은 그리스 예술에 못지않은 뛰어난 정신성과 성실성을 지니고 있었다. 그 밖의 발굴물들 중에는 몇 개의 세공되어진 원통형 인장들도 있었는데 이 인장들은 우표 찍는 호패처럼 보였다. 그 중 네 개는 이집트의 상형문자가 새겨져 있었고 하나는 아시리아 왕실 어인과 이집트 파라오의 카르투쉬(왕을 나타나는 타원형 윤곽—역자 주)가 동시에 새겨져 있었다. 아마도 이 인장은 이제는 잊혀진 그 옛날의 외교 문서에 날인하기 위하여 필요했으리라.

님루드에서도 역시 그는 또 다른 멋진 발견을 하였다. 그는 방 하나를 찾아냈는데, 그 방은 아마도 왕실의 무기와 제사용 용기들을 저장해 두는 창고로 사용되었던 것 같았다. 그 방은 아시리아 역사와 예술의 보물 상자라고 해야 할 것이다. 그 방의 수많은 유물들 중에는 청동을 입힌 나무로 만든 옥좌와 구리 항아리, 청동제 접시, 컵, 술잔, 삼각 제단 및 커다란 솥 등이 있었다. 이 큰 솥들은 호머의 일리아드에 묘사된 솥들과 유사하였다. 대부분의 사발들이 수많은 형체들로 뒤덮여 있었는데, 레이어드는 어떤 사발 하나에서 600개의 그림을 세어 내기도 하였다. 또 다른 그릇들은 금·은으로 양각되어져 있기도 하였다.

이 방에선 상아와 유리로 된 제품들도 수없이 많이 쏟아져 나왔다. 어느 유리잔은, 나중에 밝혀졌지만, 기원전 1천 년 전에 살았던 아시아의 두통거리 사르곤 대제의 이름을 지니고 있기도 하였다.

레이어드는 이 기물들을 들여다보면 볼수록——특히 르푸세(안에서 망치로 두드려 볼록 나오게 세공한 것) 작품을——그 세밀함에 놀라지 않을 수 없었다. 아시리아의 예술가들은 어찌 그토록 극히 미세한 문양들을 그려 낼 수 있었을까? 그는 이에 대한 답변 일부를 그 방 자체 속에서 발견하였다. 무색 투명한 수정 렌즈가 바로 그것이었다. 이 렌즈의 볼록한 부분은 보석 세공가의 연마 굴대에서 만들어졌는데, 어지간히 잘 갈아져 있었다. 이 렌즈는 일종의 확대경으로 사용되어졌던 것이다.

그 방에서 나온 또 다른 수확품은 검과 단도와 방패 그리고 창과 화살 등의 무기였다. "이 무기들은 주로 쇠로 만들어졌으며, 공기에 접촉하자마자 스르르 부스러지고 말았다"고 그는 기록하고 있다. 방패들은 수천 년 전과 다름없이 차례차례 기대진 채 곧추세워져 있었다. 이 방패들은 청동제로 둥그랬다. 쇠로 된 손잡이는 여섯 개의 못으로 고정되어 있었는데, 방패의 앞면에 보이는 못의 머리들은 장식처럼 정교했다. 가장 크고 보존이 잘 된 방패의 지름은 2피트 6인치였다. 그러나 방패들은 너무 부식되어 있었기 때문에 레이어드는 겨우 두 개의 방패만을——그것도 가까스로——영국으로 보낼 수 있었다.

그러나 그가 내심으로 가장 중요한 것이라고 생각한 것은 님루드 구릉의 북서쪽 한 귀퉁이에 높다랗게 솟아 있는 괴상하게 생긴 '피라미드'의 비밀에 관해 어느 정도 알 수 있게 되었다는 점이었다. 30명의 인부들이 그 속으로 파 들어갔다. 기저 부분의 84피트까지 뚫고 들어가니 단단한 돌벽이 나타났다. 그들은 그 돌벽을 뚫고 34피트나 더 깊숙히 들어갔다. 그러면서 바닥을 살펴보니 햇빛에 말린 벽돌 포장이 드러나는 것이었다. 그 흙벽돌 중에는 토기로 된 누런 항아리가 있었는데 단순한 검정 무늬가 그려져 있었다. '그리고 그 속에서 나는 아마도 인간의 것임에 틀림없으리라 생각되는 뼈들을 보았다'고 그는 쓰고 있다.

그러자 그의 머릿속에 뭔가 떠오르는 것이 있었다. 그 고깔은 피라미드가 아니라 '네모꼴 탑'이었던 것이다. 그 폐허는 구조상 피라미드의 형태를 지녔었을 거라고 추측되어졌던 것이다. 그는 인부들을 재촉하였다. 마침내 탑 기저 한복판에서 아치형 천장을 지닌 방 하나가 나타났다. "그 속에선 아무것도 발견되지 않았다. 깨진 조상들의 파편이라든가 비명도 없었으며 하다못해 조그만 유물 하나도 찾아볼 수 없었다"고 그는 말하고 있다.

그러나 그는 그 방이 약탈당한 적이 있다는 증거를 찾아내었다. '고대 이집트의 피라미드들과 마찬가지로 왕들의 미라와 보물들이 들어 있는 이 방도 무덤 도둑들에 의하여 모조리 도둑맞았나 보다'고 그는 상상하였다.

레이어드 자신은 알지 못했지만 그는 구릉의 지구라트를 꿰뚫은 것이었다. 지구라트는 수메리아인과 아카드인과 바빌로니아 및 아시리아인들의 경배 장소로서 하늘과 땅의 상호 의존을 상징하였다. 창세기에서 이 탑의 꼭대기는 하늘 끝까지 닿을 거라고 했다. 레이어드는 님루드의 지구라트가 구릉 위로부터 200피트나 더 높이 솟아 있었을 거라고 추정하였다. 과히 토목 기술의 위대한 업적이라 불릴 만하였을 것이다.

님루드의 지구라트는 독특했다. 현대의 고고학자들이 수많은 구릉들과 지구라트를 파헤쳐 보았지만 신전탑의 심장부에 아치형 방을 지닌 이와 똑같은 지구라트는 발견하지 못하였다.

이렇게 바쁜 중에도 그는 지난번 님루드에서 발견한 두 개의 거대한 인두 사자상을 뗏목에 태워 바스라까지 띄워 보낼 계획을 용의 주도하게 진행시켰다.

그는 1848년 영국으로 떠나기 전 이 인두 사자상들을 보호하기 위하여 흙으로 덮어 놓았었다. 영국 박물관이 이 상들을 자르지 말고 '그대로' 보내라는 지시를 하였기 때문에 그는 12월로 들어서자 인부들을 시켜 구릉 아래까지 길을 닦도록 하였다. 2월 말이 되어 길이 완성되자, 사자상들은 이 길을 따라 여러 사람들에 의해 끌려 내려왔다. 수레 두 대에 실린 이 돌사자들은 거대한 지렛대와 각목과 활차, 그리고 무엇보다도 인부들의 저주와 악담의 도움으로 비탈길을 겨우겨우 내려올 수 있었다. 평지로 운반된 이들은 다시 티그리스 강가까지 끌려갔다. 모든 사람들로부터 호기심이 가득 찬 시선을 줄기차게 받고 있던 롤란드 부인이 아랍인들의 성화로 사자 등에 올라탔다. 그래야만 사자에게 행운이 온다는 것이었다. 이런 우여 곡절 끝에 무거운 돌덩이들은 마침내 강가에 도착하였다. 그러나 눈이 녹아 티그리스 강이 범람하는 4월에 이르러서야 비로소 사자상들은 두 대의 켈렉에 실려 떠내려 보내졌다. 뗏목 하나는 델타에 이르러 물 속으로 가라앉아 잃어버린 것으로 여겼다. 그러나 레이어드가 영국에 갔다 온 사이에 대위에서 함장으로 승진한 펠릭스 존스는 그의 증기선을 삼각주의 모래톱 사이로 기술적으로 운항하며 수색 작업을 한 끝에 귀중한 보물을 건져 내었다.

님루드로부터 사자상들을 운반하면서 레이어드는 고고학이라는 학문이 시작되면서부터 학자들을 괴롭혀 온 문제 때문에 고민하였다. 과거, 즉 죽은 자들을 방해하는 것은 비도덕적인 일이 아닌가?

「니네베와 바빌론」에서 레이어드는 사자상들에 대한 그의 느낌을 진지하면서도 웅변적이고 로맨틱하게 표현하고 있다. 우리들은 '어느 고요하고 구름 한 점 없는 밤에 구릉 위로 올라갔다. 편안한 옛 안식처를 떠나게 될 그들을 마지막으로 보기 위해서였다. 달은 맘껏 피어올라 온누리를 비추고 있었다. 우리가 그들 주위에 솟아 있는 깊숙한 흙벽 곁으로 다가가자 부드러운 달빛이 엄숙한 표정을 짓고 있는 그들의 머리 위로 살그머니 기어와서는 몸뚱이를 감싸고 있던 어두운 그림자들을 벗겨 놓는 것이었다. 거대한 스핑크스의 다리들이 하나하나 나타나기 시작하였고, 마침내 우리들 앞에 온몸을 드러내 놓았다.'

"나는 그날 밤을 결코 잊을 수가 없다. 그 숭엄한 상들은 내 마음 속에 뭔가 커다란 파문을 일으켰다. 이제 몇 시간 후면 그들은 수천 년 동안 태평스레 서 있어 온 그들의 자리를 떠나야 한다. 아우성대고 복작거리는 현대 세계에 뭔가 기상 천외한 눈요기거리를 보여 준답시고 이들을 이들의 소굴로부터 끄집어 낸다는 것이 신성 모독적인 불손한 행위인 것처럼 생각되어진다. 그들에겐 바로 이 황량한 폐허가 차라리 더 잘 어울린다 할 것이다. 왜냐하면 그들은 그 옛날 영광의 시절에 이 궁성을 지켰었으니, 이제 와서 폐허가 되어 버린 이 궁성을 지키는 것도 그들의 도리일 것임에 틀림없기 때문이다."

33. 성서 아시리아학의 탄생

님루드에서 왕성의 무기 및 제사용 용기 창고를 비우는 동안, 레이어드의 인부들은 우연히 그 저장소로부터 독립된 다른 건물들로 나 있는 두 개의 통로를 발견하였다. 각 통로의 입구는 한 쌍의 거대한 다곤(Dagon), 즉 블레셋 사람들이 섬기던 물고기 신의 박부조로 꾸며져 있었다. 물고기의 머리는 인간의 머리 위에 두건처럼 씌워져 있었으며, 비늘이 박힌 물고기의 등과 부채꼴의 꼬리 지느러미는 망토처럼 뒤에 늘어져 있어 인간의 팔 다리를 그대로 노출하고 있었다.

누구보다도 제일 먼저 문을 들어선 레이어드는 자신이 두 개의 조그만 방에 연해 있는 전실에 서 있음을 발견하였다. 이 두 방들 사이에는 문이 나 있어 서로 통하였다. 방들의 사방 벽은 얕은 양각의 그림이 새겨진 석판으로 장식되어 있었는데, 대부분 손상되어 있었다.

그런데 레이어드는 괴상한 광경을 목격하였다. 이 두 방은 설형문자가 씌어진 점토판으로 가득 채워져 있었던 것이다. 레이어드는 아시리아 왕실의 도서관에 들어섰던 것이다.

이 전율할 만한 발견을 한 레이어드는 '두루마리의 집'을 찾으라고 다리우스가 명령하였다고 전해 주는 에즈라서의 구절을 상기하곤 이 방들을 '기록 보관실'이라 명하였다.

그는 뛸 듯이 기뻐하며 "이들의 가치는 상상도 못할 정도로 크다"고 말하였다. "이 점토판들은 아시리아의 언어와 역사를 부활시키는 데 필요한 설형 문자의 완전한 해독 자료들을 제공해 줄 것이다. 그래서 우리는 당시의 관행과 학문은 물론 문학까지도 살펴볼 수 있을 것이다."

그 벽돌들, 아니면 그 점토판들은 크기가 각각이었다. 제일 큰 것은 가로 9인치, 세로 6.5인치나 되었다. 가장 작은 것은 길이가 1인치도 되지 않았으며 한두 줄밖에 씌어 있지 않았다. 쐐기 모양의 글자들은 원래 모습을 그대로 지니고 있어서 날카롭고 뚜렷하게 새겨져 있었다. 어떤 것은 깨알만한 크기로 씌어 있어 돋보기를 사용하지 않으면 읽을 수 없을 정도였다. 이 도서관에서 얻은 점토판을 세어 보니 2천 5백 개가 넘었다.

이 도서실에서 레이어드와 라쌈을 도와 작업한 왈폴은 이 점토판들이 당시 런던에서 가장 인기가 좋았던 윈드소어 비누 같다고 말하였다. "올드 윈드소어 비누와 다른 점이 있다면 이 점토판들을 화살촉 모양의 상형문자들(hieroglyphics, 그는 설형문자와 상형문자를 혼동하고 있음)로 뒤덮여 있다는 것이다."

이 발견 소식은 삽시간에 유럽 전역으로 퍼졌다. 한두 해 전만 해도 설형문자 해독 작업이 너무나 힘들어 집어치울 궁리를 백 번도 더 했었다고 고백했던 롤린슨은 그 소식을 듣고 굉장히 기뻐하였다. 그는 예측하였다. "아시리아 학문의 완전 무결한 백과 사전이 나왔다"고.

롤린슨의 말 그대로였다. 얼마 후 설형문자가 롤린슨과 힌크스 및 폭스-탈보트 등과 같은 몇몇 학자들에 의해 해독되자, 레이어드의 도서관엔 어휘 사전과 문법은 물론 식물학, 천문학, 점성학, 야금술, 지질학, 지리학에 관한 논문과 연대기, 종교와 역사에 관한 소책자들, 칙령과 포고문 및 법률과 신경 등의 모음집 등이 총망라하여 다 들어 있었다.

레이어드의 발견은 아담과 이브의 아들 셋이 홍수 이전 시대의 지혜와 역사를 기록하였다는 전설을 뒷받침하여 준다. 전설에 의하면 그는 홍수 이전의 지혜와 역사를 영원 무궁토록 보존하기 위하여 구운 벽돌과 굽지 않은 벽돌에 기록하였다고 한다. 만일 물로 인하여 굽지 않은 벽돌이 녹아

버린다면 구운 벽돌에 쓴 기록이 남을 것이요, 불로 인하여 구운 벽돌이 타버린다면 굽지 않은 벽돌이 더욱 단단해져서 남을 것이기 때문이었다.

니네베의 터인 퀸지크에서 성서 아시리아학은 탄생하였던 것이다.

34. 폐허에서의 사랑

퀸지크와 님루드에서의 발굴이 순조롭게 진행되자, 성질이 급한 레이어드는 더 많은 구릉과 더 많은 폐허와 더 많은 모험을 찾아 동에 번쩍 서에 번쩍 하였다.

그는 낯선 바다를 항해하는 선장이 모래톱과 암초를 지도에 그려 넣듯이 구릉들의 위치를 표시하였다. 그러는 동안 그는 세상을 깜짝 놀라게 할 만한 것들을 발견하기도 하였는데 아주 당연한 일인 양 담담한 말투로 이렇게 적고 있다.

'(글라에서) 나는 아시리아 건물의 흔적을 발견하였다. 벽돌 몇 개에는 세나케립의 이름이 새겨져 있었다.' 그는 또 자신의 역사 지식을 살찌우기도 하였으니, 가우가멜라(아르벨라)에도 직접 가보았던 것이다. 바로 이곳에서 알렉산더는 다리우스를 패배시켜 페르시아 왕국에 종지부를 찍고 세계의 운명을 뒤바꾸어 놓았다. 이 밖에도 그는 구약성서에서 앗수르라 불리는 칼라 샤르가트를 재방문하고, 바비안에 있는 석상들을 살펴보기도 하였다.

그는 모험도 많이 하였다. 예를 들면 그는 강을 따라 펼쳐져 있는 정글 속을 달리다가 굴 속에서 갑작스레 튀어나온 늑대를 만난 적도 있다. "나는 단 한 방으로 그놈을 때려눕혔다. 두번째로 방아쇠를 당기려 하는 찰나 말이 누군가가 버리고 간 젖은 지푸라기에 미끄러져 나는 말에 탄 채로 늑대 위에 나뒹굴었고, 밑에 깔린 늑대는 늑대대로 나의 온몸에 피를 문질러 대면서 발버둥치더니 달아나 버렸다." 다행스럽게도 그 쌍발 권총의 방아쇠는 그가 넘어질 때 부러지고 말았다. 그렇지 않았더라면 그는 목숨을 잃고 말았을 것이다. 총구가 그의 머리로 향하고 있었기 때문이다. 목숨을 건진 대신 그는 손을 몹시 다쳤다. '수개월 동안이나 나는 오른손을 사용할 수가 없었다'고 그는 쓰고 있다.

그러나 이러한 주변 마을들로의 탐사는 아무런 계획 없이 되는 대로 이루어진 것이다. 이제 수중에 돈도 좀 있으니, 내심으로 그는 좀더 야심 만만한 계획을 꿈꾸고 있었다.

그는 사람의 발길이 거의 닿지 않는 지역, 특히 북부 메소포타미아에서 시작하여 티그리스의 서쪽 지류를 이루고 있는 카부르 강 유역 일대를 본격적으로 탐사할 생각이었다. 그 지역은 아직 지도상에 그려져 있지 않기 때문이다. 그러나 그 계획을 실행하기 위해선 영국 박물관의 이사회를 납득시킬 만한 변명거리가 있어야만 했다.

1850년 3월 그는 변명거리를 얻었다. 우호적인 샤마르 아랍족의 베두인 몇 명이 족장의 편지를 지니고 모술로 내려왔다. 족장은 카부르 강 언덕에서 님루드의 것들과 비슷한 두 개의 거대한 우상들을 발견하였으니, 레이어드에게 직접 와서 살펴보라고 하는 것이었다.

'나는 한시도 지체하지 않고 여행 준비에 들어갔다'고 그는 쓰고 있다. 그러한 여행은 두서너 달간 아무것도 없는 사막에서 지내야 한다는 것을 의미하였다. 도중에 영구 취락 지구가 전혀 없기 때문에 그들은 모든 것을 스스로 해결해야만 할 터였다.

"우리는 오만 가지를 전부 실어야 했다." 낙타 등엔 주로 밀가루와 쌀이 실렸다. 레이어드가 짐짓 반대하는 시늉만 하자, 라쌈은 낙타 한 마리분의 차, 설탕, 커피, 향신료 등과 같은 호화판 식품들을 챙기기도 하였다. 그들은 또 사막에서 만날지도 모를 여러 부족들의 족장에게 건네줄 선물로서 대여섯 필의 비단과 광목 그리고 빨갛고 노란 장화들도 실었다. 그 밖에 바구니와 삽, 곡괭이, 텐트, 부엌 세간살이 등도 실었다.

그는 50명의 가장 유능한 아랍인들과 열댓 명의 티야리 및 칼데아인들을 뽑아 동반케 하였다. 대원들 중엔 베두인 안내인들은 물론 호르무즈드 **라쌈**과 롤란드 부부, 쿠퍼, 샌드위치 박사 등도 끼어 있었다. "우리 대열은 조그만 군대로 불어났다"고 레이어드는 껄껄거렸다. 그 말은 과장이 아니었다. 이 대상 행렬은 스물다섯 마리의 낙타와 스물다섯 마리의 말뿐만 아니라 완전 무장을 한 백 명의 장정(보병)들로 이루어져 있었다. 그는 이 행렬이 "알록달록 괴이한 행색을 하고 있었다"고 전하고 있다. "유럽인을 위시하여 터키인, 베두인, 붙박이 아랍인(town Arabs), 티야리인, 예지디인 등 온갖 잡다한 인종들이 한데 어우러져 잡탕을 이루고 있었다. 멋을 있는 대로 다 부려 울긋불긋하게 차려 입은 이들은 우리의 행렬을 한결 화려하고 신바람 나게 만들어 주었다." 샬롯 롤란드는 유일한 여성이었다.

모술을 떠난 지 대엿새가 지나자, 레이어드는 언덕 위에 올라가 주위를 둘러보았다. "유프라테스까지 뻗어 있는 넓고 광활한 땅이 지도처럼 내 앞에 펼쳐져 있었다. 그 광야 위에 점점이 솟아 있는 수많은 구릉들 중에서도 유독 아부 카메에라 구릉만이 육중한 고깔 모양을 한 채 네모꼴의 흙더미에 둘러싸여 있었다. 퀸지크와 님루드에서 경험을 쌓은 레이어드는 이것이 고대 성벽임을 금방 알아차릴 수 있었다.

"나는 갈대숲을 이루고 있는 강가에 텐트를 치도록 지시하고 구릉들을 향하여 말을 달렸다. 그곳까지의 거리는 1마일이나 족히 되었다." 그들은 될 수 있는 한 발굴 현장보다도 강가에 가깝도록 텐트를 치곤 하였는데, 마실 물을 얻기 위해서뿐만 아니라 목욕하고 빨래하고 밥짓는 데 편리하기 때문이었다.

아부 카메에라에서 인부들은 여러 방향으로 터널도 파고 구덩이도 팠다. 그는 사금파리 더미 속에서 오지 그릇 조각들과 알라바스터 석판들을 발견하였다. "(그러나) 아무리 열심히 뒤져 보아도 깨진 조상의 파편 하나도 건지지 못하였다"고 그는 불평을 털어놓았다.

탐사대가 카부르 강을 따라 무인지경의 사막 속으로 계속 전진해 들어가자, 그들 주위는 '온통 아시리아의 구릉들로 꽉 차 있었다.' 수석 안내원인 수툼은 떠돌이 유목민인 베두인족들이 이 구릉들을 이용하여 방향을 잡고 위치를 안다고 설명해 주었다.

레이어드는 구릉 하나하나마다 체계적으로 탐사할 수 없는 자신의 가벼운 돈 주머니를 저주하였다. 한번은 맨눈으로도 백 개에 가까운 구릉들을 셀 수 있었다. '그 옛날 위대한 문명의 물결이 밀려왔다 사라져 간 이 모래 사장 엔 그들이 남기고 간 잔해들만이 널려 있을 뿐이다'라고 그는 그의 여행기에 쓰고 있다. '그 물결은 다시금 밀려올 것인가? 오랜 옛날 서방 세계를 풍요 롭게 하여 준 그들의 지식과 부의 씨앗을 또다시 품고서? 우리들 방랑자들은 황량한 바닷가에서 조개 껍데기를 줍는 아이들처럼 그들이 남기고 간 것들 을 찾아 헤맨다.'

사막의 공기는 그 어떤 것보다도 레이어드의 기분을 상쾌하게 만들어 주었다. 십여 년 전 미트포드와 세일론으로 여행을 떠날 때 처음 느꼈던 그러한 해방감이 그의 핏속을 흐르는 것 같았다. 아랍 유목민들처럼 레이어 드 역시 사막의 자식이었다. 사막의 풍경은 조용하고 평화스러웠다. 사막에 서만이 그는 바람처럼 자유스러울 수 있었다. 베두인 안내자인 수툼 역시 생기가 도는 것 같았다.

"신께서 우리에게 주신 기쁨 중에 이보다 더한 것이 어디 있겠습니까?" 수툼이 외쳤다. "삶의 보람이 바로 여기 있는 것이 아닙니까? 암요, 도회지 사람들이 진정한 행복에 대해 무얼 알겠습니까?…… 신께서 그들을 불쌍히 여기시길!"

그들은 신자르의 폐허에서 우호적인 베두인들을 만났다. 레이어드는 소녀 들을 보고 감탄하였다. 그들 중 몇몇은 상당한 미인들이었다고 그는 전하고 있다. 그는 그들이 검고 잘 익은 올리브 같은 피부를 지니고 있으며 살구씨 같은 큼직한 눈은 '불처럼 타오르는 유별난 광채'로 더더욱 인상적이었다고 묘사하고 있다. 그들 중엔 노르스름한 머리에 푸른 눈을 지닌 소녀도 끼어 있었다. 레이어드는 이 푸른 눈의 소녀가 동전, 호박, 마노, 홍옥 등의 구슬과 실린더들을 꿰어 만든 목걸이를 걸치고 있는 것을 보고 놀랐다. 이것들은 모두 비에 씻겨 드러난 아시리아의 유물들 중에서 주워 모은 것이라 했다.

4월 3일 그들은 마지막 목적지인 아르반에 도착하였다. 카부르 강 언덕에 자리잡고 있는 아르반은 샤마르 아랍인들의 지도자인 모하메드 에민의 본부가 있는 천막촌이었다. 족장은 레이어드 일행을 따뜻하게 맞이하였다. 레이어드는 즉시 거대한 돌 괴물들이 있다는 곳으로 가보았다. 그는 만족했다. 오랜 세월 동안 강의 물살이 구릉의 걸터앉은 강 언덕 밑둥을 서서히 갉아먹은 데다 최근의 홍수가 한 쌍의 날개 달린 인두 황소상을 파내었던 것이다. 이 황소들은 수면으로부터는 약 6피트나 되는 높이에 솟아 있었고, 폐허의 표면으로부터는 50피트 밑에 자리잡고 있었다. 이들은 거친 화강암으로 만들어진 난쟁이 황소들로서, 키는 5.5피트였고 길이는 4.5피트였다. 이들이 지닌 예술 양식은 앞서 발견한 다른 황소들의 예술 양식과 사뭇 달랐다. 아르반 황소의 날개는 몸체에 비해 빈약할 정도로 작은 편이었고 니네베의 황소들에게서 볼 수 있듯이 위풍 당당하게 펼쳐져 있지도 않았다. 그리고 이들의 눈자위는 깊숙히 패어 있었다.

레이어드는 우선적으로 발굴 작업에 들어가고 싶었다. 그러나 주위 사람들과의 인간 관계에 누구보다도 민감한 그가 제일 먼저 지시한 일은 족장과 그의 부하들을 영접하는 파티 준비였다. 그래서 그는 200명이 족히 들어갈 수 있는 텐트를 쳤다. 파티는 이틀이나 계속되었다. 유럽 의상을 입은 롤란드 부인은 한결같이 모든 베두인들의 눈길을 끌었다. 물론 유럽인 남자들의 눈도 그녀에게서 떨어질 줄을 몰랐다. 족장의 부하들이 악명 높은 노랑머리들을 본 것은 이번이 처음이었다. "그러나 그들은 곧 익숙해졌고, 모든 일이 순조롭게 진행되었다"고 한다.

샤마르 아랍인들이 노랑머리들을 부러워하였는지는 의심스러운 일이다. 그러나 레이어드가 족장을 부러워하였음은 틀림없는 사실인 것 같다. '나는 위대한 아랍 족장의 가정사에 관하여 독자들에게 뭔가 들려 주고 싶다'라고 그는 쓰고 있다. '(그의) 약점은 아랍인들에게 자신의 힘과 권력을 자랑하고

자 하는 욕심에 기인한 것인지, 아니면 깨가 쏟아지는 신혼 생활의 단꿈을 너무도 좋아하기 때문이었는지 모르지만——거의 달마다 헌 신부를 버리고 새 신부를 맞아들이는 데 있었다. 따라서 이 행복한 사나이는 영원한 밀월 속에서 세월을 보내고 있었던 것이다.'

아르반에서 그는 베두인 전사 50명을 추가 모집하여 삽과 곡괭이로 그 구릉을 공격하기 시작하였다. 황소들 뒤쪽으로 굴을 뚫어나갔다. 위쪽으로부터는 구덩이를 파 내려갔다. 얼마 안 가서 화살촉 무늬의 글자가 새겨진 벽돌 조각과 화병, 항아리, 유골 단지, 유약이 칠해진 자기들과 유리 조각들, 게다가 중국 글자(한자)가 씌어진 조그만 청자도 출토되었다.

사흘 동안이나 그들은 벽을 찾느라 파는 작업을 계속하였지만, 허사였다. "그래서 나는 구릉의 중심부를 향하여 굴을 파라고 지시하였다." 닷새째 되던 날 두번째의 날개 달린 난쟁이 황소들이 발견되었다. 그로부터 며칠 후에는 다섯 개의 다리를 지닌 대담한 스타일의 황소가 위풍도 당당한 모습을 하고 나타났다. 그 사자는 키가 5피트나 되었다.

가장 놀랄 만한 일은 이곳에서 이집트의 갑충석들이 발굴되었다는 사실일 게다. 그 중 어떤 것들은 토트메스 3세와 아메노피스 3세의 카르투쉬(파라오를 상징하는 타원형 윤곽—역자 주)가 새겨져 있었다. 토트메스 3세로 말할 것 같으면 이집트의 나폴레옹이라는 칭함을 받던 파라오이며, 아메노피스 3세는 이단왕 이크나톤(아케나텐이라고도 불림)에게 왕위를 물려 준 파라오이다. 그러면 이단왕 이크나톤이란 누구인가? 그는 역사상 최초의 유일신 신봉자로서 모세의 선배이자, 50여 년 전 발굴된 황금 무덤의 주인공인 소년왕 투탄카멘의 장인이기도 하다.

구릉 속에서는 대여섯 개의 무덤들도 발견되었다. "그 무덤들 속엔 해골들이 들어 있었는데 두개골과 큼직한 뼈를 제외하고는 모두 진토로 변해 있었다."

4월도 막바지에 이르러 더운 날씨로 견디기 힘들게 되자 레이어드 일행은 모술로 되돌아가기 위하여 천막을 거두고 짐을 챙기기 시작하였다.

그러나 이 탐사는 불협화음으로 끝이 나고 만다.

레이어드는 쿠퍼와 샌드위치에게 넌덜머리가 났다. 이번 탐사 여행 중 이들이 한 일이라곤 거의 없었다. 샌드위치는 거의 온종일 사냥터(그곳은 야생 염소와 토끼, 능에과 새 등의 온갖 짐승들로 들끓었다)에 나가 있었고, 쿠퍼는 고향집에 두고 온 색시 생각만 하였다. 엎친 데 덮친 격으로 돌아오는 길엔 두 사람 다 열병에 걸리고 말았는데, 나중엔 라쌈마저 고열로 '사경을 헤매기' 시작하였다. 대열은 레이어드와 샬롯이 라쌈을 살리느라 허둥대는 동안 닷새나 기다려야 했다.

이러한 역경은 샬롯의 남편인 스튜어드 롤란드와 레이어드 사이의 팽팽한 긴장으로 더욱더 심각해졌다. 덤으로 얻은 두 달간의 이번 여행에서 레이어드에 대한 롤란드의 존경은 자기 부인에게 보내는 레이어드의 눈길이 점점 더 잦아짐에 따라 공공연한 증오와 질투로 변하였다.

우연한 일인지는 몰라도 3월 6일 그러니까 탐사대가 아르반으로 떠나던 때 〈런던 타임즈〉는 롤란드가 보내온 정열적인 보고서를 싣고 있다. 그 보고서의 제목으로 〈타임〉의 편집자는 '레이어드 대위(잘못 씀)…… 니네베의 숨겨진 고대 유물에 빛을 가져다 주느라 심혈을 쏟고 있다'라고 쓰고 있다.

그 보고서에 롤란드는 레이어드를 무척이나 추어올리고 있다.

'독자는 레이어드가 이곳에서 어떠한 어려움을 겪고 있는가 상상도 할 수 없을 것이다. 그는 이러한 온갖 어려움을 극복하기 위하여 무한한 정력과 재능과 인내심과 용의 주도함을 지니고 있고, 그가 상대하고 있는 잡다한 인종들과 원만한 관계를 지니기 위하여서는 누구에게도 뒤지지 않는 재치와 유머가 필요한데 그는 그것을 지니고 있다'고 그는 쓰고 있다.

롤란드는 또 '미스터 레이어드, 샬롯, 나 그리고 우리들의 하인들은 일곱 시간이나 뗏목을 타고 내려간 끝에 모술에 도착하였다'고 쓰고 있는가 하면 그때까지만 해도 전혀 아무것도 눈치채지 못한 그는 샬롯이 영국으로 보낼 아시리아 유물들을 정리하기 위하여 레이어드를 이렇게 저렇게 도와 주었노라고 쓰고 있다.

'나의 아내는 짐을 꾸리는 것을 돕기 위하여 밤새 작업하였다'라고.

5월 중순 어느 날, 라쌈과 다른 대원들이 말라리아에서 회복되자, 레이어드는 낙타의 등에서 떨어질까 봐 자기를 꼭 부둥켜 안은 샬롯을 뒤에 태우고 사막을 가로질러 이웃 족장의 천막촌에 나들이를 다녀왔다.

롤란드는 자기 꼴이 서방질한 여편네를 둔 핫바지처럼 느껴졌으리라. 레이어드는 롤란드 부부 사이에 있었던 그때의 '가슴 아픈 장면'을 그로부터 며칠 후에 친구에게 보낸 편지 속에서 이렇게 쓰고 있다. '롤란드는 그녀를 아주 잔인하게 때렸다네. 그녀의 비명소리에 놀라 달려가 보니 그들은 날개를 걷어 올려 훤히 들여다보이는 천막 밑에서 티격태격하고 있었네. 나는 곧바로 롤란드를 거머잡았지.'

롤란드는, 레이어드가 묘사하고 있는 바대로 '미치광이 상태'에서 벗어나자 용서를 구했다. 레이어드는 짐을 챙겨 빨리 영국으로 떠나지 않으면 용서하지 않겠다고 으름장을 놓았다. 5월 11일 그들이 모술에 도착한 것은 바로 이러한 지리 멸렬 속에서였다. 롤란드 부부는 그 이튿날 그곳을 떠났다.

수주일 후 콘스탄티노플에 있던 헨리 로스에게 보낸 편지에서 레이어드는 이렇게 고백하고 있다. '나는 그녀가 떠나 아쉬운 점이 많다네. 그녀는 내게 조그만치의 도움이나마 준 유일한 (영국) 사람이었기에 말일세——그녀는 비명을 베껴 주고, 필기를 해주고, 지도를 작성해 주고……도 도와 주고…… 도 도와 주고…….'

레이어드는 로스에게 보낸 편지 속에 그녀에게 전해 달라고 밀봉한 편지 한 통을 동봉하였다. 그리고 이렇게 덧붙여 쓰고 있다. '샬롯은 그들이 어떻게 지내고 있는지 개인적인 이야기를 한두 줄 적어 자네에게 건네줄 걸세." 레이어드는 '개인적인 이야기'라는 단어 밑에 줄을 치고 있다. 샬롯이 답신을 했는가, 안했는가에 대해서는 아무런 기록도 남아 있지 않다. 어두운 밤, 사막의 한가운데서 잠시 마주친 두 사람의 대상들처럼 그들은 짧은 해후 끝에 각기 제 갈길로 떠났던 것이다.

35. 고산 준령

롤란드 사건과 쿠퍼와 샌드위치의 방관하는 태도는 레이어드의 제2차 아시리아 탐사에 무시하지 못할 영향을 끼쳤다.

롤란드 부부가 영국으로 떠나자 매사가 그저 내리막길로만 치달았다. 쿠퍼와 샌드위치가 말라리아의 재발로 자리에 눕게 되었고, 그 해따라 여름은 유난스레 더웠다. 그들은 불꽃 같은 더위를 피하여 반 호수 근처의 구릉지대로 잠시 자리를 옮겼다. 동료들이 요양을 하는 동안 레이어드는 좀더 광범위한 아시리아 유적지들을 찾아보기 위하여 그 근방을 여행하였다. 그러나 서늘한 산 공기 역시 그들의 건강을 회복시켜 주지는 못하였다. 그리하여 그들은 레이어드에게 '자기네들은 두 손 번쩍 들었노라고, 그래서 영국으로 돌아가겠노라'고 말하였다. 레이어드는 어처구니가 없었다. 레이어드와 라쌈 역시 아픈 건 마찬가지다. 그런데 다른 점이 있다면 샌드위치와 쿠퍼——그는 지금 추억을 쥐어 짜며 그리운 아내의 초상을 그리느라 여념이 없었다——는 탐사를 마지막까지 지켜보겠다는 욕망과 의욕을 지니고 있지 않았다.

샌드위치가 비운 자리는 채워지지 않았다. 그러나 11월이 되자 영국 박물관은 쿠퍼의 후임으로 국립도안학교 졸업생인 T.S. 벨을 발령하였다. 벨은 풋냄새가 물씬 나는 애송이로서 건방지고 안하무인 격인 식민지 타입의 인물임이 드러났는데, 서출내기 토착민들을 깔보고 으스대었다. 그는 다음해

2월 모술에 도착하였는데 3개월도 채우지 못하고 죽었다. 그는 '토착민들'
의 만류에도 불구하고 고멜 강에서 헤엄을 치다 익사한 것이다. 고멜은 티그
리스의 지류로서 밑바닥으로 급류가 흘러 매우 위험한 강이다. 그가 그린
그림들은 영국으로 보내지는 도중에 모두 분실되었다. 따라서 아시리아 고고
학의 형성기에 그가 행한 매우 짧은 역할의 흔적은 〈런던 타임즈〉지의 계고
란에 실린 '니네베의 폐허에서 발굴 활동을 벌이다 불행하게도 익사하다'
라는 짤막한 사망 기사 이외에는 어디서고 찾아볼 수 없다.

　이제 헌신적인 호르무즈드 라쌈말고 레이어드에게 도움이 되어 줄 사람은
아무도 없었다. "저는 지금까지 영국으로부터 극히 소수의 일손만을 제공받
았습니다. 더욱이 이제는 아무도 남아 있질 않습니다"라고 그는 박물관
이사회에 불만을 털어놓기도 하였다.

　그러나 레이어드가 만일 이사회에 뭔가 기대를 걸었더라면 크게 실망하고
말았을 것이다. 이사회는 레이어드의 카부르 원정 비용 지급안을 부결시켰
다. 화가 난 레이어드는 이사회에 보낸 격렬한 편지 속에서 '알반에서 있었
던 실제 발굴에 소요된 노동자들의 급료와 식량을 제외한 일체의 비용을
제가 책임지겠습니다'라고 선언하고 있다. 그는 런던이 자신을 괄시한다고
비난하였다. 이사회의 카부르 탐사 지출 장부는 그의 이러한 주장을 충분히
뒷받침하고도 남는다. 거기에는 탐사 조달 비용이 겨우 824피아스타밖에
들지 않은 걸로 기입되어 있다. 세 마리의 양과 보리, 소금 구입에 각각 90,
22, 6피아스타가 할당되어 있는 것을 포함하여.

　그나마 이사회로부터 편지가 온 것도 기금이 거의 바닥이 나, 님루드에서
의 발굴이 중단된 상태에 놓여 있을 때였다. "퀸지크에서의 발굴은 그래도
내 주머니가 허락하는 범위내에서 활발하게 진행되고 있었다"고 그는 말하
고 있다. 그의 사적인 돈이란 「니네베와 그 폐허들」에서 들어오는 인세가
고작이었다.

　라쌈이 없었더라면 그의 원정은 벌써 오래 전에 중단되고 말았을 것이
다. 「니네베와 바빌론」에서 레이어드는 "이곳에서의 발굴 성공뿐 아니라,

경제면에 있어서도 박물관의 이사회가 라쌈에게 크게 신세지고 있다"고 노골적으로 말함으로써 이사회를 비난하고 있다.

런던으로 돌아간 샌드위치 역시 라쌈을 찬양하느라 여념이 없었다. "칼데아인으로 태어나서 영국식 교육과 취향을 지닌 그는 레이어드로부터 상당한 사랑과 신임을 받고 있다…… 그는 오만 가지 일을 도맡아 한다. 그는 통역가인 동시에 비서로서 일한다. 그는 하인들을 지휘하고 돈 주머니를 관리하고 우리가 알지도 못하는 수십 개국의 언어를 말하고…… 항상 호쾌하여 모든 사람들을 즐겁게 해준다."

전과 마찬가지로 레이어드는 좌절과 외로움을 견디내기 위하여 일에 몰두하였다. 그는 자신이 움직이고 있는 한 아직 완전히 패배하진 않았다는 것을 느낄 수 있었다. 그는 동틀 무렵 일어나서 자정이 넘기까지 일하였다. 그는 발굴을 지휘 감독하고 폐허의 건물 구조를 스케치하고 비문을 베끼는가 하면 발굴물을 상자에 넣어 우송하고 탐사 일지를 기록하였다. 라쌈도 레이어드에 뒤지지 않고 열심히 일하였다. 그와 함께 발굴을 총감독하고 인부들에게 노임을 지불하고, 터키 정부와 지방 장관과의 대화를 위한 창구 노릇을 하는가 하면…… 인부들간의 끊임없는 분쟁을 해결해 주었다.

이들 두 사람은 모두 말라리아에 시달리고 있었다. "다행스럽게도 우리들은 서로 번갈아 가며 하루 걸러씩 앓아 누웠다"고 레이어드는 후에 말하고 있다. "그가 늘어져 있는 날은 내가 말짱했고, 내가 늘어져 있는 날은 그가 말짱하였다. 그래서 우리는 일을 중단하지 않고 계속할 수 있었다."

이 시기에 있어 레이어드가 취했던 유일한 여가란 어쩌다 들르는 호르무즈드 크리스천네 집에서의 저녁 한때뿐이었다. 여왕 폐하의 충직한 부영사는 그의 저택을 유럽식으로 꾸며 놓고 있었다. 긴의자 앞에는 상당량의 최신 장서들이 쌓여 있었다. 언제나 보면 '최근'의 펀치지(보통 3개월씩 묵은)가 탁자 위에 놓여 있었으니, 지친 몸의 레이어드는 한손에 마실 것을 든 채 몇 시간이고 앉아 그 책을 들여다보았다. 영국은 너무 멀리 떨어져 있어, 이제 희미한 추억으로밖에 남아 있지 않았다.

그러나 더위가 거의 물러갈 무렵이 되자 말라리아로 반 혼수 상태에 빠진 레이어드는 모술을 떠나 산간 지방으로 피신하였다. "유럽인 여행자들은 어느 누구도 아시리아 태양이 토해 내는 따가운 광선을 견뎌낼 수 없을 것이다"라고 그는 자신의 피서 여행을 변명하고 있다.

한편 영국과 유럽 대륙에서는——런던에 도착한 롤린슨도 곧 알게 되었듯이——레이어드가 당대의 영웅으로 세간의 입에 오르내리고 있었다. 대중들은 그를 '사자' 또는 '미스터 황소'라 불렀다. 이 중 '미스터 황소'란 별명은 레이어드가 죽을 때까지 따라다녔다. 바로 그때 그가 보낸 최초의 날개 달린 황소와 인두 사자상이 H.M.S. 아프렌티스 호에 실려 캐쌈에 막 도착하였기 때문이다. 이 석상들은 곧바로 전시되어 대중들에게 커다란 기쁨과 놀라움을 선사하였다. 레이어드의 '복사품들' 역시 도착하였다. 아시리아 유물 꾸러미들이 명예 학위 수여에 대한 답례로 옥스포드 대학으로 보내지는가 하면 캔포드의 게스트 일가에게로도 보내져 왔다. 사실이지, 샤를로트 게스트는 캔포드 메이너에 날개 하나를 더 신축하여 아시리아 유물들——사자, 황소, 박부조상들, 설형문자 점토판 등등——로 가득 채웠다. 샤를로트는 그곳을 그들의 '니네베 회랑'이라 불렀다. 이제 일곱 살이 된 샤를로트의 셋째 아이 에니드는 아저씨가 보내 준 괴상한 선물들 사이에서 꼬맹이 친구들과 함께 술래잡기 놀이를 즐기곤 하였다.

그 해 여름에도 또 「니네베와 그 폐허들」은 재편집되어 머레이를 통해 출간되었으며, 곧이어 레이어드의 최초의 학술 저서인 「아시리아 기념비들에 새겨진 설형문자 비문들」이 빛을 보게 되었다. 이 책은 에드워드 호킨스가 편집한 것으로 영국 박물관의 날인이 찍혀진 상큼하고 멋진 책이었다. 개개의 비명 문구 옆에는 발견 장소를 알려 주는 레이어드의 설명이 씌어져 있다. 이를테면, '퀸지크의 B호 방, 입구 e, 제2번 황소의 뒷다리 사이에 새겨져 있었음'이라고.

지난 세기의 어느 비평가가 표현하였듯이 "그가 영국에 없는 사이에 출판된 이 책들은 레이어드로서는 꿈에도 상상하지 못할 엄청난 바람을 전 유럽

지역에 몰고 왔다."

이 책들이 나온 지 한 달도 채 되지 않았을 무렵부터 〈아테네움지〉라든 가, 〈런던 월간 리뷰〉, 또는 〈왕립 아시아 학회지〉 등의 유명 정기 간행물들은 거의 매회 레이어드의 최근의 활동을 알려 주는 토막 소식들을 싣고 있다. 어머니와 어스틴 부부가 보내 오는 고향으로부터의 소식 역시 그의 커져 가는 명성을 가늠할 수 있게 해주었다. 그러나 이 편지들은 그의 사기를 북돋아 주기는커녕 점점 더 깊은 좌절과 우울 속으로 그를 끌고 갔다. 레이어드는 '명성'이라는 말을 싫어하였다.

'저는 제가 이루었다는 성공 따위를 놓고 그저 입에 발린 소리를 한다든 가, 추어올리는 일 따위를 증오합니다. 저는 절대로 그들에게 속지 않아요' 라고 그는 집에다 편지 쓰고 있다. 그가 보인 태도는 결코 겉치레 겸손이 아니었다. 후에 라쌈이 그의 이러한 성격을 그럴 듯하게 묘사하고 있듯이 그는 '허풍 떠는 것을 아주 싫어하였다.'

레이어드는 마음 깊숙이 자신이 인생의 낙오자라고 생각하고 있었으니, 어느 누구도 그를 달리 설득시킬 수가 없었다. 사실이 그러니 어쩔 수 없는 노릇이었다. 터키 주재 대사관의 수행원——정확히 말하자면 말단 사원—— 이라는 보잘것없는 직업을 가진 그는 명목상의 수입만을 올리는 미래가 없는 건달이었다. 아마도 그의 이러한 절망감은 되풀이되는 말라리아의 발병과 아시리아의 혹심한 더위에 의해 더욱더 강조되었으리라. 육체적으로나 정신적으로나 아시리아는 그의 단물을 있는 대로 다 빨아먹었으니, 그는 탈진 상태에 빠지고 말았던 것이다.

그가 이사회에 떨떠름한 편지를 썼기 때문인지, 아니면 그의 책들이 성공 했기 때문인지, 아니면 아시리아의 보물들을 실은 배가 새로이 도착했기 때문인지, 그것도 아니면 레이어드의 발굴로 인해 복음주의 운동이 활기를 띠게 되었기 때문인지, 아니면 이러한 모든 사건들의 복합적인 요인 때문이었는지 어쩐지는 알 수 없는 노릇이지만, 영국 박물관은 500파운드라는 뜻하지 않은 거액의 돈을 발굴 현장으로 보내 주면서 앞으로도 계속 또 보내

줄 것같이 말하였다.

영국이 레이어드에 대해 이렇듯 뚱딴지 같은 관심을 보이게 된 까닭은——독자들은 언뜻 수긍이 가지 않는다고 말할지 모르겠으나——다른 데서도 찾아볼 수 있을지 않을까 생각된다. 옥스포드의 학자가 후에 논평하였듯이, '우리들은 이 거대한 황소들이 빅토리아 중엽의 장황스럽고 보수성향이 짙은 철학과 어딘가 일맥 상통하는 요소를 지니고 있다고 생각하지 않을 수 없다. 즉 교리 문답처럼 절대 명확한 사회 계급 제도를 지니고 있던 당대의 사람들은 세상 만사 있을 법한 일들 중에서 가장 좋은 일들만 일어날 거라는 굳건한 믿음을 지니고 있었고, 모든 것이 만세까지 지속되리라는 것을 추호도 의심하지 않았다.'

이유야 어쨌든, 새로운 돈을 손에 쥔 레이어드는 남쪽으로 눈을 돌렸다. '겨울이 다가오고 있다. 바빌론에 있는 고대 도시들의 폐허를 답사하기에 아주 적절한 때다'라고 그는 여행 일지에 쓰고 있다. 그의 결심은 런던의 화제거리가 되었다.

'레이어드는 이제 바빌론으로 향하고 있다'고 1850년 10월 11일자 신문은 전하고 있다.

36. 황량한 바빌론

신문 보도와는 달리 레이어드는 그로부터 6일이 지나도록 모술을 떠나지 않고 있었다. 이 일주일 동안 그는 석상들을 손질하여 바스라까지 뗏목에 태워 보내느라 정열적으로 일하였다. 바스라에는 이들을 영국으로 운반할 배가 기다리고 있었다. 그런 후 레이어드와 라쌈은 가장 우수한 30명의 인부들을 선발하여 완전 무장을 시키고 비좁은 켈렉에 옮겨 탄 후 소용돌이치는 티그리스 강을 따라 정신없이 흘러 내려갔다.

당시 메소포타미아는 무정부 상태에 놓여 있었다. 터키의 권위는 땅에 떨어진 지 오래고 베두인 및 다른 종족들이 그 일대를 제멋대로 약탈하고 있었다. 그곳 상황이 어찌나 심각하였던지, 그 자신 무장을 단단히 한 사나이들을 이끌고 있었으면서도, 레이어드는 뗏목의 안전을 위하여 베두인들에게 신변 보호비를 지불하는 것이 유리하다고 생각하였다. "칼라 샤르가트에 이르는 뱃길은 어찌나 위험스러운지, 나는 아랍인들과의 충돌을 피하기 위하여 베두인 족장 한 명을 고용하여 우리와 동반토록 하였다"고 그는 말하고 있다.

그 전략은 효과가 있었다. 사흘 동안 그들은 아무런 일도 당하지 않고 강을 따라 내려갈 수 있었던 것이다. 그들은 테크리트에도 잠시 들렀는데, 테크리트는 모술과 바그다드 사이에 있는 유일한 영구 취락 지구로서 십자군 전쟁 때의 영웅이며 사자왕 리처드의 용감 무쌍한 적수였던 살라딘의 출생지라고만 알려진 막연한 장소이다. 테크리트에 이를 때까지 뗏목의 이동을 정찰하려는 베두인족들이 심심찮게 강둑에 나타나곤 하였지만 그럴 때마다 '족장의 보호를 받고 있는 우리들은 아무 탈 없이 통과되곤 하였다.'

레이어드는 이번까지 세번째로 티그리스 강을 여행하는 것이지만 새로운 것들을 기록하고 수없이 스쳐 지나가는 구릉들의 위치를 기입하느라 손을 바삐 놀렸다. '이제 평지에 이르러 우리들의 뗏목도 점잖은 속도로 움직인다. 강 양편으로 거대한 벽돌 더미들이 무너져 내린 강언덕 위로 돌출해 있거나 아니면 강물 속에 우뚝 솟은 벼랑 위에 걸터앉아 있는 것이 보이기도 하였다'고 그는 쓰고 있다. '여기저기 제법 온전한 모습을 한 건물의 폐허들이 보이니…… 페르시아의 왕들과 최초의 칼리프들이 살던 궁과 성들의 잔재들일 것이다.'

10월 25일 켈렉은 바그다드의 화려한 돔과 첨탑 그리고 대추야자 숲이 아스라이 보이는 곳까지 흘러 내려갔다. 다음날 이 소형 선대(?)는 레이어드가 롤린슨을 처음으로 만났던 위풍 당당한 동인도 회사의 총독 관저의 맞은편에 정박하였다. '마침내 대영 제국 깃발의 품안'에 안기게 된 것이다.

레이어드에게 있어 바그다드는 아직도 소년 시절의 도시이자, 아라비안 나이트의 도시이며 공중 정원들로 유명한 빛나는 오아시스 도시였다. 그는 바빌론으로 길을 떠나기 앞서 바그다드의 토박이 동네에 놓여 있는 둥근 천장을 한 유서 깊은 바자르를 한가로이 거닐며 시간을 보내기도 하였다. 이 구시가지는 터키인, 아랍인, 페르시아인, 유태인, 힌두인들이 뒤범벅을 이루어 온갖 색깔을 띤 대저택들과 볼품없는 가건물들 속에서 살고 있는 곳으로 그들의 흥청거림은 세계적으로도 유명하다.

뜻하지 않게——그렇다고 해서 실망할 것까지는 없었지만——레이어드는 자신이 바그다드에 발이 묶인 사실을 깨달았다. '나는 바그다드 근교가 베두인과 다른 여러 종족들의 손아귀에 놓여 있다는 사실을 알게 되었다. 그들은 공공연하게 정부(터키)에 대항하여 반란을 일삼고 있었다. 그래서 나는 바빌론의 폐허로 떠나기까지 얼마간 기다려야 했다.'

12월 5일에야 비로소 그는 바그다드로부터 60마일 남쪽에 있는 힐라로 가기 위하여 캬라반을 조직하였다. 힐라는 고대 바빌론 유적지의 바로 북쪽에 위치해 있었다.

레이어드는 남쪽으로 내려감에 따라 구약성서가 새로운 생명을 띠고 되살아나는 것을 목격하였다. 그곳은 노아의 가족들과 자식들이 홍수가 끝난 다음 처음으로 모였었다는 시나르 땅이다. 이곳은 또 한때 인간들이 사막 한가운데서 길을 잃지 않기 위하여 하늘 끝까지 닿을 거대한 탑을 세웠던 곳이기도 하고, 유다의 자손들이 포로로 잡혀 갔던 곳인가 하면, 네브카드네자르가 황금 옥좌에 앉아 있었던 곳이기도 하다.

힐라 역시 모술과 다를 바 없는 서출나기 도시였다. 약 8천 명의 인구를 지닌 이 헐벗고 가난한 도시엔 네댓 개의 다 허물어져 가는 회교 사원들과 대추야자, 커피(쉐필드제 식칼들과 맨체스터 광목 몇 필도 눈에 띔) 등을 늘어놓고 파는 바자르가 있을 뿐이었다. 그리고 맥빠질 정도로 늘어진 유프라테스가 이 도시를 가로지르며 흐르고 있었는데 상거래에 있어 영국인 특유의 안목을 지니고 있는 레이어드는 '증기선이 운항하기에 아주 적합하도록 점잖게 흐르는 덕스러운 강'이라고 표현하고 있다. 마을의 거의 대부분의 집들은 근처에 있는 바빌론 폐허에서 주워 온 벽돌로 지어져 있었다.

레이어드는 힐라에다 '겨울 본부'를 두고 그곳에서 1850년도의 크리스마스를 지냈다. 그러자 터키 주둔군의 지휘관이 비정규군 소대를 보내 왔다. 마을에 있는 큼직한 건물을 비워 두었으니 그곳까지 안내해 주겠다는 것이었다. '이 페르시아풍의 건물은 한때 값진 가구들과 호화로운 장식을 한 수많은 방들로 가득 차 있었을 것이다. 그러나 지금은 거의 다 쓰러져 가고 있었으니 차라리 폐허 더미라 부르는 게 마땅할 것이다'라고 그는 쓰고 있다. 차가운 겨울 바람이 창문에 댄 널빤지 사이로(유리란 보이지도 않았다) 쌩쌩 휘몰아쳤고 천장은 지금이라도 내려앉을 듯 휘어져 있었으며, 바닥은 조금만 힘을 주어도 꺼질 것 같았다.

그날 늦게 그는 터키 사령관을 방문하러 갔다가 놀랍게도 두 마리의 사자를 선물로 받았다. 그 중 한 마리는 암컷이었는데 곧 죽었고 다른 한 마리는 거의 다 자란 놈으로 레이어드의 절친한 친구가 되어 주었다. 그런데 이 사자는 영국으로 보내기에 너무 나이가 많아 레이어드는 '유럽 사람들로선 그때까지 본 적이 없었을 이 바빌론산 사자를 그냥 데리고 있어야 했다.' 이러한 사자의 모습은 바빌로니아의 화장 벽돌 모자이크라든가 아시리아의 박부조 속에서 흔히 볼 수 있는 것으로 아프리카산 퓨마와 크기가 비슷하다.

레이어드는 그곳의 지방 장관 혹은 무디르(mudir)도 방문하였다. 이 지방 장관은 늙고 병약하여 공식 업무를 수행할 수 없었는데 자신의 모든 업무를 열두 살 먹은 귀염둥이 막내 아들에게 떠맡기고 있었다. '나는 물론이고 힐라의 모든 주민들이 이 어린이를 통하여 볼일을 보았다'고 한다.

이 소년은 놀라울 정도의 능력을 지니고 있음이 판명되었는데, 레이어드의 탐사 활동에 애정 어린 관심을 보였다. 매일 아침 이 소년은 수행원들과 하인들과 노예들을 이끌고 유프라테스를 건너 레이어드의 발굴 현장을 돌아보았다. "각하의 건강을 지켜 드리는 것이 신께 커다란 기쁨이 될 것임을 굳게 믿고 있사옵니다." 이 꼬맹이 소년은 걸맞지 않는 위엄을 갖추고 말을 걸어 오곤 하였다. "각하께서 이 발효 우유와 새 고기를 드시길 진심으로 앙망하옵니다. 말을 타실 땐 비정규군을 동행토록 명령하여 주시옵소서. 저희들은 오로지 각하의 노예임을 보여 드리고자 할 따름이옵니다. 각하께서는 저희 자신의 눈보다도 저희에게 소중하온데, 인적이 뜸한 저 바깥 사막엔 저희들의 주이신 술탄의 적, 사악한 무리들이 들끓고 있사옵니다."

레이어드는 웃음을 참으며 진지한 얼굴로 고개를 끄덕이곤 하였다.

매일 아침 찾아오는 이 소년은 어느 새 레이어드의 유일한 낙이 되어 주었다. 힐라를 떠날 때 그는 이 소년에게 만화경을 선사하였다. "어쨌든" 하고 레이어드는 그에 대해 이렇게 논평하고 있다. "이 소년은 동방에서 가끔 볼 수 있는 선하고 활동적인 지방 장관들에 결코 뒤지지 않았다. 그는 동방에서 흔히 만나게 되는 조숙한 소년들 중의 하나이다."

힐라의 경관——즉 바빌론의 폐허——은 레이어드를 어리둥절하게 했다.
'구릉들은 우후죽순 격으로 제멋대로 흩어져 있는데 동쪽으로 뻗어 있는
거대한 평원 속으로 점차 사라져 가고 있다.' 온통 폐허투성이인 이곳엔
이사야의 예언이 공중을 맴돌고 있다. '바빌론은 멸망하였도다. 그들이 숭상
하던 우상들도 땅에 떨어져 부서졌도다.'

레이어드가 최초의 관심을 보인 곳은 힐라로부터 5마일 떨어진 지평선상
에 우뚝 솟은 거대한 폐허였다. 이 구릉은 그가 티그리스를 따라 바빌론으로
내려올 때 제일 먼저 눈여겨보았던 거대한 구릉이었다. 레이어드는 첫눈에
그 구릉이 님루드의 구릉 하나와 유사한 '사각탑'의 폐허라는 것을 알아차렸
다. 아랍인들은 그에게 이 구릉이 무젤리베(Mujelibe), 즉 '뒤엎어진 탑'이라
불린다고 알려 주었다. 그러니 이 자리는 바로 바벨탑이 서 있었던 자리가
아닌가?

레이어드는 그곳으로 달려가 삽과 곡괭이로 공격을 개시하였다. 그는 리치
의 회상기를 안내삼아 특히 그가 목제관과 사람 뼈를 발견하였다는 지하실
을 찾기로 마음먹었다. 이틀이 지나자 레이어드는 잊혀진 방뿐만 아니라
두 줄의 설형문자 비문이 새겨진 구운 벽돌을 발견하기까지 하였다. 그로부
터 1, 2년이 지난 후 그 벽돌은 네브카드네자르의 이름을 싣고 있다는 것이
판명되었다.

방 밑에서 레이어드는 몇 개의 관들을 발견하였다. "관 속엔 아직도 상당
히 온전한 형태의 뼈들이 들어 있었는데, 공기에 노출되자마자 순식간에
먼지로 화하였다"고 그는 말했다. "부장품들은 전혀 눈에 띄지 않았다. 나무
관 역시 거의 바스라질 지경에 이르러 조각조각 끄집어 내야 했다. 고약하고
참기 어려운 냄새가 이 메스꺼운 잔해들로부터 풍겨 왔다."

아무리 보아도 이 관들은 비교적 지금으로부터 가까운 시대의 것임에
틀림없었다. 그러나 레이어드의 실망은 조그만 유리병들과 철제 및 청동제
화살촉들과 갖가지 모양의 토기들, 특히 틴토레토 화(Tintoretto Painting)처럼
아름다운 푸른색 빛을 띠고 있는 자기들을 발견함으로 해서 상당히 누그러

졌다.

그러자 그는 이 구릉 속에 원래의 유적이 남아 있다면, 그것은 맨 아래 기저 부분에 놓여 있을 거라는 생각을 하게 되었다. 그래서 그는 구릉 꼭대 기에서 그때까지 벌여 온 무덤 도둑질을 집어치우고 기저 부분을 향하여 굴을 파 들어갔다.

"이삼 일 동안 작업을 하고 나니, 마침내 고대 건물을 발견하였다는 징후 가 나타났다"고 그는 말하고 있다. 그와 인부들은 흥분에 떨며 삽질을 계속 하였다. 그러자 일련의 벽들이 나타났다. 레이어드는 자신이 본격적인 발굴 을 얼마나 갈망하고 있는가 잘 알고 있었다. '그러면서도 나는 더 이상의 계획을 밀고 나간다든가 또는 석상이나 벽화 등과 같은 유물 따위를 발견하 고자 하는 흥미를 잃고 있었다'고 실망한 투로 쓰고 있다.

그럼에도 불구하고 그는 지하 터널을 계속해서 파 들어갔다. 그러자 석판 에서 떨어진 것인지, 아니면 프리즈의 일부인지는 알 수 없지만 장미꽃 모양 의 무늬와 깃털로 장식이 된 기다란 두건 같은 모자를 쓴 두 명의 괴상한 인물들이 그려져 있는 화강암 조각이 나타났다. '투박한 솜씨로 세공된 서너 개의 보석들과 질벽돌을 제외하면 이것은 무젤리베에서 발굴된 유일한 유물 이다'라고 레이어드는 쓰고 있다.

그의 인부들이 무젤리베의 심장부를 공격하고 있는 동안 레이어드는 몇 명의 무장한 사나이들을 동반하고 '님루드의 궁전'이라는 비르스 님루드를 돌아보러 떠났다. 이곳은 힐라로부터 6마일 떨어진 고대 도시 보르시파의 유적지였다. 이 구릉은 시나르 평원 위로 198피트나 우뚝 솟아 있었으며, 벽돌과 광석찌꺼기들과 깨진 오지 그릇들로 뒤범벅이 된 벌거벗은 황토색 흙더미였다.

레이어드가 오기 전까지만 해도 대부분의 여행자들은 이 비르스 님루드가 아마도 고대 궁전의 폐허의 하나인 볼품없는 구릉에 지나지 않는다고 여겨 왔다. 그러나 북부 아시리아에서 경험을 쌓아온 그는 구릉 곁에 어렴풋이 나타나 있는 테라스(계단)들을 감지하고 그것이 사각탑이었음을 알 수 있었다.(아시리아와 바빌로니아의 계단식 신전탑들은 일반적으로 볼 때 수천 년이 지난 오늘날의 뉴욕의 계단식 마천루들과 별 다를 바 없이 생겼다)

레이어드는 무젤리베에서의 작업이 끝나는 대로 그곳으로 돌아올 의향이 었다. 그러나 그 지역은 곧 베두인과 주로 알바니아인들로 구성된 터키 비정규군들간의 사격 연습장으로 탈바꿈하여 시끄러웠으므로 발굴 따위는 엄두도 낼 수 없었다.

레이어드는 이제 바빌론 시 자체의 유적지로 눈을 돌렸다. 이 지역은 온갖 종류의 사금파리들로 수라장을 이루고 있었다. '어느 한 구석 빼놓지 않고 온통 유리, 대리석, 오지 그릇, 비명이 새겨진 벽돌 등의 파편들이, 고대 주민들이 살라 버린 주택에서 연유한 그 지방 특유의 초석질의 빛 바랜 흙들과 섞여 나뒹굴고 있었다. 특히 농작물에 해로운 이 초석질의 흙은 바빌론의 경관을 헐벗고 황량한 모습으로 만들고 있었다'고 그는 기록하고 있다.

폐허 더미 속에 한두 점 있는 작달막한 크기의 덤불들 속에서 레이어드는 잿빛의 커다란 올빼미들이 떼지어 사는 것을 보고 바빌론이 멸망한 다음 '그곳엔 올빼미들이 둥지를 틀리라!'고 한 예레미야의 예언을 상기하였다.

그러나 레이어드는 약속의 땅이 다시 한번 무익한 불모의 땅으로 변신하는 것을 맛보아야만 했다. 그가 그곳에서 얻은 거라곤 유리 몇 조각에 지나지 않았다. 유리의 안쪽엔 '헤브라이 문자와 다를 것 같지 않은' 문자들이 새겨져 있었다. 그는 이 유리 조각들을 영국으로 보냈는데, 빅토리아 중엽 영국 박물관의 고대 사본 부서에서 일하던 유명한 히브리 학자인 토마스 엘리스는 이 필체가 네브카드네자르에 의해 바빌론 일대로 잡혀 왔던 유태인 포로들의 자손들이 쓰던 것임을 밝혀 내었다.

그러나 이들 감질나는 발굴물들 이외에 그가 얻은 거라곤 아무것도 없었다. 그는 이에 대한 변명으로서 그 지방 전설을 인용하고 있다. 즉 크세르크세스가 바빌로니아인들을 벌하고 창피를 주기 위하여 그들의 신전들과 집들을 전부 부수어 버리도록 명령하였으며, 그리하여 후에 알렉산더 대제가 바빌로니아의 제우스라 할 수 있는 벨루스의 신전 한 군데로부터만도 쓰레기 더미를 치우려 1만 명의 장정들을 동원하였으나 허사로 끝났다는 것이다. 아시리아에서 손쉬운 승부에 익숙해 있던 레이어드는 방어하는 투로 이렇게 말하고 있다. "고대 건물의 아무 부분이라도 파내고자 몇 명 안 되는 아랍 인부들을 데리고 일하니, 진전이 있을 리 만무였다."

그러나 주요 유적지를 발굴해 내는 데 그가 실패한 것을 좀더 논리적으로 해명하자면, 바빌로니아인들이 그들의 도시를 구축하는 데 색다른 건축 자재를 썼기 때문이다. 남부 메소포타미아에는 니네베 근방처럼 알라바스터나 석회암 채석장이 없다. 예를 들어 창세기에 의하면 바벨탑은 돌 대신 벽돌을, 회반죽 대신 진흙을 썼다고 한다. 게다가 2천여 년이 지나는 동안 바빌론의 폐허들은 새로운 건물들을 짓는 데 자재 창고로 사용되어 왔다. '오늘날까지도' 하며 레이어드는 이렇게 전하고 있다. '이 거대한 흙더미로부터 벽돌들을 주위 근처의 마을이나 도시 아니 바그다드에까지 팔아 넘기는 것만으로 생계를 유지하고 있는 사람들이 있을 지경이다. 힐라의 집들은 거의 대부분이 벽돌들로 지어져 있다. 그래서 여행자들이 좁은 골목길을 걸어다니려면 줄줄이 늘어서 있는 오두막들의 벽에서 네브카드네자르의 권력과 영광을 읽게 되는 것이다.'

레이어드는 바빌론을 등지고 다른 방향을 향하여 공격을 개시하였다. 힐라의 동쪽에 위치한 구릉들은 그에게 각별한 관심을 불러일으켰는데 그 지역에서 일어나고 있는 소요 때문에 다시금 족장의 보호하에 여행을 하여야만 했다. 그는 아파지 아랍족의 족장에게 특사를 보내어 무장 호위병을 요청하였다. 아파지(Afaji) 아랍족은 고대 니푸르의 유적지인 니푸르 근방에 살고 있었다. 족장은 터키인들을 매우 싫어하고 있었지만 유럽인들에겐 호의를 보이고 있었으므로 동의해 주었다. 그는 노랑머리들을 아마도 터키 통치에 대한 미래의 우방으로 생각하였던 것 같다. 레이어드는 시간을 아껴 몹시 추운 수요일이었던 1851년 1월 15일 캬라반을 조직하여 남부 메소포타미아의 사막을 통과하여 동쪽으로 갔다.

수년 만에 처음으로 그는 라쌈을 대동하지 않았다. 호르무즈드는 또다시 심한 말라리아에 걸려 목숨이 위태로운 지경에 빠졌으므로 레이어드는 그를 바그다드로 보내어 동인도 회사의 주치의였던 M. 히스롭 박사의 진찰을 받도록 주선하였다.

서아시아에서 볼 수 있는 대부분의 다른 사막들과는 달리 이 사막에선 말라빠진 덤불 그루터기조차 눈에 띄지 않았다. 바람이 부는 대로 이리저리 밀려 다니는 모래 언덕들이 사방팔방으로 끝없이 펼쳐져 있을 뿐이었다. 이 사막은 그가 경험한 그때까지의 어떠한 사막들보다도 위태롭고 불길하게 다가오는 것이었다. 어디서고 주위를 둘러보면 바로 눈 높이에서 모래 언덕들이 시야를 가로막고 서 있었다. 그의 일행은 파도가 굽이치는 바다를 항해하는 배처럼 사막을 전진하였다. 남쪽에서 바람이 일면 사람을 질식케 하는 시꺼먼 모래구름이 몰려와 여행자는 흔적조차 남기지 못하고 모래 속으로 사라지고 만다.

그들이 최초로 만난 구릉은 하룬이라 불리었다. '아직 햇빛에 바래지도 않은 인간의 육신들이 벽돌 더미와 오지 그릇, 깨진 유리들 및 고대인들이 쓰다 버린 온갖 잡동사니들 위에 뒹굴고 있었다.'

그들은 계속 전진하였다. 그러자 이번엔 옆구리 쪽에서 갑자기 베두인 일당이 나타나 가까워지거니 멀어지거니 하면서 한동안이나 그들을 따라오는 것이었다. 그러나 그들 역시 광막한 사막 한귀퉁이로 사라져갔다. "싸움을 걸지 않는 것이 현명하다고 생각했기 때문이다. 우리도 만반의 준비가 갖추어져 있었으니까"라고 레이어드는 말하고 있다.

얼마 안 가서 캬라반은 일련의 또 다른 인공 구릉들을 만나게 되었다. 이 구릉들은 깨진 오지 그릇과 타일들, 화려한 빛깔의 유리 조각들과 벽돌들로 어지러져 있었다. 레이어드는 이 구릉들을 보고 뭔가 곧 알아차릴 수 있었다. 이 바빌로니아의 말라 버린 운하들은 한때 유프라테스의 강물을 흘려 보냈음에 틀림없다. 이 운하의 잔재들은 꽈배기의 꼬임새처럼 레이어드가 가는 길에 들쭉날쭉 나타나곤 하였던 것이다.

목적지까지 가려면 아직 10마일이나 더 남았는데 갑자기 니푸르의 구릉들이 '먼 산처럼' 지평선 위로 우뚝 솟아올랐다. 그것은 신기루였다. 신기루에 의해 확대되어진 이 구릉들은 크기와 높이에 있어서 '내가 그때까지 본 어떤 인공 구릉들보다도 거대해 보였다'고 그는 쓰고 있다.

시속 2노트의 속도로 전진한 캬라반은 다섯 시간 후에 그 유적지에 도착하였다. 니푸르의 구릉들은 북부 아시리아의 구릉들과 똑같지 않았다. 이 구릉들은 성곽에 둘러싸인 단이라기보다는 차라리 건물의 폐허처럼 보였다.

레이어드는 즉시 작업에 들어갔다. '우리는 주요 구릉의 정상에 오르자마자 유물을 찾아 일을 시작하였는데, 나는 곧 비교적 최근의 것으로 생각되어지는 폐허 속에서 인간의 유골이 들어 있는 5피트 정도 높이의 온전한 항아리를 발견하였다.'

다음날 레이어드는 그들의 보호자격인 족장에게 발굴 기간에 구릉들 바로 아래에다 천막을 치고 인부들과 함께 지내겠다는 계획을 말하였다. 그러자 족장은 깜짝 놀라는 것이었다. 그러다간 24시간 안에 약탈범들에게 모든 것을 빼앗길 거라고, 아니 승강이를 벌이는 동안에 목숨까지 잃을 거라고 그는 말하였다. 기적이 일어나 이러한 불행을 당하지 않는다 할지라도 밤만 되면 폐허에 우글거리는 온갖 도깨비들과 악마들이 그들을 가만 두지 않을 거라고 경고하였다.

레이어드는 신중하게 생각한 끝에 수우크에 있는 족장의 요새화된 야영지에 짐을 풀기로 결심하였다. 족장은 매일마다 네댓 명의 무장군인들을 대동하고 레이어드와 그의 인부들을 따라 구릉으로 건너왔다. 표면상으로는 침입자들로부터 레이어드들을 보호하겠다는 취지에서였지만, 내심으로는 금이 나오는 순간을 옆에서 지켜보고 싶었기 때문이었던 것 같다.

이 경우 그곳 사람들이 그런 생각을 지니고 있는 것은 전혀 터무니없는 일만도 아니었다. 사금파리 폐허 더미를 들척거리던 아랍인들이 심심찮게 금은 장신구들을 주워 올렸었기 때문이었다. 전설에 의하면 금괴와 커다란 검은 돌을 실은 황금 방주가 니푸르의 구릉 속에 아직까지 숨겨져 있다고 한다.

추운 날씨에도 불구하고——한겨울이 되면 인더스 강에서 서쪽의 나일 강에 이르는 전지역이 화씨 80도 이하로 내려간다——레이어드는 발굴을 계속하였다. 그는 인부들을 여러 패로 나누어 구릉의 여기저기에 배치하였다.

첫날 해도 채 지지 않았는데, 인간의 유골들이 들어 있는 6피트 깊이에 3피트 너비의 조그만 벽돌 방들이 나타났다. 계속해서 그들은 화병과 항아리 및 각종 벽돌들을 발견하였다.

몇몇 자기들은 앞서 바빌로니아에서 발견되었던 헤브라이 문자들로 뒤덮여 있었다.

그러나 가장 눈에 많이 띄는 것은 광택이 뛰어난 짙푸른 색의 도기류 파편들이었는데, 촉감은 꺼끌꺼끌하고 쉽사리 부서졌다. "당초 무엇에 쓸 어떠한 형태의 용기였는지 도무지 짐작할 수가 없었다"고 그는 말하고 있다.

나흘째 되던 날 그 수수께끼가 풀렸다. 인부들 중의 한 패가 이와 똑같은 도기로 만들어진 관을 발견한 것이다. 관 속에는 유골이 들어 있었는데, 공기에 노출되자마자 흙먼지가 되어 사그라졌다.

이어서 관들이 줄줄이 발견되었다. 어떤 것은 당초 무늬로 장식되어 있기도 하였다.

'가끔 우리는 아직도 형체를 알아볼 수 있는 시신이 수의에 싸인 채 좁다란 안식처 속에 묵묵히 누워 있는 것을 보기도 하였다. 그러나 그것은 순간뿐 인간이 쓰다 버린 텅 빈 껍데기에 바깥 공기가 닿자마자 두개골과 큼직한 뼈다귀 몇 개만 남아 이 빈 관이 한때 무엇을 지니고 있었는지 알려 줄 뿐 모든 것은 눈 깜짝할 사이에 한 줌의 재로 탈바꿈해 버리고 만다.'

족장은 아주 열심히 지켜보았다. 레이어드 역시 니푸르를 파헤치는 동안 황금열에 들떠 있었던 것 같다. 다음과 같은 그의 말을 짐작컨대 충분히 있을 법한 일이다. '참 이상한 일이다. 니푸르에서 우리가 개봉한 관만 해도 백 개가 넘는데 금속으로 만들어진 장신구는 한 군데도 들어 있질 않았다.'

언제나처럼 성급한 레이어드는 니푸르에서 우르카(Wurka)로 눈을 돌렸

다. 레이어드는 모르고 있었지만 우르카는 성서 속에 나오는 에레크(Erech)
의 유적지이다. 그러나 그의 계획은 다시 한번 좌절되었다. "불행하게도
늪지대 남쪽 지방의 당시 상황은 너무나 심각하여 나는 그 유명한 우르카의
폐허에 접근할 엄두조차 낼 수 없었다"라고 그는 그 이유를 설명하고 있다.

바로 그즈음 수우크 주위의 모기 떼가 들끓는 늪지와 텐트 바닥에서 올라
오는 습한 공기가 극도로 지친 그의 몸을 재빨리 덮쳐들었다. 말라리아는
늑막염까지 불러일으켜 그의 건강은 치명적인 상태에 빠지고 말았다. 그의
몸무게는 급속도로 줄어들기 시작하였으니 나중에는 잠자리에서 일어나
앉을 기력마저 없었다. 불행은 겹치는 법, 억수 같은 비마저 그칠 새 없이
쏟아져 텐트 사이사이로는 차가운 빗방울이 뚝뚝 떨어져 온몸을 적셨다.

정신을 잃을 정도로 사경을 헤매던 그는 될 대로 되라는 심정에서 부상당
한 말에게나 먹이는 '구역질나는 물약'을 약이랍시고 먹었다. 레이어드는
후에 이렇게 말하고 있다. "그 약이 그래도 효험을 보았으니 망정이지, 그렇
지 않았다면 나는 아파지 소택지를 결코 떠날 수 없었으리라."

한편 건강을 되찾은 호르무즈드는 레이어드와 합세하기 위하여 그리로
오고 있었다. 라쌈이 레이어드를 발견하였을 때 그는 마치 "아시리아의 돌아
오지 않는 땅 아랄루"를 가로지르고 있는 것처럼 보였다. 라쌈은 그를 의사
가 있는 바그다드로 보내기로 결심하였다.

일주일 후 레이어드가 말잔등 위에 가까스로 올라앉을 수 있게 되자 라쌈
은 족장으로부터 두 명의 안내인을 제공받아 바그다드로 향하였다. 당시
레이어드의 건강 상태로는 말을 타고 여행하는 것 자체가 이미 목숨을 내건
모험이었으리라. 그는 14시간 동안을 쉬지 않고 여행하였다. 그것도 2주일
동안 말라리아와 늑막염과 투쟁하느라 밥 한 술조차 입에 대지 않은 채 말이
다. 레이어드는 바그다드의 성문을 들어설 때 눈을 바로 뜰 힘조차 없었다고
한다.

그의 아랍 인부들은 한층 더 힘든 여행을 하였다. 그들은 니푸르에서 바그
다드까지 걸어서 여행하였는데 도중에 약탈을 일삼는 베두인들을 만나 소지

품은 물론 속옷까지 **빼**앗겨 알몸으로 사막을 방황하였다고 한다. 하늘의 도움이었는지, 그들은 바샤이의 조그만 아랍인 마을에 기적적으로 당도하여 옷가지를 얻어 입고 음식물도 대접받았다고 한다.

바그다드에 도착한 레이어드는 라쌈의 목숨을 구해 준 히스롭 박사의 진찰을 받았다. 레이어드는 2월 27일 모술로 되돌아갈 때까지 건강을 완전히 되찾지 못하였다.

레이어드의 남방 탐사는 불운으로 끝났다.

니네베의 운세도 이제 바닥이 났든가, 아니면 한때 아시리아의 지방 도시였던 바빌론까지는 그 힘을 발휘하지 못하였던 것 같다. 어쨌든, 레이어드는 과거에로의 그의 여행도 이제 막바지에 이르고 있다는 사실을 감지하고 있었다. 그는 아프고 지치고 풀이 죽어 있었다. 그는 자신의 결단력과 인내심이 한계에 이르렀음을 깨달았다.

레이어드는 이제 서른네 살이나 먹었으며 비쩍 마르고 텁수룩했다. 그는 1, 2년 전 잠시 영국을 들렀을 때를 **빼**놓고는 자신의 고유한 세계와 거의 아무런 접촉도 갖지 못했다. 그는 영국 화풍의 라파엘 전파(Pre-Raphaelite, 1848년경)의 신속한 발전을 전혀 모르고 있었다. 그는 수년 동안 세퍼드 파이를 먹어 본 적이 없었다. 그는 에일과 흑맥주의 혼합술의 맛도 잊었다. 그는 수년 동안 몇 달씩 묵은 신문만 읽었다. 그는 빅토리아 영국의 호의호식이 그리웠고, 크리켓 경기가 그리웠고 무엇보다도 캔포드 메이너가 그리웠다. 그는 진정한 고고학자와 진정한 아시리아 학자는 종착역이 없는 여행을 감수하여야 한다는 것을 잘 알고 있었다. 그러나 그는 담벼락 앞에 서 있는 자신을 발견하였다. 혹심한 더위와 해충들, 끝없이 재발되는 학질, 메소포타미아의 거칠고 험한 생활, 재정 지원자들의 인색함, 자신의 불투명한 미래 ──이 모든 것들이 잃어버린 세계를 찾아 떠난 그의 앞에 이제 막다른 골목의 표지판처럼 서 있는 것이었다.

영국으로 돌아갈 순간이 다가온 것이다.

37. 아시리아와 작별

　3월 중순쯤 레이어드는 모술로 되돌아왔다. 그는 한 달 동안 그곳에 머물 며 자신의 일을 차근차근 정리해 놓은 다음 아시리아 평원에 폭염이 몰려오 기 바로 직전 콘스탄티노플을 거쳐 영국으로 향하였다.

　레이어드는 물론 아직도 많은 발굴이 이루어져야 한다는 것을 잘 알고 있었다. 그는 아시리아의 심장부에 이르는 오솔길의 길목마다 표시를 해두었 으니, 이제 사람들은 그의 뒤만 따르면 될 것이었다. 그러나 그에 버금갈 역량과 생산력을 지닌 자가 또 있을지는 의심스러웠다. 그는 모술 맞은편의 구릉에서만도 71개의 홀과 방과 통로들을 발견해 내었는데, 이들을 둘러싼 사방 벽들은 한결같이 양각으로 가득 찬 알라바스터 석판으로 대어져 있었 다. 어디 그뿐이랴, 그때까지 신화로만 여겨졌던 고대 왕국의 실록도 함께 기록되어 있었던 것이다. 일년 후 설형문자 해독이 급진전을 보게 되자, 레이어드는 퀸지크의 성곽이 세나케립의 궁전이었음을 알게 되었다.

　'대충 산정해 보니, 나의 탐사 기간 동안 그 구조물에서 발굴된 박부조의 총길이는 9,880피트, 아니면 2마일 정도가 되고, 날개 달린 황소와 사자, 스핑크스가 지키고 있는 문은 27개가 된다'고 그는 그의 여행 일지에 쓰고 있다. '가장 긴 굴은 720피트쯤 되고 그 굴의 가장 넓은 부분은 직경이 600 피트나 된다.'

　니네베 궁성의 대부분의 방들은 구릉 표면으로부터 20 내지 35피트 아래 깊숙히 파묻혀 있었다.

이러한 통계 수치보다도 더 중요한 것은 그가 그곳을 떠나기 직전 발굴 역사상 전혀 새로우면서도 정확한 접근 방법을 터득하였다는 점이다. 그러나 이 방법이 제대로 평가받고 인식되기까지는 무려 한 세대가 지난 후에야 비로소 이루어진다. 니네베에서 발굴을 하는 동안 그는 아시리아의 신전들과 궁전들이 세워진 시대에 따라 각기 다른 깊이에 파묻혀 있다는 사실을 깨닫게 된 것이다. '이 구릉에는 여러 시대에 걸쳐 축조물들이 세워졌나 보다. 왜냐하면 우리들은 서로 다른 시대에 속하는 유물들을 발견하였기 때문이다'라고 그는 쓰고 있다.

그래서 그는 수평식 발굴을 착안해 내었다. 세월이 흐름에 따라 이 방법은 고고학의 군웅 할거 시대에 사용되던 불도저식 발굴――되는 대로 구덩이를 파고 굴을 파고 수직갱을 뚫는 식의――을 서서히 몰아 내게 된다.

지치고 병은 들었지만, 그는 끝마무리를 짓지 못하고 떠나는 것이 몹시 안타까웠다. 특히 그는 예언자 요나의 무덤이라 일컬어지는 퀸지크 바로 곁의 구릉을 손대지 못한 것이 몹시 안타까웠다. '그 장소의 신성함은 어떠한 공개적인 발굴도 허용하지 않았다.'

그 구릉의 기슭이 회교도들의 무덤들로 채워져 가는 동안 요나의 무덤이 들어 있는 회교사원의 주위에는 조그만 마을이 들어서기 시작하였다. 수년 동안 그는 그 문제에 관하여 이리 궁리 저리 궁리하였다. '이슬람교의 광적인 신자들의 감정을 건드리지 않고 요나의 무덤 밑으로 파고 들어갈 방도는 없을까?'

영국으로 떠날 채비를 다 끝내갈 즈음 운명은 그에게 기회를 가져다 주었다. 레이어드는 네비 유누스의 언덕에 세워진 큼직한 집들 중의 한 주인이 여름 더위를 피하기 위하여 지하실을 팔 계획을 세우고 있다는 소식을 들었다. 레이어드는 즉각 그 지하실 공사를 자신이 맡아 해주겠노라고 제안하였다. 공짜로 해줄 터이니, 땅을 파다 나오는 조상들이라든가 유물들은 모두 자기가 갖겠다고 하였다. 소위 돌덩이라 불리어지는 것들이 집주인에게 의미가 있을 턱이 없었는지라, 공사는 즉시 시작되었다.

2, 3일 후 레이어드의 인부들은 방 하나를 발견하였는데, 그 방의 벽들은 조각되어져 있진 않았지만 비명들이 새겨진 알라바스터 석판으로 대어져 있었다.

그는 비문들이 님루드의 것들과 유사하다는 점을 알았다. 일년이 좀 지나 그 화살촉 모양의 문자가 해독되자 이 비문이 예살하돈의 이름을 기록하고 있다는 사실이 밝혀졌다.

그가 네비 유누스에서 벌인 발굴 활동은 이것이 전부이다. 오늘날까지 어느 누구도 이 구릉에 본격적인 공격을 가한 적은 없다——물론 호르무즈 드 라쌈이 시도해 보긴 하였으나——그리고 앞으로도 이곳이 모슬렘 교도들 의 성지로 남아 있는 한 어느 누구도 손댈 수는 없을 것이다.

운명의 장난이었는지, 레이어드는 영국으로 떠나면서도 니네베의 정확한 위치를 알지 못했다. 「니네베와 바빌론」에서 레이어드는 퀸지크를 니네베 자리라고 거리낌없이 쓰고 있지만 그에 대한 의심이 사라진 것은 아니었 다. 그는 그 곁에 있는 네비 유누스가 니네베 자리일지도 모른다고 추측하기 조차 하였다.

따라서 레이어드는 모술을 떠날 당시 자신이 무엇을 발굴해 냈는지 알지 못하였다. 한 세대 후 트로이의 쉴리만도 바로 이와 똑같은 궁지에 빠지게 된다.

쉴리만은 터키 동북부, 즉 한때 레이어드가 카울리 경과 휴가를 보낸 적이 있는 트로아드의 히싸를리크 언덕에서 겹겹이 쌓여 있는 아홉 개의 도시를 발견하였다. 쉴리만은 그 아홉 개의 도시 중 하나가 호머와 「일리아드」의 트로이라는 사실은 알았지만 눈을 감을 때까지도 그 중 어느 층에 있는 것이 그의 사랑 트로이였는지를 알지 못했다.

레이어드가 모술을 떠나려 할 즈음 그 지역 일대는 하루가 무섭게 위태로 워져만 갔다. 그래서 그는 콘스탄티노플로 떠나는 중무장을 한 캬라반이 구성될 때까지 출발을 연기하였다. "나는 이중 삼중으로 보호받을 필요가 있었다. 폐허에서 발굴한 청동 제품들과 갖가지 조그만 값진 유물들을 지니고 있었기 때문이다."

1851년 4월 27일 그는 마지막으로 정든 구릉들을 돌아보았다. 그리고 의미의 의미를 골똘히 생각해 보았다. 그러나 그는 끝내 이해할 수가 없었다. "어찌하여 이 천하의 온갖 영화를 누렸다는 위대한 왕국은 지금 이렇게 현대의 무지와 부패의 한가운데서 다시금 불쑥 나타났단 말인가?"

다음날 그는 모술의 친구들에게 '무거운 마음으로' 작별을 고하고 고대 아시리아의 폐허로부터 등을 돌렸다.

그는 자신이 결코 되돌아오지 않으리라는 것을 잘 알고 있었다. 그러나 아시리아는 그를 놓아 주지 않았다. 그도 또한 마찬가지였다.

38. 저술가로서의 레이어드

서른다섯 살의 레이어드는 가장 적절한 때에 집에 돌아왔다. 1851년 민족적 긍지와 일체감이라는 새로운 바람이 온 영국을 휩쓸기 시작하였다. 그는 최초의 세계 박람회라 할 수 있는 '대전시회'가 개최된 지 두 달 만인 7월에 런던에 도착하였다. 이 박람회에서 최고의 인기를 독차지한 것은 수정궁이었는데, 이 수정궁은 하이드 파크 위로 282피트나 솟아 있는 강철과 유리로 만든 거대한 탑이었다.

레이어드는 놀라지 않을 수 없었다. 니네베가 온 장안의 화제거리였기 때문이었다. 명문 사립 고등학교들이 상을 주며 니네베에 관한 논문——물론 라틴어로 씌어진——을 쓰게 하였다. 레이어드가 감수성이 예민한 사춘기 때, 벤 아저씨의 법률 서적들과 씨름하면서 영웅으로 우러러보던 월터 새비지 랜더는 레이어드를 찬양하는 시를 발표하였다. "레이어드여!" 하고 그는 이렇게 노래하였다. "그대 흙 먼지 속에서 도시들을 일으켜 세운 자여!" 이러한 북새통 속에서 레이어드는 런던의 장한 시민이 되고 런던 시의 행운의 열쇠까지 증정받았다.

니네베에 관한 책들이라면 날개 돋친 듯이 팔렸고 대전시회의 서가는 이 책들을 주로 전시하였다. 미술과 건축에 관한 서너 권의 책을 내기도 한 제임스 페르그썬은 레이어드의 친구이자 숭배자이기도 하였는데 「니네베와 페르세폴리스의 궁전들」이라는 그의 저서를 '지칠 줄 모르는 탐험가이며 아시리아 고대 유물의 뛰어난 데상가'인 레이어드에게 헌정하고 있다. 바로 일년 전엔 영국 박물관의 직원인 보(W.S.W. Vaux)가 레이어드, 롤린슨 및 그 밖에 여러 사람들이 쓴 보고서를 무단 인용하여 「니네베와 페르세폴리스」라는 제목의 발굴 이야기를 발표하였다. 1851년 당시 이 책은 이미 제3판에 들어가고 있었다.

그러나 런던에 도착한 레이어드는 대전시회라든가 니네베 등을 거들떠볼 겨를이 없었다. 그의 머릿속은 캔포드 메이너와 레이디 샤를로트 게스트로 가득 차 있었다. 어머니도, 형제들도, 어스틴 부부도 모두 제쳐 둔 채, 그는 도르시트셔로 곧장 내달렸다. 이제 서른아홉 살이 된 샤를로트는 아직도 변함없이 사랑스러웠고, 그녀의 친구 '니네베 사람'을 따뜻하게 맞이하였다. 샤를로트는 여행으로 지친 레이어드는 아랑곳하지도 않고 그를 위해 대대적인 야회를 개최하였다. 그리고 레이어드는 아시리아의 기념패처럼 전시되었다. 보름 동안 이렇게 시달리고 난 그는 두 손을 내저었다. '정말이지 난 런던에 진력이 났다. 그들 내노라 하는 사람들도 이젠 지겹기만 하다'라고 그는 쓰고 있다.

캔포드 메이너는 다시 조용해졌다. 레이어드는 여덟 살 된 에니드와 그녀의 오빠, 동생들 그리고 이웃 어린이들과 함께 놀면서 시간을 보냈다. 그 중엔 아홉 살 난 쟈네트 더프 고든이라는 소녀도 끼어 있었는데, 그녀는 그로부터 54년 후에 씌어진 그녀의 회상기 속에서 레이어드와의 첫번째 대면을 아주 상세하게 기억하고 있다.

"바로 이 사람이 박물관에서 너희들이 본 커다란 괴물들을 파내신 분이란다. '미스터 황소'라 불리시지"라고 어린이들은 그를 소개받았다고 한다.

존 게스트는 당시 병중이라 침대에 누워만 있었다. 레이어드는 그 해 크리스마스 주일을 캔포드에서 보냈다. 샤를로트의 친척이자 그녀의 일기를 편집한 베스버로우 경은 "샤를로트가 남편을 간호할 수 있도록 레이어드는 열 명의 어린이들을 돌보아 주었다"고 전하고 있다.

이듬해 존 경이 예순일곱 살의 나이로 세상을 떠나자 샤를로트는 6개월간

상복을 입었다. 탈상 후 첫번째 나들이로서 그녀는 레이어드를 따라 '피델리오'를 듣기 위해 코벤트 가든으로 갔다. '다시 나들이를 시작한다는 게 웬지 죄스럽게 느껴졌다'고 그녀는 일기 속에 쓰고 있다. '그러나 나는 움직이는 걸 되도록 피하고 박스 뒤에 조용히 앉아 있기만 하여 사람들의 눈을 피했다.' 그럼에도 불구하고 수다쟁이들은 때를 만난 듯 입방아를 찧기 시작하였다. 레이어드와 그의 사촌 누나의 이름이 한데 어우러져 사랑 이야기로 엮어지기 시작한 것이다.

레이어드는 런던을 한 바퀴 빙 돌았다. 어머니의 집과 삼촌네, 영국 박물관과 외무부 그리고 존 머레이를 방문하였다. 머레이는 흥미 진진한「니네베와 그 페허」를 새로이 편집하여 니네베 열기가 식기 전에 돈을 왕창 끌어모아야 한다고 열변을 토하였다.

레이어드는 한편으로 요양을 하면서 작업에 들어가 9월엔 편집을 끝맺었다. 머레이는 즉각 인쇄에 들어갔다. 그 책은 일년 동안 14,000권이나 팔렸다. 뉴욕에선 하퍼즈 사가 미국판을 내었고 라이프치히에서는 독일어 판이 나왔다.

'나는 방금 나의 첫번째 책을 요약하여 한 권으로 내었네. 어찌나 잘 팔리는지 내 손에도 뭐 좀 쥐어지는 게 있을 것 같구면'이라고 그는 로스에게 보낸 1851년 11월 30일자 편지에서 쓰고 있다.

이와 동시에 그는 대단한 솜씨를 발휘하여 두 권의 다른 책들도 쓰기 시작하였다. 하나는「니네베와 바빌론의 페허에서의 발견들」이고 다른 하나는 새롭고 호화로운 형태의 저술인「니네베 유물들 두번째로 선보이다」이다.

'내 바빌론 책은 아직도 멀었네. 봄까지는 여간해서 끝날 것 같지 않네'라고 그는 크리스마스 바로 직전 어느 편지 속에서 쓰고 있다. 그는 이 '발견들'을 1853년 1월이 되어서야 비로소 탈고를 하게 된다. "정말이지, 도중에 붓을 내던지지 않은 것만 해도 정말 다행이라네"라고 그는 후에 머레이에게 말하였다.

머레이는 이 책을 곧 출판하였고 미국에서의 저작권을 뉴욕의 푸트남사에 팔았다. 레이어드는 다시 한번 저술가로서의 명성을 날렸다. 그러나 독자들은 헛갈리는 구석을 발견하였을 것이다.

왜냐하면 한 책에서는 님루드가 니네베인 것처럼 말하고 있고, 다른 한 책에서는 퀸지크가 니네베인 것처럼 말하고 있으니 말이다. 레이어드가 혼돈을 일으키고 있었는지, 아니면 존 머레이가 편집을 할 때 혼동을 일으켰는지, 그에 대해서는 그들의 왕래 서신을 마무리 훑어보아도 나타나 있지 않다.

고고학에 대한 대중들의 인기가 폭발적으로 상승하자 박물관은 레이어드에게 3차 아시리아 원정을 부탁하였다. 그러나 레이어드는 박물관을 실망키시고 만다. 그는 이제 아랍 세계라면 넌더리가 났던 것이다.

'나는 이제 할 수 있는 한 영국을 떠나지 않을 셈이네'라고 그는 로스에게 쓰고 있다. '나는 죽을 힘을 다하여 동방만은 가지 않기로 노력하겠네. 내 구미에는 어쨌든 맞지 않았던 이스탄불(콘스탄티노플)에조차도 가지 않겠네. 기후도 좋지 않을 뿐만 아니라 책도 구경할 수 없고 친구들도 없으니 말일세.'

그는 롤린슨과 라쌈에게도 자신의 의중을 이야기하고 있다. 롤린슨은 그때 메소포타미아의 총독 대리로 바그다드로 떠날 채비를 하고 있었고, 라쌈은 얼마 전 영국으로 와 레이어드의 묵인하에 영원히 눌러앉을 궁리를 하고 있었다. 라쌈은 후에 이렇게 쓰고 있다. '레이어드는 그 지방의 열병에 어찌나 시달렸는지 그런 황량한 기후는 두번 다시 겪고 싶지 않다고 하였다.'

종기는 급속도로 곪아 터질 지경에 이르렀다.

이사회의 분과 위원회가 1851년 8월 2일 박물관에서 열렸다. 아시리아에서의 발굴 속개 여부를 두고 레이어드와 롤린슨의 의견을 듣기 위함이었다. 이사회는 롤린슨에게 일을 떠맡기고 앞으로 2년 동안의 발굴 활동을 위하여 매년 1,500파운드씩 보내 주기로 합의하였다. 그러나 롤린슨은 총독 대리로서 바쁠 터이므로 그의 지휘하에 작업을 총감독할 사람을 임명할 것을 그에게 일임하였다.

동방으로 돌아가지 않으려 결심을 하고 나니, 레이어드는 계속 겪어 왔던 달갑지 않은 곤경에 빠지게 되었다. 인세 이외에는 아무런 수입이 없었기 때문이었다. 자존심은 물론 호기심 어린 눈초리 때문에라도, 언제까지 캠포드에 눌러앉아 있을 수만은 없었다. 그러나 어떤 일자리를 구한다? 레이어드와 샤를로트는 틈이 나는 대로 이에 대해 이야기를 나누었다. 캐닝과 다른 사람들이 충고하듯이 니네베를 밑천삼아 정계로 뛰어든다? 그는 로스에게 이렇게 고백하고 있다. "나는 영국 의회에 발을 들여 놓고 싶다네. 일단 들어가기만 하면 잘 해낼 자신이 있는데……."

해가 바뀌기가 무섭게 레이어드의 운명은 급작스럽지만 아주 유리하게 바뀌어 갔다. 1852년 1월 2일 자유당원인 수상이 그를 다우닝 가 10번지로 불렀다. 러셀 경은 캐닝 경과 카울리 경으로부터 이 젊은이에 대하여 많은 이야기를 들었기 때문이었다. 카울리로 말할 것 같으면 캐닝의 후임자로 당시 해외직으로서는 가장 매력적이면서도 미묘한 자리인 프랑스 대사직에 발령받고 있었다.

카울리는 발령을 받자마자 레이어드에게 요직을 제공해 왔다. 연봉 500 파운드에 파리에서 서기관으로 일해 달라는 것이었다. 이 절호의 기회를 놓칠세라 날쌔게 덤벼들려는 찰나 러셀 내각의 외무 장관인 그랜빌 경이 레이어드와 런던을 깜짝 놀라게 만들었다. 그는 레이어드를 외무 차관에 임명하였던 것이다.

깜짝 놀랄 만도 한 것이 레이어드의 혈통으로 따져 볼 때 그것은 거의 있을 수 없는 일이었기 때문이었다. 그의 가문은 빅토리아 재위 당시 자유당과 토리당이 일어섰다 쓰러졌다 할 때마다 의자 뺏기 놀이에 여념이 없던 권력 안배자들의 패거리, 즉 제국을 요리하는 소수의 명문들에 속하지 않았다. 사실이지 빅토리아 영국의 가장 심각한 약점은 친족 등용(nepotism)이었다. 그것은 맨 위로부터 말단 공무원에 이르기까지 해당되는 말이었다. 혈연에 기초한 엽관 제도가 판을 쳤다. 공적에 따라 승진하기는 하늘의 별따기였다. 그러나 생판 엉뚱한 핏줄이 뛰어들 때도 없지 않아 있었다. 레이어드가 그 한 예이고 다른 하나는 디즈렐리였다.

레이어드의 임명은 대중과 보도 매체들로부터 호의적인 반응을 얻었다. 캐닝은 축하 편지를 보내 왔다. 의회에서 정상을 향해 맹활약을 벌이고 있어 레이어드의 부러움을 사고 있던 디즈렐리 역시 축하를 보내 왔다. 어스틴 부부도 기뻐하였다. 사라 아줌마는 사람들에게 레이어드의 청춘 시절 어스틴 일가가 그에게 끼친 영향으로 말미암아 그가 권력에의 길로 들어서게 된 것이라고 공치사를 하고 다녔다. 벤 아저씨는 이 임명이 '그의 온갖 희망의 현실화'라고 규정지었다.

그러나 이 황홀지경도 아흐레 만에 끝이 나고 말았다. 2월 20일, 러셀 내각이 무너지고 말았던 것이다. 그러나 하원이 해산되자 레이어드는 정계에 들어설 기회를 발견하고 그것을 와락 움켜잡았다.

'나는 지금 의회에 들어갈 태세를 취하고 있다네'라고 그는 로스에게 보낸 4월 10일자 편지에서 쓰고 있다. '당선만 된다면 나의 앞길은 활짝 열려진 셈이지. 물론 나 하기에 달렸지만 말일세.'

레이어드는 에일즈버리에서 출마하였다. 그곳은 그의 부모님들이 사셨던 곳이고 또 18년 전 아버님이 돌아가신 곳이기도 하였다. 에일즈버리는 토리당의 굳건한 요새로 알려지고 있었다. 그래서 레이어드는 자신의 승리를 확신하고 있었다. '나의 당선은 거의 틀림이 없다네'라고 그는 친구에게 썼다. 그의 말대로 그는 승리하였다. 그는 거의 모든 표를 쓸다시피 하였다. "그것은 대승리였습니다. 대단히 감사한 일입니다"라고 그는 7월 9일 말하였다.

레이디 샤를로트는 캔포드에서 요란한 당선 축하연을 베풀었다. 7월 8일자의 일기에서 샤를로트는 이렇게 쓰고 있다. '런던발 첫차를 타고 레이어드가 도착하였다(12시 30분경). 헨리 레이어드의 당선보다 더 멋진 승리는 없을 것이다. 종소리가 울려 퍼지고, 어떤 사람들은 총을 들고 나와 빵빵 쏘아대기도 했다.'

레이어드가 당선되자 그랜빌 경은 그에게 충고를 하였다. "내 자신 처음으로 하원에 들어갔을 때 어느 훌륭한 판사께서 해주신 충고가 자네에게도 가장 좋은 충고가 될걸세. 첫째, 자네의 명성이 확고해지기 전까지는 자네도 알고 남들도 알고 있으리라고 생각되어지는 사실들만 얘기할 것. 둘째, 어떠한 경우에도 인신 공격이라든가 인물 평가 따위는 하지 말 것."

그러나 언제나처럼 성급하고 충동적이며 굽힐 줄 모르는 성격을 지닌 그는 얼마 안 가 선배님의 귀중한 충고를 완전히 묵살하고 말았다. 5년이라는 질풍 노도의 세월 동안 그는 에일즈버리를 대변하였다. "영국에서의 공인 생활이란 폭풍이 이는 바다 한가운데를 항해하는 것과 마찬가지다. 암초가 어디에 있는지, 모래톱이 어디에 있는지 전혀 종잡을 수 없다"고 그는 투덜거렸다.

의사당 안에서 그는 그의 별명인 '미스터 황소'답게 행동하였다. 그는 접시 가게에 뛰어든 황소처럼 부랑자같이 굴었다. 〈펀치〉지의 풍자만화 속에서도 그렇게 묘사되어 있다. 그는 길들지 않은 어린 망아지처럼 이리 뛰고 저리 뛰었다. 진보적인 보수주의자인가 하면 보수적인 진보주의자였다. 꼬리표도 달지 않았고, 들어가 쉴 구멍도 없었으며 보금자리도 갖추지 않았다. 그러니 어느 정당도 그에게 어울릴 수가 없었다. 진보파와 보수파의 골수분자들은 그를 오해하였다. '내 위치는…… 아주 미묘하다고 할 수 있지'라고 그는 로스에게 쓰고 있다. '독자적인 노선을 걷고 있으니까, 정권을 쥐고 있는 현정부로부터 뭘 기대할 처지도 못 되고 그렇다고 해서 완전히 틀어진 다른 쪽으로 고개를 돌릴 수도 없고 말일세.'

그는 의회의 양파로부터 '미스터 고집불통(Mr. Lie-hard)'이라거나 '의회 속의 베두인'이라는 비난을 받았다. 그에게 가해진 비평들 중에 그래도 고상한 축에 끼는 비평이 있다면 그것은 작가인 에밀리 에덴의 입에서 나온 것이리라. 에덴은 "니네베를 발굴해 낸 레이어드는 용서할 수 있지만, 레이어드를 발굴해 낸 니네베는 용서할 수 없다"고 선언하였다.

의회 진행 도중에 레이어드는 성질을 부리곤 하였다. 그는 인신 공격도 서슴지 않았으나, 한 번은 그의 발언이 회의록에서 삭제당하는 소동까지 일어났다.

그는 십수년 전 외교가에 발을 들여 놓으려는 자신을 끝까지 가로막은 애버딘 경을 진딧물처럼 증오하였다. 그는 러시아에 대한 애버딘의 유화 정책에 공격의 화살을 퍼부었다. "당신은 러시아를 언제까지 놔둘 작정인가?"라고 그는 다그쳤다. "그들은 몇백 년이고 인류 문명을 뒤로 돌려 놓지 않았는가?" 크림 전쟁 당시 전방을 시찰한 그는 간담이 서늘해지고 말았다. 그는 "태만하고 일관성이 결여된 정책을 펴서" 수천 명의 영국인의 인명을 빼앗긴 정부를 비난하였다. 그는 1857년 인도 폭동이 일어난 직후 영연방의 보석인 인도를 방문하고 경악을 금치 못했다. "우리들의 통치를 받는 사람들은 우리들보다 열등한 별개의 인종으로——아니 그야말로 인간보다 열등한 피조물로——대우받고 있다"고 그는 선언하였다.

레이어드는 카부르를 옹호하고 이탈리아에서 자유주의적인 체제가 움트는 것을 지지하였다. 그는 또 겁을 집어먹은 복음주의자 글래드스톤이 터키 황제를 '야만인'이라고 비난한 것과는 달리 터키의 대의명분에 응원을 보냈다. 레이어드는 의회에 상정되는 모든 안건을 토론함에 있어 빅토리아 여왕을 포함한 거의 대부분의 사람들을 물고 늘어져 울화통을 터뜨려 놓았다.

그럼에도 불구하고 그를 은밀하게 좋아하는 사람들도 있었다. 19세기에 가장 화려하고 막강한 권력을 휘두르게 될 수상으로 부상하고 있던 디즈렐리는 레이어드를 '천재'라고 묘사하였으며, 토리당에 가담하지 않는 그를 놀려 대곤 하였다.

1857년 인도 폭동에 대한 보복에 반대한 그는 재출마하여 낙선하였다. 3년 후 그는 다시 의회로 돌아왔다.

캔포드에서 레이어드를 처음으로 만난 에니드의 소꿉동무인 자네트 로스는 그녀의 회상기 속에서 그가 처한 입장을 다음과 같이 간결하면서도 명쾌하게 표현하고 있다.

"사적인 관계에 있어서는 그토록 사랑스러운 그의 충동적인 성격이 공적인 생활을 이끌어가는 데 있어선 장애물이 되었다. 실수라든가 잘못엔 관대

하고 등을 두드려 주면서도, 한바탕 시끄러운 싸움판엔 곧잘 뛰어들어 밀고
자의 이름을 대지 못하면 반증해 보일 수도 없는 말들을 마구 내뱉는다.
그런데 밀고자를 폭로하는 짓은 죽기보다 싫어하는 그였으니 자연 궁지에
몰릴 수밖에. 처녀시절 그로부터 받은 편지 속에 들어 있는 '나는 항상 뜨거
운 열탕(궁지)에 빠지기 일쑤'라는 그의 말은 꼭 들어맞는 말이다."

의회에서 끊임없는 소동을 일으키게 되자, 그는 자신이 의회에 어울리지
않는다는 생각을 굳히게 되었다. 그러나 이 결론에 도달하고 나니 앞이 캄캄
하였다. 정치에서 발을 떼면 별다른 밥벌이가 있을 것 같지 않았기 때문이
다. '이제 저와 행정 부서는 서로 앙숙이 되어 버렸으니 일자리를 얻기는
다 틀렸습니다.' 유난히 침울한 하루를 보낸 그는 어느 부인에게 이렇게 쓰고
있다. '그렇지만 전 마음이 편합니다. 저는 제 신념에 따라 행동했으니까요.
그리고 전 앞으로도 지난 일을 회상할 때 양심상 꺼릴 게 하나도 없다는
사실로 만족하려 합니다.'

그러나 그의 속마음이 편했을 리는 만무하다.

언제나처럼 솔직담백한 그는 그렇다고 해서 외톨박이 신세는 아니었다.
그는 특히 예술가와 문인들의 세계에서 아주 두터운 교우 관계를 맺고 있었
다. 그의 열렬한 지지자들 중에는 찰스 디킨즈도 끼어 있었다. 그들은 1853
년, 디킨즈가 「블랙 하우스」를 탈고한 직후 처음으로 만났다. 물불을 가리
지 않는 위그노인 레이어드와 마찬가지로 그 역시 박해받는 소수민들을
옹호하고 나섰으며, 사회적인 부조리를 고발하고, 산업 혁명이 걷잡을 수
없는 타성을 지니고 파급되어 감에 따라 발생하는 도시 속의 여러 가지 지저
분하고 더러운 암영들을 경고하였다.

영국 박물관에 소장되어 있는 레이어드의 서류들 중에는 1854년에서 18
69년에 이르기까지 디킨즈에게서 온 편지 뭉치들도 끼어 있다. 연파랑 종이
에 쓰여진 짤막한 서한들엔 'CD'라는 그의 사인이 휘갈겨져 있다. 그 중엔
이런 내용도 적혀 있다. '저도 이제 집으로 돌아왔으니 크리스마스를 함께
보내시지 않겠습니까?' 상상해 보시라! 스크루지와 타이니 팀을 탄생시킨

당사자와 크리스마스를 즐긴다는 것을.

아시리아 역시 그의 머릿속에서 완전히 사라진 것은 아니었다. 1851년 대전시회가 막을 내리자 대중들은 이 동화 속의 집 같은 수정궁을 허물지 말라고 아우성을 쳤다. 〈런던 업저버〉지의 건축 담당 기자였던 로베르 퓌르노 조르당은 수정궁을 '거대한 온실'이라고 부르기도 하였다. 실제로 이 수정궁은 조립식 건축 기술이 만들어 낸 최초의 기적이었으며, 조셉 팍스톤의 이러한 착상은 그 후 거의 백 년이 지나도록 아무도 답습하지 못하였다.

수정궁은 시드넘 힐로 옮겨져 새로이 아시리아 궁을 덧붙였다. 레이어드와 그의 건축가 친구 페르그선이 이 궁의 설계를 도맡았다. 파리에 간 그들은 프랑스 정부와 루브르 및 미술 학교로부터 정성어린 협조를 받았다. 프랑스인들은 또 보타가 캐낸 기념비들의 탁본을 무제한으로 허용해 주기도 하였다. 수정궁에 새로이 덧붙여진 아시리아 궁은 120피트 길이에 50피트 너비, 그리고 40피트의 높이를 지닌 훌륭한 전시관이 되었다.

방문객들은 거대한 황소들이 지키고 있는 입구를 들어서면 커다란 홀 안으로 들어서게 되는데, 그 한가운데는 보타와 레이어드가 발견한 원주들을 그대로 모방한 4개의 원주들이 서 있다. 벽은 레이어드가 님루드에서 발견한 양각들을 그대로 복사해 놓았다. 상당한 수의 방문객들에게 이 니네베 궁(대중들은 그렇게 불렀다)은 수정궁 자체보다도 훨씬 더 멋져 보였다.

레이어드는 이 전시를 위한 안내 책자를 쓰도록 위임받았다. 그 결과 80 페이지에 달하는 「수정궁의 니네베관」이라는 소규모 책자가 나왔다. 이 책자는 1854년에 나왔는데 즉시 수집광들의 인기를 모으기 시작하였다. 머리글에서 그는 프랑스가 그 궁을 세우는 데 적극적인 협조를 하여 주었다고 강조하고 있으며 아시리아의 폐허를 최초로 발굴한 자는 보타였다고 그를 추어올리고 있다.(이 아시리아 궁은 1866년 화재로 파괴되었다)

사납게 휘몰아치는 정가의 회오리바람 속에서 그에게 기분 전환을 가져다 준 것은 아시리아뿐만은 아니었다. 총각이었던 그는 언제 어디서고 대단한 환영을 받았으니 훌륭한 신랑감임에 틀림없었기 때문이었다. 연애 사건도 심심찮게 있었던 것 같다. 생활이 윤택해지니 그의 체격도 서서히 변화를 일으켰다. 그는 몸무게도 상당히 늘어, 키가 작은 그는 땅딸한 신사로 변신하였다. 얼굴은 둥그스름하게 피어올랐고 가뜩이나 진한 눈썹이 더욱더 무성해졌다. 1850년대 말에는 수염까지 다시 기르기 시작하였다.

사라 아줌마는 중매에 발벗고 나섰다. 가정적으로 안정을 얻으면 그의 성마른 기질도 한결 누그러지리라 믿었기 때문이다. 샤를로트 게스트도 그와 똑같은 생각을 하였던 것 같다. 그러나 레이어드는 이들의 압력을 교묘히 피해 다녔다. 그 한 이유는 끊임없이 염문을 피우고 다니는 그였지만, 결혼이란 '뿌리를 깊게 내려야 하고…… 영원히 지속되어야 한다'고 믿고 있었기 때문이다.

그야말로 니네베를 발견하는 것이 아내를 발견하는 것보다 훨씬 쉬웠던 것이다.

39. 롤린슨의 야심

　메소포타미아로 돌아간 롤린슨은 레이어드가 파던 자리를 찾아다녔다. 1851년 가을에서 이듬해 봄까지 그는 퀸지크와 그 근방에 있는 구릉들을 파헤쳤다. 그러나 그는 훌륭한 발굴자는 아니었으니, 허점을 지니고 있었던 것이다. 그는 미술이라든가 건축, 민속 공예 등에는 전혀 관심이 없었다. 예를 들어, 레이어드가 돈과 정력이 모자라 고스란히 모셔 놓고 간 '라키쉬 (Lachish) 성을 쳐부수는 세나케립'을 묘사하고 있는 퀸지크의 커다란 조각상을 그는 옮길 생각조차 하지 않았다.

　롤린슨은 아시리아의 '로제타석'을 찾고 있었다. 그는 만사 제쳐 두고 아시리아의 문자를 해독하겠다는 야심에 불타오르고 있었던 것이다.

　터키령 아라비아가 무정부 상태에 빠져 있던 당시 그는 거의 목숨을 잃을 뻔한 적도 있다. 칼라 샤르가트를 재답사하고 켈렉을 타고 티그리스 강을 내려가던 그는 떠돌이 베두인의 습격을 받은 것이다. 롤린슨은 그때 왼손에 잉크병을 든 채 글을 쓰고 있었다. 총알 하나가 손가락 사이에 낀 잉크병을 맞고 퉁겨 뱃사공 한 사람이 죽었다고 한다.

　여름이 되자 바그다드의 공무로 눈코 뜰 새 없이 바빠진 롤린슨은 런던에다 조수 한 사람을 보내 달라는 신호를 보냈다. 그의 요청은 상당히 긴박한 성격을 띤 것이었다. 최근에 프랑스가 아시리아의 유물 찾기 경쟁에 끼어들었다는 것이다. 파리는 유능한 빅토르 플라스 주도하에 니네베 위원회를 결성하여 발굴 대원들과 미술가들을 모집하고 충분한 기금까지 마련하여 십 년도 전에 보타가 팽개치고 간 구덩이들을 다시 파려고 한다는 것이었다.

프랑스인들이 메소포타미아에 도착하자, 플라스와 롤린슨은 상대방에게 선취권이 있는 구릉들은 서로 넘보지 않기로 합의를 보았다. 즉 콜사바드는 프랑스 것이고, 님루드와 칼라 샤르가트는 영국 것이며, 양국이 모두 손을 댔던 퀸지크로 말할 것 같으면, 레이어드가 팠던 굴과 수직갱이 있는 남쪽 반은 영국 것이고, 북쪽 한 귀퉁이는 프랑스 것이라는 것이다.

런던에 있던 레이어드는 롤린슨의 조수로 라쌈을 강력히 추천하였다. 롤린슨은 물론 영국 박물관도 그의 추천을 진심으로 환영하였다. 롤린슨은 레이어드 밑에서 '철저하게 수업을 받은 능력 있는 사람'을 곁에 두게 된 것이 기뻤다. 1852년 8월 14일 라쌈은 모든 준비를 마치고 근동으로 떠나는 S.S. 파이어레이트 호에 몸을 실었다.

라쌈이 떠나기 사흘 전 레이어드는 이사회에 서신을 띄워, 라쌈이 가자마자 퀸지크의 여러 방들 속에 남아 있는 양각들을 영국으로 보내도록 해야 한다고 강력히 주장하였다. 그 중에는 라키쉬의 공격 장면의 양각도 들어 있었다.

레이어드는 또 이사회에 압력을 넣어 지난번 자기 밑에서 십장으로 일하다 굴 밑으로 떨어져 다리가 부러진 아랍인의 치료비를 부담하도록 주선하기도 하였다. 레이어드는 자기 사람을 결코 잊지 않는 사람이었던 것이다.

영국의 화가 찰스 호더를 동반한 라쌈은 10월 초 모술에 도착하였다. 그로부터 2년 동안 그는 레이어드에게, 발굴에 관한 보고서를 정기적으로 보낸다. 다시 말해서 레이어드는 제3차 아시리아 원정을 원격 조정했던 것이다. 이사회는 이 사정을 알고 있었으며, 이 점 레이어드에 대해 고마워하고 있었다.

예를 들면, 영국 박물관의 1854년 2월 8일자 비망록에는 레이어드에게 보낸 라쌈의 보고서의 발췌가 기록되어 있다. '퀸지크에서 발견된 몇몇 조상들에 관하여…… 완전히 검사되어지지 않았음.' 따라서 공식적인 기록을

보면 박물관은 라쌈이 보낸 편지의 발췌만을 입수하였다는 사실을 알게
된다. 이렇게 발췌만을 싣고 있으니 공식적인 기록은 아시리아 고고학에서
일어났던 좀더 무지막지한 사건들에 관해서는 전혀 언급을 하고 있지 않
다.

맨 처음 라쌈이 모술에 도착해 보니 구릉마다 프랑스 사람이 숨어 있는
것같이 보였다. 그는 본부를 님루드에 두고 발굴대를 여기저기 풀어 뛰어다
니게 하였으니 한 마디로 곳곳마다 영국 국기를 꽂아 놓기 위해서였다. 콜사
바드에 삼색기를 꽂아 놓은 프랑스 역시 이와 똑같은 전략을 펴고 있었다.

칼라 샤르가트에서 라쌈은 프랑스 천막이 구릉 꼭대기에 있는 걸 보고
격분하였다. "이곳은 여왕님 나라 소유란 말이야!" 하고 그는 소리질렀다.
"이런 법이 어디에 있는가? 어떤 나라 박물관의 심부름꾼도 남의 나라 구덩
이 속에 끼어드는 법이 아니지 않냐 말이야!" 그러나 그는 외교를 좀 할
줄 알았다. 칼라 샤르가트에서 그가 해야 할 임무는 레이어드가 샬마네저의
'머리가 잘린 검은 석상'과 800행의 설형문자가 새겨진 '티글라트 필레저의
테라 코타 실린더'를 파냈던 자리를 재발굴하는 것이었다. 그래서 그는 프랑
스 사람들에게 그 자리만 빼놓고 다른 자리는 마음대로 파도 좋다고 말하였
다. 롤린슨도 라쌈의 처사에 찬성하였다.

라쌈은 레이어드의 발자취를 좇는 동안 훌륭한 발견을 하였다. 보존 상태
가 아주 양호한 한쌍의 테라 코타 실린더를 찾아낸 것이다. 이 실린더는
설형문자 해독에 주요 역할을 하게 된다.

그러나 40여 년 후에 씌어진 라쌈의 회상기를 볼 것 같으면 그의 커다란
희망은 퀸지크의 북쪽 귀퉁이를 파보는 것이었다. 그는 그곳이 철저하게
발굴되어지지 않았다고 생각하고 있었다. 물론 그곳은 프랑스 것이었다.
'문제는, 어떻게 하면 플라스 씨와 한바탕 소동을 벌이지 않고 이 일을 해내
느냐 하는 점이었다'고 그는 쓰고 있다.

1853년 12월 20일 밤, 라쌈과 인부들 한패가 삽, 곡괭이, 남폿불 등잔을
들고 퀸지크의 북쪽 기슭을 살금살금 기어 올라갔다. 그리고 삽질을 시작했
다. "나는 그들에게 새벽까지 일하고, 다음날 밤 다시 계속하라고 일렀다"

고 그는 말하고 있다. '바로 첫날 밤, 우리들 중 한패가 고대 건물의 혼적을 발견하였다'고 그는 쓰고 있다.

그들의 은밀한 작업은 사흘 동안이나 들키지 않고 계속되었다. 2, 3일 동안 라쌈은 온전한 모습의 홀들과 방들과 양각들로 뒤덮인 벽들을 지닌 멋진 니네베 궁성을 발견하였다. 그런 다음 그는 "누군가 새로운 궁전을 발견하면 아무도 이에 끼어들 수 없다"는 합의된 사항에 따라 이곳이 영국 소유라고 주장하려 들었다.

궁전을 발견하였다는 뉴스가 가시덤불에 불붙은 것처럼 온 모술로 퍼져 나갔다. 콜사바드에서 발굴을 총지휘하던 빅토르 플라스가 허둥지둥 달려왔다. 화가 머리 끝까지 치밀어 오른 그는 라쌈이 영·프 약정을 어겼다고 호통쳤다. 남 보기에 창피스런 정경이었다. 라쌈의 편지를 요약하여 이사회에 보고한 레이어드의 글을 읽어 볼 것 같으면, 다음해 2월 롤린슨은 플라스를 달래느라 애썼던 것 같다. 롤린슨은 영국으로 보낼 몇 개의 양각들을 골라낸 다음, 플라스를 초청하여 70 내지 80개의 조상들을 골라 가지라고 하였다. 그들의 루브르를 위하여!

어찌되었건 라쌈은 그 자리를 계속 파나갔다. 나중에 밝혀졌지만 그곳은 니네베가 멸망할 당시 앗수르바니팔의 궁전이 서 있었던 곳이다. 그는 발굴을 계속하는 동안 레이어드가 발견한 도서관보다 더 낫지는 못할망정 결코 뒤떨어지지 않는 아시리아의 또 다른 도서관을 발굴하였다. 이 도서관은 여러 크기의 가지각색 테라 코타 점토판을 지니고 있었다. 가장 큰 점토판은 아주 온전한 모습을 하고 있었다. 이 점토판들은 상형문자 혹은 페니키아 문자가 새겨진 낙관들이 찍혀 있는 것도 있었다. 이 도서관은 왕국의 문서들을 소장하고 있었는지, 해외 열강들과 아시리아가 맺은 조약문이 새겨져 있는 점토판들도 나왔다.

메소포타미아에서의 위촉받은 2년의 임기가 끝나갈 즈음 라쌈은 360상자의 양각들과 조상들과 설형문자 비문들을 영국으로 운송할 수 있었다. 그것은 눈부신 업적이었다. 그러나 라쌈은 레이어드가 지니고 있던 지적인 호기심이 결여되어 있었고 또 눈곱만큼도 레이어드처럼 체계적으로 일할 줄을 몰랐다. 그는 자신이 무엇을 어디서 발견하였는지 전혀 기록하고 있지 않다. 그는 발굴한 유물들을 만화경 속의 장면처럼 뒤죽박죽 쌓아 놓았다. 그렇다고 그를 나무랄 수만도 없을 것이다. 발육 부진아 같았던 고고학이 학문으로 발전하기까지는 그로부터 한 세대가 더 흘러가야만 했기 때문이다. 지난 세기 중엽까지만 해도 고고학자들이란 대체로 '수집가'에 지나지 않았다.

라쌈은 1854년 런던으로 돌아갈 때 자신이 환영을 받을지에 대해 미심쩍어 하였다. 레이어드는 자신의 부하가 이룬 일에 의기양양하기도 하였지만 당황도 하였다. 그러나 롤린슨은 라쌈이 '열정과 신중함' 모두를 지니고 그의 임무를 행했다고 느끼고 있었다. 아마도 '신중함보다는 더 많은 열정을 지니고'라고 말하는 것이 옳다 할 것이다. 레이어드와 롤린슨은 둘 다 라쌈의 은밀한 발굴 사건을 관대히 보아 넘기지 않았다. 그러나 그들은 프랑스 역시 칼라 샤르가트 건으로 해서 지난번 약속을 어겼다는 전제하에 그의 행동을 나무랄 수만은 없다고 생각하고 있었다.

라쌈이 내심으로 뭔가 미심쩍게 생각한 게 있었다면 그것은 대영 박물관의 이사들을 만난 자리에서 전부 사라졌을 것이다. "그들은 나에게 아시리아로 다시 한번 더 가달라고 요청하였으며…… 나는 기꺼이 승낙하였다"고 그는 자랑스레 떠벌렸다.

그러나 롤린슨과 외무부 당국은 라쌈의 일거수 일투족을 유심히 살펴보고 있었다. 그들은 그가 아랍 지역의 여러 나라 말들을 유창하게 구사할 뿐 아니라 그곳의 풍습에도 밝으며 또 용감하고 솔선 수범하여——특히 대영 제국에 대해 열렬하고 충성스럽게——일을 하는 데 깊은 인상을 받았다. 라쌈이 제4차 아시리아 원정 준비로 바삐 돌아가고 있는 참에 외무부는 그에게 외교적으로 아주 미묘한 자리인 홍해의 아덴에 가지 않겠느냐는 제의를 해왔다.

"나는 어떻게 해야 좋을지 몰랐다"고 스물여덟 살 난 라쌈은 말했다. 그래서 그는 상관인 레이어드에게 조언을 청하였다. 레이어드는 주저하지 않고 말하였다. 외교직을 택하라. 그러면 반듯한 직장을 얻고 충분한 월급을 받을 게 아니냐는 것이었다. 박물관을 위해서 일한다는 것은 막다른 골목에 들어서는 거나 마찬가지다. 그 일자리란 기껏해야 일시적인 것에 불과하고, 월급이라니, 그건 웃음거리에 지나지 않는다. 게다가 과거를 파헤치는 걸로 출세한 작자가 세상에 어디 있단 말인가?

박물관의 이사회는 외교직을 택하겠다는 라쌈을 놓아 주었다. "그들은 내가 영구직을 갖게 되는 걸 기뻐해 주었다"고 서운한 듯이 말하였다.

이제 문제는 '누가 라쌈을 대신할 것인가'였다. 레이어드는 의회인이 되어 있었고 모술로 되돌아가는 일에 대해서는 전혀 아무런 관심도 보이지 않았다.

박물관의 입장에서 볼 때 다행스러웠던 것은, 레이어드가 대중들의 여론을 대변하여 지난해 박물관에 아시리아 로비를 설치케 하였었는데, 그 기관이 박물관을 도와 주도록 주선하여 주었다.

이 단체는 '아시리아 탐사 재단'이라고 불리고 있었는데, 알버트 왕자와 러셀 경(전직 수상) 등과 같은 지도급 인사들의 적극적인 지원을 받고 있었다. 이 재단의 목적은 두 가지로 볼 수 있다. 첫째 아시리아 발굴을 싸구려로 치고 있는 박물관을 격려하고 등을 밀어 주자는 것이며, 둘째 박물관이 갑자기 손을 뗀다고 했을 때 발굴을 계속하기 위해서였다.

롤린슨은 이 재단이 설치될 때부터 별로 달갑지 않게 생각하고 있었다. 그는 이 기관이 자신의 경쟁자라고 생각하고 있었다. '독자적인 기금과 독자적인 권력을 지녔을 뿐 아니라, 아마도 독자적인 견해마저 지녔을 아시리아 회가 탄생하였다는 점은 박물관을 위해 내가 행하고 있는 일에 적지 않은 충격을 줄 것입니다'라고 그는 재단이 세워진 지 2개월 만인 1853년 9월 26일에 이사회에 쓰고 있다.

발굴 현장에서의 박물관과 재단간의 알력은 거의 즉각적으로 시작되었다. 1853년이 저물기 전에 재단은 독자적인 발굴단을 파견하였는데, 그곳 지리에 밝은 지리학자 윌리엄 로프터스와, 레이어드에 의해 추천되었으며 후에 박물관의 초기 공헌자들 중에 남달리 두각을 나타나게 되는 윌리엄 부처, 쿠퍼, 벨, 호더 등이 대원으로 끼어 있었다. 로프터스는 레이어드의 흉내를 내어 아시리아에서 겪은 일을 「아시리아 바빌로니아, 칼데아에서의 발굴 활동」이라는 책으로 엮어 내었다.

롤린슨은 이사회에 이렇게 쓰고 있다. '우리의 인부들이 아직도 발굴에 여념이 없는 이때 그들이 경쟁자로 등장한다는 일은 야비할 뿐만 아니라 양편 모두에게 해로운 것 같습니다.'

롤린슨의 이러한 부정적인 견해는 놀라운 일이 아닐 수 없다. 그는 바로 그 해 수정궁 회사가 니네베와 그 폐허에서 영리를 목적으로 한 발굴 활동을 펴기 위해 자회사를 차렸을 때 아무런 이의도 제기하지 않았기 때문이다. 불미스러운 속내용은 자세히 알려져 있지 않으나, 대영 박물관은 이 회사로 하여금 레이어드가 본래의 장소에 남겨 두고 간 유물들을 파내어 전유럽과 아메리카 대륙에 팔도록 허용했던 것 같다. 바로 이러한 자유로운 상거래로 인하여 오늘날의 베를린 박물관이 그토록 멋진 아시리아 유물들을 소장하게 된 것이다. 레이어드가 이 회사와 아무런 관계도 지니고 있지 않았던 사실은 의미있는 일이라 하겠다. 오히려 그는 수정궁 회사가 방향을 바꾸도록 아시리아 재단을 조성하는 데 적극 협력을 한 것으로 나타나 있다.

로프터스는 라쌈이 3차 원정을 아직 끝내기도 전에 모술에 도착하였으며, 즉시 퀸지크 구릉에서 삽질을 시작하였다. 따라서 니네베에서는 대영 박물관과 루브르, 아시리아 재단이 3파전을 벌이며 발굴을 계속하게 되었다.

이들의 이해 관계가 가장 심각하게 노출된 것은 라쌈이 파다 만 구덩이보다 한 층 아래에서 로프터스가 일련의 멋진 조상들을 발견하는 횡재를 했을 때였다. "그(로프터스)는 조상들을 캐내면서 박물관 소관의 땅을 계속 잠식해 들어오고 있습니다. 그리하여 양측 인부들간에 싸움이 벌어질 지경입니다"라고 롤린슨은 박물관에 경고하고 있다.

이렇듯 아시리아 발굴에 있어서 사사로운 말다툼이 한창 벌어지고 있을 무렵, 크림 전쟁이 발발하였다. 크림 전쟁은 러시아와 영·프를 등에 업은 터키간의 전쟁이었다. 메소포타미아에서의 발굴은 점차 학술적인 것으로 변모해 갔다. 대중들의 관심은 1848년 프랑스 혁명이 일어났을 때처럼 니네 베로부터 전쟁으로 옮겨갔다.

1855년 2월 20일 전쟁이 한창일 때 아시리아 재단 후원자들은 협회의 일을 청산하기 위한 총회를 소집하였다. 기금 고갈과 동방의 편치 못한 정세가 그 이유였다.

그런데 한 가지 기이한 일은 니네베에 대한 대중의 관심이 식어가고 발굴 이 중지되자마자 아시리아학 역사에 있어 위대하다고 할 만한 사건이 벌어 지게 된다——설형문자의 해독이 바로 그 사건이다.

40. 설형문자의 해독

클로디우스와 메리 리치 부부 시대 이래로, 많은 학자들은 물론 어중이 떠중이까지 설형문자 해독에 열을 올렸으나 허사였다. 하긴 진전이 아주 없었던 것도 아니나——어느 아시리아 학자가 후에 그에 대해 논평하였듯이 ——쭉정이와 돌멩이가 어찌나 많이 섞여 있던지, 키로 까불고, 체로 거른 후에 남는 거라곤 거의 없었다.

1855년 크림 전쟁이 확산됨에 따라 아시리아 발굴에 종지부를 찍게 된 마당에 설형문자 해독은 결정적인 비상을 하게 된다. 이에 가장 커다란 기여를 한 사람은 아일랜드의 사제였던 에드워드 힌크스 박사였는데 역사는 그를 너무 푸대접하였던 것 같다. 40년대 후반에서 50년대로 넘어오면서 힌크스는 수수께끼를 하나하나 풀어 나갔다. 그러나 그의 보고는 시종 일관 무시당하기 일쑤였다. 어쩌면 그가 문외한이었기 때문인지도 모르고 또 어쩌면 그가 빅토리아 체제의 일원이 아니었기 때문인지도 모른다. 예를 들어 힌크스가 해독 작업에 아주 중요한 진전을 가져다 주는 연구 결과를 발표할 때만 해도 〈아테네움〉지는 몇 줄밖에 허용해 주지 않았다. 후에 기사 작위를 받은 롤린슨이 그의 소견을 발표할 때는 주석만 해도 3단씩이나 차지하였다.

어찌되었든 설형문자의 해독은 19세기가 이루어 놓은 위대한 업적들 중의 하나로 손꼽힌다. 20세기로 넘어서는 마루턱에서 A.J. 부스(Booth)는 이렇게 쓰고 있다. '100년 전만 해도 그런 문자가 존재하지 않는다고 주장하면 사람들은 곧이들었다. 그들은 수수께끼같이 생긴 문양들이 그저 괴상한 장식의 일종이려니 생각하였을 것이다.'

힌크스의 발견과 거의 동시에 영국과 프랑스에서는 앞을 다투어 가며 비약적인 발전을 보게 된다. 그럼에도 불구하고 아직도 많은 학자들은 고개를 갸우뚱하였다. 1857년 크림 전쟁이 끝난 직후 이들 아시리아 학자들의 주장들은 시험대 위에 올려지게 된다. 수년 전에 칼라 샤르가트에서 라쌈이 출토한 진흙 실린더의 탁본이 리트머스 시험지의 역할을 하게 되었다. 탁본의 카피가 네 명의 학자들에게 우송되어졌다. 이 4인조란 프로테스탄트 군인이었던 롤린슨과 사제인 힌크스, 유태인 망명객 줄 오페르(그는 독일에서 교수 활동을 금지당하자 프랑스로 이주하였다) 및 등에처럼 여기저기 손 안 건드려 본 데가 없는 수학자이자 천문학자이며 사진술의 발명가이자 취미로 암호 작성을 즐기는 윌리엄 헨리 폭스 탈보트였다. 왕립 아시아 학회는 그들의 독자적인 해독을 비교 대조 평가하기 위하여 위원회를 구성하였다.

아시리아 학자들뿐만 아니라 아시리아 고고학자들까지도 손에 땀을 쥐고 기다렸다. 복음주의자들이나 불가지론자들도 모두 초조하게 최후의 결과가 나오기를 기다렸다.

네 개의 해독문들이 거의 똑같았으니, 네 명 모두 화살촉 모양의 글자를 읽을 줄 안다는 사실이 판명되었다. 이제 수천 년 동안이나 설형문자를 휘감고 있던 수의가 벗겨진 것이다. 라쌈의 실린더는 지금으로부터 3천여 년 전인 기원전 1400년경에 군림했던 티글라트-필레저 황제의 연대기를 싣고 있었음이 판명되었다. 그 실린더는 그때까지 레이어드의 구릉에서 발견된 비석 중 가장 오래된 것이었다.

그 일이 있은 지 얼마 안 있어 롤린슨은 이렇게 주장하였다. "성서에 나오는 모든 아시리아 왕들의 정체가 밝혀졌다. 그 밖에 일반 역사가들이나 작가들이 언급한 왕들도 역사적 인물들이었음이 밝혀졌다."

그때까지 세상을 떠들썩하게 만들었던 성서학자들과 회의론자들간의 논쟁에 대해 말할 것 같으면, 아서 목사의 '세계 연대기'는 쓰레기통으로 던져지는 신세가 되었고, 불가지론자들은 뒤켠으로 밀려나는 굴욕을 견뎌야 했다. 글라스고우에서 열린 영국 학회에서 롤린슨은 "한때 비문들로부터 얻은 지식이 성서 속의 내용과 다르다는 그릇된 소문이 돌았었는데 사실은 정반대로서, 만일 성서를 모르는 누군가가 비명만을 근거로 하여 연대기를 작성한다 해도 그 연대기는 성서 속의 연대기와 하나서에부터 열까지 딱 들어맞을 거"라고 주장하였다.

「니네베의 몰락」을 쓴 보산케트(J.M. Bosanquet)는 레이어드가 발견한 비문들을 맨 처음 해석한 것을 근거로 하여 이렇게 쓰고 있다. '2, 3년 후면 우리는 영국의 정복 왕 윌리엄의 통치에 관한 것만큼이나 아시리아의 왕인 세나케립의 재위 기간과 치적에 관하여 알게 될 것이다.'

"세나케립의 궁전에 있었던 기록 보관실이 레이어드에 의하여 발굴되어졌기 때문이다"라고 그는 말하였다.

레이어드 역시 아시리아학의 비약적인 발전을 기뻐하였다. "설형문자의 가치는 이루 말할 수 없이 크다"라고 그는 외쳐 댔다. "이 점토판들은 설형문자를 해독하는 데 완전한 자료를 제공해 주고 있다. 뿐만 아니라 아시리아의 언어와 역사까지도 밝혀 줄 것이다…… 니네베에서 발견된 점토판 문서들은 이집트의 기념비들로부터 여태까지 얻은 것보다 훨씬 더 많은 역사적 사실들을 우리들에게 들려 줄 것이다."

「니네베와 바빌론」 및 그 밖의 몇몇 저서들의 개정본 속에서 레이어드는 자신이 십여 년 전에 발굴한 비들에 대한 최초의 해독문들을 첨가하여 전진하는 시대와 보조를 맞춰 나가고 있다. 그는 또 아시리아학에 있어 '개밥의 도토리' 격인 힌크스를 위하여 두 팔을 걷고 나서기도 하였다(그는 항상 약자의 편이 아니었던가?). "영국이 아닌 다른 나라에서였더라면, 그렇듯 재능이 많고 또 앞으로 국가에 크게 공헌할 가능성을 지닌 그에게 합당한 보상이 내려졌으리라. 아니면 오로지 자신의 연구에만 몰두할 수 있도록 독자성을 부여해 주었으리라…… 그러나 정부에 제출한 수많은 진정서들에도 불구하고, 또 유럽 전역에 떨친 그의 명성에도 불구하고 힌크스는 그의 문학적 및 학술적인 업적에 대하여 아무런 공식적인 인정도 받지 못하였다"고 그는 분개하였다.

사실을 말할 것 같으면 힌크스도 인정을 받긴 받았다. 그는 아일랜드 왕립 아카데미로부터 커닝햄 메달을 받았던 것이다. 그러나 영국 대학가의 학문 깨나 하는 속물들은 이 상을 촌놈들이나 반기는 영예 정도로 여기고 있었다.

오늘날의 우리들로서는 믿을 수 없는 일이지만 당시 몇몇 학자들은 1857 년의 증언(4인조에 의한)을 웃기는 일이라고 인정하려 들지 않기도 하였다. 1864년에만 해도 프랑스의 어느 식자는 설형문자는 결코 해독되어질 수 없게 되어 있다고 딱 부러지게 말하기도 하였다. 수년 후 영국의 조지 콘웰 루이스 경은 한술 더 떠 「영국 명인 사전」에서 아홉 단(힌크스는 1단만을 허용받음)이나 차지하며 주장하기를 "이집트어와 아시리아어는 결코 재생되어질 수 없다"고 확인하였다. 그는 샹폴리옹이 3개 국어로 씌어 있던 로제타석을 이용하여 상형문자(hieroglyphics)를 해독하였다는 사실마저도 믿으려 들지 않았다.

레이어드는 이렇듯 불똥 튀기는 학자들의 논쟁을 쳐다보며 심술궂은 즐거움을 느꼈던 것 같다. 그러나 그는 힌크스, 롤린슨, 오페르, 폭스-탈보트 등의 논문에 자극을 받아 니네베에 관한 대중적인 책을 쓰고 있었음에도 불구하고, 모술로 되돌아가고 싶은 유혹은 전혀 느끼지 못하였으니 두번째의 처방이 영원한 약효를 발휘하였었나 보다.

한편 미술에 관한 그의 관심은 점점 깊어만 갔다. 아시리아의 구릉들 사이에서 얻은 경험이 그 밑거름이 되어 주었기 때문이다. 예를 들어 레이어드는, 한 번 사라지면 되살릴 수 없고, 되바꿀 수 없는 시간의 기록——즉 예술——을 부패와 부식으로부터 보호해야 한다고 강력히 주장한 최초의 몇 안 되는 사람들 중에 하나였다.

당대의 사람들보다 1백 년은 앞서 생각할 수 있었던 레이어드는 1858년 산업 혁명의 피해로부터 베니스의 예술품들을 구하기 위하여 활발한 운동을 전개하기 시작하였다. 그는 소리쳤다. "런던의 스모그의 대가로 우리가 얻은 게 무어란 말인가?…… 이탈리아의 무지와 무관심과 나태는 런던의 대기 오염이라는 막대한 대가를 치르고 우리가 얻었다는 산업 발전의 열 배를 가져다 채워 놓아도 모자를——'우리 인류의 가장 소중하고 숭고한 예술'을 잃어버리고 말았는데!"

그는 또 십 년 전 '동판술과 그 밖에 여러 재생술을 동원하여…… 가장 중요한 기념비들과 그림들과 기록들을 보전하기 위하여' 발족한 다음 쓰러져 가는 아룬델회(Arundel Society)를 구하기 위하여 혈혈단신 뛰어들기도 하였다.

그 회의 회장이었던 윌리엄 그레고리 경은 후에 "아룬델회의 성공은 한동안 매우 의심스러웠다. 그러나 니네베의 구릉에서 돌아온 레이어드가 그의 정열을 이탈리아 예술로 돌리더니…… 급기야는 고문으로 추대되었다"고 고백하고 있다. 고문으로 추대된 레이어드는 즉시 아룬델이 부식해 가는 이탈리아 대가들의 프레스코 벽화들을 재생하는 데 참여하여야 한다고 제안하였다. 회원들이 기금이 없다고 항의하자 레이어드는 "그 작업을 수행하는 데 필요한 비용을 자신이 대겠다"고 말하였다. 그는 아룬델회를 구제하였던 것이다. 그의 행위는 그가 옛 연인이었던 이탈리아 예술로 되돌아왔음을 보여 주는 것이라 하겠다.

이처럼 레이어드는 하루도 편한 날 없는 의회 활동 기간 중에도 여름이 되면 이탈리아로 도망가 광범위한 이탈리아 회화 연구에 몰두하였다. 1858년에는 〈쿼털리 리뷰〉지에 이탈리아 회화에 관한 글을 정기적으로 기고하기 시작하였는데, 그는 이탈리아 회화뿐만 아니라 간혹 네덜란드, 플란더즈, 독일 등의 예술까지도 들먹이곤 하였다. 대부분의 그의 독자들은 그의 다재 다능함과 날카로운 식견에 놀라움을 금치 못하였으리라. 그가 예술을 논하는 자리에는 언제나 국제 문제가 빠지지 않고 등장하였다. 크림, 케이버, 러시아의 팽창주의, 터키 발칸 문제, 아비씨니아 사건 등등. 어느 편지에서 한 친구는 이렇게 쓰고 있다. '그런 온갖 것들에 관여할 여가를 갖고 있다

니 자네는 정말 멋진 사나이야! 그런 보기 드문 재능을 지닌 자네가 부럽네.'

레이어드는 또 이탈리아 14, 15세기의 걸작품인 프레스코 벽화 하나를 아룬델회를 위하여 자신의 손으로 직접——대충적이긴 하지만——재생하기도 하였다. 그는 오타비아노, 넬리, 도메니코, 기를란다조, 지오바니 산지오, 핀투리치오 등의 그림에 관한 논문을 쓰기도 하였으나, 뭐니뭐니해도 부식에 관한 문제야말로 그의 주요 관심사였다. '저는 아룬델회를 위하여 새로운 계획을 세우느라 바빴답니다. 그리고 아씨씨의 성 프란시스 성당의 지성소에 있는 수많은 위대한 작품들을 심각한 부식으로부터 구할 방도를 연구하느라 다른 생각할 겨를이 없었지요'라고 그는 외숙모에게 보낸 1858년 11월 11일자 편지에서 쓰고 있다. '이탈리아로 돌아올 때마다 저는 부식의 새로운 마수를 발견하게 됩니다. 가장 중요한 프레스코들은 너무 늦기 전에 복사되어져야 하겠습니다.' 아시리아의 예술품을 아끼는 그는 얼마나 자주 이와 똑같은 글을 대영 박물관 당국에도 써서 보냈던가? 그러나 누구 하나 코방귀조차 뀌지 않았다.

이탈리아 예술에 관한 레이어드의 관심은 하루 아침에 시작해서 하루 아침에 끝나진 않았다. 15년 후 그는 베니스에서 사라 외숙모에게 예술 작품의 복원 사업을 위하여 '무라노 유리 및 모자이크 회사'를 설립하였노라고 쓰고 있다. 이 회사는 거의 끊임없이 보조를 받아야 하는 상황에 놓여 있었다. 레이어드는 배후에서 조종을 하여 이 회사에게 성 마르쿠스 성당의 모자이크를 수리하는 15년간의 계약을 성사시켜 주기도 하였다. 1868년 1월 6일자 편지에서는 이 사업이 '젊은 모자이크 예술가들을 위한 정식 양성소가 되어 줄 뿐 아니라 예술 전반에도 매우 좋은 영향을 미칠 것'이라고 쓰고 있다. '게다가 저는 유리 위에 그림을 그리는 부서도 설치하였는데 젊은 예술가들도 고용하고 전망이 매우 밝습니다. 유리를 붓는 사람도 기술이 많이 늘었구요…… 매일매일 새로운 발전들을 하고 있답니다.'

그의 친구들은 그가 이탈리아에 수시로 들락날락거리며 미술에 몰두하는 걸 이제는 아주 당연하게 받아들였다. 그들은 그가 영국의 의회 생활로부터 받는 압박감으로부터 도피하고자 그러려니 생각하였다. 그러나 이탈리아에서 그는 정치적으로도 잘 알려진 인물로서 이탈리아 통일 운동을 위한 믿음직한 지지자가 되어 주기도 하였다. 그는 정치로부터 완전히 빠져 나올 수 없었던 것이다. '저는 정치와 예술로 어찌나 바쁜지 편지 한 장 쓸 시간조차 없답니다'고 그는 에니드 게스트의 친구인 스물네 살의 젊은 자네트 더프고르돈 양에게 로마에서 쓰고 있다. '저는 외국에서 보내는 한두 달간은 으레 편지고 뭐고 아무것도 쓰지 않는답니다. 저를 염려하는 친구들에게 제 행동거지는 물론이고 행방조차 알리지 않고 말입니다."

레이어드는 의원 봉급으로 자신의 문화 사업을 이끌어 나가진 않았다. 그의 주머니가 언제나 두둑하고 돈을 펑펑 쓸 수 있게 된 것은 그가 영국으로 되돌아온 지 6년도 채 안 되는 1856년 되던 해에 큼직한 보물 단지 하나를 발견했기 때문이었다.

크림 전쟁이 끝나자 근동 지방에서는 무역이 싹트기 시작하였고 터키 황제는 개발 차관이 필요하게 되었다. 바로 이즈음 레이어드가 젊었을 때 가까운 친구로 지냈던 터키의 개혁가들이 정계에 부상하기 시작하였다. 프랑스와 영국 은행들이 일확 천금을 꿈꾸며 몰려들기 시작하였으니, 런던의 두 주요 은행들도 막대한 거래선을 잡고자 임페리얼 뱅크의 설립을 계획하고 있었다. 그들은 바람잡이를 물색하였고 캐닝은 자신의 사람을 천거하였으니, 은행가들은 레이어드에게 오토만 은행의 회장으로 일해 달라고 제안하였다. 그가 오토만 제국에서 오랫동안 넓고 깊게 친구를 사귄 것이 마침내 그에게 배당금을 가져다 준 셈이다.

레이어드는 국제 금융이 정치와 매우 유사하다는 사실을 발견하고 그 외교적 복잡 다단성에 매력을 느끼기조차 하였다. 짧은 시일내에 그는 은행의 성공을 위하여 매우 능동적이고 핵심적인 역할을 하였는데, 은행은 곧 흑자를 내기 시작하였고, 레이어드는 가까운 친구들에게 이 은행은 자기가 매우매우 사랑하는 금돈 은돈들을 마구 쏟아 주는 돈 주머니라고 우스갯소리를 하기도 하였다.*

이렇게 갑자기, 그리고 기대하지도 않게 레이어드는 자신이 경제적으로 독립을 하고 있음을 알게 되었다. 세상에 나와서 처음으로 그는 돈 걱정을 하지 않아도 되게 되었다. 레이어드의 입장에서 볼 때, 진짜 인생은 나이 사십에 시작되는 것 같았다.

앞서 말한 3년 동안의 공백 기간이 지나 1860년, 레이어드는 의회로 되돌아왔다. 지난 세월로 그의 성질이 많이 누그러지긴 하였지만 아직도 의사당 안에서 떠들 만한 일이라고 생각되면 어떤 장애물도 두려워하지 않고 덤벼들었다. 그는 주로 행정 개혁(당시 국내 주요 문제)과 국제 문제를 거론하였다. 국제 문제에 관한 그의 전문적인 소견은 의회의 양당 의원들의 관심을 불러일으키곤 하였다. 그의 절친한 친구였던 애버대어 경은 후에 그의 회상기에서 이렇게 쓰고 있다. '(여러) 주제에 관해 그가 발휘하는 능력이라든가 개인적인 지식 또는 경험이 많은 사람들의 이목을 끌고도 남음이 있었다.' 대제국의 맨 윗자리를 향하여 정신없이 치닫고 있던 디즈렐리는 그를 주의 깊게 바라보고 있었다.

국제 문제에 관한 레이어드의 의견은 제국주의와 개혁의 혼합이었다. 후기 빅토리아 시대의 관찰자들은 그를 '최초의 진보적인 제국주의자'라고 불렀다.

1861년 팔머스톤은 새로운 자유당 내각을 세웠고 레이어드의 옛 숭배자인 러셀 경이 외무부 장관으로 임명되었다. 새 정부는 레이어드에게 옛 자리인 외무 차관 자리를 제공하였다. 레이어드는 기꺼이 받아들였다. 대중들이건 의회건 보도 기관들이건 모두들 이 임명을 높이 찬양하였다. 그러나 막후에서는 팔머스톤과 여왕 사이에 모종의 알력이 있었던 건 사실이다. 빅토리아는 레이어드가 건방질 뿐 아니라 자신의 통치를 너무 가혹하게 비판한다고 생각하고 있었다. 여왕은 레이어드가 끊임없이 외치고 있는 개혁이 결국

---

* 임페리얼이라는 첫 글자를 없앤 이 은행은 아직도 성업하고 있다. 1977년도에 110회째 주주 총회를 가졌음.

그녀의 제국을 구하는 길이라는 걸 이해하지 못하였다. 여왕은 팔머스톤과의 대화에서 그 자리는 '철두철미하게 신사인 사람'에게 주어져야 한다고 강조하였다. 그녀의 눈에는 레이어드가 젠틀맨으로 비치지 않았던 모양이다.

그러나 팔머스톤은 나름대로 생각이 있었다. 왕이나 여왕이 신적인 권력을 누리던 시대는 이미 오래 전에 끝났다고 해야 할 것이다. 어쨌든 외교 문제에 있어서 레이어드가 보인 능수 능란한 솜씨는 곧 여왕의 마음을 돌려 놓았다. 그리하여 여왕은 그의 열렬한 팬이 된 것이다. 그렇다고 해서 그녀가 과거에 그가 저지른 경거망동을 아주 잊어버린 것은 아니었지만. 그는 귀족들이 거만하다고 욕지거리를 퍼부었고 특히 크림 전쟁에서 실책한 그들을 무섭게 몰아세우기도 하지 않았던가?

고희에 접어든 사라 아줌마는 대자의 차관 임명에 희색이 만면하였고, 레이어드가 이제 다우닝 가 10번지를 향해 대로를 걷고 있다고 예견까지 할 정도였다. 그러나 한 달 후 그녀의 인생에서는 기쁨이 사라지게 되고 만다. 벤저민 어스틴이 오랜 기간의 투병 생활 끝에 저세상으로 갔기 때문이었다. 그는 마지막 유언에서 자신의 도제 법률사원이자 자신의 이름까지 물려받은 대자에게 500파운드에 달하는 상속을 물려 주었다. 사라는 그로부터 17년 후에 죽었다.

레이어드는 야심만만해서 그의 장기인 외교 문제로 뛰어들었다. 그는 젊은 시절의 여행과 모험으로부터 많은 덕을 보았다. 그는 1863년에 있었던 그리스 왕의 선발과 세르비아 문제(결국 이 문제로 제1차 세계대전이 일어났지만), 미국의 남북 전쟁, 비스마르크와 쉴레스비그 홀스타인, 아비씨니아의 테오도르 등의 문제들을 침착하게 처리해 나갔다. 그러나 그는 아직도 모난 구석을 많이 지니고 있었다.

"원래가 독불 장군으로 태어난 그는 행동거지에 있어서 종종 무지막지한 면모를 보여 주기조차 하였으며…… 정치 경력을 쌓아가는 데 있어서도 당시 사람들에게 낯설고 받아들이기 힘든 관점이라든가 의견을 가지고 있다는 사실로 애를 먹기도 하였다"고 애버대어 경은 후에 회상하고 있다.

1868년 글래드스톤이 처음으로 수상직에 오르게 되었다. 이 내각 수반은 레이어드를 정치에서 재빨리 빼돌려 노동과 건설 담당 최고이사 자리에 앉혀 놓았다.

이 자리에 앉게 되면 추밀원과 가깝게 지내게 되고 대영 제국 수도의 새로운 도시 계획이라든가 건설 변경 계획을 쉽사리 주무를 수 있을 터였다.

레이어드는 이 발령을 기꺼이 받아들였다. 그는 전부터 대영 박물관은 '괴물 같은 건물'이며 런던은 건축학상으로 볼 때 쓰레기 더미에 지나지 않는다고 생각하고 있었다. 그는 즉시 박물관과 수도를 아름답게 치장하기 위하여 상상력이 풍부한——즉 비싸게 먹히는——계획을 짰다. 아시리아의 발굴 경험을 지닌 그는 그런 일에 관해서라면 확고한 아이디어를 지니고 있다고 자부하고 있었다. 그러나 계획에 따르는 경비가 재무성 당국자를 뒤로 나가 자빠지게 하였다. 재무성이 이 사실을 글래드스톤에게 알리자, 수상은 얼굴이 백지장처럼 하얗게 질리고 말았다.

레이어드는 그 자리에 열 달 동안 앉아 있었다.

그는 귀중한 공금을 건축업자들과 조각가들, 화가들과 농장 경영자들(이를테면 조경업자들)에게 전부 던져 주었다는 비난을 받았다. 그가 이탈리아로부터 모자이크를 들여와 의사당 안에 붙여 놓으라고 지시를 내리자 세인들은 지나친 낭비라고 소란을 떨었다. "그들이 알고자 하는 것은" 하고 이 미스터 황소는 으르렁거렸다. "일을 얼마나 잘 하느냐가 아니라 얼마나 싸구려로 하느냐인 것인데, 적어도 예술엔 비지떡이라는 게 있을 수 없다." 그의 정적들은 그가 모자이크를 들여오려고 한 것은 계약 상대자인 이탈리아의 무라노 회사에 그가 재정적으로 관여하고 있기 때문이라고 야비하게 비난하였다.

레이어드는 분노로 폭발하였다. 그는 국내 정치에 신물이 났다. 그는 또 글래드스톤에게도 골칫거리였다. 그리하여 1869년, 수상직에 오른 지 1년이 되던 해에 그는 레이어드를 해외 근무, 즉 스페인 주재 장관 대우 대사에 임명하여 그의 무거운 짐을 덜어 주고자 했다. 외교계로 복귀한 그는 예기치 않게 고고학으로 다시 줄달음질치는 신세가 되고 만다.

41. 레이어드의 결혼

레이어드에게 있어 1869년은 하나의 분수령이 되던 해였다. 그는 정치적인 야망을 버렸을 뿐만 아니라 총각 신세 역시 벗어 버렸던 것이다.

수년 동안 사람들은 레이어드가 캔포드 메이너에 너무 자주 드나든다고 수군거렸다. 물론 레이디 샤를로트가 입방아의 대상이었다. 그러나 존 게스트 경이 죽은 지 2년도 채 못 되어 샤를로트는 또 다른 성찬을 베풂으로써 소문쟁이들의 입을 막아 버렸다. 즉 아들의 가정 교사와 결혼을 했던 것이다.

샤를로트는 남편이 죽던 해 열여섯 살 난 큰 아들을 위해 찰스 슈라이버라는 사나이를 연봉 400파운드에 가정 교사로 채용하였다. 슈라이버는 그녀의 아들보다 열한 살 위였고 그녀보다는 열네 살 아래였다. 1855년 4월 10일, 그녀는 그와 결혼을 하였던 것이다. 슈라이버의 어머니는 그 결혼에 대하여 착잡한 심정을 지니고 있었던 것 같다. "너희들에 관하여 찬반 이야기할 거리는 많다고 하겠지만 그렇다고 해서 너희들의 결혼이 수치스러울 것도 없지 않겠니?……" 이들 남녀가 자신들의 계획을 지난 해 11월에 그녀에게 알리자 그녀는 이렇게 통보하였다.

레이어드는 털끝만큼도 그렇게 생각하지 않았다. 그는 그녀의 그러한 행동에 몹시 분개하였고 그 즉시 그들의 관계는 급속도로 냉각되어 갔다. 샤를로트는 가슴이 몹시 아팠다. 확인된 적은 없지만 사람들은 그가 샤를로트와 결혼하고 싶어하였다고 수군대었다.

샤를로트의 아이들 역시 어머니의 재혼을 침울한 눈으로 지켜보았다. 레이어드에게뿐 아니라 어린이들에게도 이제 캔포드 메이너의 생활은 더 이상 즐겁지도 아름답지도 않았다.

1857년 8월 1일자 일기에서 샤를로트는 레이어드의 행동에 또다시 서운한 감정을 표현하고 있다. '그는 나의 결혼을 용서할 수 없나 보다.'

그러나 레이어드의 가슴 속에도 변화가 일어나긴 했었나 보다. 2년 전부터 그는 다시 예전처럼 캔포드 메이너에 부지런히 드나들기 시작하였던 것이다. 빅토리아의 수다쟁이들은 전보다 더 바삐 입방아를 찧어 댔다. 그러나 그들은 헛방아만 찧을 뿐이었다. 자, 이제 캔포드를 끊임없이 방문하는 레이어드의 속셈은 어디에 있었을까?

바로 이즈음 콘스탄티노플과 바그다드 등 동방의 여러 화려한 도시에서 레이어드와 함께 모험을 즐기던 총각 친구들은 하나 둘씩 모두 결혼을 하고 없었다. 헨리 로스는 나이 마흔에 방년 열여덟 살의 자네트 더프 고르돈과 결혼하였으며, 라쌈은 마흔세 살에 그의 나이에 절반도 안 되는 앤 엘리자베스 프라이스와 결혼하였고, 롤린슨은 쉰두 살에 스물세 살의 미인 루이자 세이모어와 결혼하였다.

그러자 1869년 1월 초, 레이어드는 런던 사교계를 간지러뜨려 그칠 줄 모르는 경련 속으로 빠뜨렸다. 그는 에니드, 즉 레이디 샤를로트의 딸에게 프로포즈를 했던 것이다. 에니드는 그가 아시리아에서 처음으로 돌아왔을 때 자신의 무릎 위에 번쩍 안아 올렸던 바로 그 코흘리개 꼬맹이이다. 조그만 에니드는 그 동안 자라고 또 자라서 크고 늘씬한 스물네 살의 사랑스런 처녀로 변해 있었다. 에니드는 메부리코에 푸른 눈동자를 지닌 고전적인 미인이었으며 싸리꿀 빛깔의 머리채를 어깨까지 늘어뜨리고 있었다. 에니드의 인생에 있어서 미스터 황소는 변함없는 사랑이었다. 처음에는 아버지로서(에니드의 아버지는 그녀가 여덟 살 때 죽음), 그리고 나중에 처녀로 자라자 놀라울 정도로 전혀 다른 의미에서 그를 사랑하였다. 그녀가 그를 기다린 건지, 아니면 그가 그녀를 기다린 건지 아무도 모른다. 레이어드와 에니드는 그들의 가장 개인적인 관계에 대해서는 철저하게 입을 열지 않았던 사람들에 속한다.

사정이야 어쨌든 에니드는 한순간도 지체하지 않았다. 그녀는 레이어드의 청혼을 기꺼이 받아들였던 것이다. 약혼 선물로 그는 에니드의 왼손에——그녀의 팔목은 어찌나 가늘었던지 그의 엄지와 검지로도 쥘 수 있었다고 한다——엣살하돈의 인장으로 만든 팔찌를 끼워 주었다.

미래의 사돈들의 반응은 뒤죽박죽이었다. 이제는 레이디 샤를로트가 당황할 차례가 되었다. 딸의 결심은 그녀를 놀랍게 만들었고 그녀가 노여움을 풀기까지는 한두 달이 걸렸다. 끝까지 재혼을 하지 않은 레이어드의 어머니는 그때 예순여섯 살의 나이에 이르렀는데(그녀는 1879년 여든아홉 살의 나이로 세상을 떠난다), 노골적으로 반대는 하지 않았으나 샤를로트에게 보낸 편지 속에서 이런 식으로 자신의 답변을 얼버무리고 있다. '저는 에니드가 이 결심을 나중에 가서 후회하지 않기를 바랄 뿐입니다.'

이 신랑 신부의 여러 친구들도 이와 똑같은 염려를 하였다. 에니드는 레이어드보다 스물 일곱살이나 어렸을 뿐 아니라 캔포드의 품안에서 비교적 평화스럽고 조용한 수녀 같은 생활을 보내 왔다. 반면에 레이어드는 시궁창 속을 헤집고 다니는 들쥐처럼 종횡 무진 흙탕물을 튀기며 거칠고 침착하지 못한 젊은 나날을 보냈는가 하면, 멧돼지처럼 물불을 가리지 않고 달려드는 성미를 지니기도 하였다.

결혼 발표는 3월 3일에 있었고, 결혼식은 6일 후 전격적으로 이루어졌다. 레이어드는 결혼 선물로 '다알링 에니드'에게 대여섯 개의 설형문자 실린더가 매달린 진기한 보석 목걸이를 선사하였다.

신랑 신부는 신혼 여행을 서리의 도르킹으로 갔다가 다음엔 노르쓰 다운스의 벼랑과 레이스 힐의 모래 언덕 사이에 있는 모올 강의 푸른 계곡으로 갔다. 레이어드는 레이디 샤를로트에게 짤막한 편지를 쓰기도 하였는데, 그는 언제 어디서고 편지 쓸 짬은 낼 수 있었나 보다. 그는 부끄럽지도 않은지 이렇게 뻔뻔스럽게 쓰고 있다. '저는 어느 때보다 훨씬 더 에니드에 빠져

있답니다.'

에니드는 장황한 일기를 쓰고 있었다. 그러나 그녀의 일기장은 일기장이라기보다는 차라리 항해 일지나 메모장에 가까웠다. 결혼 다음날 그녀의 일기장엔 이렇게 적혀 있다. '우리는 느지막하게 아침 식사를 하였다.'

그들의 결혼은 놀라울 정도로 성공적이었으니 수다쟁이들도 나중에는 제풀에 지쳐 입을 다물게 되었다. 그들은 아주 목가적인 한쌍이었다. 레이어드는 한 번도 그녀의 곁을 떠나지도 않았고 곁눈질도 하지 않았다. 결혼 초에 에니드는 놀랍게도 레이어드와의 생활은 완전무결하게 행복하다고 고백까지 하였다. 끝내 아이를 가지지는 못하였지만.

외견상으로 볼 때 그들은 너무나도 대조적인 모습을 하고 있었다. 에니드는 레이어드보다 머리 하나가 더 컸을 뿐 아니라 호리호리한 반면 레이어드는 세월이 갈수록 뚱뚱해져 갔다. 에니드는 눈부시게 하얀 옷을 즐겨 입곤 하였는데 레이어드의 해오라기빛 머리털과 수염에 아주 잘 어울렸다. 그들이 나란히 나서는 걸 보면, 한쪽이 익살맞은 고성능 폭탄이라면, 다른 한쪽은 평범하고 얌전한 보름달이라고 하면 딱 알맞을 터였다.

글래드스톤이 레이어드에게 장관 대우 스페인 주재 대사직을 제공하자 그는 아침 식사 때 에니드에게 상의하였다. 이 대사직 수락 여부는 그들이 함께 행한 최초의 가장 큰 의사 결정이었다. 에니드는 승낙하고 레이어드는 수상에게 자신의 결심을 즉각 보고하였다.

국내 정치에 있어서 레이어드의 경력은 여기서 끝난다. 그의 영국 생활 역시 이와 함께 끝난다. 이후로부터 그는 자신의 상관이었던 캐닝과 마찬가지로 주로 외국에서 생활을 하게 된다. 무력 정치는 불가피하게 그를 콘스탄티노플로 보내고 바로 그곳에서 그는 원격 조종자로서나마 아시리아 고고학으로 되돌아가게 된다.

42. 스미스의 죽음

레이어드가 스페인 대사로 부임한 지 한참 후까지도 크림 전쟁으로 인해 침체의 늪에 빠져 있던 아시리아 고고학은 좀처럼 재기할 줄을 몰랐다. 설형 문자의 해독에 있어 커다란 진전이 있었음에도 불구하고 침체 일변도였다. 논리적으로 생각해 볼 때 이 놀라운 발견은 아시리아학에 커다란 관심을 불러일으켰어야 했다. 그러나 모든 일이 논리적으로 풀려 나가는 것만은 아닌가 보다.

레이어드가 일찍이 아시리아 탐사 재단 위원회에 낸 보고서를 볼 것 같으면 그는 인간의 이러한 심리를 간파하고 있었던 것 같다. 그는 아시리아에 관한 관심은 세상을 놀라게 할 만한 중요하고 진기한 발굴이 또다시 이루어질 때만이 다시 살아난다고 예견하였던 것이다.

1873년 그러니까 거의 20년 후——레이어드 부부가 마드리드에 도착한 지 3년 후——'호기심을 불러일으키는 대폭발'이 서막을 장식하였다. 방아쇠를 당긴 자는 조지 스미스(G. Smith)였는데 그는 살별처럼 순식간에 고고학의 창공으로 튀어올랐다.

스미스는 1840년 아주 가난한 첼시 빈민가의 한 가정에서 태어났다. 그는 브레드버리-에반스라는 회사에서 화폐 조판 기술을 배우는 도제공으로 일하고 있었다. 브레드버리-에반스는 바로 1854년 크리스탈 궁에 있던 니네베 부서에 대한 안내 책자(레이어드 저)를 발행한 회사였다. 스미스는 이 책자에

반하고 말았다. 레이어드가 소년 시절 「아라비안 나이트」에 의해 끝없는 상상의 나래를 펼쳤듯이 스미스는 레이어드의 니네베 발굴과 아시리아에서의 그의 모험에 의하여 불타오르기 시작하였다.

스미스는 레이어드의 발굴물을 들여다보느라 날마다 점심 시간의 대부분을 대영 박물관에서 살았다. 그는 쥐꼬리만한 그의 견습공 월급의 거의 전부를 레이어드, 롤린슨, 페르그선(Fergusson), 보(Vaux), 로프터스 등의 책들을 구입하는 데 바쳤다.

박물관에 자신의 연구실을 갖고 있던 롤린슨은 이 초라한 젊은이가 매일 같이 아시리아 부서로 찾아오는 걸 보고 흥미가 동하여 말을 건넸다. 그는 설형문자에 대한 스미스의 열의와 놀랄 만한 지식에 크게 감동하여 자기 연구실에 있는 점토판의 탁본들을 구경시켜 주었다. 스미스는 설형문자 해독에 뛰어난 재주를 보여 주었다. 깜짝 놀란 롤린슨은 그를 박물관의 고대 유물 부서의 조수라는 자리에 앉혔다.

스미스는 후에 이렇게 쓰고 있다. '모든 사람은 좋은 환경에 의해 부추김만 당하면 앞으로 자신의 인생을 멋지게 그려 나갈 수 있는 소질과 성향을 지니고 있다. 나의 관심사는 항상 동방 연구에 있었다. 어렸을 때부터 나는 동방의 발굴과 탐험, 특히 레이어드와 롤린슨이 이루어 놓은 위대한 업적에 열광하고 있었다.'

1872년 그는 레이어드와 라쌈이 니네베의 왕립 도서관에서 발굴한 수천 장의 점토판들을 들추다가 땅을 뒤흔드는 대발견을 하게 된다. 라쌈이 수집한 것들 중에 진기한 점토판 하나가 있었는데, 그 내용은 노아의 홍수와 비슷한 이야기를 담고 있었던 것이다. 커다란 범람이 있었고, 배가 좌초하였고 물이 마르기 시작하자 비둘기를 날려보냈다는 등.

스미스는 아시리아판 노아의 방주 이야기를 발견하였던 것이다.

20년 동안이나 이 점토판은 롤린슨의 작업대 위에서 해방자의 손길을 기다리고 있었다. 그 해 12월, 성서 고고학회에서 스미스는 자신의 발견을 발표하였다.

그의 발표는 일대 소동을 불러일으켰다. 그런데 스미스는 이 홍수 이야기의 15행 정도가 빠져 있다고 지나는 말처럼 털어놓았다.

당시는 발행 부수 경쟁으로 신문사마다 혈안이 되어 있던 때였다. 신문 발행인들은 특종 기사를 찾아서라면 북극 탐험까지도 마다지 않고 주선하였다. 예를 들어, 뉴욕에서는 제임스 고르돈 바네트의 헤럴드는 리포터인 헨리 M. 스탠리로 하여금 아비씨니아의 테오도르 황제를 찾아가는 1868년도의 영국 탐험대에 참가하도록 임명하기도 하였다. 이 아비씨니아 황제는 당시 몇 명의 영국 백성들을 붙잡아 두고 있었는데 그 중에는 호르무즈드 라쌈도 끼어 있었다. 이 스탠리라는 사람은 후에 헤럴드가 리빙스턴 박사를 찾기 위해 보낸 바로 그 사람이다.

바로 이러한 분위기 속에서 〈런던 데일리 텔리그라프〉지는 스미스에게 1,000파운드를 줄 테니 그 잃어버린 점토판 조각을 찾기 위해 아시리아 원정을 떠나지 않겠느냐고 제의해 왔다.

1873년 5월 7일, 영국 밖이라곤 웨일즈에 잠시 다녀온 적밖에 없던 스미스는 모술에 도착하였고, 이틀 후엔 퀸지크에 있는 레이어드-라쌈의 옛 참호들 속으로 내려가 보았다. 헐리우드의 제작자 같으면 어리석은 짓이라고 당장에 집어치웠을 이 수색극의 대단원에 이르러서, 참호의 이곳저곳을 둘러보며 닷새간이나 허비한 다음, 마침내 미스터 스미스는 나머지 한 조각을 주워 올렸던 것이다.

"나는 그날 낮 동안에 파낸 흙더미 옆에 쭈그리고 앉아 점토판 조각들을 골라 내어 흙을 털어 가며 하나하나 눈여겨 읽어보았다. 그들 중 하나를 후후 불어가며 읽다가 나는 깜짝 놀랐다. 그 파편은 칼데아어판 홍수 이야기의 첫번째 대목 중의 17행(인용문대로임)을 담고 있었는데 이야기 줄거리상 바로 내가 찾고 있던 부분과 딱 들어맞았다."*

---

* 그 후 아시리아 학자들은 스미스가 발견한 파편이 원래의 점토판에 맞지 않는다는 것을 밝혀 냈다. 1879년 라쌈이 기록하고 있듯이 〈데일리 텔리그라프지〉의 점토판 조각은 3인칭으로 씌어 있는 데 반하여 나의 점토판은 1인칭으로 씌어 있다. 그러나 발행 부수를 올리기에 여념이 없던 신문사로서 무엇 때문에 좋은 이야기거리를 포기하겠는가?

순진한 스미스는 후원자인 신문사가 아시리아의 계속적인 발굴을 위하여 홍청망청 돈을 계속 퍼부을 거라고 믿고 있었다. 그러나 〈텔리그라프지〉의 편집장인 에드윈 아놀드는 충분한 독자들을 확보한지라 새로운 화제거리를 찾아 눈을 두리번거리기 시작하였고 스미스에게는 귀환 지시를 내렸다.

런던에 돌아온 스미스는 레이어드를 흉내내어 상하권으로 된 「칼데아판 창세기」라는 책을 내었다. 물론 존 머레이가 또다시 발행인이 되어 주었고, 그 책은 나오자마자 크게 성공하였다.

빅토리아 시대의 영국은 복음주의 물결의 최고봉에 올라타고 있었다. 대중들은 정부에게 스미스를 다시 발굴 현장으로 보내라고 아우성쳤다. 그리하여 대중들의 등쌀에 못 견딘 대영 박물관은 2차에 걸쳐 스미스를 모술로 보냈다. 그러나 1876년, 그러니까 2차 원정 중에 스미스는 발병을 하여 그만 서른여섯 살의 젊은 나이로 세상을 떠나고 말았다.

스미스의 죽음은 아시리아에 대한 관심을 눈곱만큼도 가라앉히지 못하였다. 그러기는커녕 고고학에 따르는 위험이 대중들을 더욱더 자극하였다. 박물관은 이제 스미스 대신에 누구를 선택할까 하는 문제로 곤경에 처하게 되었다.

아비씨니아에 감금되었다 풀린 후 결혼한 라쌈은 공무원 생활을 은퇴하고 영국에서 조용히 보내고 있었다. 그는 물론 〈텔리그라프〉지의 스미스 이야기를 탐독하고 있었다. 이사회는 스미스 대신에 라쌈에게 눈을 돌렸고 쉰한 살의 라쌈은 그 제안을 넙죽 받아들였다.

라쌈의 결심에는 자존심 또한 작용하고 있었다. 3년 후인 1879년 11월 4일, 성서 고고학회의 모임에서 있었던 강연에서 그는 "지난날 내가 아시리아의 폐허에서 이룬 일을 대영 박물관이 완전히 잊어버리고 있지 않은 점에 크게 감동하였었노라"고 고백하기도 하였다.

그런데 돈 문제가 아직도 박물관의 주요 골칫거리였다. 늘상 그랬듯이 이사회는 또 기금이 약간 모자란다고 구차한 변명을 늘어놓았다. 앞서 레이어드가 그랬듯이 라쌈은 신사적으로, 그러나 강경하게 그들의 입을 막아 놓았다. "나는 보수 없이 가겠다고 제안하였다"라고 그는 말하고 있다. "단 내 마음대로 발굴을 진행하겠다는 전제 조건으로 말이오."

그러나 라쌈은 콘스탄티노플까지밖에 가지 못하였다. 술탄이 구릉들을 발굴할 허가권을 내주지 않았던 것이다.

스미스의 잃어버린 점토판 조각 발견에 따른 악성 루머와, 같은 해 신비의 트로이와 히싸를리크의 황금 보고를 발견한 하인리히 쉴리만의 사건은 터키 인들을 경악케 하였다. 그도 그럴 것이 소위 고고학이라 불리는 학문이 고대 보물과 황금에 눈이 어두운 도굴범들에 의해 은신처로 둔갑하였기 때문이었 다. 그 결과 터키 정부는 오토만 제국내에서의 모든 발굴에 금지령을 내렸다.

라쌈은 수개월 동안이나 콘스탄티노플에서 기다렸다. 수상마저도 그를 도울 수는 없었다. '술탄 자신께서만이 허가를 내리실 수 있다'는 전갈을 받았다. 낭패한 라쌈은 빈손으로 영국에 되돌아왔다.

바로 이러한 난처한 시기에 레이어드가 라쌈과 대영 박물관을 구하기 위하여 뛰어들었다. 다시 말해서 아시리아 고고학을 구하기 위하여.

레이어드와 마찬가지로 수상인 디즈렐리 역시 비틀거리는 오토만 제국의 멸망은 대영 제국의 국익에 해를 끼친다고 굳게 믿고 있었다. 스트래트포드 캐닝은 은퇴한 지 오래고——그는 1880년 아흔네 살을 일기로 세상을 떠났 다——레이어드는 이 허약한 술탄의 등에 꼿꼿한 척추를 대어 주기 위하여 콘스탄티노플에 강력한 사절을 보내어야 한다고 주장하였다.

'우리들은 스트래트포드 경에 견줄 만한 인물을 찾아내어야 합니다.'라고 그는 마드리에서 어느 친지에게 보낸 편지 속에 쓰고 있다. '터키 제국이 지금 상태에서 무너진다면 유럽엔 두 개의 강대 세력이 등장할 위험성이 큽니다. 러시아와 독일이 바로 그들이지요.'

디즈렐리도 바로 그와 똑같은 생각을 하고 있었다. "우리가 지금 콘스탄티 노플에 필요로 하는 인물은 적절한 경험과 관록과 식견을 지닌 자라야 한 다. 지나치게 꼼꼼해서도 안 되고……하지만 그런 사람이 어디 그리 흔한 가?"

그러나 그는 내심 그 인물을 점찍어 두고 있었다. 레이어드가 바로 그였다.

1876년이 저물어 갈 즈음 수상은 레이어드를 터키 대사직에 임명하였다. 레이어드는 쾌히 승낙하였다. 디즈렐리는 일을 그럴 듯하게 꾸미기 위하여 빅토리아의 묵인하에——빅토리아는 레이어드에 대한 생각을 고쳐 이제는 그가 제국의 방어자라고 곱게 보고 있었다——레이어드에게 작위 수여를 주선하였다. 레이어드는 덤으로 대십자 훈장도 받았다. 사실인즉 콘스탄티노플에서는 미스터 레이어드로서보다는 서 어스틴 헨리 레이어드로서 일하는 편이 훨씬 더 편리할 거라는 디즈렐리의 생각 때문이었다.

이 시점에 있어서의 니네베 각본은 스미스가 건초 더미 속에서 바늘을 찾아낸 것보다도 더 완전 무결하였다. 누군가 다음과 같은 인물들을 등장시켜 소설을 쓸 생각은 없을까?

디즈렐리, 35년도 훨씬 전에 사라 외숙모의 오찬 석상에서 언젠가 다우닝가 10번지를 꼭 점령하고야 말겠다고 큰소리치고 결국 그렇게 해보인 장본인이다.

레이어드, 30년 전에 콘스탄티노플 주재 영국 대사관의 대기실에서 찬밥 신세가 되어 문전에서 되돌아서야만 했었으나, 이제는 신데렐라의 호박덩이처럼 '위대한 각하'로 탈바꿈한 장본인.

그리고 아메 베피크(Vefyk), 레이어드의 청춘 시절, 터키의 수도에서 엉뚱한 짓거리에 곧잘 어울렸으며 열일곱 살의 나이에 오토만 제국의 수상(grand visier)이 되어 보이겠다고 장담하였으며, 레이어드가 터키 대사직에 임명받고 얼마 안 되어 바로 그 위치에 부상한 장본인이다.

라쌈은 레이어드의 임명 소식을 듣고 누구보다도 반가워하였다. 라쌈은 어느 누구보다도 레이어드를 잘 알고 있었을지도 모른다. 그는 이렇게 말하였다. "나는 그가 아직도 모든 아시리아 발굴물들에 관하여 대단히 큰 관심을 지니고 있다는 것을 알고 있다." 대영 박물관 역시 기뻐하였다. 박물관의 사무 총장은 레이어드에게 이렇게 편지를 썼다.

'메소포타미아가 터키의 손에서 나가 떨어지기 전에 갈고리건 망태건 전부 동원하여 발굴 허가권을 구해 주십시오.…… 만일 아르메니아와 아시리아가 터키의 수중에서 떨어져 나간다면 러시아는 발굴을 더 이상 허용하지 않을 테니까요.'

라쌈과 박물관은 실망할 필요가 없었다. 금각곶을 보며 눈을 반짝거리는 에니드를 팔짱에 낀 레이어드는 1877년 4월 20일 콘스탄티노플에 도착하였다. 그는 짐을 풀기도 전에 벌써 술탄에게 영향력을 가하기 시작하였고, 힘 하나 안 들이고 라쌈에게 허가장을 구해 주었다. 더더욱 놀라운 것은 바로 당시 러시아의 짜르 알렉산더가 터키에게 선전 포고를 내리려고 기회를 노리고 있었기 때문이었다. 그런 판국에 황제 폐하와 여왕 폐하의 신임 사절 사이의 첫번째 회담에서 구릉 발굴 허가장 이야기가 오고갔으리라고 누가 상상이나 했겠는가?

사실이지 레이어드는 일의 성사를 어찌나 철석같이 믿고 있었는지 라쌈에게 당장에 런던을 떠나 모술로 가서 발굴 계획을 세우라고 지시하였다. 허가장은 지금 수상 손에서 절차를 밟는 중이라고 하였다.

라쌈은 모술에 도착하자마자 지방 장관을 방문하여 허가장에 관한 소식을 들었느냐고 물어 보았다.

"나는 그가 콘스탄티노플로부터 전보를 받았다는 말을 듣고 크게 안심하였다. 즉 칙령이 내려지긴 하였으나 아직 절차를 밟는 중이니 우선 발굴을 시작하라는 전갈이었다는 것이다. 영국 대사인 헨리 레이어드 경께서는 시간을 낭비하지 않기 위하여 황제 폐하에게 성은을 베풀어 달라고 간청하였던 것이다. 그리하여 황제 폐하의 칙령을 소지하지 않고서는 어떠한 발굴도 행할 수 없다는 터키 법에 위배됨에도 불구하고 그분은 그 일을 해내실 수 있었던 것이다."

그런데 터키로부터 트로이의 황금을 밀반출해 낸 쉴리만은 콘스탄티노플로부터 노여움을 사고 있었다. 그는 히싸를리크에서 또 다른 발굴을 할 수 있는 새로운 허가권을 받아 내지 못하였다. 그리하여 그는 영국 대사관에 도움을 청하였다. 레이어드의 마술 지팡이는 또 한번 그 위력을 발휘하였다. 그리하여 맨주먹의 이 마술사는 아시리아 고고학뿐만 아니라 그리스 고고학까지도 구해 주었던 것이다. 레이어드가 쉴리만의 트로이 발굴에 어찌나 큰 힘이 되어 주었던지 쉴리만은 그곳에서의 그의 성공을 "나의 존경하옵는 친구이며…… 터키 정부와의 불편한 관계를 모두 해결하여 주신 레이어드……에게 바친다"고 공식적으로 표명하기조차 하였다.

호머의 트로이의 재발견에 관해 씌어진 그의 세번째 저서인 「일리아스, 1880」에서 쉴리만의 헌정사는 이렇게 쓰고 있다. '존경하옵는 어스틴 헨리 레이어드 경, G.C.B., D.C.L.,에게, 서아시아의 고대 도시들의 잃어버린 역사를 오로지 곡괭이와 삽으로 재건하셨으며, 트로이의 발굴 활동에 있어 터키 제국의 대사로서 친절하고 매우 효율적인 도움을 주셨으므로 저자는 무한한 존경과 감사를 드리며 이 책을 헌정하옵니다.'

이처럼 니네베와 트로이에 끼친 레이어드의 영향력으로 인하여 라쌈과 쉴리만은 그들의 역사적인 사명을 계속할 수 있었던 것이다. 애송이 문외한으로서 메소포타미아의 수수께끼 같은 구릉들을 신기하게 바라본 지 30년이 흘렀건만 레이어드의 인생은 아직도 과거의 세계로부터 헤어나올 수 없을 정도로 굳게 뒤엉켜 있었던 것이다.

43. 라쌈의 눈부신 활동

　라쌈에게 내려진 대영 박물관의 지시는 "앗수르바니팔과 세나케립의 도서
관들로부터 가능한 한 많은 점토판 조각들을 주워 모으라는 것이었다. 그러
나 라쌈은 더 큰 것들——즉 새로운 장소들과 잃어버린 도시들 및 새로운
보물들——에 눈독을 들이고 있었다. 레이어드와 아시리아의 왕들이 그랬던
것처럼 그 역시 자신을 위하여 햇빛 밝은 자리를 찾아 헤매었던 것이다.

　라쌈이 퀸지크에서의 발굴을 중단한 지도 어언 24년이라는 세월이 흘렀
다. 그리고 그는 자신의 새로운 임무에 양념을 곁들이기로 하였다. "나는
정든 옛 탐사지를 잊을 수가 없다"고 그는 말했다.

　라쌈이 모술에서 500명의 인부들을 모집하자 아랍인, 쿠르드인, 칼데아인
등 할 것 없이 떼지어 몰려들었다. 그들 중의 대다수는 레이어드 밑에서
일했거나 아니면 그들의 자식들이었다. "나는 그들 중 극히 소수만을 알아볼
수 있는 게 슬펐다. 많은 수의 사람들이 저세상으로 떠났거나, 아니면 살아
있다 해도 너무 늙어 얼굴을 알아볼 수조차 없었다."

　그러나 그는 1845년 레이어드 밑에서 일했고 그로부터 10년 후 자기 밑에
서 일했던 몇몇 아랍인들을 알아볼 수 있었다. 그 중 한 사람이 마무드 알파
라였는데 라쌈은 이 '성실하고 정직한' 사람을 총감독으로 임명하였다. 다른
두 사람은 너무나 늙고 쇠약해져 육체 노동에는 쓸 수가 없자 동정심 많은
라쌈은 이들을 보수만 주며 이름뿐인 부감독으로 고용하였다.

어찌나 많은 사람들이 몰려들었는지 과반수가 실망한 채로 발길을 돌려야 했다. "그들의 대부분은 헨리 레이어드 경이라든가 내 밑에서 일했던 그들의 부모 또는 아내들을 기쁘게 해 주기 위하여 다시 온 것이었으며 개중에는 어렸을 때 우리를 보았던 기억을 지닌 자들도 있었다. 그들은 턱없이 많은 보수를 바라는 것이 아니었으며, 그저 옛 정이 그리워 다시 온 것이었다."

1878년 봄, 모술을 자신의 본부로 삼고 있던 라쌈은 200마일에 이르는 아시리아 평원 곳곳에 인부들을 풀어 놓았다. 그의 계획은 한 세대 전 레이어드의 눈으로 볼 때 그야말로 영웅적인 크기의 것이라 일컬어질 정도였다.

그렇다고 해서 사정이 전보다 나아진 것은 아니었다. 그 해 봄 파리 떼들이 어찌나 들끓었는지 그의 수송용 동물들은 문자 그대로 피투성이였다. 그래서 그는 '나긋나긋한 회초리를 들고 다니며 왼쪽 오른쪽 쉴새없이 후려치며 다녔다'고 한다.

그는 또 주기적으로 찾아오는 말라리아 때문에 고생을 하여야 했다. "나는 사람을 말려 죽이는 이 병에 절대로 굴복하지 않았다." 이 발작은 거의 예외없이 이틀에 한 번씩 대략 같은 시각에 일어났다. 의지가 강한 그였지만 상당한 에너지를 잃었고 발굴에 대한 열정도 전과 같지는 못했다.

게다가 위험은 도처에 도사리고 있었다. '어느 날 밤 퀸지크 구릉 위에 세운 천막 속에서 자고 있는데, 우박이 섞인 엄청난 비바람이 몰아치기 시작하였다. 갑자기 나는 내 자신이 침대와 텐트 채로 깊은 나락 속으로 나가 떨어지고 있음을 알아챘다.' 그는 창세기 속의 대홍수처럼 땅을 뒤덮는 거대한 물결에 삼키움을 당했던 것이다. 몇 명의 아랍 인부들이 그를 구하러 달려왔다. 그들은 거의 물귀신이 다 된 그를 흙탕물이 차오르는 구덩이로부터 건져 내었다.

새벽이 되자 그는 사태를 파악할 수 있었다. "나의 텐트는, 지난날 헨리 레이어드 경이 파다가 도중에 중단한 거대한 굴 위에 세워져 있었던 것이다. 그 굴은 그때까지 눈에 안 띄었다가 세찬 비바람에 땅이 파이면서 모습을 드러냈던 것이다."

이러한 역경과 재난에도 불구하고 라쌈은 레이어드의 외교적인 우산 밑에서 보호를 받으며 1872년에서 1882년 사이에 눈부신 활동을 벌이게 된다.

레이어드가 라쌈을 위해 맨 처음으로 얻어 준 허가는 단지 1년 동안만 유효하였다. 그 허가는 라쌈에게 회교도들의 장지를 제외한 모든 아시리아 지역의 폐허들을 발굴할 수 있는 권리를 부여해 주었다. 그러나 터키 정부는 이 허가장 속에서 처음으로 고고학에 관한 관심을 명문화하고 있다. 그 허가장에 의하면 발굴물의 첫번째 3분의 1은 대영 박물관에 속하고 두번째 3분의 1은 새로 설립된 콘스탄티노플의 고고학 박물관에 속하며 나머지 3분의 1은 발굴이 행해진 구릉이라든가 땅의 원래 소유자에게로 속한다고 되어 있다(땅 임자가 없을 경우 이 3분의 1 역시 터키 정부에 속한다). 나아가서 술탄의 대리인이 라쌈의 곁에 항상 따라다녀 정부 관청에 올바른 보고가 이루어지고 있는지 감시하도록 명시되어 있다. 터키인들은 히싸를리크로부터 아테네로 트로이의 황금을 밀반출한 쉴리만에 어찌나 크게 데었는지 앞으로는 학문이라는 미명하에 외국인에게 도둑을 맞지 않겠다고 단단히 벼르고 있는 터였다. 라쌈은 이 약정이 부당하며 거추장스럽다고 여겼다. 그래서 레이어드는 이 꼴불견(?)인 조건을 거두어 들이도록 조처하였다.(쉴리만은 그러한 행운을 갖지 못하였다)

그러나 라쌈의 발굴 방법은 바람직한 것과는 상당히 거리가 멀었다. 몸이 하나밖에 없는 라쌈은 수많은 현장을 한꺼번에 감독할 수가 없어 모술의 옛날 친구들을 비롯하여 조카인 님루드 라쌈 등을 자신의 대리인으로서 이곳저곳에 배치하였다. 발굴은 아무런 계획 없이 되는 대로 진행되었다. 라쌈은 순찰대를 조직하여 이 구릉에서 저 구릉으로 뛰어다니며 발굴 가능성을 검사하고 발견물들을 수집하도록 했다. 기록 따위는 남기지도 않았다. 어쩌다 생각나면 공책에 끄적거렸을 뿐 유일한 기록이란 라쌈이 레이어드에게 정기적으로 보낸 편지 속에만 남아 있다.

라쌈은 인내심과 규율이 결여된 사람이었다. 그의 머리를 짓누르는 압력은 너무나도 컸다. 그는 열등감으로 고통을 당하였던 것이다. 그는 칼데아인으로서 네스토리아파 기독교인이며 모술의 토박이였다. 내심으로 그는 자신이 영국 본토박이들보다도 뭔가 더 큰 일을 해보일 수 있다는 것을 증명해 보여야 한다는 강박 관념에 사로잡혀 있었다.

그는 니네베의 점토판 도서관만을 집중적으로 발굴하라는 이사회의 지시를 무시하고 발라와트에 있는 고대 아시리아의 성채 도시인 임구르-엔릴에서 첫 삽질을 하였다. 발라와트는 모술로부터 15마일 동쪽에 있었고 님루드로부터 9마일 북쪽에 있었다. 라쌈은 그 장소에서 비명과 그림이 새겨진 청동판 두 개가 발견되었다는 말을 들은 적이 있었다. 유감스럽게도 그 장소는 회교도들의 무덤으로 바뀌어 있었다. 라쌈은 허가장에 명시된 조건에도 불구하고 '단 하루라도 좋으니' 그곳을 파보기로 작정하였다.

그는 발굴 결과가 '말다툼, 아니 폭동'까지도 감당하고 남을 것을 가져다 줄 것이라고 확신하고 있었다.

삽을 땅에 꽂기가 무섭게 그는 일곱 개의 멋진 청동제 파편들을 캐내었다. 그것들은 각기 8피트가 넘는 길이의 크기를 지녔으며 요란한 무늬가 새겨져 있었다. 이 파편들은 2500년도 더 오래 전에 군림하였던 샬마네저 3세의 연대기를 수록하고 있었다. 이것은 너무나 멋진 발견이었으니, 오늘날 대영 박물관이 소장한 귀중한 보물 중의 하나인 그 유명한 발라와트 문이 그것이다.

그러나 그 발견은 발라와트 지역에 어찌나 큰 소요를 불러일으켰는지 라쌈은 발굴을 중단할 수밖에 없었다.* 정통파 회교 지도자들이 장지에 가한 신성 모독으로 대로하여 들고 일어났기 때문이었다.

1878년 3월 라쌈의 발굴권은 시효가 끝났고, 그는 유물의 3분의 1이라는 배분을 가운데 놓고 터키 정부와 합의를 보지 못해 모술에서 지체하고 있었다. "헨리 레이어드 경의 입김이 콘스탄티노플에서 작용하지 않았더라면 (그 유물들을 옮기는 일은)거의 불가능하였을 것"이라고 그는 고백하고 있다.

---

* 1956년 영국의 고고학자인 M.E.L. 맬로완은 바로 그 자리에서 두번째 청동제 유물들을 발견하게 된다.

　레이어드는 라쌈에게 그 유물들을 콘스탄티노플로 보내라고 지시하고 "배분에 관하여 황제와 의논하는 일은 내게 맡기라"고 하였다.

　라쌈은 1878년 6월 21일, 유물들을 가지고 콘스탄티노플에 도착하였다. 그는 열이틀 동안 레이어드와 에니드의 개인 손님으로 공관에 머물렀다. 왜냐하면 그는 자기 남편의 가장 가까운 친구 중의 한 사람이었으며 그녀 또한 그를 무척 좋아하였기 때문이다.

　레이어드의 충고에 따라 라쌈은 님루드로부터 고대 양각들을 몇 개 가지고 왔다. 대영 박물관 이사회가 술탄에게 드리는 선물로서 말이다. 그러한 고상한 생각은 이사들의 좁은 소견으로는 결코 해낼 수 없었을 것이다. 아니 레이어드 이외에 어느 누가 그런 기발한 생각을 할 수 있으랴? 술탄은 이 아시리아 트로피들을 '오래된 돌 조각들'로밖에 보지 않았지만 레이어드의 배려는 따뜻하게 받아들여졌고 그 후로 라쌈은 아무런 어려움도 겪지 않고 일을 할 수 있었다. 유물들을 마르세유를 거쳐(런던으로 가기에는 너무 도는 길이기도 한데) 영국으로 보내기 위하여 메싸저리 마리타임 회사 선박에 실을 때도 까다롭기로 유명한 세관원마저 무사 통과시켜 주었다.

　당시 첫번째 허가장의 시효가 끝나 있었으므로 레이어드는 라쌈과 대영 박물관을 위하여 또다시 술탄과의 직접 교섭에 들어갔다. 이번에는 1878년에서 1880년까지의 기간에 발굴을 할 수 있는 칙령을 받아내었다. 이 칙령은 다음 2년간 더 연장할 수 있는 여유도 허락하고 있었다. 새로운 허가장은 좀 유별났다. 허가장을 소지한 사람은 오토만 제국의 전지역 어디서고 발굴을 할 수 있다는 전례 없이 막강한 권리가 주어졌던 것이다. 그러나 발라와트에서의 공동 묘지 사건과 모술에서의 유물의 분배에 관한 논쟁으로 인해 터키인들의 눈에 의심스럽게 비친 라쌈에게가 아니라 레이어드 앞으로 허가권이 발행되었다. 터키의 통치자인 압둘 하미드와 위대한 각하의 긴밀한 관계의 소산이었던 것이다.

　라쌈은 새로운 칙령을 보람 있게 쓰려고 촌음을 아껴 모술로 되돌아갔다. 1878년 말 그는 모술에서의 발굴을 고대 바빌론의 남쪽으로까지 확장하였다. 그가 발견한 유물들은 오직 그의 스승인 레이어드의 발견물들만이 어깨를 나란히 할 수 있는 훌륭한 것들이었다.

발라와트의 청동문 외에도 라쌈의 주요 발굴물들은 10만 장의 점토판들과 점토판 파편들——이들 중의 어떤 것은 천지 창조와 홍수에 대한 또 다른 이야기를 들려 주고 있다——과 초기 바빌로니아 왕들의 왕통표가 적혀 있는 나보니두스의 실린더, 비르스 님루드에서 발견된 네브카드네자르의 궁전, 사자 사냥이 그려진 니네베의 또 다른 양각들(레이어드가 발견한 것보다 아름다움과 기교면에서 훨씬 뛰어난), 텔 이브라힘에서 발견된 고대 투구, 그리고 바빌이라 알려진 구릉에서 발견된 바빌론의 공중 정원의 확인 등이 그것들이다.

레이어드가 발견한 대부분의 발견물들과 마찬가지로 그가 발견한 것들도 행운의 선물들이었다. 예를 들어 그가 퀸지크에서 앗수르바니팔의 궁전을 파면서 벽돌 벽 속에 숨겨진 후미진 방을 발견한 것은 변덕쟁이 행운의 여신이 그의 편에 서주었기 때문이었다. 그 벽 속에는 거의 온전한 상태의 십면체 테라 코타 실린더가 들어 있었다. 실린더의 겉은 아시리아 왕의 정복 이야기를 들려 주는 1,300행의 설형문자 비문이 적혀 있었다. 후에 런던의 어느 고고학자들 모임 앞에서 그는 당시의 이야기를 이렇게 들려 주고 있다.

"일반적으로 말해서 저희들은 아무런 목적도 없이 그저 두껍고 단단한 벽을 파내느라 시간과 돈을 낭비하진 않습니다. 그러나 앞서 인부들에게 무너진 벽이 나타나면 주의깊게 살펴보라고 지시했기 때문이었는지……앗수르바니팔 궁전 발굴의 총감독이 제게 오더니 방 두 개의 발굴을 마치고 이제 남은 거라곤 조그만 벽돌 벽 하나가 남았는데 그것을 부수어 보아야 할지, 아니면 파놓은 흙더미 속에 그대로 묻혀 있도록 놔두어야 할지 물어 오는 것이었습니다. 흙더미를 치우는 데 별로 많지 않은 경비가 들 것 같은 생각이 들어 저는 그 벽을 헐어 보라고 지시하고 또 다른 구릉을 둘러보기 위하여 님루드로 향했지요. 그런데 두 시간도 채 못 되어서 그들은 그 단단한 벽 한가운데 묻혀 있던 이 괴상한 물건을 파내었던 것입니다."

그러나 레이어드와 라쌈 역시 고고학과 함께 나타난 새로운 '꾼'들 때문에 골머리를 앓아야 했다. 그들은 도굴범들과 그 브로커들이었다. 스미스와 쉴리만의 발굴물들에 대해 당시 유럽인들이 보인 열광은 '고대 유물들'에 대한 수요가 있음을 명백히 증명하는 것이었다. 사실이지 다시 런던 경시청은 '1877년 6월 15일경쯤해서' 아시리아 유물에 대한 첫 도난 사건이 있었다고 보고하고 있다. 도둑인지, 아니면 일단의 도둑 떼들인지는 몰라도 내영 박물관의 아시리아 유물 전시관에 침입하여 님루드의 사각 상아판과 라피스 라즐리로 된 실린더, 설형문자의 음각판들 및 그림이 새겨진 아시리아 인장 서너 개가 도난당하였다는 것이다. 이 도난품들은 아직도 그 모습을 나타내고 있지 않다.

그러나 브로커를 위한 주요 시장은 메소포타미아에 있었다. 아르메니아와 유태 상인들이 유물들 전체를 매점 매석하고 있었다. 그들은 아랍인 인부들을 매수하여 유물들——특히 비문들이 새겨진——을 팔라고 종용하였다. 그리하여 아랍 인부들은 제각기 독자적인 유물 파내기 작업에 몰두하게 된 것이다.

이렇듯 은밀한 내통으로 인해 발생한 손실은 라쌈의 서투른 발굴 작업 때문에 생긴 손실보다도 훨씬 커서 우리는 짐작조차 할 수 없다. '그들(브로커들)은 수집된 유물들의 십중팔구는 깨어진 것 아니면 거의 훼손된 것을 손에 쥐게 됩니다. 더욱더 나쁜 것은 돈에 눈이 어두운 이 브로커들이 비문이 새겨진 유물들을 다시 여러 개로 조각내어 고객들에게 판다는 사실입니다'라고 라쌈은 레이어드에게 쓰고 있다.

그러나 후대의 고고학자들과 마찬가지로 라쌈 역시——이러한 비합법적인 일에는 불만을 품고 있었지만——브로커들로부터 다시 사는 일을 마다하진 않았다. "나 자신도 대영 박물관을 위하여 똑같은 운명에 처해 있던 아주 값진 바빌로니아의 테라 코타 실린더를 바그다드의 브로커로부터 산 적이 있다"고 그는 고백하고 있다. "그것을 발견한 자는 이 실린더를 톱으로 자르려다 못 잘랐는데, 그 결과 윗부분은 산산조각이 났고 그 중 몇 조각은 안개

처럼 사라져 버리고 말았다." 톱질 자국으로 2센티미터 가량의 너비에 씌어
진 비문들은 읽을 수 없게 되었다.

골동품상들에 의해 고고학적인 기념비들이 도난당하는 일은 오늘날까지도
발굴이 있는 어느 곳에서건 횡행하고 있다.

돈 문제라면 소금같이 짜기로 유명한 라쌈이었지만, 그는 인부들이 중요한
발견을 해내면 상금을 주기도 하였다. 그러나 교활한 상인들은 한술 더 떠
라쌈의 인부들에게 곱배기로 사례를 해주었다. 사실을 말할 것 같으면 라쌈
이나 아르메니아인 브로커나 유태인 브로커들은 모두 한결같이 무식한 아랍
인들을 속여먹은 것에 지나지 않는다. 누더기 옷을 걸치고 움막에 사는 이들
가련한 일꾼들이 20센트나 40센트의 사례를 받고 좋아하는 동안 이들 돌덩이
들은 바그다드에 가서 50달러에 팔리곤 하는 것이다. 예를 들어 칼라 샤르가
트에서 출토된 대리석 석판은 발굴자에 의해 1.25달러에 팔렸으나 브로커는
조지 스미스에게 350달러를 받고 팔았다. 이 석판은 지금 대영 박물관에
진열되어 있는데 그 값으로 말하면 아무도 헤아릴 수 없을 정도이다.

1880년 디즈렐리 내각이 무너지고 터키 공포증에 걸린 글래드스톤이 재집
권하였다. 레이디 샤를로트 쉬라이버는 그녀의 일기 속에서 '내가 점치고
있는 일들 중의 하나는 헨리와 에니드가 터키로부터 돌아오는 것이다. 그는
면직될 것이 틀림없다'라고 쓰고 있다. 에니드의 모친은 정치적인 흐름을
재빨리 파악하고 있었던 것이다. 사실 글래드스톤이 제일 먼저 한 일은 레이
어드에게 내린 소환 명령이었다. '이 소환은 정말 큰 타격이 아닐 수 없다.
우리는 다시는 되돌아오지 못할 것이다'라고 에니드는 일기 속에 털어놓고
있다.

그리고 그들은 결코 되돌아오지 않았다.

라쌈은 레이어드의 면직 소식에 크게 놀랐다. 터키인들도 마찬가지였다.
라쌈은 콘스탄티노플로 달려가 가까스로 레이어드 명의의 허가장을 2년
더 연장하였다. 라쌈은 그 후 2년 동안 아무런 방해도 받지 않고 발굴 작업을
진행하였다. 1882년 4월 21일, 허가장의 시효가 끝나기 전 그가 마지막으로

이룬 일은 아부 하마 구릉에서 성서 속의 도시인 잃어버린 시파라 혹은 세파라빔을 완전히 재복구한 일이었다. 이것은 고고학 사상 또 다른 개가였다.

그러나 라쌈이 독자적으로 또 다른 허가장을 요청하자 터키 정부는 거절하였다. 신임 영국 대사 역시 힘이 없었다. 레이어드 없이 허가장을 얻을 생각은 아예 말아야 했다. 1882년 11월 11일, 쉰여섯 살의 라쌈은 영국으로 떠나는 배에 올라탔다.

수년 후 제9회 국제 동양학회의 모임에서 라쌈은 레이어드가 '위대한 각하'로서 아시리아 고고학에 끼친 영향을 공식적으로 인정하였다. "아시리아와 바빌로니아에는 아직도 발굴자들의 손길을 기다리는 수많은 기념비들과 기록들이 잠자고 있습니다.……헨리 레이어드 경께서 콘스탄티노플에 조금만이라도 더 오래 머물러 계셨더라면 저는 좀더 많은 중요한 발굴을 행할 수 있었을 겁니다"라고 그는 말했다.

그 이후로 라쌈이나 레이어드는 메소포타미아에서 발굴 활동을 재개하지 않았다. 아시리아 고고학의 영웅 시대는 막을 내린 것이다.

44. 막 내린 영웅 시대

레이어드의 런던 소환으로 인하여 그의 공적인 생애는 끝장을 보게 된다. 그가 로마 대사직을 원하였음에도 불구하고 글래드스톤은 그에게 더이상의 대사직을 주려 하지 않았다. 이런저런 실질상의 득실을 따져본 정부는 사납고 바른말 잘하는 레이어드를 일찌감치 은퇴시키고 만 것이다. 그러나 '은퇴'란 말은 잘못된 말이다. 예순세 살인 레이어드는 아직도 건장하고, 에니드는 한창 나이인 서른여섯 살이었다. 에니드는 얼마 안 가서 레이어드에게 있어 은퇴란 온종일 일함을 뜻한다는 것을 알게 되었다.

그들은 런던에서 잠시 체재한 다음 베니스로 갔다. 레이아드는 그곳에 3층짜리 팔라조(성)를 구입하였는데 그 성은 보통 카사 카펠로 또는 카 카펠로라 불리어지고 있었다. 장식이 요란하고 위풍 당당한 이 건물은 대운하에 걸터앉아 있었는데 운하 전체와 그 지류들 중의 하나인 리오 디 산 파올로를 내려다볼 수 있는 아름다운 조망과 멋진 옥상 정원을 자랑으로 삼고 있었다. 용 머리 장식을 한 레이어드의 곤돌라가 그의 개인 잔교에 항상 매여 있었다. 레이어드의 니네베 발견으로부터 영향을 받아 「폐허 속에서의 사랑」을 쓴 로버트 브라우닝은 바로 그의 이웃 사촌이었다.

카 카펠로에서 인생의 황혼길을 걷고 있는 레이어드는 에니드와 예술과 집필이라는 그의 3대 관심사에만 온 정열을 쏟았다.

처음 4년 동안 그는 상하권으로 된 「젊은 시절의 모험담」의 집필에 열중하였다. 이 책은 1887년 머레이에 의해 햇빛을 보게 된다. 「니네베와 그 유물들」과 마찬가지로 이 책 역시 자서전적인 색채가 강한데 그는 이 책을 쓴 계기로 해서 1869년 결혼 전날 밤 돌연 중단하였던 「자서전」을 다시 쓰기 시작하였다. 이 미완성 작품은 그의 사후인 1910년 발간되었다.

베니스에서 그는 예술에 관해서도 많은 글을 썼다. 이 황소는 당시 혁신적인 지오바니 모렐리의 생도로서 기존 화풍에 칼을 마구 휘두르는 망나니 역할을 서슴없이 해내기도 하였다. 그는 이 지오바니 모렐리가 당시 이탈리아 화랑가에서 가장 위대한 화가라고 떠받들고 있었다. 그는 기존의 미술 평론가들에게 선전 포고를 하고 미술 연구에 새로운 접근을 시도하였다. 레이어드의 견해는 그가 펴낸 「쿠글러의 회화 소책자」의 개정본 속에 잘 나타나 있다. 이 개정본은 모렐리는 이론을 근거로 하고 있으며, 데생 화가의 기초 화법이나 기초 스케치를 연구함으로 해서 그림을 분석한다는 개념을 개진해 놓고 있다. 현대인들에게는 이 방법이 당연한 것으로 생각되어지고 있으나 그때만 해도 전혀 새롭고 충격적인 것이었다. 모렐리의 또 그때까지의 미술 평론가들이 어느 화파라든가 화가들이 공통으로 지니고 있는 특이성이나 개성을 설명하기 위하여 상호 끼친 영향에 너무 집착하는 경향이 있다고 꼬집었다. 「이탈리아의 화풍」이라는 제목이 붙은 이 개정본의 서문에서 레이어드는——아시리아 구릉들 사이에서 얻은 경험을 바탕으로——미술사에 있어서 발전 단계를 규정하고자 정확하고 뚜렷한 선을 긋는 일을 바람직하지 못하다고 말하고 있다. 그러한 방법은 주먹구구식이고 비과학적인 범주에서 벗어날 수 없다고 하였다. 발전 단계를 꼭 구분짓고자 한다면 모렐리의 구분 방법이 의미가 있다고 하였다.

모렐리는 예술의 학풍을 시기별로 나누고 있다. 첫째 단계는 종교적인 감정과 신화, 전설에 탐닉하고 있는 영웅 시대, 둘째는 해부학과 원근법에 몰두하고 있으며 자연을 모방하고자 노력하는 시대, 셋째는 모방한 자연을 좀더 높은 차원의 질서와 이상적인 아름다움으로 승화시키는 단계, 마지막으로 매너리즘과 절충주의, 나아가서 쇠퇴의 길을 걷는 단계가 그것이다.

레이어드는 〈쿼털리 리뷰〉지에 정기적으로 기고를 하였는데 1891년에는 〈머레이 매거진〉에 르네상스 시대의 요리에 관한 장황한 글을 쓰기도 하였다. 머리가 희끗희끗하고 흰 수염의 풍채가 의젓한 일흔네 살의 노신사는 르네상스 시대의 진수성찬으로 말할 것 같으면 "우리들과 같은 현대인들에게는 맛보다는 눈요기로나 어울릴 만한 것들"이라고 주장하고 있다. 그는 세기적인 나이에 이르렀음에도 불구하고 자신이 젊고 '현대적'인 사람이라고 생각하고 있었던 것 같다.

그러니까 레이어드는 은퇴 후 작가로서, 자유 기고가로서 활동하였으며 에니드는 목록을 작성하고 타이프를 치고 교정쇄를 다듬는 등 그의 편집 보조자로 일하였던 것이다. 지난 세기에 있어 타이프라이터는 신발명품들 중의 하나였는데, 1877년에는 대중에게까지 보급되어져 있었다. 에니드는 타이핑에 곧 익숙해질 수 있었지만 레이어드는 끝까지 배우지 못하였다고 한다. 오늘날 영국 박물관에 소장되어 있는 타이프 쳐진 레이어드 관계 서류들로 미루어 볼 때 에니드는 밤이고 낮이고 키보드 앞에 앉아 있었을 것임에 틀림없다.

레이어드가 즐겁게 회상하고 있듯이 만년의 그의 생활은 흐뭇한 일들의 연속이었다. "나는 요즈음 오래 전부터 꿈꾸어 왔던 그러한 나날을 보내고 있다. 이 이상 무얼 또 바라리?"

그는 권위 있는 국립 화랑의 이사로 임명되었으며, 이탈리아 걸작품들을 들여오는 데 중요한 역할을 하였다. 그는 프랑스 아카데미의 준회원이었으며, 위그노 사회의 피선된 회장이었고, 1889년 로버트 브라우닝이 베니스에서 죽자 그의 후임으로 로열 아카데미의 회장 자리에 오르기도 한다. 그 외에도 그는 이름조차 알 수 없는 수많은 학회의 명예 회원이라고 농담을 하곤 하였다 한다.

그는 "이러한 명예를 감당하기에 나는 너무 늙었다"고 비아냥거리기도 했지만 자신에게 부여되는 온갖 직위를 그런 대로 받아들였다. '명예란 미래를 바라보고 있는 젊은이들에게나 어울리는 것이지 세상을 떠날 준비를 하고 있는 사람들에겐 어울리지 않는다'고 그는 1891년에 쓰고 있다.

그러나 그는 대영 박물관이 자신을 이사의 한 사람으로 임명하지 않은 것과 빅토리아 여왕의 즉위 25주년 되던 해에——그럴 듯한 소문에도 불구하고——자신에게 작위를 수여해 주지 않은 것을 못내 서운해하였다. 그가 원한 것은 작위 자체라기보다 상원 의원으로서 외교 정책에 발언권을 얻고 싶었을 뿐이다. 그는 자유당내에건 토리당내에건 너무나 많은 적을 만들고 있었다. 빅토리아 여왕 자신은 그를 존경하긴 하였으나, 그가 너무 뻣뻣하고, 신랄하며 게다가 지나치게 고집 불통이라고 생각하고 있었다.

박물관의 이사회는 레이어드의 이사 임명을 요리 평계 조리 평계 대면서 뒤로 미루었지만, 그의 몇몇 친구들은 당대에 가장 뛰어난 조각가인 에드가 보엠(Boehm) 경에게 그의 흉상을(후에 에니드의 흉상도) 부탁하였고 이사회는 그 흉상을 박물관에 전시해 놓겠다고 발표하였다. 이 친구들 중엔 독일인들도 포함되어 있었는데, 독일인들은 레이어드가 쉴리만을 도와 준 것을 깊이 감사하고 있었기 때문이다(독일인들은 쉴리만이 미국으로 귀화를 하였고 그리스에서 살고 있었음에도 불구하고 아직까지도 그를 자기네 나라 사람이라고 생각하고 있다). 자칭 레이어드의 숭배자라는 보엠은 아시리아의 돌들을 발견한 레이어드에게는 돌로 만든 흉상만이 어울린다며 '청동으로 만들어 달라'는 주문자들의 요구에도 불구하고 대리석을 사용하기로 하였다.

이 흉상의 제막식은 1891년 6월 11일 이사회의 회의실에서 거행되었다. 레이어드는 기분이 좋았다. 에니드는 그가 "마침내 고대 이집트의 미라들과 영원히 함께 자리하게 되었군요" 하며 우스갯소리를 하였다. 레이어드는 "전형적인 뉴질랜드인이 훗날 대영 박물관의 폐허를 발굴하게 된다면, 그 발굴자는 니네베의 유물과 어딘가 관계가 있는 듯한 조상 하나를 발견하게 될 것"이라고 대답하였다.

그러나 이러한 영예스런 일들이 잇따라 일어남에도 불구하고 그는 대영 박물관이 라쌈을 무시하는 걸 보고 몹시 상심하였다. 세월이 흐름에 따라 박물관에도 새로운 얼굴들이 등장하게 되었고 그 중에는 월리스 버지라는 이집트 및 아시리아 유물관 부관장이 끼어 있었다. 그는 보통 사람들이 아침 식사 때 〈런던 타임즈〉를 읽듯이 고대 헤브라이어와 설형문자판을 줄줄 읽을 수 있는 사람이었다. 그는 그렇듯 박식한 학자였음에도 불구하고 후기 빅토리아 시대의 풍자 만화에 나옴직한 인물이었다. 즉 그는 식민주의 사상이 철저하게 몸에 밴 사람이었다.

레이어드가 사람들과 상대할 때(피부) 빛깔에 어두웠다면 버지는 빛깔 때문에 눈이 어두워진 사람이었다. 레이어드의 어휘 속에서는 전혀 볼 수 없는 단어 하나가 있었는데, 버지는 이 단어를 빼놓고는 말을 이어나갈 수 없는 사람이나 되는 것처럼 툭하면 사용하고 있다. 그 단어란 바로 '원주민' 이라는 단어이다. 레이어드는 터키인이건 박티야리인이건 아랍인이건 쿠르드인이건 모든 사람들(라쌈과 같은 칼데아인까지 포함하여)을 그저 '사람들' 이라고 말하고 있다. 버지는 이들을 가리킬 때 더럽고 열등한 유색 인종들을 모두 경멸적으로 부르는 '원주민들'이라는 용어를 사용하였다. 「나일 강과 티그리스 강가에서」라는 저서 속에서 그는 '원주민'이라는 단어를 빼놓고는 단 한 줄의 글도 못 쓰는 사람처럼 여겨진다. 원주민 안내인, 원주민 경비원, 원주민 관리, 원주민 이 사람, 원주민 저 사람 등등.

버지는 애초부터 레이어드를 잘못 건드렸던 것 같다. 이미 1888년에 레이어드는 어느 친구에게 보낸 편지 속에서 '내 이제껏 가만히 보자하니, 그 사람 별로 좋게 생각되어지지 않는구먼'이라고 쓰고 있는가 하면, 또 다른 편지 속에선 '라쌈은 내가 이제껏 만난 사람들 중에서 가장 정직하고 솔직 담백한 친구 중의 하나인데 단순히 깜둥이라는 이유만으로 대접을 못 받는 다'고 투덜거리고 있다.

사실 그 둘은 얼마 안 가서 서로 맞붙게 된다.

1887년에서 1889년 사이에 버지는 니네베와 칼라와 앗수르와 바빌론에 있는 영국의 발굴지(당시 폐쇄되어 있던)를 여러 차례 시찰하러 간 적이 있다. 박물관에 제출한 비밀 보고서에서 그는 "원주민들이 지니고 있는 바빌로니아와 아시리아의 유물들이 바그다드의 시장에서 활발히 거래되고 있다"

고 주장하였다. 그는 이 유물들이 영국의 발굴지들로부터 도굴된 것들이라고 증언하였다. 게다가 그 배후를 캐어보니 1882년 레이어드에게 내린 허가의 유효 기간이 끝나 '원주민인 라쌈'이 철수하기 전 고용한 '원주민 경비원' 으로까지 거슬러 올라간다는 것이었다. 버지는 마침내 라쌈 자신이 이 원주민 경비원을 영국의 발굴 장소에 배치하였으며 그 경비원은 라쌈의 친척이라는 것을 밝혀 내었다.

버지의 보고 결과 그 원주민 경비원은 파면당하였다. 이 경우에서 '원주민'이라는 말을 거들먹거린다는 것은 그야말로 허튼 수작에 지나지 않는다. 왜냐하면 그곳에서 그 지방 사람들 이외에 그 일을 맡을 사람이 누가 있었겠는가?

메소포타미아에서 돌아온 버지는 이집트, 아시리아 유물 부서의 관리 부상서리로 임명을 받게 되는데, 레이어드는 "이 일이야말로 치욕스런 중상 모략"이라고 노발대발하였다.

버지가 제일 먼저 착수한 일들 중의 하나는 박물관의 아시리아 소장품들을 재정리하여 새로운 안내 책자를 발행하는 일이었다. 서문의 8페이지에서는 박물관에 소장된 '지상 최대의' 아시리아 예술품들 및 민속품들이 '레이어드와 롤린슨 및 그 밖의 여러 사람들'의 공헌에 의하여 얻어진 것이라고 밝히고 있다. 라쌈의 이름은 전혀 언급되고 있지 않으니 아시리아 고고학에서의 그의 위치는 화살통이나 들고 다녔던 졸병으로 격하된 것이다.

레이어드는 불같이 화를 내었다. 그는 1892년 7월 27일자 〈런던 타임즈〉에 낸 공개 서한에서 이렇게 쓰고 있다. '나는 항의하고 싶은 생각이 간절하다.' 그는 라쌈이 '너무 부당한 대접'을 받고 있다고 분개하였다. 롤린슨은 참으로 위대한 학자지만 "아시리아에서의 발굴자는 아니었다"고 그는 항의하였다. "나는 그가 당연히 받아야 할 영예를 부당하게 빼앗긴 게 아닌가 염려스럽다."

이틀 후 박물관은 라쌈을 고의적으로 헐뜯으려는 의도는 전혀 없었다고 밝히며 그 안내책의 80쪽과 90쪽에 라쌈의 이름이 올라 있지 않느냐고 대꾸하였다.

그래도 레이어드는 진정되지 않았다. 〈타임즈〉에 실린 편지에서 구체적으로 언급은 하지 않았지만, 레이어드는 버지가 라쌈의 경비원을 파면시키고 라쌈을 생매장시킨 데 대하여 분을 참지 못했던 것 같다. 버지는 이제 박물관 안팎의 모든 사람들에게 '라쌈이 도굴범들과 한패거리'라고 되는 대로 지껄여 대고 다녔다.

속이 상할 대로 상한 라쌈은 라쌈대로 대영 박물관에 호소장을 냈다. 즉 청문회를 소집하여 버지의 진술에 관하여 조사를 해달라고 말이다. 그러나 이사회는 그의 호소를 들은 체도 하지 않았다.

1892년 여름 라쌈은 이 관리부장 서리를 중상 모략죄로 고소하여 1,000 파운드의 손해 배상을 청구하였다. 베니스의 카 카펠로에서 은둔하고 있던 레이어드는 라쌈에게 보낸 편지에서 '내게 기회만 주어진다면 증인석에서 시원하게 모든 것을 털어놓을 걸세' 하고 약속하였다.

이듬해 여름 이 소송 사건은 런던의 고등법원에서 공판에 들어갔고 레이어드는 자신의 약속을 충분히 지키고도 남았다. 심리는 닷새 동안이나 계속되었다.

버지의 선임자였던 르 파쥐 르누 역시 레이어드에 합세하여 라쌈을 열렬히 옹호하여 주었다. 심문 결과 나타난 것은 라쌈이 고용한 그의 친척은 님루드 라쌈 한 사람이었으며, 그 사람이라면 버지가 아끼지 않고 칭찬하였던 장본인이라는 것이다. 버지의 주장은 진실이 아님이 들어났으니, 배심원들은 라쌈이 옳다고 판결을 내리고 버지에게 50파운드의 손해 배상금을 지불하라고 명령하였다. 손해 배상금은 더 클 수도 있었으나 원고는 버지가 행한 '악의'를 구체적으로 증명할 수 없었기 때문에 그 선에서 머물게 된 것이었다.

〈런던 타임즈〉와 〈데일리 뉴스〉 및 그 밖의 여러 신문들은 이 소송 사건에 대하여 버지에게 유리한 편파적인 기사를 내어 보냈다. 그 취재 내용이 어찌나 불공평했던지 배심원장마저 '신문 기사에 나타난 거짓 이야기에 매우 분개하고 있다'는 편지를 라쌈에게 보내지 않곤 못 견딜 정도였던 것 같다.

그는 라쌈에게, 배심원의 판결이 10대 2로 라쌈에게 유리하게 나타났다고까지 말하였다. 이제 버지의 명예가 갈림길에 놓이게 되었다. 박물관은 싸움에 진 버지를 구하기 위하여 그의 벌금과 소송비를 모금한답시고 서명 운동에 나섰다.

레이어드는 이 소문을 듣자 거의 까무러칠 지경이 되었다. 그는 "이게 사실이라면 가장 더러웠던 사건의 가장 더러운 끝장"이라고 분통을 터뜨렸다. "재판정에서 버지가 사기꾼 깡패라는 것이 드러났는데도 그는 대중들로부터 동정을 받질 않나, 대영 제국의 박물관은 고용인들로 하여금 그의 벌금을 물도록 하고 있으니 이게 될 법이나 한 일이란 말인가? 불쌍한 라쌈이 졌더라면 그 많은 소송 비용을 혼자 감당할 수밖에 없었을 테지!"

레이어드는 하루 빨리 신선한 바람을 쐬고 싶었다. 야비한 정치를 더 이상 지켜볼 수 없어 런던을 떠나고 싶었던 것이다. 그와 에니드는 연어 낚시를 하기 위해 스코틀랜드로 떠났다. 레이어드와 마찬가지로 에니드 역시 낚시광이었다. 레이어드는 한 마리도 낚지 못했는데, 에니드는 6킬로그램짜리를 낚아올리기도 하였다. 실망한 그는 '낚시 밥을 던지기엔 바람이 너무 심했다'고 친구에게 보낸 편지에서 투덜거리고 있다. '그러나 우리들은 아주 잘 먹고 잘 잔다'고 덧붙이는 것도 잊지 않았다.

그러나 이 '더러운 사건'은 버지의 벌금을 대신 물어 주기 위한 대영 박물관의 모금 운동으로 끝나지는 않았다.

레이어드 부부가 낚시 여행에서 돌아와 보니 권위 있는 학술 잡지인 〈네이처〉지의 1893년 8월 10일자 호에서 라쌈에게 새로운 죄과를 뒤집어 씌웠던 것이다. 이 잡지는 라쌈이 바빌로니아에서 발굴을 시작한 지 얼마 안 되어 점토판들이 런던 시장으로 흘러 들어왔다고 주장하였다. 버지 박사는 "라쌈으로부터 사주를 받은 중개인이 유물 거래에 적극적인 활동을 벌이는 것"뿐 아니라 발굴 장소들을 시찰하러 갔을 때만 해도 '도굴이 한창 진행 중인 것'을 두 눈으로 똑똑히 보았다고 〈네이처〉지는 폭로하고 있었다.

분노가 치민 라쌈은 두 팔을 걷고 나섰다. '그렇다! 바빌로니아에서의 아랍인들에 의한 발굴은 까마득한 옛날부터 행해져 내려왔다. 게다가 그 땅은 술탄의 백성 것이지 영국 정부의 것은 아니지 않는가? 그는 당신들이야 말로 무슨 권리로 영국 박물관이 그들의 발굴 행위를 막고 그들이 발굴한 것을 자유 자재로 파는 것을 막아야 한다고 생각하는지 이해할 수가 없다!'

그런데 이 〈네이쳐〉라는 잡지는 이에 대한 답변으로 그 죄과를 레이어드 에게까지 덮어 씌우려 들었다. 이제 이 잡지는 캔포드 메이너가 니네베로부 터 헐값에 사들인 아시리아 조각품들을 소장하고 있다고 을러 대었다.

캔포드의 유물들은 구입된 것이 아니었다. 그것들은 선물로 받은 것이거나 아니면 레이어드가 발견한 것들의 모사품에 지나지 않았다. "나는 내가 발견 한 모든 것들을 몽땅 팔아치워 떼부자가 될 수도 있었다." 상처받은 황소는 으르렁댔다. "나는 유물들을 자진하여 국가에 바쳤다. 어디 그뿐이랴. 얼마 되지 않는 내 푼돈까지 털어가며 발굴을 계속하였단 말이다……내가 언제 영국 박물관의 이사회더러 대리석상들을 주었으니 돈을 달라고 요구했는 가? 아니면 죽도록 고생을 하였으니 보상을 하라고 그랬느냔 말이다! 나는 기본 경비 외는 전혀 아무것도 요구하지 않았다."

버지 사건은 레이어드가 아시리아 고고학과 인연을 맺은 마지막 사건이었 다. 그리고 그 사건은 몹시도 더러웠다. 구역질이 난 레이어드와 에니드는 베니스로 훌쩍 떠나 버렸다. 그리고 카 카펠로의 평화스러운 품에 안겼다.

45. 레이어드의 죽음

　1894년 레이어드는 일흔일곱 살의 나이에 마지막 발굴에 참여하였다. 그해 초 그와 에니드는 '따뜻한 곳을 찾아' 남부 이탈리아로 갔다. 이탈리아의 고고학 부서는 레이어드를 환영하기 위하여 폼페이에서의 발굴을 재개하였다. '트리클리니아(삼면에 긴의자가 설치된 식탁)가 놓여 있는 식당을 발견하였다네. 고기를 굽는 놋쇠 화로며 크고 작은 여러 주방 기구들이 그대로 놓여 있었네'라고 그는 영국에 있는 친구에게 보낸 2월 23일자 편지에서 쓰고 있다. '집 주인은 베수비우스의 화산재에 묻히기 직전 친구들을 접대하고 있었나 보네.'

　편지 속에서 그는 그들의 은혼식을 축하하기 위하여 늦기 전에 카 카펠로로 돌아가야겠다고 쓰고 있다. '세월 참 빠르네, 나는 정말이지 운이 좋았던 편이야. 안 그런가?'

　그들은 결혼 기념일에 맞추어 되돌아갔고, 이탈리아 친구들은 그들에게 꽃다발 세례를 퍼부었다. 단둘이 있고 싶어하는 그들의 심경도 아랑곳하지 않고 샴페인을 터뜨리는 만찬이 준비되어 있었다. 결혼 기념일로부터 사흘 후인 3월 12일자 편지에서는 그들의 은혼 기념일을 이렇게 회상하고 있다.

　'25년간의 결혼 생활 중에서 나처럼 단 한 번의 휴가도 얻지 않고, 단 한 번의 부부 싸움(심심풀이로나마)도 하지 않은 사람이 어디 있으면 말해 보게나. 새로 시작하기엔 너무 늦었기 때문에──우리는 끝까지 같이 있기로

하였는지도 모르지. 그 끝이라는 것도 모든 일들이 다 그렇듯이, 머지않은 장래에 우리를 기다리고 있겠지.'

그로부터 보름 후인 4월 3일 그는 사타구니 부위에 심한 통증을 느낀다고 호소하였다. 그는 카 카펠로에서 이렇게 쓰고 있다. '이곳의 의사는 4, 5년 전부터 나를 괴롭히고 있는 이 고통이 심상찮으니 내일이라도 영국으로 떠나 헨리 톰슨 경에게 진찰을 받아 보라고 충고하였다.'

엿새 후인 4월 9일 그는 '베니스의 의사가 염려한 만큼 나의 병은 그리 심각한 게 아니다'라고 쓰고 있다. 그는 사타구니에 종양을 지니고 있었지만 이 불치의 혹은 우려할 정도는 아닌 것 같다는 말을 들었다.

그럼에도 불구하고 그는 곧바로 침대에 눕는 신세가 되었고 급속도로 쇠약해지기 시작하였다. 레이어드는 뭔가 불길한 예감을 감지하였던 것 같다. 5월 3일 그는 '난 몸이 좀 불편하다. 일어나 앉을 때마다 심한 통증을 느낀다'라고 쓰고 있다.

에니드가 옆에서 지켜보는 가운데 그는 겨우겨우 7월의 문턱을 들어섰다. 그녀의 일기는 '돌아오지 않는 땅', '광막한 땅'이라 불리는 아시리아의 아랄루로 떠나고 있는 레이어드의 고통스런 한걸음 한걸음을 비통한 가슴으로 지켜보고 있다.

'침대에 누운 후 오늘 처음으로 그는 신문을 찾지 않았다. 몹시 두려운 생각이 든다'라고 에니드는 7월 4일자 일기에 쓰고 있다.

그날 밤 의사는 가망이 없다고 말했다.

'최초의 충격 이래로 나는 나름대로 마음의 준비를 하고 있었다. 나는 마음을 가라앉힐 수는 있었다. 그러나 무척 힘들고 초조한 밤이었다. 그의 숨소리는 불규칙하고……'

1894년 7월 5일 그 거센 황소는 땅바닥에 길게 눕고 말았던 것이다. '오늘 오후 8시 15분 나의 남편은 눈을 감았다. 25년간 한 번도 나의 곁을 떠나본 적이 없는 그는 이제 영원히 내 곁에서 떠나고 만 것이다'라고 그녀는 일기에 적고 있다.

철저한 빅토리아 시대의 여인으로서 시종 일관 과묵하고 인내심 많은 에니드는 일상 생활에서는 물론이고 종이 위에서조차 감정을 노출시키고 있지 않다. 마지막 일기장의 맨 밑 왼쪽 귀퉁이는 검은 잉크의 선들이 한데 어울려 잿빛 얼룩을 이루고 있다. 눈물 자국으로 인하여 잉크가 번진 것이다.

레이어드는 에니드를 처음 만나 무릎 위에 안아 올렸던 장소이기도 한 캔포드에 묻혔다.

3년 후에 라쌈은 레이어드를 위한 비문을 썼다. 그는 「앗수르와 님루드의 땅」을…… 아시리아 발굴의 선구자인…… 어스틴 헨리 레이어드에게 바쳤다.

저자 후기

니네베의 발견자인 어스틴 헨리 레이어드와 트로이의 발견자인 하인리히 쉴리만은 놀라울 정도로 닮았다. 둘 다 행동의 사나이였으면서도 뛰어난 문장가였다. 그들은 출판된 저서들뿐만 아니라 수많은 편지들과 사적인 또는 공적인 여행 일지들을 남겨 놓고 있다.

쉴리만은 '현대 고고학의 아버지'라 널리 알려져 있다. 레이어드보다 한 세대 후에 태어난 그는 발굴 테크닉에서 발굴물에 관한 문학적인 묘사에 이르기까지 어느 한 구석 빼놓지 않고 번지르르하니, 고도의 세련미를 보여 주고 있다. 그러나 그것은 레이어드 스타일의 복사판에 지나지 않는다.

쉴리만은 자신이 레이어드에게 신세를 지고 있다는 사실을 공공연하게 인정하고 있다. 1882년 1월 29일 비스마르크에게 보낸 편지에서 그는 이렇게 쓰고 있다. '많은 사람들, 특히 되르펠트 박사(쉴리만의 라쌈)는 헨리 레이어드 경의 그의 뛰어난 저서인 「니네베」에서 그랬던 것처럼 저도 저의 각종 활동 중에서 가장 흥미있는 부분들만을 발췌하여 재미있게 엮어 내고 있다고 추어 준답니다. 레이어드와 머레이(쉴리만의 발행인이기도 함)는 레이어드의 저서가 아주 훌륭한 성과를 올렸다고 제게 말한 적이 있습니다.'

쉴리만이 레이어드의 추종자에 불과할진대, 세상은 어찌하여 그를 현대 고고학의 아버지라고 부른단 말인가? 수레가 말의 꽁무니에 매인 게 아니라 말 머리 앞에 매인 꼴이 아닌가?

이에 대한 부분적인 답변은 레이어드의 영전에 바쳐진 조문들 속에서 찾아볼 수 있다. 한 송덕문(위그노 회보, 1984년 Vol. 5)은 '그가 중년에 쌓았던 정치 외교상의 경력은 그가 청년 시절에 이룬 그의 위대한 업적에 비하면 대단한 것이 못 된다'고 읊고 있다. 이와 유사한 평가는 1894년 7월 14일 〈아테네움〉지에 발표된 조문사에도 나타나 있다. '헨리 어스틴(Sic) 레이어드는 이 달 5일, 목요일 저녁, 일흔일곱 살의 일기로 타계하였다. 그는 그 위대한 탐험가 세대의 마지막 주자였다. 그가 최초로 이름을 떨친 것은 지금으로부터 반세기 전이다. 그 이후로 그가 이룬 것은 그의 명성에 전혀 보탬이 되지 못하였다'고 캐닝의 전기 작가 스탠리 레인풀은 쓰고 있다. 그리고 1976년 파리에서 만난 루브르의 동양 고대 유물 관리 부장인 피에르 아미에(Amiet)는 그러한 사실을 다음과 같이 명쾌하게 표현하였다. '레이어드는 그의 고고학적인 경력을 정치적인 경력을 위하여 희생시켰다'라고.

이러한 평가는 간접적이나마 다른 곳에서도 내려지고 있다. 아시리아의 잃어버린 도시들을 되찾는 데 엄청난 기여를 한 레이어드의 전기다운 전기는 딱 하나밖에 없다. 그것은 로이터 통신원이었던 고든 워터필드에 의해서 씌어진 「니네베의 레이어드」(런던: 발행인 존 머레이, 그말고 누가 그 일을 맡았겠는가?, 1963)이다. 레이어드의 친구였던 헨리 로스의 부인인 자네트 로스의 조카 아들이었던 워터필드는 완전 무결한 전기를 써내었다. 그는 위그노 사회라든가, 아테네움 아미에 등의 소감을 인용하기도 하였는데, 바로 그러한 완전 무결함 속에 그 전기의 약점이 내재하고 있었던 것이다. 이 전기는 제6부로 구성되어져 있다. 그런데 제2부만 고고학에 할애되어 있고 나머지 부분은 주로 그의 정치 및 외교 경력에 관하여 언급하고 있다. 바로 이것이 문제였다. 레이어드에게 헌정되어진 「아시리아의 돌들(1936)」에서 C.J. 개드는 아시리아학의 초기 역사를 기술함과 동시에 레이어드의 생애를 더듬고 있는데, 다음과 같이 맺고 있다. '그는 기막힌 팔방 미인이기 때문에 그에 관해 이야기할 때 적정한 한계를 긋는다는 일은 무척 힘들다.' 보타라면 그를 '어떠한 부류에도 속하지 않는 사람', 즉 둥지를 지니지 않은 새라고 칭하였을 것이다.

그런데 그의 생애가 과거 속으로 깊숙히 침잠하여 감에 따라, 그의 니네베 발견은 보름달처럼 훤히 떠오르고 그의 다른 활동들은 달무리처럼 엷어지더니 아예 사라져 버리고 말았다. 그렇다고 해서 이러한 현상이 곧 레이어드가 '현대 고고학의 아버지'가 못 된 이유라고는 볼 수 없다. 우리는 쉴리만과 그의 생애를 자세히 살펴봄으로 해서 이에 대한 답변을 얻을 수 있다. 레이어드는 청춘 시절에 니네베를 발견하였고 그것을 밑천으로 다른 직업에 종사하였다. 쉴리만은 황혼기에 접어들면서야 비로소 트로이를 발견하였다. 억만 장자로 성공한 쉴리만은 쉰 살의 나이에 그의 사무실을 박차고 나와 열여섯 살의 그리스 처녀와 함께 고고학에 뛰어든 다음엔 끝까지 고고학을 버리지 않았다. 그가 임종했을 때 사람들이 그를 고고학자로 기억한 것은 바로 그 때문이다.

한편 레이어드가 고고학에 뛰어든 것은 오로지 요행 때문이었으니, 세일론으로 떠날 때만 해도 그는 뭔가 신기한 것들을 구경하게 되리라는 막연한 기대만 걸었을 뿐이다. 그를 정치와 국제 사회로 쏘아올린 것은 바로 니네베의 횡재였던 것이다. 그가 죽자, 사람들은 그를 고고학의 선구자로서가 아니라 외교가의 거물급인 정치인으로서 추모하였다. 바로 이러한 이유로 해서 '고고학의 아버지'란 별명이 레이어드를 비켜 지나간 것이 아닌가 하고 저자는 생각한다.

본인은 시종 일관 고고학에 초점을 맞추고 있는 이 전기가 레이어드를 역사 속의 제 위치로 끌어올려 놓게 되기를 바란다.

「트로이의 꿈」과 「투탄카멘의 황금을 찾아서」라는 제목의 지난번에 쓴 나의 책들을 돌이켜보면 나는 내가 길을 잘못 걸어왔다는 것을 깨닫게 된다. 즉 나는 고고학의 영웅 시대를 씀에 있어 서투른 출발을 하였던 것이다. 나는 레이어드와 함께 출발했어야 했다. 그러나 다음 두 권은 제 순서대로 씌어졌다 하겠다. 이러한 사실을 이제야 알게 되었으니, 깨달음이 있기까지 세 권의 책이 요한 셈이 된다.

레이어드는 글쓰는 사람의 입장에서 볼 때 아주 매력적인 인물이다. 허풍쟁이 쉴리만이라든가, 떠들썩하던 이십 년대에 투탄카멘의 황금과 미라를 발견한 금욕적인 카터와는 달리 레이어드는 고고학을 한 번도 진지하게 생각해 본 적이 없는 사람이다. 그는 그러한 바보 같은 일에 열중하기에는 너무도 상식이 풍부한 사람이었다. 「니네베와 그 폐허」가 성공하자 그는 친구에게 이렇게 쓰고 있다. '자네 한밑천 끌어 모으고 싶나? 그렇다면 「니네베」저자의 전기를 써보는 게 어떻겠나?——그는 이런 저런 잼들과 저런 이런 파이들을 좋아했고——괴상하게 생긴 고깔 모자(구룽)를 발견했는가 하면——세상에 나도는 온갖 시시콜콜한 기담들을 즐기는 사람이라고 말일세.'

나는 이 전기로 인해 돈을 벌게 될지는 알 수가 없다. 그러나 레이어드가 집필 대상으로서 기가 막히게 만족스런 인물이라는 점은 특히 그가 긍정적인 성격을 지닌 사람이라는 점을 비추어 볼 때 부인할 수가 없다. 우리들은 부정적인 시대에 살고 있다. 그런데 긍정적인 시대에 살았던 긍정적인 사람의 긍정적인 이야기를 쓴다는 것은 참으로 즐거운 경험이라 아니할 수 없다.

고고학이라고 하면 어느 누구도 진지하게 생각하려 들지 않는 학문임에 틀림없다. '나는 어제를 보았으니, 내일을 알 수 있네'라고 관 뚜껑 위에 덮인 파피루스에도 씌어 있지 않았던가? 그러면서도 현대의 몇몇 고고학자들은 해학을 전혀 즐길 줄 모른다. 프랑스의 위대한 아시리아 학자였으며 루브르에서 아미에의 전임자였던 앙드레 파로(Parrot)는 이를 '그들은 니네베와 아시리아인들처럼 웃는 법을 잊어버렸다'라는 말로 표현하고 있다.

한 예만 들기로 하자. 나는 영국 박물관의 현 아시리아 유물 관리인인 무뚝뚝한 스위스인 E. 솔베저에게 아시리아학에서 잃어버린 고리란 무엇인 것 같냐고 물어 보았다. 나는 그가 네비 유누스라든가, 창세기에 등장하는 아시리아의 다섯 도시들 중에서 레젠과 르호봇이르(나머지 세 도시는 칼라, 앗수르, 니네베)의 정확한 위치를 발견해 내지 못한 고고학자들의 실수에 관하여 이야기할 줄 알았다.

"그래요? 바보 같은 질문도 다 하시네요." 솔베저는 웃지도 않고 말하였다. "아시리아인들의 녹음 테이프가 아니고 뭐겠습니까?"

문외한을 비웃어 주는 게 학자적인 업적으로 손꼽힐 리는——여타의 학문에서도——없을 텐데……어쩌면 그는 어느 누구도 아시리아의 말을 할 줄 모르며, 앞으로도 그럴 것이라는 점을 말하려 했는지도 모른다. 또 구릉들 속에서 아시리아인들의 녹음 테이프가 나오지 않는 한 아무리 땅을 파대어도 아시리아의 수수께끼는 풀릴 수 없다는 사실을 말하려 했는지도 모른다. 하긴 솔베저의 이러한 야유는 독창적이라 할 것까지도 없다. 옥스퍼드의 위대한 학자인 세이스(A.H. Sayce)는 1892년 런던에서 있었던 제9회 국제 동양학자 회의에서 그와 유사한 말을 한 적이 있다. "불행하게도 아시리아학 관계 서적 중에 너무 자주 나타나는 아시리아의 몇몇 문자들의 음가에 관한 논쟁은 시간 낭비에 지나지 않는다. 고대 아시리아인들을 살려내지 못하는 한 결코 알 수 없는 일이 아닌가?"

나는 레이어드의 이야기를 엮어 가기 위한 출발점으로 1848년 12월호 〈쿼털리 리뷰〉지에 실린 「니네베와 그 유물들」에 대한 논평의 한 구절을 참작하였다. '우리는 그의 소년 및 청년 시절이 어떠했을까 무척 궁금하다. 그는 우리의 이 호기심을 용서해 주리라 믿는다.'

레이어드에 관한 주요 자료는 대체로 대영 박물관에서 찾아볼 수 있었다. 1976년 초, 나의 아내이자 나의 촉탁 통신원인 에기(Aggie)가 레이어드와 그의 동시대 사람들이 쓴 책들을 구하느라 런던의 새 책방들은 물론 헌 책방들을 종종걸음치며·돌아다니는 동안 나는 박물관의 학생 열람실에 죽치고 앉아 자료 검토에 들어갔다. 그러나 에니드(레이어드 부인)가 전해 주고 있는 레이어드 문서는 234권이라는 방대한 양에 달하고 있는 것이 아닌가? 그 속에는 사적 및 공적인 서한을 비롯하여 전투 일지와 비밀 외교 문서의 사본까지 몽땅 포함되어 있었다. 나는 그걸 죄다 읽을 생각을 하니 겁부터 났다.

안내서를 보니 서류들에 관한 목록 자료만 해도 27면에 달하였다. 제1권은 그의 미완성 자서전이고, 234권째는 레이어드가 당시 인도 총독이었던 리튼 경과 나눈 편지들의 묶음이라는 것이다. 이 서신들은 '아시아에 있어서 러시아의 남진 정책'에 관하여 이야기를 주고받고 있었다.

두번째 자료 출처는 레이어드의 저서들이었다. 이들은 1849년에서 1891년 사이에 간행되어진 것들이다. 예를 들면 「니네베와 그 유물들」, 「니네베의 기념비들」, 「아시리아 기념비에 들어 있는 설형문자 비문들」, 「니네베의 발굴 이야기」, 「이탈리아의 화풍(레이어드에 의해 개정 증보되다), 「헨리 레이어드 경의 미완성 자서전」 등이 있다.

1970년 카르디프 대학의 셈어 및 셈족의 종교학 교수인 H.W.F. 쌔그스 교수가 「니네베와 그 유물들」을 한 권으로 줄여서 새로이 발간하였다. 그가 쓴 이 책의 소개 서론은 뛰어난 걸작품의 하나라 할 수 있을 것이다.

레이어드 자신의 저서라든가 서신만을 통하여 그를 본다는 것은 아무래도 공평 타당할 수 없을 것 같기에 본인은 또 다른 두 개의 광맥을 찾아나섰다. 첫째는 동시대인들의 회상기들이고, 다른 하나는 대영 박물관의 이사회 회의록 등이었다.

회고록들로 말할 것 같으면 미트포드의 「영국에서 세일론까지의 육로 여행」을 첫번째로 손꼽을 수 있겠는데, 그는 첫번째 여행 때 레이어드와 함께 페르시아의 내륙까지 함께 여행하였던 길동무이다. 다음으로 조지 스미스의 「아시리아의 유물들」, 월폴의 「안사이리(Ansayrii)」, 스탠리 레인풀이 쓴 「스트래트포드 드 레드클리프(캐닝) 경의 생애」, 몰에게 보낸 보타의 편지를 각색한 「니네베에서의 발견」……레이어드와 쉴리만의 서신 왕래가 들어 있는 쉴리만의 「서한(Briefwechsel)」 등을 들 수 있다.(저자는 30권에 달하는 책들을 발행인과 연대를 포함하여 열거하고 있으나 역자가 임의로 생략하였음을 알려 드린다―역자 주)

기록 문서로서는 〈런던의 위그노 사회 회보〉와 〈빅토리아 학회 회보〉, 〈성서 고고학의 회보〉 및 대영 박물관의 이사회 회의록(1850~1861) 등을 들추어 보았다.

　그러나 레이어드의 서신들이라든가 각종 회고록 등도 레이어드의 완전한 초상화를 그려 주진 못한다. 그리하여 나는 그의 어린 시절로 돌아가 그가 즐겨 읽었다는 「아리비안 나이트」부터 읽기 시작하였다.

　이 신기한 이야기를 읽지 않은 어린이가 어디 있을까? 바보상자 시대인 오늘날인들 어찌 안 읽고 배길 수 있으랴? 나는 30년대 초 소년 시절에 구한 내 자신의 「아라비안 나이트」(뉴욕, 현대 도서, 1932)를 다시 읽었다. 그때나 지금이나 흥미 진진하기는 매한가지였다. 레이어드가 즐겼다는 다른 책들 역시 사람의 마음을 사로잡는 매력을 지니고 있었다. 리치의 「쿠르디스탄 사람의 이야기」, A. 아서가 번역 편집한 「투텔라의 랍비 벤저민의 발자취를 따라서」가 그것들인데, 특히 랍비 벤저민은 글솜씨는 덜했지만 마르코 폴로에 버금가는 행동의 사나이로서 기발난 이야기를 들려 주고 있었다.

　레이어드가 구릉들을 파보고 싶다는 생각을 은연중에 갖게 된 것은 어쩌면 로버트 커 포터 경의 「구루지아, 페르시아, 아르메니아 및 고대 바빌로니아 지방의 여행」 때문인지도 모른다. 메소포타미아의 구릉들을 처음 본 포터는 이렇게 쓰고 있다. '저러한 광경을 보면 말할 수 없는 경외감에 빠지게 되어 무심코 지나칠 수가 없게 된다. 여기에 위대했던 도시의 폐허가 누워 있다. 그 도시가 겪었던 온갖 경험이 엄청난 높이와 크기의 흙더미의 모습을 띠고서 우리 앞에 서 있다. 그러나 모든 것은 망각의 뒤안길에 깊이 숨겨져 있으니 그 도시의 이름을 섣불리 댈 수조차 없다.'

　이 밖에도 레이어드가 즐겨 읽었던 책으로는 찰스 펠로우의 「소아시아 탐사 일지」가 있는데, 이 탐험가는 레이어드가 소년이었을 때 사라 외숙모의 조찬석상에서 흥미 진진한 탐험과 발굴 이야기로 만장을 즐겁게 해주곤 하던 장본인이다. 레이어드는 또 D. 어크하트의 「동방의 정신」도 즐겨 읽었고 후에는 유프라테스 원정에 참여하였던 윌리엄 에인스워스의 「아시리아에서의 최근의 탐사」 등도 읽었다.

　레이어드 시대 이후로 아시리아학에는 많은 일들이 일어났다. 새로운 발견들이 쏟아져 나왔으니, 그 중에는 기상 천외한 것들도 끼어 있었다. 레이어드

시대만 하여도 수메르는 알려져 있지 않았다. 오늘날 설형문자의 창안은 5200여 년 전 메소포타미아에 거주하였던 셈족 계통이 아닌 수메르인들에게 조차 거슬러 올라가고 있다. 어스틴에 있는 텍사스 대학의 중동 아시아 연구소 부소장인 D. 쉬만트-베써라트 박사는 1977년 〈디스커버리(Vol. 1, no.4, June)〉라는 학술 잡지에 보고하기를, 레이어드가 발견한 우룩〔즉 성서 속의 에레크(Erech)〕의 폐허에서 기원전 8500년경에 이미 설형문자의 기초를 이루었음에 틀림없는 그림문자의 명백한 흔적이 남아 있다고 하였다. 어디선가 그는 또 이렇게 고백하고 있기도 하다. '레이어드와 보타에 대하여 전혀 아는 바 없던 나는 이 문자들이 루브르의 강의 시간(그는 루브르에서 훈련받음)에 언급되어졌던 신기한 문양이라고만 생각한 적도 있다.'

　아시리아 고고학의 배경을 위해서는 다음과 같은 자료들을 참고하였다. 설형문자와 셈족에서 유래된 것이 아니라 아프리카의 고지대, 특히 아카드인들로부터 유래되었을 거라고 장님 코끼리 더듬기 식 결론을 내린 롤린슨의 논거가 들어 있는 아서 존 부스의 「3개 국어로 씌어진 설형문자 비문의 발견과 그 해독」(1920), 빅토리아 시대 사조에 끼친 레이어드의 영향을 자세히 다룬 캠벨 톰슨과 R.W. 허친슨 공저 「니네베의 탐사 100년사」(1929), 빅토리아 시대 사조에 끼친 복음주의 운동의 영향을 평가한 아이언 브래들리의 「진지함에의 복귀」(1975), 아시리아 발굴 재단에 관한 레이어드의 보고서가 들어 있는 개드의 「아시리아의 돌들」, 헨리 롤린슨의 동생 조지 롤린슨이 쓴 것으로 당시 칼데아, 아시리아, 바빌로니아, 메디아, 페르시아 등에 관하여 무엇을 알아내었고 무엇이 의문점으로 남아 있는가를 한눈에 알아볼 수 있는 「5대 왕국」(1871), 라쌈의 「앗수르의 땅」의 서문을 쓴 적이 있는 R.W. 로저스의 두 권으로 된 「바빌로니아와 아시리아의 역사」(1920), 라쌈이 제기한 명예 훼손 소송에 있어 자신에게 불리한 판결을 내린 배심원들을 향하여 두서 없는 변명을 늘어놓고 있는 E.A. 윌리스 버지의 「나일과 티그리스의 강변에서」(1920), 2차 대전 후 이라크 정부의 고고학 부처 고문을 지내고 있는 씨톤 로이드의 「흙 속에 묻힌 주춧돌들」(1949) 등이 있다.

아시리아 왕국을 그려내기 위해서는 설형문자판의 번역문들을 참고하였다. 다니엘 데이비드 럭켄빌의 「아시리아와 바빌론의 고대 기록들」(1926~1927), 문고본으로 나왔으면서도 이미 절판이 된 지 오래인 N.K. 샌더스가 번역한 「고대 메소포타미아의 천당과 지옥의 노래」(런던 펭귄 클래식, 1971), 같은 샌더스의 「길가메시 서사시」(1960, 이 책은 이현주 씨 번역으로 범우사에서 1978. 12. 10. 초역되었다), 제임스 B. 프리처드 외 다수의 아시리아 학자들이 편집한 「고대 근동 아시아」(프린스톤 대학 출판부, 1958, 1975) 등.

몇몇 아시리아 학자들은 그들의 번역 작품에 대하여 깊은 유감의 뜻을 표하고 있다. 왜냐하면 그 내용이 전쟁과 피비린내나는 복수로 점철되어 있기 때문이다. 아시리아인들은 피를 좋아하였으며 자신들의 잔인 무도한 잔인성에 대하여 천연덕스럽게 들려 주고 있다. A.T. 옴스테드는 그의 「아시리아의 역사」(시카고 대학, 1951)에서 '자신들이 읽은 가공할 이야기들을 독자들에게 전하길 거부하고 있는' 아시리아학의 수정주의자들의 꽁무니를 일일이 따라다니며 사실을 캐는 수고를 하고 있다. 그리고 나서 그는 "아시리아의 역사는 한 가지 위안거리를 지니고 있다"고 선언하였다. 즉 수백만 명이 흘린 피가 역사가들의 옷자락에는 묻어 있지 않더라고 말이다.

사실 레이어드와 라쌈이 땅파기를 그친 이래 아시리아 고고학은 주로 아시리아학(Assyriology)에 역점을 두어 왔다. 다시 말해서 롤린슨(a la Row-linson)처럼 설형문자 해독에만 열중하였던 것이다. 그 결과 레이어드와 라쌈이 파낸 조상들은 변변한 도해 설명은 물론 명세 목록 하나 제대로 갖추고 있지 못하였다. 그러다가 1962년 대영 박물관은 바네트의 주도하에 처음으로 화집 편찬 작업에 들어갔다. 그때까지의 나태함을 뉘우치고, 뒤늦게나마 루브르와 보타-플렁댕의 걸작품을 따라 잡기 위한 시도라 하겠다. 최근에 나온 바네트의 책 「앗수르바니팔의 북쪽 궁에서 출토된 조상들」은 1977년 박물관에 의해 발행되었다. 이 책의 무게는 35파운드나 나가며, 130달러의 가격이 매겨져 있는데, 100년 전 보타-플렁댕의 화집에 퍼부어졌던 비평의 소리들이 오늘날 다시금 이 책에 가해지고 있다. R.D. 바네트는 전직 영국 박물관의 서아시아 유물 관리부장 출신이다.

저술가 J.B. 프리슬리의 부인이며 고고학에 관하여 광범위한 저술활동을 벌이고 있는 자케타(Jacquetta) 혹스는 1977년 4월 17일자 〈런던 타임즈〉에 이 책에 대한 논평을 발표하였는데, 이 화집이야말로 그간의 소홀함에 대한 충분한 보상이며 "무덤 속의 레이어드는 속편이 나오기를 간절히 기다리고 있을 것"이라고 덧붙이고 있다.

레이어드는 다른 양상으로도 현대인의 뒤늦은 존경을 받고 있다. 예를 들면 맬로완은 「님루드와 그 유물」(뉴욕, 1962)을 님루드에서 발굴의 고락을 함께 나눈 그의 아내 아가타 크리스티에 헌정하면서, 지난날 쉴리만이 그랬듯이, 자기 저서의 스타일이나 구성이 레이어드의 것을 그대로 모방한 것임을 고백하고 있다. 옆길로 새는 것 같지만 여기서의 아가타 크리스티는 세계적으로 가장 많이 읽혀진 영국의 여류 작가와 동일 인물이다. 그녀의 작품은 셰익스피어보다 14개국이 많은 130개 국어로 번역되어 읽혀지고 있다 한다.

맬로완과 아가타 크리스티는 1930년에 결혼하였는데, 그녀는 남편을 따라 수많은 폐허에서 발굴 활동을 도왔다. 어찌나 많은 사람들이 탐사 시간 동안 어떻게 지내느냐고 물어 왔던지, 골머리를 앓던 아가타는 「어떻게 지내는지 들려 주지 않으련?」(뉴욕, 1946)이라는 매력이 철철 넘쳐 흐르는 책을 써서 답변을 대신하기도 하였다. 그 책 내용의 대부분은 말할 것도 없이 새빨간 거짓말이지만.

바로 이 메소포타미아 여행 중에 그녀는 「오리엔트 익스프레스」라든가 「메소포타미아에서의 살인 사건」 등과 같은 걸작들을 구상하였다 한다. 그녀는 또 발굴대의 공식 사진 기사로 일하기도 하고 발굴 작업에 직접 뛰어들기도 하였다고 한다. 예를 들어 1951년, 다시 말해서 레이어드의 니네베 발굴이 있은 지 100년 만인 1951년, 맬로완이 이끄는 영국 탐사대는 그 옛날 승리의 장소로 되돌아와 님루드의 상아 등과 같은 새로운 유물들을 파내어 개가를 올렸다. 레이어드와 마찬가지로 맬로완 역시 유물 보관 문제로 골머리를 앓게 되었다. 유물들은 공기에 노출되기만 하면 무서운 속도로 부식하기

때문이었다. 아가타는 상아들을 젖은 수건에 싸서 세워 놓은 다음 밤낮을
가리지 않고 그 곁에서 불침번을 선 끝에 상아들이 수천 년이라는 시련의
통로를 성공적으로 뚫고 나와 새로운 시간틀에 적응할 수 있도록 도와 주기
도 하였다.

정말이지 맬로완 부부는 썩 잘 어울리는 한 쌍의 부부였다. 맥스 경이
말한 바처럼 "고고학은 추리 소설과 똑같다. 우리들은 같은(수사) 방법을
쓰고 있다"라고 그는 말하였다.

나는 런던에서 이에 대한 적절한 실례를 들을 기회가 있었다. 아가타 여사
는 발굴 현장에서 남편이 기원전 614년 님루드에서 있었던 살인과 약탈극의
전말을 뜯어 맞추는 것을 신기하게 지켜보고 있었다 한다. 한 달 동안 200
명의 이라크 인부들을 지휘하여 발굴 작업을 끝낸 그는 아가타에게 님루드
가 약탈되었다는 흔적——예를 들어 성벽에 꽂혀 있는 수많은 화살촉들——
을 보여 주었다. 그러고 나서 그는 시가지에 술 취한 폭도들이 들끓었었다
는 누구도 부인 못할 증거를 제시하였다.

"그들이 술에 취했었는지 당신이 어떻게 알아요?"「헤라클레스의 고심」
(Hercules Poirot)의 저자인 아가타 그리스티가 물었다.

맥스 경은 짤막하게 답변하였다. "술 창고는 불지르지 않았거든." 그리고
파리에서는 세계적으로 유명한 이들 부부의 관계를 좀더 자세히 알 수 있는
이야기를 들은 적도 있다. 모로코에서 맬로완 부부와 함께 점심 식사를 같이
한 적이 있다는 프랑스의 한 고고학자는 껄껄 웃으며 아가타가 그때 한 말을
들려 주는 것이었다. "고고학자 남편은 아내가 늙을수록 더욱더 사랑해 준답
니다!"

이 자리에서 나는 이 책이 나오기까지 도움을 주신 몇몇 분들께 고마운
말씀을 전하고 싶다. 영국 박물관 관장 비서실의 앤 호플리, 나의 편집인인
낸시 켈리, 웨스턴 코네티컷 주립 대학의 사서이신 메어리 콘, 고고학의 열광
적인 팬인 나의 타이피스트 이자벨 베이츠, 그 밖에 대화와 서면을 통해
내게 조언을 아끼지 않으신 여러 아시리아 학자분들이 계시다(저자는 열대여

섯 명의 이름들을 열거하고 있으나 앞에서도 언급되어진 분들이기에 역자가 임의로
생략함—역자 주). 그러나 이 책에 들어 있는 모든 내용에 대한 책임이 전적
으로 내게 있음은 말할 것도 없다. 모든 대화와 인용문은 저자가 임의로
꾸며서 쓴 게 아니며 때때로 동사의 시제라든가 철자가 틀린 부분만을 고쳤
을 뿐이다.

레이어드의 생애라든가 아시리아학을 더듬는 일은 어찌 생각하면 지뢰밭
을 거니는 것과 똑같다고도 할 수 있다. 간혹 지뢰가 폭발하기도 하는데
라쌈이 그 한 예이다.

아시리아 고고학에서 제일 많이 논쟁의 대상이 되고 있는 인물은 라쌈이
다. 그는 우상화되어지거나 아니면 미움과 경멸의 대상이 되곤 한다. 15년
전만 해도 그는 제2의 모국인 영국으로부터 푸대접만 받았었다. 버지의 중상
사건 이래 레이어드와 그 밖의 여러 사람들이 그를 위하여 적극적인 노력을
하였음에도 불구하고 그는 세인의 기억에서 사라지고 만 것이다. 영국 박물
관은 그를 온통 무시하였다. 머레이는 물론이고 모든 영국 출판인들은 그의
회고록을 책으로 내주길 거절하였다. "나에 대한 기록이라곤"——몇몇 강연
회라든가 레이어드 자신의 저서들, 아니면 1856년 5월 〈일러스트레이티드
런던 뉴스〉지에 단 한 번 실린 보고서 이외에는——"바빌로니아라든가 아시
리아의 발굴 보고서 어디에도 나타나 있지 않다"고 1897년 예순한 살이었던
라쌈은 불만을 털어놓고 있다. 정말이지 그의 대부분의 공적은 다른 사람들
의 이름 위에 올라 있다. 니네베에서 그가 발견한 엄청난 양의 점토판 장서
들은 조지 스미스 아니면 레이어드의 공적으로 치부되고 있다. 비길 데 없이
훌륭한 사냥 장면이 그려져 있는 양각은 롤린슨이 발견한 것으로 되어 있
다. 롤린슨 자신이 공식석상에까지 나타나 아무리 부인하여도 사람들은 귀담
아 들으려 하지 않았다.

'나의 발굴로부터 얻은 결과를 세상에 발표하기까지 이렇듯 오랜 세월이
걸린 것은 참으로 기이하게 생각되어질 것이다'라고 그는 「앗수르와 님루드
의 땅」의 서문에서 쓰고 있다. "그러나 그 동안에 있었던 여러 가지 상황들

을 고려해 볼 때 나로서는 어쩔 수 없었던 일이라는 것을 독자들은 이해하게 될 것이다.'

그의 회고록은 이렇게 끝을 맺고 있다. '나는 런던의 여러 출판인들에게 나의 회고록을 부탁한 바 있다. 그러나 아무도 그러한 위험 부담을 떠맡으려 하지 않았고, 나 역시 그러한 능력이 없었으니 기회가 오기만을 기다릴 뿐이었다.'

기회는 뉴 저지 주 메디슨의 두르 신학교 교수이자 미국의 저명한 아시리아 학자인 R.W. 로저스와 함께 왔다. "초기의 여러 탐사가들과 발굴자들 중에서 라쌈은 뛰어난 수훈을 세운 사람으로서 우뚝 서 있다. 그는 이름도 알 수 없는 수많은 구릉들에 삽질을 가하였다"라고 그는 말하고 있다.

로저스는 1897년 탈고한 지 15년이 지난 라쌈의 「앗수르」를 신시내티의 커티스 제닝스 회사에 맡겨 햇빛을 보도록 주선하여 주었다. 그 책의 부제는 「니네베, 앗수르, 세파르밤, 칼라, 바빌론, 보르시파, 쿠타 및 반 등의 폐허에서 있었던 발굴 이야기」로 되어 있다. 이 책 역시 레이어드의 냄새가 물씬 풍기는 아주 훌륭한 읽을거리 중의 하나이다. 그렇다고 해서 레이어드의 부하 주위를 맴돌고 있던 논쟁의 회오리바람이 그친 것은 아니다. 현대의 몇몇 학자들은 아직도 라쌈을 경멸의 눈초리로 처다보고 있다. 씨톤 로이드는 "라쌈의 업적은 상당한 것이긴 하지만, 탐사가로서의 그의 행동 어딘가엔 혐오를 불러일으키는 요소가 있다"고 말하고 있다.

프랑스인들이 라쌈을 미워하는 것은 당연한 일이라 하겠다. 라쌈은 야밤을 틈타 빅토르 플라스를 속여먹지 않았던가? 루브르의 고위 관리는 "라쌈은 해적놈"이라고 내뱉는가 하면 또 한 관리는 "보타와 레이어드와 롤린슨 그리고 플라스는 신사분네들로서 사이도 좋았는데 라쌈이라는 녀석이 중간에 끼어들어 방해를 했다"고 욕하기도 하였다.

라쌈에 대한 좀더 정확한 평가는 내게 보내온 새그스(Saggs)의 편지 속에 들어 있다고 해야 할 것이다.

"저는 라쌈 건에 관하여 이러쿵저러쿵 떠들고 싶지는 않습니다. 그러나

라쌈은 지나치게 노여움을 잘 탔고, 버지는 너무 옹졸하고 요령이 없었던
게 아닌가 생각합니다. 이러한 숙적인 관계가 아직까지도 내려오고 있는
이유는 몇몇 고고학자들의 공연스레 라쌈과 그의 후원자인 레이어드의 편을
들었든가 아니면 버지와 그의 후원자인 롤린슨의 편을 들었든가 했기 때문
일 것입니다."

새그스는 이렇게 계속하고 있다. "제가 보기에는 라쌈이 발견한 것은 모두
레이어드의 업적으로 돌려도 무방할 것 같습니다. 라쌈은 보기 드물게 성실
하고 충실한(레이어드에게) 사람이었지만 선구자로서 필히 갖추어야 할 독창
성을 결여하고 있었던 게 아닐까요? 물론 그가 마땅히 받아야 할 존경을
받지 못하고 있는 건 사실입니다. 그의 이름이 뒤늦게나마 세상에 알려져야
한다고 주장하는 것은 그래도 한가닥의 정의감이 살아 있기 때문일 것입니
다."

새그스는 아마도 1963년 1월 런던에서 있었던 제12회 아시리아 학회를
염두에 두고 말하였던 것 같다. 이 회합을 계기로 바네트가 이끄는 대영
박물관은 과거의 죄를 속죄하였던 것이다. 특별 전시회가 열렸으니——
'레이어드와 그의 후계자들'——바로 이 자리에서 라쌈은 무대의 중앙에
복귀할 수 있었던 것이다. 해가 서쪽에서 떴다고나 할까……바네트는 라쌈
의 시체를 부활시켰을 뿐만 아니라, 그 유명한 아시리아 회관의 대형 홀
한가운데 자리를 그에게 내어 주었던 것이다. 라쌈의 거대한 초상화는 홀의
입구를 당당하게 내려다보고 있는 헨리와 에니드의 대리석 흉상 사이에
걸려 있다.

무덤 속의 버지는 배가 아파 사지가 뒤틀렸을 것이고 레이어드는 물론
쾌재를 불렀을 것이다.

현재 은퇴하고 박물관의 조상들을 화집으로 내려는 작업에 몰두하고 있는
바네트는 이렇게 말하고 있다. "그는 위대한 발견자였습니다. 그러나 한꺼번
에 너무 많은 것을 해내고자 비학문적이라든가, 파렴치한 행동을 서슴지
않았던 것도 사실입니다. 버지와의 충돌은 그의 비극이었습니다. 그리고

버지와 이사회가 그에게 보인 태도는 한마디로 부끄러운 스캔들이었지요."

또 다른 지뢰 폭발도 있었다.

레이어드 이래로 50만 장에 이르는 점토판들이 발굴되었는데, 그 중 절반은 4000년도 넘는 오래된 것들이다. 또 그 속에 담긴 이야기들은 성서 속의 창세기, 이를테면 천지 창조라든가 홍수 이야기 등과 너무나 흡사하다. 만일 이 점토판들이 구약성서와 관계를 지니고 있다면 어떠한 관계일까?

레이어드가 니네베를 발견하기 전인 1826년에도 베로수스(바빌론의 성직자로서 기원전 약 280~261년에 그리스어로 칼데아의 역사를 썼는데 그 내용의 일부분만 남아 있음)의 천지 창조 이야기가 한 차례 소동을 불러일으킨 적이 있다. 왜냐하면 내용의 일부가 모세의 창조론과 너무나 같았기 때문이다. 어떤 학자들은 모세의 우주 진화론이 베로수스의 이야기에서 유래되었다고 주장하기도 하였다.(B.G. 니부르의「고대 역사 강의」참고)

베로수스에 의하면 세계는 어둠, 즉 괴상한 물 짐승들이 살고 있는 용액으로 생각되어지는 혼돈 속에서 시작되었다고 한다. 세계의 통치자는 어둠과 빛을 갈라 놓았으며 괴물들(무서운 도마뱀, 또는 그리스어로 디노사우어)은 빛 속에서 멸망하였다. 놀랍게도 어떤 이야기는 이 통치자가 엿새 동안 일하고 이레째는 쉬었다고까지 들려 주고 있다.

그러자 스미스의 노아 홍수 점토판이 빛을 보게 되었고 그 이후로 수많은 이야기들이 줄을 이어 나타났다. 예를 들어 최근에 번역된 수메리아의 어느 점토판은 여자가 '갈비뼈'에서 만들어졌다고 말하고 있다. 그리고 이 여자는 '생명을 만드는 자'로서 묘사되어져 있다. 최근의 출토품 중엔 에덴과 인간의 타락에 관해 씌어진 실린더도 있는데 그 실린더의 아래 부분엔 성스러운 나무와 뱀이 그려져 있다. 이들은 혹시 아담과 이브를 상징하는 것이 아닌가? 그러나 아시리아학 역시 고고학과 마찬가지로 역사가 짧은 학문이다. 아담과 이브에 관해 들려 주는 점토판이 아직 태양의 도시 시프라 밑에 묻혀 있을 수도 있는 것이다. 전해 내려오는 이야기에 의하면 홍수 이전의 역사는 지스투스(Xisuthus)가 꿈에 계시를 받아 썼다고 한다. 그의 역사 속엔 아담과 이브의 이야기도 들어 있을까?

　이 밖에도 여러 새로운 사실들이 점토판을 통하여 나타나자 지난 세기의 기독교도들과 유태인들은 흥분하기 시작하였다. 성서적인 관점에서 아시리아학을 연구한 세이스는 「고등 비평과 기념비 판정(*The Higher Criticism and the Verdict of the Monuments*, N.Y., Young, 1894)」에서 레이어드의 발견이 구약성서의 역사적 정확성을 입증해 준다고 단언하였다. 제임스 헨리 브레스테드는 이집트학에서 이와 똑같은 연구를 하여 1934년 「도덕심의 서광(*The Dawn of Conscience*, N.Y., Scribner's)」이라는 책을 발표하였다. 1903년에 이르러서는 몇몇 아시리아 학자들이 헤브라이의 전통이라든가 율법, 종교 의식의 기초가 바빌로니아에서 유래된 것이라고 주장하기까지 이르렀다. 그러나 버지가 그의 「나일 강과 티그리스 강가에서」라는 저서에서 지적하였듯이 구약성서와 점토판에 나타나 있는 사상들이라든가 표현 사이에는 현저한 차이가 있다. 즉 '점토판의 경우 신의 영성이라든가 장엄성 또는 고결성 등의 개념이 결여되어 있다.' 50년 후 와이즈맨 역시 길가메시 서사시와 구약성서를 비교하면서 같은 의견을 표명하였다. 성서상의 신은 '어떤 다른 이야기에서도 찾아볼 수 없는 위엄을 지니고 있다.'(「성서 고고학으로부터 얻은 예증」, 런던, 1970)

　모세의 천지 창조론과 아시리아의 천지 창조론 사이에는 모종의 관계가 있을 거라는 논거의 예는 이집트학 쪽에서도 찾아볼 수 있다. 이곳에서는 모세의 유일신 사상이 엑소더스 이전에 이집트의 만신전에 있는 우상들을 부수고 유일신의 존재를 가르쳤던 이단왕 아케나텐(이크나톤이라고도 함—역자주)으로부터 배운 것일 수도 있다고 보고 있다.

　둘 더하기 둘은 넷이 되어야 한다. 그러나 고고학은 순수 과학이 아니며 둘 곱하기 둘은 셈을 하는 사람에 따라 줄어들고 늘어날 수 있는 것이다. 앞에서 맬로완의 말을 빌리면 고고학은 추리 소설과 일맥 상통한다. 투탕카멘의 미라를 발견한 카터도 자신이 고고학자가 되지 않았더라면 런던 경시청에 근무하고 있을 거라고 말한 적이 있다.

아시리아학과 이집트학이 구약성서 속에서 메아리치고 있는 것을 보니, 이스라엘 사람들이 이집트와 바빌로니아 사이를 노예와 포로로서 오락가락하는 동안에 양민족의 고도로 발달한 신화라든가 종교로부터 구약성서 속에 나타나 있는 '존엄한 신'의 개념을 배워 자기 것으로 만든 게 아닌가 하는 추측을 하게 된다. 이 개념은 그 후 신약성서, 나아가서는 코란에게로 전수되었을 터이고…….

의미의 의미를 거듭하여 찾아가다 보면 다양성 속에서도 단일성을 보게 마련이다.

레이어드의 지뢰밭에는 앞서 것들보다 더 기발한 폭발 사건들도 있었다. 보산케트는 「니네베의 멸망」(런던, 1853)에서 레이어드의 발견은 예정되어진 것이었으며 앞으로 올 일들에 대한 전조라는 놀라운 결론을 내리기까지 하였다. 창세기 속의 사라진 왕국 아시리아의 발견은 '이스라엘의 구원이 가까이 있다는 것을 말해 준다'고 그는 쓰고 있다. 그는 또 이 새로운 탄생은 기독교인들과 유태인들을 함께 뭉치도록 만들 것이며, 그들은 '구세주'——첫번째 오심인지 두번째 오심인지는 알 수 없지만——를 기다릴 것이라고 쓰고 있다. "우리들은 동일한 구세주를 찾고 또 기다리고 있지 않은가?" 라고 그는 묻고 있다.

보산케트의 책은 먹혀 들어가지 않았다. 1853년만 해도 이스라엘 국가가 2천 년 후에 다시 탄생하리라는 말은 농담으로밖에 들리지 않았던 것이다. 그러나 보산케트는 니네베의 부활이 아스라엘의 부활을 가져다 주고 이스라엘의 복귀는 다시금 범세계적인 영혼의 재탄생을 위한 전조라고 굳게 믿고 있었다. 보산케트의 논제가 증명되기 위해서는 또 다른 100년이 필요했는지도 모르겠다.

내가 이 책을 쓰는 작업을 벌이고 있는 동안에도 지뢰는 계속 터지고 있었다. 예를 들어 빈틈없는 관찰자였던 레이어드는 아시리아의 폐허에서 출토된 거대한 조상들, 이를테면 사람 머리를 하고 날개가 달린 황소들이 그 옛날 '자연의 이변'에 의해 쓰러진 것이라고 결론을 내렸었다.

「부조화의 세계」(뉴욕, 더블데이, 1950)에서 지적인 곡예사 역을 능숙하게 발휘한 임마누엘 벨리콥스키는 금성이 한때 혜성이었으며, 태양계의 일원으로 제자리를 찾기 전에 그 꼬리로 지구를 후려쳤었다는 것을 증명하기 위하여 앗수르바니팔의 도서실에서 레이어드가 발견한 천문 기록의 번역을 인용하고 있다. 메소포타미아는 곧잘 "천문학의 요람지"라고 불리곤 한다. 벨리콥스키는 이 사건이 지구에 커다란 황폐를 가져다 주었으며 그로부터 인류는 수많은 신화를 탄생시켰다고 주장하고 있다. "이 혜성은 산들을 무너뜨리고 지구를 어찌나 뒤흔들어 놨는지 하늘이 무너지는 것 같았으며, 폭풍이 몰아치고, 먹구름이 몰려오고, 불길이 치솟았으며, 하늘의 용이 으르렁거리고, 섬광이 비치더니 눈부신 별이 떠올랐고 석뇌유가 퍼부었다"고 그는 말한다. 이 생생한 묘사는 앗수르바니팔의 장서 속에 들어 있는 이쉬타르(비너스) 여신의 이야기와 꼭 들어맞는다. "여신은 불꽃의 옷을 입고 머리에는 엄청난 광휘의 왕관을 쓰고 있으며 아라비아 땅 위에 불비를 내리시도다 …… ."

그러한 지각 변동 사건은 지구 궤도에 변화를 일으켜 빙하기와 그에 이어 대홍수를 야기시켰을 수도 있다. 20세기 초반에 이 이론은 유고슬라비아의 지질학자인 멀틴 밀라코비치에 의해 강력히 주장되었다. 그러나 그것은 1975년 「아메리칸 저널 사이언스」가 기원전 10725년경에 급격히 녹아내리기 시작한 지구의 얼음층이 아시리아의 설형문자 판과 창세기에 씌어진 대홍수를 만들어 냈을지도 모른다는 증거를 확인할 때까지 기다려야만 했다. 최근에는 고고학과 천문학 사이에 교류가 이루어져 천문 고고학이라는 새로운 학문이 탄생하기조차 하였다.

1976년에는 로마 대학의 근동 고고학 교수인 파올로 마티에 교수와 그의 동료인 아시리아 학자 지오바니 페티나토 교수가 이끄는 이탈리아 발굴팀의 활동으로 고고학이라는 활동 사진이, 눈이 어질어질할 정도로 마구 돌아가기 시작하였다.

마티에는 시리아의 알레포 근처에서 놀라운 발견을 하였다고 발표하였다. 그곳은 지난날 레이어드가 미트포드와 함께 가로지른 곳으로 고대 엘바(Elba) 왕국의 도읍지였다. 설형문자판들 속엔 엘바에 대한 언급이 어렴풋이 나타나 있다. 점토판이 새겨지던 당시 엘바는 이집트와 아시리아에 버금가는 왕국이었다. 엘바의 폐허 속에서 이탈리아 고고학자들은 레이어드가 니네베에서 발견한 것과 비슷한 양상으로 왕성의 문서국을 발견하였던 것이다. 그 속엔 15,000장의 점토판이 보관되어 있었는데 창세기와 홍수에 관한 또 다른 이야기들이 들어 있었다. 이 방대한 양에 달하는 점토판의 번역 작업은 아직도 계속되고 있다.

확실히 H.V. 힐프레히트의 다음과 같은 말은 그때(「아시리아와 바빌로니아의 발굴」, 필라델피아, 1904)나 지금이나 적용되는 것 같다. "고대의 왕국들이 완전한 부활을 하기까지는 아직도 많은 폐허들이 발굴되어져야 한다. 이름조차 알려지지 않은 수백 개의 구릉들이 발굴자들의 삽질을 기다리고 있다."

그러나 힐프레히트 시대 땐 볼 수 없었던 또 다른 위기가 오늘날의 고고학자들을 초조하게 만들고 있다. 터키의 경제 개발 정책은 엄청난 양의 전력과 담수를 필요로 하고 있다. 그리고 또 이것은 유프라테스 강 지역에 널려 있는 수많은 유적지들을 인공 호수로 수장하는 것을 의미한다. 가장 답답한 노릇은 "터키는 이집트, 그리스, 이라크처럼 수많은 유적지를 지니고 있으므로 까짓 몇백 개도 되지 않는 유적지가 사라진다 해도 별반 문제될 것이 없다"는 변명을 늘어놓는 사람들이 많다는 사실이다. 〈뉴욕 타임즈〉지의 이야기(1977년 4월 3일자)에 의하면 '몇몇 터키 관리들은 소아시아에 이슬람의 침입이 있기 이전의 역사에 대하여 별반 관심이 없다'고 한다. 그리고 이 사실은 고고학자들의 발굴 허가가 하늘의 별따기처럼 어렵다는 사실과도 관계가 있다.

이러한 기사가 나간 지 며칠 안 되어 같은 신문의 일요일자 광고란에 터키 정부의 반격이 큼지막하게 났다. '가장 가공할 훼손은 고대 유물들을 원래의 경관(장소를 잘못 적음)으로부터 서구의 유명한 박물관으로 옮기는 과정에서 일어난다'는 것이었다. 바그다드에서도 그와 같은 말을 하고 있다. 유물들을 원래 제자리로 돌려보내야 한다는 운동의 일환으로서 우리는 터키와 이라크 정부의 관리들의 입장을 충분히 이해한다. 그럼에도 불구하고 그들의 주장은 이제까지의 기록들을 살펴볼 때 설득력을 잃는다.

1852년 미국의 천주교 신부는 퀸지크에서 농부 한 사람이 거대한 조상을 캐내는 것을 보았다고 한다. 신실한 회교도였던 이 농부는 '땅 속에서 나오는 것이면 무조건 부수어 버리는 그들의 전통에 따라 그것을 부수라'고 명령하였다. 1891년 버지는 모술에서 단 하나의 날개 달린 황소만 온전히 남아 있는 것을 보았다. 1년 후 그의 조수는 그 조상의 머리가 잘려졌다고 보고하여 왔고, 1914년 위그람이 보고한 바에 의하면 그 조상은 석회 채취자에게 단 돈 60센트에 팔렸다는 것이다.

런던에서 나는 '대영 박물관이 메소포타미아로부터 엄청난 고고학적 보물을 훔쳐 왔다'고 흥분하는 이라크의 관리를 만난 적이 있다. 그는 거의 1년 동안이나 런던에 머물러 있던 참이었다. 나는 그에게 "바네크가 재정리한 아시리아 유물들은 본 적이 있으냐?"고 물어 보았다. 그는 멍청한 얼굴로 나를 쳐다보더니 "아직 시간이 없이 가보지 못했다"고 대답하는 것이었다.

파리에서도 상황은 마찬가지다. 지금 이란 영토가 된 수시아에서 발굴 작업을 하던 프랑스인들은 지난 세기에 그 유명한 함무라비 돌기둥을 발견한 적이 있다. 이 돌기둥은 기원전 1200년경 엘람인들이 오늘날의 이라크인 바빌론으로부터 훔쳐온 것이었다. "누구에게 돌려 준단 말입니까? 말도 안 되는 소리지요"라고 관리는 말하였다.

맬로완은 내게 보낸 편지에서 레이어드의 진정한 고고학적 업적에 초점을 맞추어 이렇게 결론을 내려 주고 있다. "뭐니뭐니해도 그는 후손들을 위하여 가마솥으로 갈 운명에 놓인 님루드의 양각들을 구해 준 것입니다."

고고학적인 보물들을 되돌려 달라고 요청하는 호전적인 민족주의자들도 이 말을 명심하여야 할 것이다. 그들은 선동을 하는 데 쏟는 정열을 레이어드처럼 모든 사람들을 위해 써야 할 것이다. '온 지구 덩어리가 유명한 사람들의 무덤'이라는 페리클레스의 말도 있지 않은가?

그러나 '훔쳐간' 유물들을 '되돌려' 달라는 민족주의자들의 아우성은 다른 뜻도 지니고 있다. 서구의 대형 박물관들은 이들 발굴물들을 모든 사람들에게 영구히 보여 줄 수 있도록 소중히 보관할 의무를 지니고 있다 하겠다. 대영 박물관과 루브르에서는 니네베와 아시리아의 날개 달린 황소와 사자들 및 그 밖의 여러 유물들이 훌륭히 진열되어 있다. 그러나 미국의 뉴욕에 있는 메트로폴리탄 박물관에서는 사정이 사뭇 다른 것 같다.

내가 날개 달린 황소를 최초로 본 것은 소년 시절 메트로폴리탄에서였다. 그것은 10피트도 넘는 어마어마한 크기의 조상으로서 박물관의 메소포타미아 전시관을 위풍도 당당하게 지키고 서 있었다. 아이들은 물론 어른들까지도 그때의 감동을 아직까지 기억하고 있을 것이다.

이 책을 쓰는 동안 런던과 파리의 아시리아 유물들을 둘러본 나는 추억도 새로운 메트로폴리탄의 황소가 보고 싶어 뉴욕으로 달려가 보았다. 그러나 이게 웬일인가? 나는 어디서고 황소와 사자를 볼 수가 없었다. 벌써 십수년째 그들은 대중 앞에 나타나고 있지 않다는 것이었다.

1968년 고대 근동 부서는 '일시적'으로 폐쇄되었다. 니네베의 유물들은 박물관의 북쪽 창고에 플라스틱 상자에 싸인 채 처박혀 있다는 것이다. 지금 이 글을 쓰고 있는 중에도 그들은 그곳에 놓여 있다. 학문이 쇼맨십을 위하여 희생당하고 만 것이다.

지난날 "내가 여기 있도다. 누가 감히 내 곁에 서리요?"라고 뽐내며 자랑하던 니네베처럼 오늘날의 뉴욕 또한 바로 그러한 도시가 아닌가?

우리는 메트로폴리탄의 관리자들에게 다음과 같이 묻고 싶다.

"현대의 니네베는 고대의 니네베를 위하여 여분의 자리를 갖고 있지 못한가요?"라고.

역자 후기

고고학이라는 학문에 어쩌다 접해 본 사람이면 점점 더 깊숙히 그것이 풍기는 매력에 이끌려 들어가게 됨을 느낄 것이다. 그것은 고고학이——쎄람의 말대로——모든 종류의 자극과 성취, 모험과 낭만을 내포하고 있을 뿐만 아니라 우리에게 지적인 충족감과 아울러 사유의 즐거움을 맛보게 해주기 때문일 것이다.

고고학의 초창기에 활동한 지적인 용사들의 활동에 대해선 쎄람의 「역사와 신화의 재발굴」을 통해 독자들께서 어느 정도 친숙해지셨으리라 생각하는바, 정말이지 저들의 성공은 투지와 땀과 기지와 열정의 결실이었다. 가히 영웅적이라고 할 만했다. 저들은 파묻혀 있던 문화 유산들을 밝은 태양 아래로 끌어냈을 뿐만 아니라, 스스로 역사를 증거하게 함으로써 역사의 지평을 넓혀 주었다. 만인으로 하여금 문화 유산에 대한 관심과 애정을 느끼게 해주었고, 문화인의 긍지를 심어 주었다. 그렇다면 고고학의 이러한 전통은 과연 언제, 누구에 의해서 수립되었을까? 누가 원형적인 모범을 보였던 것일까? 그는 다름 아닌 이 책의 주인공 A.H. 레이어드였다.

그는 아시리아의 옛 도시들을 발굴해 내었을 뿐만 아니라, 대영 제국의 황금기인 빅토리아 재위시 외무 차관과 터키 대사를 지냈으며 「이탈리아 화풍」을 펴낸 미술 평론가이자, 고대 예술품의 보호 운동을 벌인 팔방 미인이다. 그가 아시리아 평원에서 캐어 온 날개 달린 거대한 사자들과 황소들은 대영 박물관을 방문하는 뭇사람들을 경탄시켰고, 구약성서 속의 인물들은 살아 움직이기 시작하였다.

그는, 그가 겪은 '고고학 사상 가장 위대한 모험담'을 탁월한 문장력——빅토리아 산문 선집엔 그의 글이 발췌 수록되어 있을 정도였다——으로 대중들에게 들려 줌으로 해서 고고학을 대중화시킨 것이다.(저자 브랙만에 의하면 쉴리만을 비롯 후대의 모든 고고학자들이 레이어드의 스타일을 그대로 흉내 내어 자신들의 발굴 이야기를 들려 주고 있다고 한다.)

그러나 역자는 그의 가장 큰 미덕을 그가 끝까지 버리지 않았던 '황당무계한 꿈'에서 찾고자 한다. 어느 다른 위인 전기의 주인공들과 달리, 그는 천재와 거리가 먼, 열등감에 빠져 있던 자칭 낙오자였으며, 어른들의 눈에도 맹충맞은 게으름뱅이 두통거리로 비칠 정도였다. 그는 나이 마흔이 가깝도록 자신의 앞날을 헤아릴 수 없어 끊임없는 악몽에 시달렸지만, 빈털터리인데다 뭐 하나 제대로 할 줄 아는 게 없었으니, 그저 소년 시절부터 종이가 닳도록 읽어 왔던 「아라비안 나이트」의 땅에서 괴상하게 생긴 구릉들을 파헤쳐 보겠다는 밥벌이도 안 될 꿈만 간직하고 있었다. 그러나 그가 사람들이 보통 생각하는 것처럼 현실을 전혀 계산에 넣지 않은 꿈만을 좇아갔는데, 그 꿈은 그에게 가장 든든한 현실을 마련하여 주기에 이른다. 바로 이러한 패러독스를 언론인 출신의 학자이며, 쉴리만과 카터의 전기 작가이기도 한 저자 브랙만은 인위적인 냄새가 전혀 나지 않으면서도 고도의 절제와 규율을 느끼게 하는 이야기꾼 특유의 무리 없는 문장으로 우리에게 전하여 준다.

지난 겨울이 유난히 짧고 포근하게 느껴졌음은 이 책을 곁에 하고 있었음이 아닌가 생각하며, 끝으로 원고를 다듬어 주신 벗 남경숙 씨와 채영순 씨에게 자랑스런운 마음과 함께 고마운 마음을 전한다.

신교동 언덕에서
안경숙

대원동서문화총서
니네베 발굴기

초판 1쇄 발행 | 1990년 09월 28일
초판 2쇄 발행 | 2017년 04월 20일

지은이 | 아놀드 C.블랙만
발행인 | 김남석
발행처 | ㈜대원사
주　소 | 06342 서울특별시 강남구 양재대로 55길 37, 302
전　화 | (02)757－6711, 6717~9
팩시밀리 | (02)775－8043
등록번호 | 2011－000081호
홈페이지 | http://www.daewonsa.co.kr

ⓒ 대원사, 1990

값 17,000원

Daewonsa Publishing Co., Ltd
Printed in Korea 1990

ISBN | 89－369－0512－0 03900